KB019789

헤겔 정치철학의 **통찰**과 **맹목**

헤겔 정치철학의 통찰과 맹목
서구 근대성과 복수의 근대성 사이

초판 1쇄 인쇄일 2012년 11월 20일   초판 1쇄 발행일 2012년 11월 23일

지은이 나종석 | 펴낸이 박재환 | 편집 유은재 이정아 | 관리 조영란
펴낸곳 에코리브르 | 주소 서울시 마포구 서교동 468-15 3층(121-842) | 전화 702-2530 | 팩스 702-2532
이메일 ecolivres@hanmail.net | 블로그 http://blog.naver.com/ecolivres
출판등록 2001년 5월 7일 제10-2147호
종이 세종페이퍼 | 인쇄·제본 상지사

Copyright ⓒ 나종석 2012
ISBN 978-89-6263-084-8 93160

책값은 뒤표지에 있습니다.   잘못된 책은 구입한 곳에서 바꿔드립니다.

헤겔
정치철학의
통찰과
맹목

나종석 지음

서구 근대성과
복수의 근대성 사이

에코리브르

사랑하는 아내 황정옥과 딸 나윤숭에게 바칩니다.

이 책은 헤겔의 정치철학에 대한 필자의 두 번째 저서이다. 《차이와 연대》(길, 2007)와 마찬가지로 이 책 역시 헤겔에 대한 문헌학적 연구만을 지향하는 것은 아니다. 헤겔을 화두로 삼아 서구 근대와 근대 너머의 가능성을 사유하려는 필자의 지적 모험과 사색의 결과이기도 하다. 나는 헤겔의 정치철학을 대화 상대로 삼아 생각을 펼쳐보려 한다. 여기에는 필자가 아직 독창적인 사상가가 아니라는 점도 크게 작용한다. 또한 헤겔과 함께 하는 비판적인 성찰이 현대 세계를 이해하는 데 우회할 수 없는 길이라는 필자의 신념 때문이기도 하다. 그래서 이 책을 헤겔로의 귀환을 준비하는 저서가 아니라 헤겔과의 대결 속에서 자신의 길을 찾으려는 한 지식인의 노력으로 이해해주었으면 한다.

여기에 실린 글은 6장의 글을 제외하면 모두 2007년 이후에 쓴 글이다. 한 권의 책을 염두에 두고 쓰진 않았지만, 그렇다고 통일성이 없는 글들을 모아놓은 것은 아니다. 지난 몇 년 동안의 사색 과정에서 좀더 분명해졌지만 이 책에는 필자 나름의 철학적 성찰이 새겨져 있다. 이 서문에서는 책의 내용을 소개하는 대신 지난 몇 년 동안 헤겔 철학과의 대화를 통해 천착해온 문제의식을 설명하고자 한다. 이것이 책의 성격을 분명히 하는 데 더 유익할 것이라고 믿기 때문이다. 필자가 헤겔이라는 서양철학의 거장과의 대화를 통해 생각을 다듬어보려 한 문제는 헤겔의 자유 이론의 의미, 타자 이론의 성격에 관한 성찰, 그리고 헤겔 철학에서 발견되는 오리엔탈리즘의 문제이다. 헤겔 철학에 나타나는 타자에 대한 사유에는 두 가지 지평이 있기에 이 책에서 다루는 주제는 크게 보면 네 가지라고 할 수 있다.

헤겔 철학에서 발견되는 자유 이론의 의미에 대한 성찰은 시민들 스스로 통치하는 행위 속에 참다운 자유가 존재한다는 자율성의 이념, 즉 정치적 자율성의 의미에 대한 탐구이다. 특히 현대사회에서처럼 자본주의적 시장경제 질서가 주도하는 상황에서 모든 시민이 평등하게 정치에 참여한다는 이상이 어떻게 지속될 수 있는가라는 물음은 매우 현실에 밀착된 것이기도 하다. 이런 물음을 정확히 이해하고 답을 구하는 과정에서 근대적 자유와 고대적 자유의 종합을 추구하는 헤겔의 시도는 매우 중요하다고 생각된다. 헤겔의 자유 이론은 오늘날 한편으로는 자본과 국가 관료적 행정 권력의 결탁으로 인해, 다른 한편으로는 인간의 삶에서 수평적이고 대칭적 관계만을 특권화시키는 서구 근대의 내적 논리의 전개로 인해 왜소해지고 있는 공공성을 다시 활성화시키는 작업에서 매우 중요한 참조점이다.

그리고 헤겔의 타자 이론을 이해하지 못하면 그의 자유 이론을 적절히 이해할 수 없다. 그런데 타자에 대한 헤겔의 사유는 두 가지 타자 이론의 종합으로, 상대적 타자와 절대적 타자의 이중성에 대한 중요한 통찰을 제공하는 듯하다.

우선 상대적 타자의 지평을 생각해보자. 타자는 메두사의 눈처럼 개인의 주체성과 자율성을 박탈하는 폭력의 얼굴을 띤다. 그러나 타자는 동시에 나 자신을 참다운 나로 세우는 데 없어서는 안 되는 존재이기도 하다. 그러므로 타자는 참다운 주체로 성장하기 위해 투쟁을 통해 극복해야 하는 타율적인 시선이자 바로 자기 자신이라는 이중적 존재이다. 자신을 능동적 주체로 형성하는 과정에서 타자에 대한 반응 혹은 반작용만으로는 충분치 않다는 니체와 들뢰즈의 지적은 수긍할 만하다. 타자에 대한 반작용은 타자에 대한 분노와 적개심이라는 르상티망을 동반하는 바, 타자에 대한 이런 적개심의 분출만으로는 결코 자각하는 주체로 등장할 수 없기 때문이다. 타자로 인한 상처는 우리의 자존감을 박탈하고 자신에 대한 무시와 경멸을 당연하고 정상적인 것으로 만드는 데에서 그치지 않는다. 타자가 참으로 자신에게 상처를 줄 수 있다는 것은, 자신의 존재 방식과 실존 전체를 송두리째 부정하는 힘을 갖고 있으며, 혼신의 힘과 정열을 다해도 거기로부터 빠져나올 수 없을 정도로 매혹적인 힘을 갖고 있음을 의미한다.

헤겔이 주체성을 자기 자신에 관계하는 부정성으로 규정하는 이유도 여기에 있을 것이다. 주체성은 그저 쉽게 그리고 타자와의 연관 없이 홀로 형성되지 않는 법이다. 타자가 자신에게 아무런 의미가 없는 존재일 때 타자는 자신에게 구성적인 타자일 수 없다. 우리에게 가장 커다란 상처를 주는 타자는 그만큼 자신의 본성을 이해하는 데 결정적 의미를 지닌 존재일 것이다. 그렇지 않은 존재에게 인간은 상처를 받지 않는 법이다. 일상생활에서도 가장 커다란 상처를 주는 존재는 대개 자신에게 가장 가까운 친구나 연인, 그리고 가족이다. 이처럼 주체성은 타자의 이중성이 초래하는 이중의 분열이라는 상황을 극복할 때 비로소 어렵사리 획득될 수 있는 것이다. 그러므로 주체는 해결해야 할 가장 어려운 과제인 셈이다.

서구 근대의 문명사관이나, 자유가 진보해온 역사로서의 세계사에 대한 헤겔의 통찰은 타자의 그런 힘을 잘 보여주는 사례라 할 것이다. 서구 근대의 이중성을 제대로 통찰해야 하는 이유가 여기에 있다. 헤겔의 사유는 문명화 사명을 통해 서구 이외의 지역을 식민지로 전락시키는 것을 정당화하는 폭력의 얼굴을 갖고 있다. 그러나 헤겔의 사유로 대표되는 서구 근대의 사유가 이런 측면만을 갖고 있다면 우리는 서구 근대에 의해 추동되어온 역사, 그로 인한 상처와 지배와 폭력의 역사를 극복하려는 온갖 노력의 성공과 좌절의 이중성을 성찰할 수 없다. 지금도 세계 곳곳에서 서구나 미국을 문명의 잣대로 간주하면서 자신이 속한 현실을 비판적으로 바라보는 사람들이 얼마나 많은가? 한국 사회는 물론이고 미국과 더불어 세계 초강대국으로 부상하고 있는 중국의 비판적 지식인들이 미국을 어떻게 상상하는가를 보라. 그러나 이 입장은 자신이 속한 세계, 예를 들어 동양이나 아시아를 고정불변의 실체로 보고 이로부터는 긍정적인 것이 전혀 잉태될 수 없다는 배타적 관점을 내면화한 오리엔탈리스트의 입장에 불과하다. 이는 서구의 노예에 불과하다는 말이다. 서구적 근대의 매혹적인 힘과 해방의 차원을 정면으로 응시하고 그들의 폭력성과 야만을 직시하면서 이를 극복하려는 옹골찬 마음가짐만이 서구적 근대의 양면성을 극복할 수 있을 것이다.

서구적 근대성의 해방성과 야만성의 이중성을 자각하고 극복하는 과정에서 서구에 의해 타자화된 동양의 과거와 현재를 새롭게 사유하는 작업은 반드시 필요하다. 서구적 근대성의 잣대를 근대성 일반으로 받아들이면서 우리의 과거를 새로운 시대를 잉태하지 못하는 불임의 역사로, 그리하여 정체되고 후진적인 상태를 극복하기 위해서는 서구의 충격이 필요했다는 식으로 생각하는 태도를 극복하지 않는다면 서구적 근대성을 극복할 수 없을 것이다. 서구적 근대의 위기를 극복하기 위해 서구=근대화라고 보는 기존 사유의 관성을 괄호치고 우리 사회, 더 나아가 동아시아의 역사적 전개 과정의 고유성을 제대로 이해할 수 있는 사유의 힘을 길러야 한다. 이런 사유의 힘을 토대로 새로운 문명전환의 시대에 어울리는 더 공정한 세계질서의 가능성을 모색할 수 있을 것이기 때문이다. 이런 맥락에서 '유교적 근대(성)'에 대한 탐색['유교적 근대'는 미야지마 히로시(宮嶋博史)의 이론이다]을 통해 동아시아의 역사 속에서 시대를 창출하는 문명의 힘이 어떤 방식으로 작동해왔는지를 구체적으로 연구할 필요가 있다. 필자는 헤겔의 오리엔탈리즘적 사유방식을 비판하면서, 서구적 근대와 '가족유사성'을 지니면서도 그와 구별되는 '독자적 근대'의 역사 논리를 동아시아의 역사에서 재구성해내려는 시도가 서구적 근대를 지방화·상대화하고 우리 역사의 과거와 현재를 새로이 해석하는 작업에서 중요하다는 결론에 이르렀다. 그러나 이 책에서는 동아시아가 어떤 방식으로 새로운 시대를 창출하는 해방을 경험하는 역사(그 성과와 한계를 동시에 포함하는)를 독자적으로 축적해왔는지 구체적으로 서술할 수 없었다. 이 주제에 대한 필자의 연구가 아직 성숙해 있지 않기 때문이기도 하지만, 헤겔 철학에 대한 저서와는 별도로 동아시아 근대 창출의 역사적 과정과 의미를 탐구하는 연구를 선보이는 것이 적절하다고 보기 때문이다.

사랑과 인정의 변증법이 헤겔 사유에서의 절대적 타자와 상대적 타자의 연계성에 대한 단초를 제공한다는 것은 이 책의 주된 주장의 하나이다. 이 변증법은 오늘날의 철학적 사유에서 헤겔 철학의 현재성을 가장 잘 보여준다고 생각된다. 사랑과 인정의 변증법은 헤겔 철학 일반, 특히 그의 정치철학의 폭과 깊이를 보여주는 것이라는 생각이 이 책의 토대가 된 여러 논문들을 작성하는 과정에서 더 분명해졌다. 오늘날 정치철학은 자유주의, 공동체주의, 그리고 포스트모던적인 차이의 사유로 삼분되어 있다. 이 세 가지 흐름에서 타자는 두 가지 맥락에서 조명된다. 우선 타자 문제를 '나와 너' 같은 평등하고 자립적인 주체들의 상호관계로만 바라보는 타자 이론이 있다. 이는 상대적 타자 이론으로 명명될 수 있을 것이다.

이와 달리 타자에 대한 비대칭적이고 무한하며 대체 불가능한 개방성을 타자와의 진정한 관계로 보는 관점이 있는데, 이를 절대적 타자 이론으로 부를 수 있을 것이다. 이런 절대적 타자 이론의 계보에서 레비나스와 데리다는 매우 중요한 사상가들이다. 이들의 절대적 타자에 대한 호소는 서구 근대 문명에 대한 비판의 성격을 지닌다. 절대적 타자 이론, 즉 타자에 대한 무한한 관계를 정의로 보는 입장은 상호 대등한 자유로운 주체에서 출발하여 이들 사이의 평등한 권리 보장을 정의 자체로 보는 서구 근대의 자유주의적 정의 이론과 이에 기초하는 사회를 비판하는 것이기도 하다. 자율성을 대문자 정의로 보는 관점은 위험하다. 그것은 사회의 근원성의 다차원성과 중첩성을 구성하는 하나의 축인 절대적 타자에 대한 무한한 응답이라는 비대칭적 관계에 대한 감수성을 주변화시키거나 와해시키기 때문이다. 그럼 점에서 배타적으로 상호 대등한 주체들 사이의 보편적 존중을 내세우는 서구 근대의 자율성의 미망과 독단에 대한 성찰이 요구된다.

그러나 절대적 타자 이론은 자유주의의 권리중심주의적 사유와 마찬가지로 일면적이다. 간단히 말해 무한한 책임에는 다른 타자의 요구를 배제하는 역설의 구조가 있기에 다수의 사회구성원들 사이의 사회적 갈등을 해결하는 데에는 한계가 있다. 모든 사람을 평등하게 대우하라는 도덕 원칙을 소홀히 할 수도 폐기할 수도 없는 이유가 여기에 있다. 그러므로 타자에 대한 무한한 응답과 인간의 자율적 행위의 모순적 관계와 역설, 내적 연계성에 대한 사유를 모색해야만 한다.

이 책에서 필자가 헤겔의 인정 이론과 공공적 자유 이론의 복합성에 주목할 것을 제안하는 이유는 절대적 타자 이론과 상대적 타자 이론의 한계를 넘어 이 둘의 상호 대립과 의존의 문제를 더 잘 사유하는 이론을 모색하기 위해서이다. 헤겔의 인정 이론은 인간다운 삶을 가능하게 하는 필수적 덕목으로 사랑과 연대와 권리를 들고 있다. 이는 독자적일 뿐 아니라 서로에게 환원될 수 없는 것이지만 인간다운 삶을 누리기 위해서 반드시 요구되는 덕목이다. 그러므로 사랑, 연대 그리고 권리를 인간다운 삶의 필수적인 세 가지 조건으로 설정하고, 이들 사이의 관계를 변증법적으로 매개하려는 헤겔의 인정 이론 및 공공적 자유 이론은 인간의 사회성을 좀더 종합적이고 중층적으로 이해하는 데 중요한 대화 상대로 남아 있다.

헤겔의 인정 이론과 사랑과 인정의 변증법에 대한 탐색은 지난 4년 동안 필자가 연세대학교 국학연구원에서 집단적으로 수행해온 '사회인문학'의 구체화 작업과도 깊은 관련이 있다. 이 저서에 실린 상당수의 글들은 연세대학교 국학연구원이 한국연구재단의 지원으로 수행 중인 '21세기 실학으로서 사회인문학'이라는 비판적 인문정신의 창신을 위한 철학적 토대 구축 작업과 직간접적으로 연계되어 진행된 연구 성과이기 때문이다.

그러나 필자가 대화 상대자로 초대하려는 헤겔은 서양의 로고스 중심주의적 형이상학과 기독교적 관점을 특권화하는 모델로부터 벗어난 헤겔이다. 그러므로 이 저서는 불충분하지만 서구적 역사성의 특권화라는 폭력과 그 역사 속에 편린으로 간직되어 있는 보편적인 해방의 역사적 경험이라는 이중성을 지니는 헤겔 철학을 종합적으로 고찰하려는 의도를 지닌다. 이런 의도에서 이 책의 제목을 '헤겔 정치철학의 통찰과 맹목'으로 정해보았다.

끝으로 이 책이 나오기까지 도움을 주신 모든 분들께 고마운 마음을 전한다. 우선 이 책에 지속적으로 관심을 보이면서 어려운 여건 속에서도 철학책을 출판해주신 에코리브르 출판사의 박재환 대표님과 수고해주신 출판사 관계자님께 진심 어린 감사를 표한다. 더불어 철학과 인문학의 위기가 사회문제가 되고 있는 상황에서 허심탄회한 대화를 통해 철학에 대한 갈증을 푸는 데 도움을 주신 연세대학교 철학과와 백영서 원장님을 비롯한 국학연구원의 여러 선생님들 그리고 '한국사회와철학연구회'의 회원 선생님들께도 깊이 감사드린다. 마지막으로 학위를 끝낸 후 어려운 시절을 견뎌내고 극복하는 과정에서 언제나 철학을 포기하지 않도록 용기를 준 아내 황정옥과 딸 윤숭이에게 이 책을 바친다.

2012년 10월 5일

나종석

차례

고대 그리스 민주주의와 01
근대 주체성의 원리

들어가는 말

나는 이 연구에서 헤겔 정치 이론의 위대성과 한계를 밝히려 한다. 이 작업은 근대의 인류사적 의미, 그리고 근대가 안고 있는 위기와 질병의 근원에 대한 진단이자 해결책의 모색이라는 관점에서 실행된다. 달리 말하자면 본 연구는, 루소를 통해 처음으로 분명하게 표출된 근대성의 위기에 대한 비판적 성찰과 극복의 시도로 이해할 때 헤겔 정치철학의 사유의 폭과 깊이가 더 잘 드러난다는 문제의식에서 출발한다. 뒤에서 더 상세히 다루겠지만 루소를 통해서 드러나는 근대의 위기는 흔히 '고대인의 자유(the liberties of the ancients)'와 '근대인의 자유(the liberties of the moderns)'라고 일컬어지는 고전적 공화주의적 자유관과 근대의 자

---

* 2008년 《헤겔연구》에 실린 〈고대 그리스 민주주의에 대한 헤겔의 비판과 근대 주체성의 원리〉를 교정한 논문이다.

유주의적 자유관의 긴장 내지 불협화음을 통해 최초로 모습을 드러낸다. 이는 시민(citoyen)과 인간(homme)의 갈등으로 묘사되기도 한다.

근대 세계에서 보편적으로 자유롭고 평등한 인격적 주체로서의 인간, 즉 인간으로서의 인간이 삶의 기본적 구성 원리로 등장하면서 부르주아적 시민사회가 가장 강력한 힘으로 등장한다. 이 근대 시민사회는 독립된 개인을 사회의 궁극적인 토대로 인정하며 인간의 참다운 공동적(사회적) 본성을 파괴하는 경향을 보인다. 따라서 근대 시민사회의 개별적인 존재로서의 인간에게 타자와의 관계, 즉 다양한 사회적 관계는 자신의 사적인 이익을 실현하기 위한 수단으로 간주된다. 그러나 근대 세계에서 인간은 여전히 개인주의 원리가 관철되는 부르주아적 시민사회와 별도로 공적인 사안을 숙고하고 토의하면서 결정을 내리는 정치적 존재인 공적인 시민이라는 역할을 담당하고 있다. 그렇다면 개인은 자신의 물질적 이익 추구의 관점을 넘어 공동체의 구성원으로서 책임 있게 활동할 수 있는 능력을 갖추어야 한다. 그러나 자유로운 개인이라는 심성을 적극 장려하는 것과 더불어 나와 운명을 같이하는 공동체와의 일체감 혹은 공동체에 대한 도덕적 책임의식의 고취를 요구하기란 쉽지 않은 과제이다.

이처럼 근대 세계에서 인간은 정치적 참여의 주체라는 점에서 공적인 시민이라는 존재이자, 독립된 사적인 인간 존재로서 자신의 이익을 추구하는 존재로 분열되어 등장한다. 인간과 시민의 갈등에는 고대적 세계관과 근대적 세계관의 갈등이라는 측면이 있다. 하지만 이 가치들의 충돌과 깊이 결합된 사회적 · 정치적 · 이념적 갈등 자체가 바로 근대성의 특유한 표출이라고 보는 쪽이 타당할 것이다. 이 갈등의 극적

헤겔 정치철학의 통찰과 맹목

인 표출이 프랑스혁명과 20세기의 러시아혁명임을 부인하기는 어려울 것이다.[1] 따라서 혁명으로까지 표출되는 근대성의 독특한 현상은 자유민주주의의 성공과 더불어 표면적으로는 사라진 것처럼 보이지만 실상은 그렇지 않다. '역사의 종말'에 대한 담론이 널리 유포되고 있지만 근대성의 정치적 표현인 자유민주주의는 심각한 문제들로 몸살을 앓고 있다. 특히 서구적 근대의 한계를 어떻게 극복하느냐 하는 문제는 요즈음 첨예한 학문적 논쟁의 대상이 되고 있다.

많은 사람들이 주장하듯이 민주주의는 고대 그리스 민주주의 및 로마 공화정을 떠받친 시민들의 자치 이념에 그 뿌리를 두고 있다. 이와 달리 자유주의는 근대에 등장한 대표적이고 전형적인 정치적 이념이다. 근대 자유민주주의의 위대성과 독특성은, 모든 권력의 정당성의 원천을 궁극적으로 인민의 동의에서 구하는 고대의 원칙을 받아들이면서도 이른바 천부적인 개인의 자유와 인권을 강조하는 자유주의 이념을 서로 종합하려는 데 있음은 분명하다. 그러나 근대의 자유민주주의가 과연 이 두 가지 원칙의 긴장과 갈등을 적절히 해소하는 데 성공했는지는 의문이다.

근대성의 원리를 이해하는 방식은 학자들마다 다를 수 있지만, 나는 근대성이 "관용, 개인적 자유, 민주주의, 인종적·성적 평등, 표현의 자유, 성적 해방 그리고 지식에의 보편적 권리" 등을 기본 가치로 삼고 있다는 조너선 이스라엘(Jonathan Israel)의 지적에 공감한다.[2] 그런데 이들 가치들은 서로 어떤 관계에 있는가? 예를 들어 자유주의 전통에서 무엇보다 옹호되는 개인주의[3]에 입각한 보편주의적인 평등주의와 민주주의의 관계는 적대적이지 않을뿐더러 대단히 밀접한 관계가 있는 것처럼 보인다. 실제로 냉전 시대가 동유럽 사회주의 국가의 몰락으로 종결되면서 오늘날 거의 모든 나라들이 자신들의 정치체제로 자유민주주의를 내세우고 있다. 이에 따라 많은 사람들은 자유주의와 민주주의의 결합을 자연스러운 것으로 생각하는 경향이 있다.

그러나 자유주의와 민주주의의 상호 연관은 많은 사람들이 생각하듯이 그리 자연스럽지 않으며 상당히 복잡하다. 예를 들어 20세기의 위대한 자유주의 사상가인 이사야 벌린은 자유주의적 "자유와 민주주의 또는 자치 사이에 논리적인 연관은 없다"고 주장한다.[4] 자유주의와 민주주의의 긴장과 갈등의 차원에 주목하는 이들은 자유주의자들에 국한돼 있지 않다. 카를 슈미트처럼 자유주의적 개인주의와, 피치자와 통치자의 동일성으로 이해된 민주주의 사이의 도저히 극복할 수 없는 대립구도를 설정하여 독재와 민주주의의 결합 가능성을 인정하는 극단적인 입장[5]을 제외한다고 해도, 벤저민 바버(Benjamin R. Barber) 같은 민주주의자는 "참여와 시민정신을 파괴시키는" 자유주의적 사상으로는 인간의 자유를 지켜낼 수 없고 이는 "민주주의"를 통해서만 실현될 수 있다고 주장한다. 그는 대의제적인 자유주의적 민주주의의 문제점들을 극복할 수 있는 대안을 '강한 민주주의(Strong democracy)'에서 구하면서 이를 "현대적 형태의 참여민주주의"로 규정한다. 그의 주장에 의하면 강한 민주주의는 고대 아테네의 민주주의와 많은 공통점이 있다.[6] 따라서 자유주의와 민주주의는 궁극적으로 조화를 이룰 수 없는 상이한 원리들이어서 이들의 긴장은 결코 해소할 수 없다는 주장이 나올 수밖에 없다.[7]

이처럼 고대적 자유와 근대적 자유의 대립과 갈등 그리고 이 둘의 관계를 어떻게 바라볼 것인가 하는 문제는 근대 정치철학의 근본 화두 중의 하나이다. 더 나아가 이 문제는 근대의 독특성 내지 규범적 우월성을 자유주의적 관점, 즉 정치적 자유에 비해서 개인의 자유와 권리의 선차성에 대한 인정을 통해서 적절히 정당화할 수 있는가 하는 문제이기도 하다. 다시 말해 고대인의 자유와 근대인의 자유 사이의 갈등에 대한 문제는 국가가 어떤 원리에 의해서 구성되어야 하는가에 대한 관점의 차이에 기초하고 있을 뿐 아니라, 근대 자본주의적 시장경제 질서의 전면 등장과 궤를 같이하는 개인주의적인 삶의 방식에 대한 평가와 결부돼 있다. 그래서 고대적 자유와 근대적 자유의 대립 문제는 근대 세계가 표출하고 있는 내적인 분열의 철학적 표현인 것이다.

이 글에서 나는 헤겔이 고대와 근대의 논쟁, 즉 고대적 자유와 근대적 자유의 논쟁을 어떤 방식으로 수용하면서 비판적으로 종합하고 있는지를 살펴보려 한다. 이런 문제의식에 입각해 우선 근대 위기의 근원에 대한 그의 진단이 무엇이었는지를 살펴보려 한다. 이때 고대적 자유와 근대적 자유의 대립의 극적 표출을 상징하는 루소의 경우를 통해 근대의 문제를 설명하고 나서(1) 루소가 대변하는 고대적 민주주의론에 대한 헤겔의 비판을 살펴본다.(2) 마지막으로 주체성의 원리를 긍정하는 근대의 조건 속에서 인간의 자유를 가장 적합하고 안정적으로 실현할 수 있는 이론으로 제시된 헤겔의 이성적인 국가 이론의 몇 가지 측면을 설명하면서 그가 근대의 조건 속에서 고대의 자유관을 어떤 방식으로 되살리고 있는지를 살펴본다.(3) 이 과정에서 루소에 대한 헤겔의 비판이 단순히 자유주의적 근대에 대한 변호에 그치지 않으며, 고대와 근대의 이원적 대립을 넘어선 고대와 근대의 종합을 지향한다는 점이 자연스럽게 드러날 것이다.

1. 루소와 근대의 위기

근대(die Moderne)는 그 전과는 다른 독특한 시대로 규정되는데 여기서 중심 역할을 하는 개념은 자유이다. 주체성을 근대의 원리로 파악하고 "근대의 자기 이해"를 철학의 "근본 문제"로 이해한 최초의 철학자는 헤겔이다. 그는 새로운 시대, 즉 근대의 원리를 주체성, 반성 그리고 자유로 이해했으며, 이 개념들에 의거하여 근대의 본질적 특성을 설명했다.[8] 영국에서 가장 완전한 형태로 발전한 고전적 자유주의는 근대적 자유의 이념을 형성하는 데 지대한 공헌을 했으나 또 한편 문제점을 안고 있었다. 이 문제점은 루소의 근대 문명 비판으로 극적으로 드러난다.

사적 생활과 공적 생활의 분리는 루소의 '인간(homme)/공적 시민(citoyen)' 구별과 헤겔의 '부르주아적 시민(Bürger)/공적 시민(citoyen)' 구별로 표현되었다.[9] 이 구별은 고대적 자유와 근대적 자유의 대립 내지 기독교적 전통과 고대 그리스적 전통의 모순으로 표현할 수 있다. 또한 자유주의와 민주주의의 연관성 문제로 표현하기도 한다. 이는 자유의 근원적 의미에 대한 서로 다른 입장들 사이의 논쟁인 것이다. 이 논쟁에 실마리를 제공한 것은, 국가의 부당한 개입으로부터 보호되어야 하는 개인의 권리를 강조하면서 사람들은 각자 자신들의 판단에 의거해 바람직하게 여겨지는 삶을 선택할 수 있는 자유로운 존재라고 주장하는 근대 자유주의와 그 인간관이다.

헤겔 정치철학의 통찰과 맹목

개인의 생명 보존과 물질적인 재산 취득의 욕망을 긍정하는 근대사회에서 살아가는 사람들에 대한 루소의 고발과 비판은 커다란 영향을 끼쳤으며 지금도 그러하다. 근대인들은 고대인들의 공동체에 대한 헌신이나 조국애를 결여하고 단지 "상업과 돈"에만 관심을 기울인다고 루소는 비판했다.[10] 스파르타와 로마의 공화정에서 드러났던 시민의 덕과 애국심은 사적 이익 추구에만 몰두하는 개인들로 이루어진 근대 시민사회에 대한 공격의 무기이자 비판의 깃발이었다.[11] 근대의 타락한 인간을 고대의 애국 시민과 대비한 루소는 "근대성의 제2의 물결"을 주창했다. 이 물결은 독일의 관념론 철학과 낭만주의의 흐름을 낳았다. 또한 이러한 물결로부터 시작된 다양한 형태의 "위대하고 복합적인 저항운동"의 핵심은 "근대성의 세계에서 근대 이전의 사고방식으로의 복귀"이다. 루소는 돈과 상업의 세계로 일컬어지는 근대 "부르주아의 세계로부터 덕성과 도시국가의 세계, 즉 시민의 세계"로 돌아갔다.[12] 그래서 사적 개인과 공적 시민의 긴장과 갈등은 근대적 삶의 방식에 대한 다양한 저항과 문제 제기의 원천을 이해하는 실마리이기도 하다.

근대사회에 대한 루소의 비판은, 자기 이익의 극대화를 도모하고 '소유 지향의 개인주의(possessive individualism)'[13]를 내면화한 홉스와 로크적인 근대 부르주아 인간관과 자유관이 근대의 규범적 이상인 주체성과 자유를 제대로 드러내지 못하고 있다는 항의이기도 하다. 또한 고전적 자유주의적 인간관, 그리고 자유관의 등장과 함께 상실된 정치적 자유에 대한 강조이기도 하다. 이런 점에서 루소가 시도한 고대적 세계관으로의 복귀는 "의식적으로 또는 무의식적으로 근대성의 좀더 급진적인 형태, 즉 17세기와 18세기의 사고보다 고대적 사고에 더욱더 이질적인 근대성의 형태"를 만들어내는 데 기여했을 뿐이라고 레오 스트라우스는 말한다.[14] 이렇게 루소는 근대에 이르러 나타난 자유주의와 민주주의의 갈등이 자유에 대한 상이한 해석과 맞물려 있음을 분명히 보여주었다.

그러나 소유 개인주의라는 말이 가리키듯 사적인 인간들이 전면적으로 출현한 오늘날, 근대가 직면한 문제점들과 질병들을 극복하기 위해 전통 사회나 미분화된 통합적인 공동체로 돌아가려는 시도는 성공할 수 있는가? 그런 시도는 잃어버린 과거를 향한 낭만적 갈망에 불과하지 않은가? 그런 낭만적 이상을 변화된 정치적 조건 속에서 실현하려는 시도는 불가능을 추구하는 몸부림에 지나지 않는다. 이는 주어진 현실을 전면적으로 파괴해야만 실현할 수 있는데, 이 과정에서 말로 다 표현할 수 없는 야만성이 드러나기 십상이다. 헤겔은 이를 프랑스 혁명의 공포정치에서 보았다. 그러나 프랑스혁명과 로베스피에르의 공포정치는 근대 부르주아 시민사회의 한계에 대한 저항이기도 하다. 즉 프랑스혁명과 로베스피에르의 공포정치는 근대의 위기를 잘 보여준다.[15]

인간의 근원적 자유를 회복하기 위한 위대하고 숭고한 열정이 결국 전체 사회를 피비린내 나는 도살장으로 전락시키는 사태를 목도한 헤겔은 프랑스혁명의 진행 과정을 근대의 개인주의와 적대적으로 공존하는 근원적 자유에 대한 열망의 표출로 이해한다. 루소의 열광적인 찬미자인 로베스피에르는 고대 그리스 로마의 시민적 질서와 애국심으로 불타오르는 시민들로 구성된 완벽한 국가를 형성하려 했다. 이런 시도는 돈과 상업을 신성시하면서 고귀하고 숭고한 것에 대한 열정을 완전히 상실한 채 자신의 사소한 물질적 쾌락과 이기심의 충족만을 추구하는 근대사회에 대한 분노의 표현임을 헤겔은 잘 인식하고 있었다. 그럼에도 불구하고 근대의 조건 속에서 고대의 민주적이고 공화적인 질서를 전면적으로 실현하려는 시도는 삶의 의미 지평을 오로지 이익을 추구하는 경쟁의 장으로 축소시키는 것 못지않게 야만적인 결과를 초래할 수 있다는 점을 헤겔은 지적한다.

헤겔은 루소의 이념을 실현하고자 한 프랑스혁명에서 나타난, 일방적인 소유 개인주의와 공적인 덕성에 대한 과잉 강조가 사실은 동전의 양면임을 인식할 수 있었다. 뿐만 아니라 이 둘 사이에서 표류하는 근대의 위기의 중층적 성격을 분명히 인식하고 이를 극복할 방안을 모색하는 데 전력을 다한다. 루소 식의 추상적인 철학과 프랑스혁명, 특히 테러와 공포정치로 상징되는 로베스피에르의 정치의 깊은 연관성을 지적한 사람은 헤겔만이 아니다. 예를 들어 프랑스혁명기의 저명한 자유주의 철학자인 뱅자맹 콩스탕(B. Constant)은 루소의 인민주권 및 일반의지 이론이 프랑스혁명의 공포와 테러를 정당화했다고 주장한다. 그에 의하면 루소의 사회계약론은 "모든 형태의 전제정에 가장 무시무시한 보조 수단"을 제공했다.[16] "나 자신을 모두에게 내줌으로써 아무에게도 내주지 않는다"고 주장하는 루소는 콩스탕이 보기에 "개인의 자유에 대한 가장 위험한 적"에 지나지 않았다.[17] 바로 뒤에서 살펴보겠지만, 헤겔은 루소의 공화주의적 자유관에 깊이 공명하면서도 인민주권의 무제한적 긍정이 결국에는 개인의 자유 파괴로 귀결될 거라는 콩스탕의 지적을 진지하게 받아들였다. 헤겔은 이미 청년기에 몽테스키외와 투키디데스 등과 더불어 콩스탕의 저서들을 깊이 연구했으며 "헤겔은 인생의 마지막 시기에 이르기까지 그를 따르기를 멈추지 않았다"고 헤겔의 제자이자 전기의 저자인 카를 로젠크란츠(K. Rosenkranz)는 말한다.[18]

사적 이익의 추구를 혐오하고 고대 세계에 존재했던 시민들의 공공 영역에 대한 평등한 참여를 높이 평가한 루소가 시민 개개인의 정치 참여를 의무로 규정해야 한다고 생각한 것은 우연이 아니다.[19] 루소는 근대사회에서 고대의 자유를 실현할 수 있는 합리적인 대안을 제시하지는 못했다.[20] 그는 《산으로부터의 편지》에서 "조국애와 인간성"은 "통일될 수 없는 덕"이라고 말했다.[21] 실제로 루소는 당대의 유럽을 "야만"의 상태로 이해했다.[22] 그는 당대의 유럽인들이 국적을 불문하고 취향이 동일하다고 말한다. 그에 의하면 모든 유럽인들은 "공공선"을 입에 올리면서 "오로지 자신들만"을 생각하고 "사치에 대한 야망 이외에 아무런 야망을 갖고 있지 않고, 돈에 대한 열정 이외에 아무런 열정을 지니고 있지 않다"고 개탄한다.[23] 이런 상황에서 개인들의 특수한 이익 추구를 넘어 공동선을 달성하는 공동체, 그리고 이 공동체와의 일체감 혹은 공동체에 대한 사랑으로 불타오르는 덕성을 갖춘 공화주의적 시민을 육성하려는 시도는 상당한 어려움에 봉착할 것이다.

루소가 생각하는 조국애가 무엇인가를 살펴보면 이러한 사실은 더 분명해진다. 그는 다음과 같이 말한다. "모든 참다운 공화주의자는 조국애, 즉 법과 자유에 대한 사랑을 어머니의 모유와 함께 들이마셨다. 이 사랑은 그의 전체 존재를 형성한다. 그는 자신의 조국만을 보며 오로지 조국을 위해서만 산다. 홀로 있을 때, 그는 아무것도 아니다(nothing).

헤겔 정치철학의 통찰과 맹목

그에게 조국이 없다면, 그는 더 이상 존재하지 않는다. 그리고 설령 죽지 않았다고 해도 그는 죽음보다 더 나쁜 상태에 있다."[24] 그러므로 모든 개인이 돈벌이에 몰두하면서 자신의 이익 추구에 골몰하는 근대 산업사회에서 고대 스파르타나 로마 공화정의 정치적 덕성을 갖추고 있는 시민들로 구성된 공동체를 형성하려는 계획은 거의 실현 불가능한 듯하다. 실제로 루소 역시 자신의 기획이 실현되리라고 생각한 것 같지는 않다. 그런 희망을 전적으로 포기하진 않았다고 할지라도 말이다. 루소는 유럽에서 여전히 공화주의적인 질서를 받아들일 가능성이 있는 유일한 곳으로 코르시카 섬을 언급한다.[25]

재산과 부에 대한 과도한 열정으로 인해 타락한 상태로 살아가는 인간이 다시 도덕과 자유를 회복할 수 있는가. 루소는 이 문제를 해결할 수 있다고 장담한다. 그가 보기에 인간은 본래 선하고 자유로운 존재이지만 사회질서 때문에 노예가 되고 악덕에 물들고 만다. 즉 "인간은 자유롭게 태어났으나 모든 곳에서 족쇄에 묶여 있다".[26] 자연적 자유를 회복 불가능할 정도로 훼손시키는 노예 상태를 벗어나 인간이 자연 상태에서 누리던 자유를 회복하는 방안이 바로 계약을 통한 새로운 정치 공동체의 창안이다. 여기에서 루소의 사회계약론을 상세히 다룰 수는 없다. 다만 돈과 덕성의 이원성은 사회계약론에서도 여전히 루소를 괴롭히고 있다는 점만은 언급해두어야겠다. 이는 일반의지(the general will; volonté générale)와 전체의지(the will of all; volonté de tous)의 구별에서 그리고 이 둘의 관계에서 잘 드러난다. 일반의지는 오류를 범하지 않으며 "항상 정당하며 언제나 공공 이익에 이바지한다".[27] 그런데 이 일반의지는 모든 사람의 사적 이익을 합친 것과는 다르다. 후자는 일반의지가 아니라 전체의지라고 일컬어진다. 일반의지는 공공의 이익만을 바라보는 데 반해, 전체의지는 "사적 이익에 주목하며 특수한 의지들의 총합에 지나지 않는다".[28] 루소에게 있어서 사적인 이해관계를 뛰어넘는 공적인 이익이 있다는 주장이 무엇을 의미하는지는 상당히 애매하게 남아 있다. 일단 정치 공동체가 개인들의 사적 이해관계를 조정하는 영역과 구별된다는 것은 고대 공화주의 전통에서 소중하게 간직해 온 자치 이념의 근대적 표현이라고 볼 수 있을 것이다.[29] 아리스토텔레스의 관점에서 말하자면 정치 공동체, 즉 폴리스는 단지 물질적인 "생존"만을 목적으로 하지 않으며 "훌륭한 삶(the good life)"을 궁극적 목적으로 삼는다. 그러므로 국가가 외침의 방어나 "무역과 사업관계"를 위해서만 존재한다고 생각해서는 안 된다.[30] 그러나 이런 점을 인정한다 해도 일반의지가 어떤 방식으로 개인들의 사적 이해관계의 틀과 매개되어 있는지는 해명이 되지 않는다. 루소는 다만 일반의지는 서로 갈등하는 이해의 총합이 아니며 상이한 이해관계 때문에 형성되는 당파가 국가를 파괴할 위험이 있다는 점만을 지적하고 있기 때문이다.[31]

　루소의 철학은 근대 시민사회의 문제점에 대한 해결책을 제시한 게 아니라, 이를 이율배반으로 분명히 드러냈다는 데 의미가 있다. 따라서 에른스트 카시러는 "장 자크 루소의 문제는 근대 정신사의 가장 어려운 문제들 중 하나이다"고 말한다.[32] 루소는 조국애와 인간성을 종합하는 데 실패했으며 우리는 이를 통해 근대사회에서 고대로 복귀할 수 있는지 돌아보고, 그것이 가능하더라도 구체적인 실현 방법을 모색해야 한다는 교훈을 얻게 된다. 사적 개인과 공적 시민의 불일치와 대립은 "루소 이래로 모든 근대적 국가론과 사회 이론의 근본 문제"이

　　　　　　　　　　　　　　　　헤겔 정치철학의 통찰과 맹목

다.[33] 콩스탕 같은 자유주의자들과 마찬가지로, 헤겔 역시 무제한적인 인민주권의 긍정과 일반의지의 무조건적인 정당화는 진정한 자유를 파괴하고 온갖 형태의 자의적인 권력을 자유의 이름으로 정당화할 것이라는 두려움에 깊이 공감했다. 그러나 그는 국가를 단순히 사적인 개인들의 이익 추구나 상업과 물질적 교환의 장보다 더 높은 가치를 지니는 것으로 생각하는 루소와 공화주의 전통에 대한 긍정을 결코 포기하지 않았다. 공적 시민과 사적 개인의 문제를 근대의 문제로 접근하여 양자택일하지 않고 이 둘의 결합 가능성을 모색한 최초의 근대 철학자는 헤겔이었다. 요컨대 그는 과학과 기술의 진보와 결부되어 진행되는 노동의 분업, 산업 및 상업의 발달 그리고 이들로부터 자연스럽게 나타나는 이해관계의 다양화가 특징인 근대 세계에서 고대 아테네 및 로마 공화정의 정치적 자유 이념을 어떻게 구현할 수 있는지를 고민했다. 그러한 모색의 결과 고대 공화주의와 근대 자유주의의 변증법적 종합으로서의 인륜성(Sittlichkeit) 철학이 나타났다.

2. 고대 아테네의 직접민주주의에 대한 헤겔의 비판

루소의 근대 비판과 고대 공화주의적 자유에 대한 경탄은 청년 헤겔의 출발점이었다. 청년 헤겔은 다음과 같이 적었다. "자유로운 인간으로서 그리스인과 로마인은 스스로 제정한 법을 따랐으며 스스로 상관으로 뽑은 공직자에게 복종했으며, 스스로 결정한 전쟁을 치렀고, 그들 자신의 대의(이상)를 위해 재산과 정열을 바쳤고 수천 명의 목숨을 희생했다. [……] 자신의 활동의 산물로서의 국가에 대한 상은 시민의 영혼으로부터 사라져버렸다. 전체에 대한 배려와 이해는 한 사람이나 몇 몇 소수의 사람들의 영혼 속에 깃들게 되었다. 〔……〕 국가기구의 행정 은 소수의 시민들이 전담하게 되었으며 이들은 단지 하나의 톱니바퀴 로서만 봉사했다. 〔……〕 국가가 백성들에게 주입하는 커다란 목적은 국가 속에서의 효율성이었다. 백성들이 스스로에게 부여한 목적은 돈 벌이와 호구지책이었고 공허한 것이었다. 이제 모든 행위와 목적이 개 인적인 것과 연관되고 전체를 위한, 즉 하나의 이념을 위한 행위는 더 이상 존재하지 않게 되었다. 사람들은 각자 자기 자신을 위해 일하거 나 아니면 특정한 개인을 위해 일하도록 강요되었다. 스스로 만든 법 칙을 지키고, 평화 시에는 자기 손으로 뽑은 관리를, 전시에는 자기 손 으로 뽑은 지휘관을 따르며, 스스로 함께(공동으로) 결정한 계획을 실천 할 수 있는 자유가 사라져버렸다. 모든 정치적 자유는 사라져버렸다. 시민들의 유일한 권리는 이제 그의 전체 세계를 가득 채우고 있는 소 유권을 보장받는 것뿐이었다. 그의 목적을 이루는 전체 세계, 그의 생 활 속의 모든 행위를 산산이 부숴버리는 현상, 즉 죽음이 그에게는 두 려울 수밖에 없었다. 그러나 고대의 공화국은 공화국 시민들보다 오래 지속되었으며, 공화국은 그들의 영혼이고, 따라서 영원한 어떤 것이라 는 생각이 공화국 시민들의 머릿속에 아른거리고 있었다.[34]

위 인용문이 보여주듯이 헤겔은 고대 공화주의적 자유와 시민정신 이 근대에 들어 소유권 주장, 돈벌이를 위한 개인의 사적 이익 추구로 인해 상실돼버렸다고 주장한다. 여기에서 우리는 루소의 영향을 발견 할 수 있다. 실제로 청년 헤겔은 루소에게 열광했다. 튀빙겐 신학교 시 절 헤겔의 친구였던 로이트바인에 따르면 그때 헤겔의 "영웅은 장 자

헤겔 정치철학의 통찰과 맹목

크 루소"였고 "형이상학은 그의 관심사"가 아니었다.[35] 튀빙겐 신학교를 졸업하고 스위스의 베른에서 활동하던 시기에 헤겔은 고대 그리스의 폴리스이자 프랑스혁명 시기에 로베스피에르와 생쥐스트 등이 구현하려 했던 공화국에 대한 희망을 접는다. 대신 프랑스혁명 시기에 로베스피에르가 자행한 테러 및 공포정치에 대한 비판 의식을 갖게 된다.[36] 이런 비판 의식이 성장하게 된 구체적인 동기는 잘 알려져 있지 않지만, 베른 시기에 수행한 근대 경제학 연구가 계기였다고 볼 수 있을 것이다. 애덤 스미스의 스승인 제임스 스튜어트(James Stewart)의 경제학 저서에 감명을 받아 헤겔은 긴 평문을 작성하기까지 했다.[37] 헤겔이 근대에 전면 등장한 상업 및 산업의 사회·정치적 결과를 인식함에 따라, 분화되지 않고 삶의 동질성이 상당히 높은 수준으로 유지되었다고 보았던 고대 그리스 공화국은 역사의 뒤안길로 영원히 사라진 유물로 남게 된다. 물론 이런 의식이 고대 그리스 로마의 공화국에서 찬란하게 빛난 정치적 자유와 공동체적 삶에 대한 동경마저 앗아가지는 못했지만 과거를 되돌릴 수 없다는 것은 분명해졌다.

헤겔은 예나 초기를 대표하는, 1802~1803년에 작성한 것으로 알려진 《인륜성의 체계(System der Sittlichkeit)》에서도 그리스의 인륜적 세계의 붕괴를 한탄하지만, 예나 후기의 저작인 《예나 체계 기획 III》에서 그리스의 공화국이 "절대적 개별성의 원리"를 결여하고 있다고 말하면서 고대에 비해 이 개별성의 원리를 긍정하는 근대가 더 우월한 시대라고 강조한다.[38] 이제 성숙한 헤겔은 고대 그리스의 아름다운 인륜적 세계는 인간의 자유 의식이 실현되는 인류 역사의 기나긴 도정에서 거쳐 가는 한 단계로 이해한다. 그러므로 성숙한 헤겔은 고대 그리스 세계에서 실현된 직접민주주의도 비판적으로 바라본다.

헤겔은 《법철학》에서 민주주의의 한계를 다음과 같이 적는다. "모든 개인들이 국가의 성원이고 국가의 문제들이 만인의 문제들이며 이러한 문제들을 처리함에 있어서 만인이 그들 자신의 지식과 의지를 갖고 이를 공유할 권리를 지니므로 만인이 국가의 보편적인 문제에 대한 심의와 결의에 참여해야 한다는 것, 이 표상은 아무런 이성적인 형식도 갖지 않는 민주주의적 요소를 오직 이 이성적인 형식에 의해서만 존재하는 국가 유기체 안에 삽입하고자 했던 것이다. 이 표상은 그것이 국가의 성원이라는 추상적 규정에 머물러 있기 때문에 떠오르게 된다는 것은 분명하며, 그리고 추상물들을 고집하는 것은 다름 아닌 피상적인 사고인 것이다."[39]

위 인용문에서 보듯이 헤겔은 민주주의에 비판적인 태도를 견지한다. 왜 그는 직접민주주의를 추상적이고 피상적인 사유에 집착한 결과로 생각하는 것인가? 헤겔이 직접민주주의를 비판하는 이유는 다양하다.[40] 근대 세계처럼 규모가 크고 복잡성이 증대된 나라에서 시민적 덕성들(civic virtues)을 갖춘 시민들이 공적 사안들을 스스로 결정하는 자치의 이념과 결부된 정치적 자유의 이상과 직접민주주의 이상을 되살리기는 거의 불가능하다고 헤겔은 생각한다. 헤겔뿐만이 아니라 루소와 몽테스키외도 이와 유사한 생각을 피력한 바 있다.[41]

이 글에서 나는 사회 규모나 기능의 분화로 복잡성이 증대됨으로써 고대 아테네 식의 직접민주주의가 불가능하게 되었다는 비판을 상세히 다루지 않을 것이다. 그 대신 헤겔의 직접민주주의 비판을 다음과 같은 두 가지 관점에서 살펴본다. 하나는 고대 아테네에서 실현된 직접민주주의의 배타성 문제이고, 또 하나는 이질적인 것과 다양한 삶의 방식을 허용하지 않고 인간의 삶을 분화되지 않은 동질적인 질서로 강제할 가능성이다.

우선 이 두 가지 문제점을 다루기 전에 아테네의 정치질서에 대한 헤겔의 생각을 간단히 요약해보자. 고대 아테네의 폴리스가 속한 세계는 인류 역사에서 "청년기에 해당"한다고 헤겔은 본다.[42] 그리스 세계는 "아름다운 자유의 왕국"을 건설한 곳이었는데,[43] 이 자유의 왕국은 민주주의 국가라고 일컬어졌다. 그리고 "민주주의는 그리스를 위한 정치적 헌법의 규정이었다"고 헤겔은 말한다. 달리 말하자면 민주주의는 고대 그리스의 역사적 조건과 특성에 어울리는 것으로 고대 폴리스에 "유일하게 가능한, 필연적인 것"이었다.[44] 그리스 세계에서 구현된 자유가 아름답다고 여겨지는 이유는 고대 폴리스에서 실행된 민주주의에서 개별자와 보편자 혹은 사적인 것과 공적인 것이 구별되지 않은 채 직접 통일되어 있었기 때문이다. 그리하여 고대 그리스 세계에서의 공동체 의식은 천진난만한 상태에 있었으며 마찬가지 이유로 사적인 삶의 자율성과 공동체의 삶이 전혀 분리되지 않은 상태에서 시민의 개인적 삶은 온전하게 전체, 즉 조국의 영광과 번영에 받쳐져 있었다. 전체 공동체의 이익이나 국가의 공적 업무 등에 대한 헌신은 아테네 시민들에게는 확고부동한 관습이나 습관처럼 제2의 천성이 되었다는 점에서 공적인 삶과 사적인 삶은 직접 통일되어 있었다. 따라서 폴리스를 통한 삶이야말로 시민들에게 가장 자연스러운 삶으로 여겨졌을 뿐 아니라 이런 공동체적 삶과 유리된, 혹은 시민적 삶에 등을 돌리고 살아가는 삶은 페리클레스가 말했듯이 "쓸모 없는" 것이었다.[45] 이런 고대 아테네의 의식을 아리스토텔레스는 다음과 같이 표현하고 있다. "시민들 중 누구든 자기가 자신에게 속한다고 말해서는 안 된다. 오히려 각 개인이 국가의 일부이기 때문에 모두가 국가에 속한다고 우리는 생각해야 한다."[46] 헤겔에 의하면 "그리스인들이 지녔던 아름답고도 행복한 자유의 상태"는 "사람들이 매우 부러워해왔고 지금도 부러워하는 것이다".[47]

헤겔이 고대 아테네에 가장 어울리는 것으로 평가한 직접민주주의를 왜 비판하는지를 더 구체적으로 살펴보자. 우선 앞에서 언급한 첫 번째 문제점, 즉 아테네의 직접민주주의는 근본적으로 강한 배타성을 띤 체제라는 지적을 살펴보자. 헤겔에 의하면 근대의 원리, 즉 주관성과 특수성의 원리를 인정하지 않는 모든 국가 형태는 불완전하다. 그런데 직접민주주의 역시 주관성의 원리를 온전하게 담아내지 못하고 소수의 시민들에게만 국가의 성원 자격을 허용하는 정치질서였다는 점을 헤겔은 지적한다. 사실상 고대 아테네 도시국가에서 찬란하게 꽃을 피운 직접민주주의는 "주관적 자유의 원리"를 알지 못했다. 이 원리는 고대 아테네 정치 공동체에 "이질적인 원리"이다. 달리 말하자면 소피스트 및 소크라테스에 의해서 전면적으로 시작되는 내면성과 양심의 원리, 사적 삶과 공적 삶의 뚜렷한 구분 등을 가능하게 하는 주관적 자유의 원리는 고대 아테네의 삶에 낯설었으며, 고대의 정치적 공동체의 삶의 형식을 "파괴하는 원리"로 작용했을 뿐이다.[48]

고대 아테네 세계의 근본적인 한계를 지적하면서 헤겔이 사용하는 용어가 바로 '인간'이다. 즉 고대 그리스 세계는 아직 "인간 개념"을 알고 있지 못했다는 것이다.[49] 달리 말하면 인간이 인간으로서 누리는

헤겔 정치철학의 통찰과 맹목

인격적 존엄성과 자유롭고 평등한 인격적 존재의 보편적 특성에 대한 자각은 그리스 세계가 알지 못하는 원리라는 것이다. 바로 이런 평등하고 자유로운 인간의 보편적 특성에 대한 인식의 부재는 고대 그리스의 도시국가에 적합한 민주주의 작동에 필수적인 전제 조건이었다고 헤겔은 생각한다. 헤겔은 그리스 공화국, 즉 그리스 직접민주주의 체제의 세 가지 특성을 언급하는데, 바로 신탁에 의한 정치, 노예제도 그리고 소규모의 도시국가이다.[50] 이 세 가지는 바로 고대 아테네의 자유공화국이 적절히 실현될 수 있는 필수 조건들이다. 고대 민주주의를 가능하게 한 조건들을 언급하는 과정에서 눈에 띄는 점은 고대 민주주의와 노예제도의 논리적 연관성에 대한 서술이다. 헤겔은 아테네 폴리스가 노예제도를 운영하고 있었다는 점을 들어 그것의 논리적 한계를 지적하진 않는다. 물론 앞에서 언급했듯이 당시에는 인간이 인간 자체로서 자유롭고 평등한 존재이며 존엄한 존재라는 근대적 인식이 부재했다. 또 아테네인들은 노예에게 폴리스가 존재하지 않는다는 사실을 자연스럽게 받아들였는데, 오늘날의 우리들은 공감할 수 없는 일이다. 노예제도가 잔인하고 인격성의 원리에 위배된다는 점을 인정하고 노예제도가 엄존한다는 사실 자체를 지적함으로써 고대의 시대적 한계 및 정치적 질서의 불충분함을 논하는 것만으로는 충분치 않다. 그것은 너무나 손쉬운 일이기 때문이다. 헤겔은 고대의 민주주의 자체가 필연적으로 노예제도를 요구하고 있다고 비판한다. 왜 그런가? 헤겔은 "덕(Tugend)이 민주주의의 토대이다"는 몽테스키외의 규정을 인용하면서 이는 민주주의의 핵심을 정확히 표현한다고 말한다. 사실 몽테스키외에 의하면 공화정에는 민주주의와 귀족정이 동시에 포함된다. "인민 전체가 최고의 권력을 갖는" 공화정은 민주주의이고 "인민 일부의 수중에 최고의 권력이 존재한다면" 그 체제는 귀족정이라는 것이다. 하여간 몽테스키외는 민주주의 원리로 간주된 덕, 더 정확히 말하자면 "정치적 덕성"을 "조국에 대한 사랑" 혹은 "평등에 대한 사랑"이라고 규정한다.[51] 이 조국에 대한 헌신과 사랑이 민주주의적 공화정을 가능하게 하는 원리라는 것이다. 즉 공공선을 숙고하고 자유로운 공화국의 정치 활동에 참여하는 삶을 통해 시민은 자유로울 뿐만 아니라 인간의 인간다움, 즉 인간의 본성을 실현할 수 있다는 고대 아테네인들의 사유 방식은 바로 조국에 대한 사랑을 통한 민주주의의 실현이라는 이상을 잘 보여준다.

그러나 이렇게 공공선과 공적인 업무를 모든 시민의 삶에서 궁극적이고 본질적인 요소로 여기는 태도는 시민의 역할을 담당할 사람들을 특정한 범주로 좁게 한정하고 이 영역 밖에 있는 존재들을 배제하기 십상이다. 바로 여기에서 헤겔은 고대 아테네 민주주의의 근원적 한계를 볼 뿐 아니라, 아테네 민주주의가 노예를 필연적으로 요구하고 있음을 간파한다. 앞에서 보았듯이 시민의 덕성이 민주주의의 근원적인 생명력인 한, 그리고 정치적 공동체의 일원으로서 공공 사안을 스스로 결정하는 활동을 통해 인간의 본성을 실현할 수 있다고 보는 한, 시민들의 수는 한정될 수밖에 없다. 아리스토텔레스는 여성과 노예 등은 본성상 정치 활동에 어울리지 않는 존재로 설정하고 이들을 폴리스에서 배제함으로써 이를 잘 보여준다. 이렇게 시민의 자격과 역할에 대해 배타적 경계를 설정하지 않는다면 공적 사안을 충분히 숙고할 역량을 배양할 수 있는 길이 모든 사람들에게 열려 있다고 보아야 할 것이다. 그러나 이는 쉽게 받아들여질 수 없는 가정이다.

공적 삶과 사적 삶의 일치를 구현한 아테네 폴리스의 고귀하고 아름다운 삶에 한없는 찬사를 보내면서도 헤겔은 다음과 같이 묘사한다. "노예제도는 각 시민이 공공장소에서 국가 행정에 대한 연설을 하고 경청하는 권리와 의무, 체육관에서 자신의 신체를 단련할 권리와 의무 그리고 축제를 공동으로 거행할 권리와 의무를 지녔던 아름다운 민주주의의 필연적 조건이었다." 간단히 말하자면 "시민들의 평등"과 "노예들의 배제"는 상호 공속하는 것이다".[52]

직접민주주의는 다수가 폭정을 휘둘러 소수자의 권리를 억압하거나 인간의 여러 권한과 활동을 억압할 수 있다는 점에서도 문제가 있다. 즉 인민이 최종 권한을 행사하는 것을 민주주의로 이해하고 이 주권 행사의 합리성 여부를 묻지 않는다면 결국 모든 자의적인 권력 행사를 정당화하는 사태를 불러올 것이다. 이는 인민 대중의 이름으로 혹은 인민의 이름으로 행사되는 전제정이나 다름없을 것이다. 현대 사회에서처럼 복잡하고 다양한 이해관계가 대립할 수밖에 없는 조건에서 직접민주주의를 실현하려 할 경우 선한 의도를 갖고 있다 할지라도 "전제정(Despotismus)"을 초래하기 쉽다고 헤겔은 염려한다. 근대사회에서 민주주의를 실현하려는 시도는 모순적인 결과를 낳을 수밖에 없기 때문에 프랑스혁명에서도 "민주주의로서의 공화주의적 헌법이 등장할 수 없었다"고 헤겔은 말한다. 오히려 전제정은 "자유와 평등의 가면을 쓰고" 시민의 신임을 얻게 된다는 것이다.[53] 루소에게 영감을 얻은 로베스피에르의 자코뱅 정치가 테러로 귀결된 것은 루소의 정치이론을 현실에 적용했을 때 어떤 결과를 가져오는지를 보여주는 사례라고 볼 수 있다. 프랑스혁명기에 자코뱅파의 지도자인 로베스피에르는 정치적 덕성과 공포의 결합을 내세우면서 공포는 "민주주의 원리의 소산"이라고 주장했다.[54]

레오 스트라우스 역시 루소가 내세운 일반의지는 옳고 그름, 정의로움과 부당함의 경계를 허물어버리고 모든 것을 정당화하는 데 기여한다고 본다. 왜냐하면 일반의지가 정의의 궁극적인 기준으로 설정되면 "식인 풍습은 그것에 대한 반대와 마찬가지로 똑같이 정의로운 것"으로 받아들여질 것이기 때문이다. 즉 루소의 일반의지에 대한 이론에 의하면 "인민의 마음에 의해서 신성화된 모든 제도는 거룩한 것으로 간주되어야만 하는 것"이라는 결론을 피할 수 없다는 말이다.[55]

시민의 덕성들 중에서도 조국과의 일체감, 즉 조국에 대한 사랑을 궁극적인 시민의 덕으로 설정하는 아테네의 직접민주주의 체제는 근대 세계와 달리 경제활동의 자유를 적극 긍정하지 않았다. 오히려 부의 불평등이 정치적 자유를 위협하지 않을까 걱정하여 "다양한 선택의 자유"에 제한을 가했음을 헤겔은 이미 청년 시절에 지적한 바 있다.[56] 후기 헤겔은 근대 산업사회의 해방적인 의미를 적극 긍정하고 부르주아적 시민사회와 국가를 구별함으로써 이 둘을 연결할 가능성을 모색했음은 널리 알려져 있다. 이제 우리는 다시 루소가 제기한 딜레마 앞에 서 있다. 다시 말해, 시민의 덕성과 이를 부패하게 만드는 상업 및 산업 활동, 간단히 말해 조국애와 이를 부패시키는 돈에 대한 욕구는 더 이상 화해할 수 없는 것인가.

이미 앞에서 설명한 것처럼 헤겔이 보기에 이런 루소적인 물음은 잘못된 것이다. 근대사회에서는 고대 아테네에서 실현된 민주주의를 되

헤겔 정치철학의 통찰과 맹목

살릴 수 없으며 그런 시도는 무시무시한 공포정치로 전락하고 말 것이라고 헤겔은 생각한다. 그리하여 헤겔은 이제 모든 인간을 이기심과 물질적인 이해관계에 몰두하게 만드는 근대의 상황과 조건에서 고대 아테네 정치 공동체의 배타성과 억압성의 한계를 극복하면서 공화주의적 자유를 보전할 수 있는 가능성을 모색하게 된다.

3. 주체성의 원리와 근대세계의 이성적 국가의 원리들

헤겔에게 근대는 종교개혁, 시민사회, 계몽주의 등을 통해 구성된 역사적 산물이다. 이는 근대가 인류사의 한 단계라는 것을 의미한다. 요컨대 근대는 종교개혁에 의해 사상의 자유 및 종교적 관용이 허용되면서 경제적 활동 영역이 국가로부터 독립되어 독자적인 사회 영역을 구성하는 시기이다. 또한 근대는 사회적으로 해방된 개인들이 각자의 목적을 스스로 선택하고 추구하는 자유를 보편적 권리로서 보증하는 국가를 형성하는 시기이다. 그리하여 헤겔은 근대에 이르러 "주관성의 원리"가 시대의 근본원리로 등장하게 되었고, 이런 점에서 근대는 다른 시대보다 더 고차적이라고 평가한다. 헤겔은 주체성의 원리 위에 형성된 근대의 이성적 국가의 모습과 본성을 다음과 같이 설명한다.

"국가는 구체적 자유의 현실이다. 그러나 구체적 자유는 다음과 같은 점에서 존립한다. 즉 우선 개인의 개별성과 특수한 이해관계가 완전히 전개되어 개인의 권리를 대자적으로 (가족과 시민사회의 체계 내에서) 인정받는 데에 존립한다. 그뿐만 아니라 개인들이 한편으로는 자기 스스로를 통해 보편자의 관심으로 이행하고, 또 한편 앎과 의지를 가지고 보편자를 인정하되, 더욱이 보편자를 개인들 자신의 실체적 정신으로 인정하고 그들의 궁극적인 목적이기도 한 보편자를 위해 활동한다는 데에 존립한다. 그래서 보편자는 특수한 이해관계와 앎, 그리고 의욕이 없다면 타당하게 될 수도 수행될 수도 없다. 또한 개인들은 단지 특수한 이해관계와 앎, 그리고 의욕만을 추구하면서 사적인 개인으로 살아갈 수도 없으며, 동시에 보편자 속에서 보편자를 위하여 의욕하거나 이러한 목적을 의식하는 활동을 할 수밖에 없다. 근대국가의 원리는 주체성의 원리를 개인의 특수성이라는 독립적 극단에까지 완성시켜서 동시에 이 주체성의 원리를 실체적 통일 속으로 환수하고 실체적 통일을 주체성의 원리 속에 보존하는 거대한 힘과 깊이를 지닌다."[57]

위 인용문이 보여주듯이 근대국가는 개인의 해방을 전제한다. 인간이 인간으로서 자유롭다는 생각은 헤겔에 의하면 아프리카와 동양의 전 대륙에는 알려져 있지 않았던 이념이다. 그리스와 로마, 플라톤과 아리스토텔레스 그리고 스토아학파 역시 정신의 본질을 구성하는 자유의 이념과 보편적 성격을 분명히 인식하지 못했다. 아테네 시민이 누렸던 자유는 아테네 시민이라는 출생의 조건에서 자유롭지 못했다. 따라서 그리스인들은 아직 "인간 그 자체", 달리 말하자면 "이성적 자기의식으로서의 인간이 자유를 가질 권리가 있다는 것을 인식하지 못했다".[58] 마찬가지로 헤겔은 로마법에서의 인격 규정을 비판적으로 바라본다. 로마법에서 인격은 노예에 대비되는 "신분, 상태"였다고 그는 지적한다. 그래서 로마법에서 어린아이도 포함된 노예에 대한 권리라든가 돈에 의해서 노예로 팔리게 되는 경우처럼 자유로운 인격의 권리를 누리던 신분 상태가 변동하거나 권리를 박탈당하는 경우가 있음을

언급한다.[59]

인간의 보편적 자유에 대한 인식의 확보와 이의 구체적인 실현은 바로 세계사의 과정이기도 하다. 이 세계사의 과정에서 프랑스혁명은 기독교 못지않은 중대한 의미를 지닌다. 프랑스혁명은 인간이 인간으로서 지니는 자유라는 인식을 모든 국가 및 사회 그리고 법적 규범의 근본원리로 고양시켰기 때문이다. 달리 말하자면 프랑스혁명에 의해서 인간이 "유대교도, 가톨릭교도, 신교도, 독일인, 이탈리아인 등이기 때문이 아니라" "인간이기" 때문에 고귀한 인격적 주체라는 생각이 모든 인간의 사회생활의 기본원리로 천명되었던 것이다.[60] 이를 증명하는 것이 바로 프랑스혁명 당시의 인권선언이다. 그래서 프랑스혁명 이전 상태로 되돌아가는 것은 역사의 후퇴이다. 헤겔은 기독교와 프랑스혁명을 염두에 두면서 자유 의식의 진보 과정에 대해 다음과 같이 말한다. "인격의 자유가 기독교를 통하여 만발하고 게다가 인류의 일부를 넘어 보편적인 원리가 된 지 대략 150년이 지났다. 그러나 소유의 자유가 여기저기에서 원리로서 인정된 것은 어제 이후라고 사람들은 말할 수 있을 것이다."[61]

고대적 자유와 구별되는 근대적 자유의 탄생은 몇 가지 문제점과 한계에도 불구하고 헤겔에게는 취소하거나 거역할 수 없는 것이었다. 헤겔은 자유로운 인격적 주체로서의 인간의 보편적 평등이라는 이념을 받아들인다. 그는 어린 자녀들 역시 법적 주체로 이해하면서 그들은 양육 및 교육을 받아야 한다고 말한다. 그런데 중요한 것은 (이를 부모들의 단순한 도덕적 의무로만 보는 게 아니라) 어린 자녀들은 양육되고 교육받을 권리를 지닌 주체라는 헤겔의 입장이다.[62] 앞에서 인용한 구절에서도 보듯이 헤겔에 의하면 근대국가는 가족과 시민사회에서 개인의 권리를 철저히 보장하는 토대 위에서 비로소 굳건해질 수 있다. 그리하여 헤겔은 "주관적 자유의 권리"를 "시민사회의 원리"이자 "정치적 헌법의 계기"로 강조한다.[63] 시민사회의 원리에 해당하는 주관적 자유의 구체적 예들은 소유권의 보장이나 직업 선택의 자유뿐만 아니라 직업 단체 및 자발적인 결사체 결성의 자유 등을 포함한다. 더 나아가 헤겔은 근대의 이성적인 국가는 입헌군주제의 형태를 띤 제한 정부여야 한다고 주장한다. 입헌군주정은 세계사의 진행 과정에서 게르만 세계에서 비로소 구체화된, 모든 사람들의 자유를 제도적으로 보장하는 헌법적 질서라는 것이다.[64]

입헌군주정을 구성하는 중요한 요소들은 (군주의 권한을 제외하면) 여론, 신분제적 대의제도 그리고 관료제도 등을 들 수 있다. 그중에서도 여론 수렴 기관이자 입법기관인 신분제적 대의제도를 통해 헤겔은 고대의 직접민주주의와는 다른 형태이긴 하지만 일반 국민들의 정치적 참여의 문제를 해결할 수 있다고 생각한다. 즉 모든 공적인 사안들에 인민이 직접 참여하여 결정하는 것은 근대에서 불가능할 뿐만 아니라 바람직하지 않다고 보기 때문에 헤겔은 인민의 정치적 참여의 범위를 직업 단체들을 매개로 하여 국회에서 자신들의 이익을 대변할 대표자들을 선택하는 행위로 국한한다. 근대국가의 필수 요소인 대의제도는 고대 그리스에는 알려져 있지 않은 것이다. 고대 그리스의 정치체제인 직접민주주의와 근대 유럽 정치체제의 차이점에 대한 생각은 이미 청년기 헤겔에게서도 발견된다. 그는 "대의정치 체계는 모든 근대 유럽 국가의 체계이다"라고 말한다.[65] 루소 역시 대의 체제를 근대의 현상으로 본다. 물론 헤겔과는 상반된 평가를 내리지만 말이다. 주지하듯이 루소에게 주권은 대표될 수 없는 것이며, 대의제도는 인간의 자유를 공허하게 만들고 노예로 만드는 제도에 지나지 않는다.[66]

앞에서 설명한 근대의 합리적 국가에 대한 설명에서 핵심은 소위 근대적 자유의 요소들이다. 이런 점에서 헤겔의 정치철학은 철저히 자유주의적인 측면을 포함한다. 헤겔 정치철학의 근대적 특성 그리고 헤겔의 이론과 근대의 대표적인 자유주의 전통의 구조적인 친화성을 더 분명히 보기 위해 고대인의 자유와 근대인의 자유에 대한 구별의 역사를 좀더 살펴보자. 이에 대해 널리 알려진 콩스탕의 주장은 다음과 같다. "고대의 자유는 사회적 권력을 행사하는 데에서 시민들에게 가장 커다란 몫을 확실하게 하는 것이다. 근대의 자유는 그들의 정부로부터 시민들의 독립을 보장하는 것이다. 그들의 특성의 결과로서 고대인들은 행위에 대한 최우선적인 욕구를 갖고 있었다. 그리고 행위에 대한 욕구는 사회적 권위의 거대한 증가와 쉽게 융화되었다. 근대인들은 평화와 향락을 필요로 한다. 평화는 단지 시민들이 괴로움을 당하지 않도록 보호하는 몇몇 법률에서만 발견될 수 있다. 향락은 개인의 자유의 광범위한 여유에 의해서만 보호된다. 이러한 향락의 희생을 요구하는 어떤 입법도 인류의 현재의 조건과 양립할 수 없다."[67]

고대인의 자유는 "공적인 업무 참여, 주권의 직접 행사"를 본질로 하기 때문에 이런 "집단적 자유는 전체의 자유에 개인의 자유가 완전히 종속됨"을 요구함으로써 "의견, 산업, 종교 등의 문제에서 어떠한 개인의 자유도 인정"하지 않는 데 반해, 근대인에게 자유는 "사적인 삶 속에서 독립된 존재"로서 스스로 선택한 삶을 향유하는 것을 의미한다. 즉 근대인들에게 자유는 무엇보다 "사적인 독립의 향유"를 의미한다고 콩스탕은 말한다.[68] 이처럼 모든 사람들이 공적인 사안을 숙고하면서 직접 결정을 내리는 사회에서 개인들이 누리는 사적인 자유는 많은 제약을 받을 수밖에 없기에 고대인의 자유는 근대인의 자유와 양립할 수 없다는 콩스탕의 결론이 중요한 것은 아니다. 고대적 자유에 대한 콩스탕의 태도는 루소와는 정반대이긴 하지만, 두 사람은 상업과 고대적 자유의 대립을 설정하고 있다는 점에서는 깊은 공통성을 보여준다.

콩스탕의 두 자유관의 대조가 보여주는 핵심 문제제기는 과연 자유와 산업 사이에 필연적인 연관성이 존재하느냐라는 것이다. 물론 콩스탕은 "상업"은 "자유의 주요한 기초들의 하나"라는 점을 강조한다.[69] 그러므로 각 개인의 사적인 소유를 제도로 보호하는 것을 근대인의 주된 목표로 생각하면서 국가에 의해서 침해받을 수 없는 개인의 사적인 자유공간을 창출한다는 점에서 상업과 산업의 발달로 인한 정치적 효과의 긍정성에 주목한다. 자유주의 사상가인 콩스탕의 주장이 보여주듯이 이제 근대인들에게 자유란 우선 국가나 힘을 가진 자의적인 의지로부터 방해받지 않고 자신이 하려는 바를 행하는 것으로, 즉 부당한 간섭을 받지 않으면서 권리를 행사하는 것이라는 점이 분명해진다. 콩스탕의 새로운 근대적 자유에 대한 긍정적인 태도는 근대에 전면적으로 등장한 자본주의 시장경제 질서의 확산과 더불어 고전적·공화주의적 전통 속에서 가치 있는 것으로 여겨졌던 자유의 개념이 왜 많은 근대의 자유주의적 사상가들에 의해 망각되거나 위험한 것으로 치부되는지를 잘 보여준다.

헤겔 정치철학의 통찰과 맹목

애덤 스미스 역시 개인의 사적 이익 추구의 긍정적인 정치적 효과에 주목한다. 그는 《국부론》의 제3편 4장에서 다음과 같이 말한다. "상업과 제조업은 시골 주민들 사이에 질서와 훌륭한 정치 그리고 개인의 자유와 안전을 점차로 도입하는데, 그들은 이전에는 인근 주민들과의 끊임없는 전쟁 상태에서, 그리고 영주들에 대한 노예적인 종속 상태에서 살았다. 이 점이 지금까지 거의 관찰되지 않은 바이지만 상업과 제조업의 효과 중 가장 중요한 것이다. 내가 알고 있는 한, 흄은 그것을 주목한 유일한 저자이다."[70] 스미스에 의하면 상업과 제조업은 개인의 자유와 안전을 선사하고 봉건제적인 억압과 예속 상태에서 인간을 해방시키고 독립적인 존재로 만들었다. 또 사람들 사이의 전쟁 상태를 종식시켜 질서와 평화를 끌어내는 등의 정치적 효과를 가져온다. 근대 자유주의 사상가들 대부분이 이에 동의한다. 물론 앞에서 인용한 부분에서 틀린 부분이 있는데, 흄에 관한 대목이다. 스미스는 흄만이 상업과 제조업의 긍정적인 정치적 효과에 주목했다고 하는데 이는 물론 지극히 부당한 주장이다. 이미 프랑스 계몽주의 철학자를 대표하는 몽테스키외는 《법의 정신》에서 상업과 산업의 발달이 자유정신을 촉진하고 군주의 자의적인 권력 행사를 막으리라 여겨 상업의 발달이 폭정을 억제하는 가장 효과적인 수단이라고 주장했다.

몽테스키외는 루소와 마찬가지로 당대의 "정치가들은 단지 상업과 영업, 재정과 부에 대해서만 말할 뿐"이라고 말하면서 이를 민주주의의 덕성을 부패하게 만드는 것이라고 설명한다.[71] 달리 말하자면 "사치로 인해 공화정은 몰락"[72]하고 "상업의 결과가 부이고 부의 결과는 사치인"[73] 한, 상업과 공화정은 양립하기 어렵다고 생각한다. 이처럼 몽테스키외는 지나치게 풍요롭지도 않고 부의 불평등이 심하지 않은 곳에서만 민주주의가 제대로 작동할 수 있다는 고전적 공화주의 사상을 이어받는다.[74] 그럼에도 "상업에 기초한 민주주의"는 습속이 부패하지 않는 경우가 있다고 주장한다. 그는 이런 주장을 상업 정신이 초래하는 긍정적인 효과에 기대어 정당화한다. 즉 "상업 정신(esprit de commerce)은 질박함, 검약, 절제, 근면, 지혜, 평온 그리고 잘 정돈된 질서의 정신을 가져오기 때문"에 이런 정신이 존속하는 한 재산은 "아무런 나쁜 효과를 가져오지 않는다"는 것이다.[75]

몽테스키외는 상업과 공화정의 양립 가능성을 영국에서 찾는다. 그는 "공화정이 군주정의 형태 속에 감추어져 있는 국가"[76]로 묘사하면서 영국을 "현대의 아테네" 혹은 "상업적 공화정"[77]의 모형을 보여주는 나라로 생각한다. 몽테스키외는 영국에 대해서 다음과 같이 말한다. "영국은 현재 세계에서 가장 자유로운 나라다. 내가 자유롭다고 말한 것은 군주의 권력이 법률에 의해 견제, 제한되고 있으므로 군주는 그 누구에게도 해악을 주는 권력을 가지고 있지 않기 때문이다."[78] 그는 또 다음과 같이 말한다. "실제로 인민은 그가 원하는 것을 민주정에서 행할 수 있는 것처럼 보인다. 그러나 정치적 자유는 사람이 원하는 것을 행하는 것 속에 있는 것이 아니다. 〔……〕 민주주의와 귀족정은 그들의 본성에 따라서 결코 자유로운 국가가 아니다. 정치적 자유는 단지 절제된 정부 형태들에서만 존재한다. 그러나 정치적 자유는 절제된 국가들에서 항상 존재하지는 않는다. 그것은 사람들이 권력을 남용하지 않을 경우에만 존재한다. 그러나 권력을 가진 모든 사람은 권력을 남용하는 경향이 있다는 것은 영원한 현상이다. 권력 남용은 한계에 이르기까지 계속된다. 덕성조차도 한계를 필요로 한다. 권력을 남용하지 못하도록 하기 위해서 사물들의 질서의 도움을 받아 권력이 권력을 제한하도록 해야 한다."[79] 영국을 근대 상업사회의 조건에 어울리는 공화정을 실현한 나라, 심지어 고대 공화정보다도 더 우월한 정치체제를 갖춘 나라로 생각하는 주된 이유는 이 나라가 보여주는 권력분립 때문이다. 즉 영국은 권력분립을 통하여 절대적인 권력의 행사와 남용을 막는 절제된 정부를 소유했기에 가장 자유로운 나라, 혹은 고대 공화정보다도 더 뛰어난 정치질서를 갖춘 나라로 일컬어지는 것이다.[80]

절제된 혹은 제한된 국가에서만 자유가 꽃을 피울 수 있다는 몽테스키외의 믿음은 그의 주저인 《법의 정신》을 관통한다. 그는 "절제 정신이 입법가를 지배해야만 한다는 주장을 입증하기 위해" 《법의 정신》을 저술했다고 주장한다.[81] 그는 절제된 혹은 제한된 정부가 정치적 자유를 보장해줄 것이라고 주장하면서 정치적 참여의 폭과 범위를 제한하고 권력의 분립에 기초한 대의제도가 근대사회에 어울리는 정치질서임을 분명히 밝힌다. 그는 고대 공화국보다도 더 자유로운 나라라고 일컫는 영국의 헌법을 설명하면서 영국 입헌군주정의 유용성을 다음과 같이 설명한다. "대표자들의 커다란 이점은 그들이 공공의 업무들을 다룰 능력이 있다는 데 있다. 인민은 결코 그런 일에 적합하지 않다. 그것은 민주주의의 커다란 결점들 중의 하나다. 〔……〕 대다수의 고대 공화국들은 커다란 결점을 지니고 있었다. 즉 인민은 어떤 집행이 필요한 능동적인 결정들을 내릴 권리가 있지만, 이런 일을 전혀 할 수 없는 것이다. 인민은 대표를 선출하기 위해서만 통치의 영역에 관여해야 한 하는데, 이 일은 인민의 능력에 아주 잘 어울린다. 인간의 능력의 정도를 정확히 아는 사람의 수는 매우 적지만, 그럼에도 불구하고 각자는 일반적으로 자신이 선택하는 사람이 다른 사람들보다 더 식견이 있는지 없는지를 알 수 있다."[82]

이제 콩스탕이나 몽테스키외 등의 근대 자유주의 정치 이론가들이 보기에 정치 참여에 대한 일정한 제한, 대의제도, 권력분립 그리고 제한정부의 이념을 통한 개인의 사적 영역의 확보 등은 근대 산업사회의 조건에서 자유를 가능하게 하는 헌법적인 제도적 장치들이라는 점이 분명해진다. 그런데 앞에서 이미 지적한 것처럼 이런 주장들은 헤겔 정치철학의 핵심 내용들을 구성한다. 특히 시민사회와 국가를 구별함으로써 인륜적 공동체의 필수 구성요소로서 경제활동을 자유롭게 보장하는 시장 사회 그리고 경제적 독립에 기초해 형성되는 다양한 형태의 자발적인 결사체들과 중간 집단들이 구성하는 다원화되고 분화된 시민사회의 자유가 정치적 공동체의 최고 형식인 인륜적 국가의 버팀목이라는 생각은 상업 정신과 정치적 자유의 양립 가능성을 모색한 몽테스키외의 입장과 상당히 유사하다. 그러나 우리는 헤겔 정치철학에서 몽테스키외와 루소, 혹은 근대적 자유와 고대적 자유의 종합을 발견할 수 있고, 이런 종합을 통해 헤겔은 근대의 위대한 정치철학자의 면모를 보여준다. 그런 점에서 S. 아비네리가 보기에 헤겔은 "몽테스키외와 헤르더로 무장"하여 "루소가 미해결 상태로 남긴 문제"를 해결한 정치철학자로 자리매김한다. 그는 몽테스키외와 루소의 종합을 성취한 헤겔을 "근대사회의 최초의 중요한 정치철학자"라고 평가한다.[83]

헤겔이 성취한 고대와 근대의 종합의 의미를 좀더 자세히 살펴보자. 헤겔에 따르면 근대국가의 장점, 그리고 고대 그리스의 정치적인 공동체에 대한 근대국가의 우월성은 바로 주관성의 권리를 국가의 근본원리로 수용한 데에 있다.[84] 달리 표현하자면 그에게 근대국가의 장점은 국가와 가족 사이에 들어서는, 각 개인의 사적인 이익을 추구하는 경제적인 영역이 주요한 부분을 차지하는 시민사회의 자율성을 보장한다는 데 있다. 이러한 주관적인 자유의 원리가 구현되는 장소가 바로 시민사회이기 때문이다.[85] 근대 주관성 원리의 긍정성에 주목하여 헤겔은 고대 아테네 폴리스의 위대성을 인정하면서도 이는 근대의 조건, 특히 재산과 생명 그리고 노동의 의미를 중요시하는 근대 부르주아적 시민사회의 조건에는 어울리지 않은 정치질서라고 생각했다.

그럼에도 헤겔은 국가가 그 자체로서 자유 실현의 고유하고도 독립적인 영역이라는 고대 공화주의적 전통을 완전히 버리진 않았다. 그는 변형된 형태지만 고대의 공화주의적 전통을 고수한다. 헤겔은 자유주의자들이 생각하는 바와 달리 국가가 개인들의 사적인 활동을 보장하는 도구나 수단의 의미로 환원되지 않는다고 생각한다. 그는 여전히 국가를 "구체적 자유의 현실"[86]이자 "인륜적 이념의 현실"[87]로 인정한다. 인간들의 자유로운 관계의 최고 형태를 추구하는 인륜적 이념이 국가를 통해 비로소 참다운 방식으로 실현될 수 있다는 생각을 헤겔은 다음과 같이 표현한다. "인격의 다른 인격과의 공동성은 개인의 참된 자유를 제약하는 것으로 간주되어서는 안 된다. 그것은 자유의 확장으로 간주되어야만 한다. 최고의 공동성이야말로 최고의 자유이다."[88]

헤겔이 "정치적 자기규정(자치)―공동체의 정치적 자기규정"을 "공동체 공공선의 최고의 계기"로 설정하고 있기 때문에 하디몬은 헤겔을 "공화주의자"로 본다.[89] 더 정확히 말하자면 헤겔은 자유주의 성향을 지닌 공화주의자이다. 루소와는 달리 근대사회에서의 분화와 다양한 이해관계의 분출을 거부하지 않고 오히려 그것이 진정한 의미의 자유를 진전시키는 계기로 작동할 수 있음을 통찰하기 때문이다. 고전적 공화주의적 사유가 존중하는 정치적 자유가 "배타적이고 강제적"일 수 있다는 반론을 비판하면서 마이클 샌델은 공공 생활이 다원화되고 분화된 사회와 결합될 수 있음을 강조한다. 그러면서 "자유는 공동생활을 요구하지만 그럼에도 불구하고 특수하고 정체성을 형성하는 시민사회의 중간 매체들에 의해 분화되거나 분절되어 있어"야 한다는 "생각"은 헤겔 사유의 핵심이라고 지적한다.[90]

헤겔이 정치적 자기 규정의 가치를 경제활동이나 생산과 이해관계를 중심으로 형성되는 근대 부르주아 시민사회보다 더 고차적인 인륜적 삶의 영역으로 삼는다는 것은 대단히 중요하다. 이는 요즈음 새롭게 많은 관심을 불러일으키는, 정치를 고대 폴리스 자유인들의 삶의 방식을 통해 재구성하는 한나 아렌트의 관점과 친화성을 지니기 때문만은 아니다. 주지하듯이 아렌트는 가사경제의 영역인 오이코스와 폴리스의 영역을 분명히 구별하고 정치적 자유와 인간다운 삶을 구현하는 행위는 폴리스라는 공적 영역의 확보를 통해서만 가능하다고 보았다. 공적 영역과 사적 영역의 구별과 공적인 영역과 사회적인 것의 구별은 서로 혼동되어서는 안 된다. 아렌트에 의하면 '사회적인 것(영역)'은 중세에 이르러 출현했다. 고대 그리스에서 경제는 사적인 영역, 이를테면 가정의 영역에 속하는 것으로 간주되었다. 그러나 중세의 봉건적 사회질서에서 경제적 생산 활동이 정치 구조와 긴밀하게 연결되기에 이른다. 그래서 경제는 공적인 관심사로 전환되는데, 이런 현상이 바로 사회적인 것 혹은 사회적 영역의 출현으로 일컬어진다. 달리 말해 고대 그리스 사회에서와는 달리 경제적인 문제가 공적 영역의 중요한 관심사로 등장한 현상을 사회적인 것이라는 용어로 표현한다는 말이다. 중세에 일어난 이런 변화는 "인간은 정치적 동물(zōon politikon)"이라는 아리스토텔레스의 명제를 중세의 이론가들이 "사회적 동물(animal socialis)"로 번역하는 데에서 잘 나타난다. 토마스 아퀴나스 역시 아리스토텔레스의 명제를 "인간은 본성적으로 정치적이다. 즉 사회적이다(homo est naturaliter politicus, id est, socialis)"고 번역한다.[91] 그러나 사적인 영역도 공적인 영역도 아닌 사회적 영역이 전면적으로 출현한 시기는 근대이다.[92] 아렌트의 분석에 의하면 근대에 이르러 "경제활동이 공론 영역으로 부상함에 따라 가계 유지와 이전의 사적 영역인 가족에 관련된 모든 문제들이 이제는 '집단적' 관심으로" 부상했다. 달리 말하자면 "사회적인 것의 발생"은 "역사적으로는 사적 소유의 관리가 사적인 관심사에서 공적인 관심사로 변형된 바로 그 시기에 이루어졌다"고 아렌트는 말한다.[93] 그리하여 근대에 이르러 사적 영역과 공적 영역의 구별은 상실되고 사회적인 영역에 관련된 문제들이 공적인 영역, 즉 정치적 영역의 주요 관심사가 되어버리고 만다.

아렌트에 의하면 근대사회는 생산 및 노동을 중심으로 구성되는 사회적인 영역의 출현으로 규정되고 여기에는 사회적인 영역에 의해 정치적인 공적 영역이 파괴되는 위험성이 존재한다. 소위 '사회문제'라 일컫는 빈곤의 문제나 실업의 문제를 해결하는 것이 정치의 제일 과제로 등장하게 되는데 이는 자유의 상실을 초래하는 동력이다. 그래서 아렌트는 프랑스혁명의 실패를 가리켜, 빈곤의 문제에 몰두함으로써 자유를 파괴하는 사태로 귀결될 수밖에 없었다고 지적한다. "빈곤은 박탈보다 더 심각한, 항구적인 결핍과 처절한 불행 상태다. 이러한 상태의 치욕은 빈곤이 인간성을 박탈하는 강제력을 지니고 있다는 데 있다. 빈곤은 비참하다. 왜냐하면 모든 사람들이 매우 친근한 경험을 통해 온갖 사유와 관계없이 빈곤을 이해하는 것과 같이, 빈곤은 사람들을 신체의 절대 명령, 즉 필연성의 절대 명령에 굴복하게 만들기 때문이다. 다수는 이러한 필연성의 규칙 속에서 프랑스혁명을 지원하고자 무모하게 행동했고, 이를 고무했을 뿐만 아니라 지속적으로 진행시켰기에, 결국 혁명을 파멸로 치닫게 했다."[94]

빈곤의 문제 해결을 국가의 궁극적 목적으로 삼는 것은 헤겔도 위험하다고 본다. 피히테가 주장한 강한 사회국가 형태를 헤겔이 혹독하게 비판한 이유도 사회복지국가가 인간의 개성과 자유를 위협할 개연성이 있음을 인식한 탓이었다. 헤겔은 사회복지국가의 활동을 국가의 목표로 보지 않고 근대의 조건에서 정치적 자유의 공적 영역을 확보하기 위한 필요조건으로 바라본다. 아렌트는 근대 세계에서 사회 영역이 지배적인 지위를 차지하고 그와 더불어 노동 및 생산이 인간의 고유한 행위의 영역을 대신하게 됨에 따라 정치적인 것이라는 의미가 상실된다고 이해한다. 이런 자유의 상실은 국가가 소위 사회문제 해결에 전념하는 경우에 전형적으로 등장한다고 아렌트는 생각한다. 달리 말하자면 근대에서 정치 활동의 영역이 되어야 할 폴리스(국가)가 개인과 집단의 생계유지 및 살림살이의 영역에 해당되는 오이코스의 문제를 중심 과제로 바라보게 되어 본연의 성격을 상실했다는 것이다.[95] 이런 측면에서 아렌트가 보기에 현대의 사회복지국가는 정치 활동의 고유

　　　　　　　　　　　　　　헤겔 정치철학의 통찰과 맹목

성을 망각한, 그러므로 정치적인 것을 소외시키는 반(反)정치적 국가질서인 셈이다. 그러므로 아렌트의 사상은 근대의 자본주의적인 생산 활동 그리고 사적인 영역들이 활성화된 현대사회의 조건에 어울리지 않는다는 비판이 제기된다. 그러나 헤겔은 상업 사회 및 자본주의적 시장경제 질서라는 조건에서 정치적 자율성의 독자적인 활동공간을 어떻게 확보할 수 있는가를 고민하고 있다는 점에서 남다르다.

헤겔은 고대의 자치 이념이 상업 사회의 정신과 양립할 수 있는 가능성과 그것의 내적 위험성을 가장 폭넓은 시야에서 이해한 철학자이다.[96] 헤겔 《법철학》은 의심할 여지 없이 "근대 정치철학의 가장 위대한 작품, 국가에 관한 고대적이고 근대적인 사유의 깊이와 폭에 있어서 결코 능가할 수 없는 종합이다".[97]

나가는 말

앞에서 보았듯이 헤겔은 근대와 고대의 화해, 즉 고대적 자유와 근대적 자유의 변증법적 조화 및 종합을 시도하여 근대에서 고대의 민주공화주의적 자치 이념을 어떻게 구현할 수 있는지 고민하면서 나름의 대안을 제시하고 있다. 이런 고민과 문제의식은 오늘날에도 여전히 의미 있다. 예를 들어 공동체주의 철학자로 잘 알려진 마이클 샌델의 정치 이론 역시 헤겔의 문제의식을 현대의 맥락에서 계속 발전시키려는 시도로 이해할 수 있다. 그는 공화주의적 전통을 다원주의가 특징인 현대사회의 조건과 양립할 수 있는 정치 기획으로 발전시키려 하기 때문이다.[98]

그러나 오늘날의 관점에서 볼 때 헤겔의 민주주의 비판은 나름의 문제점을 안고 있다. 그는 근대세계에서는 고대 그리스에서와는 달리 각 개인이 공적인 업무에 직접 참여하여 이를 심의하고 결정할 수 없을 뿐만 아니라 설령 가능할지라도 규범적으로 바람직하지 않다고 생각한다. 그리하여 각 개인이 국가의 공적 업무에 대표를 통해, 그것도 직업 단체나 직능 단체의 구성원 자격으로 정치에 참여하는 쪽이 더 합리적이라고 생각했다. 그러나 이런 생각은 문제가 있다. 각 개인의 인격적 존엄성에 비추어볼 때, 혹은 공동체의 자기 결정에 적극 동참하는 자치 활동의 고유한 가치를 전제할 때 개인은 집단의 이름으로 국가의 활동에 참여해야 한다는 착상을 받아들이기 힘들다. 직접민주주의 요소들을 헤겔보다 더 폭넓게 포용하면서도 근대적 자유의 이념들을 포기하지 않는 길이 있기 때문이다. 그런데 헤겔 역시 한때는 민주주의 이념이 대의제에 의해 전적으로 대체될 수 없음을 지적한 바 있다.《정신현상학》에서 그는 다음과 같이 말한다. "자신(das Selbst)이 단지 대표되고 (repräsentiert) 표상되는 곳(vorgestellt)에서 자신은 현실적이지 않다. 그리고 자신이 대변되는(vertreten) 곳에서 자신은 존재하지 않는다."[99]

직접민주주의에 대한 헤겔의 소중하고 의미 있는 비판적 통찰을 보편적인 참여 및 공적 사안에 대한 공동의 자기 결정 이념과 창조적으로 결합하려는 시도는 우리 몫으로 남아 있다.

들어가는 말

헤겔의 정치 이론은 고대의 정치 이론과 근대 정치 이론의 종합으로 평가받는다. 그리고 헤겔 정치 이론이 역사적 시대로서의 근대와의 치열한 철학적 대결의 산물이라는 점은 널리 알려져 있다. 따라서 헤겔 정치 이론의 의미는 그가 살았던 시기에 등장했던 근대의 위기와 질병에 대한 진단이자 해결책의 모색이라는 관점에서 접근할 때 비로소 더 분명해질 것이다. 다시 말해 헤겔의 정치철학을 루소를 통해 처음으로 분명하게 표출된 근대성의 위기에 대한 비판적 대결의 결과로 이해할 때 사유의 폭과 깊이가 더 잘 드러난다. 돈과 상업 활동에만 몰두하는 근대의 사적인 인간을 고대의 애국적 시민과 대비시켰던 루소는 "근

* 2009년 《가톨릭철학》에 실린 〈근대의 위기와 헤겔의 정치철학: 고대인의 자유와 근대인의 자유의 대립을 넘어서〉를 교정한 논문이다.

대성의 제2의 물결"을 주창했다. 이 물결로부터 시작된 "위대하고 복합적인 저항운동"들의 핵심은 "근대성의 세계에서 근대 이전의 사고방식으로의 복귀"이다.[1] 이 같은 고대로의 복귀 배경에는 "근대성의 모험"이 "근본적 오류"라는 루소의 시대 진단이 놓여 있다. 즉 고대적 사유방식으로의 복귀는 단순히 시대착오적인 시도가 아니라 근대성의 근본 오류를 고대적 사유방식으로의 복귀를 통해 치유하려는 것이었다. 이렇게 루소의 사유방식은 "근대성의 최초의 위기"를 보여준다.[2] 그래서 근대의 부르주아 세계에 대한 루소의 항의와 더불어 분명해진 사적 개인과 공적 시민의 긴장과 갈등은 근대적 삶의 방식에 대한 다양한 저항과 문제 제기의 원천을 이해하는 실마리이기도 하다.[3]

루소가 정립한 근대의 부르주아적인(사적) 개인과 고대의 공적 시민의 대비는 '고대인의 자유'와 '근대인의 자유'라고 일컫는 고전적 공화주의적 자유관과 근대의 자유주의적 자유관의 긴장 혹은 불협화음이기도 하다.[4] 자유주의의 문제점을 드러내는 작업은 근대성의 한계와 몰락의 가능성을 보여주는 작업으로도 이해될 수 있다. 자유주의는 근대성의 정치 이론, 즉 근대를 대표하는 정치 이론이기 때문이다.[5] 달리 말하자면 근대성을 구성하는 핵심 구성요소인 자유주의의 문제로 인해 근대사회는 여러 한계와 문제점에 직면할 수밖에 없다는 것이다. 그도 그럴 것이 루소를 비롯한 많은 사람들은 근대 자유주의가 인간의 참다운 모습을 왜곡하고 있다고 비판했다. 이들에 의하면 사상의 자유, 양심의 자유 그리고 재산권의 중요성을 강조하는 자유주의적 태도는 개인들을 사적인 생활에 침잠하게 함으로써 공동체 생활의 토대를 허물어뜨리는 결과를 가져올 것이기 때문이다.

헤겔 정치철학의 통찰과 맹목

이처럼 고대적 자유와 근대적 자유의 대립과 갈등 그리고 이 둘의 관계를 어떻게 바라볼 것인가 하는 문제는 근대 정치철학의 근본 화두 중의 하나이다. 다시 말하자면, 고대인의 자유와 근대인의 자유 사이의 갈등에 대한 문제는 국가가 어떤 원리에 의해 구성되어야 하는가에 대한 관점의 차이에 기초할 뿐 아니라, 자본주의적 시장경제 질서의 전면 등장과 궤를 같이하는 개인주의적인 삶의 방식에 대한 평가와 결부된 것이기도 하다. 그래서 고대적 자유와 근대적 자유의 대립이라는 문제는 근대 세계가 표출하는 내적 분열의 철학적 표현인 것이다.

이제 우리는 헤겔이 왜 홉스 및 로크가 제시한 자유주의적 원리들이 한계가 있다고 보는지를 검토할 것이다. 우선 자유주의적 인간관 및 근대적 자유의 특성을 고대의 자유관과 대비해 살펴본다. 특히 여기에서는 자치로서의 자유와 간섭의 배제로서의 자유에 대한 서로 다른 견해를 설명한다.(1) 이어서 헤겔의 사회계약론 비판을 다룬다. 특히 홉스, 로크 그리고 칸트 등이 전개한 사회계약론이 시민사회와 국가를 혼동하고 있다는 헤겔의 비판을 중심으로 근대에 등장한 이상적 사회상의 문제점을 살펴본다. 이를 통해 우리는 왜 근대적 개인주의가 스스로 해결할 수 없는 딜레마에 빠지게 되는가를 더 분명히 인식하게 될 것이다.(2) 마지막으로 근대 개인주의의 제도적 표현인 시장 지향적 사회의 내적인 논리를 통해 (근대성 위기의 구체적 표현인) 경제적 불평등에 대한 헤겔의 입장을 다룬다.(3)

1. 홉스와 근대적 자유의 탄생

근대적 자유를 주창한 사람들은 자유주의자로 그리고 근대적 자유의 이념을 옹호하는 이론은 자유주의로 불린다. 그런데 루소가 고대의 공적 시민의 이름으로 근대적인 자유, 즉 상업의 자유를 인간성 상실의 근원으로 질타하기 이전의 사상사를 보면, 근대적 자유는 바로 루소가 옹호했던 이념과의 결별을 통해서 자신을 정당화하려 했다.[6] 다시 말하면 근대적 자유, 즉 자유주의 이념은 고대의 공화주의적 자유에 대한 비판적 대결 과정에서 형성되었다. 이는 사상사 측면에서, 또 근대성의 형성에 지대한 영향을 미친 계몽의 기획으로 해석되는 자유주의적 근대성의 한계를 비판적으로 성찰하는 대목에서 주목해야 할 대단히 흥미로운 사실이다.

홉스는《리바이어던》의 29장에서 고전적 공화주의 자유론을 국가를 약화 내지 해체시키는 요인들의 하나라고 강하게 비판한다. 그는 고대 그리스인과 로마인이 쓴 정치 및 역사서들의 영향을 받은 사람들이 "군주정에 대한 반란"을 정당한 행위로 생각하기 쉽다고 단정한다. 달리 말하자면 군주정에서 살아가는 사람들은 고대 그리스 및 로마인들의 저서를 통해 "인민적(popular) 정치 형태"[7], 즉 민주적 공화정에서 사는 "백성들은 자유를 누리는 데" 반해 "자기들은 군주정하에서 모두 노예"로 살아간다고 생각한다는 것이다. 이런 생각은 바로 정치질서의 해체를 초래하는 반란과 내전의 원인을 제공한다고 홉스는 파악하는 것이다.[8] 고전적인 자연법 이론의 핵심 전제였던, 올바른 이성(recta ratio)에 의해 파악되는 보편타당한 정의로운 법에 대한 옹호는 홉스가 보기에는 수많은 사람의 목숨을 앗아간 근본 오류에 지나지 않았다.[9]

무엇이 올바른 이성이냐를 둘러싼 논쟁이 벌어지지만 이는 결코 해결될 수 없기에 사회적인 분쟁과 갈등을 초래하는 원인으로 작용한다는 것이다. 예를 들어 종교적 신앙에 대한 교리 해석의 차이가 정치적 갈등을 유발하는 요인임을 당시 종교 전쟁을 통해 알게 되었다. 이렇게 홉스는 가치판단을 둘러싼 해석의 차이로 인한 갈등과 권력의 연계성을 예리하게 인식한다.[10] 스트라우스에 의하면 홉스의 정치 이론에서 비로소 권력(power)은 처음으로 "그 이름으로(eo nomine)" "중심적 주제"가 된다.[11] 따라서 그는 "홉스의 철학 전체를 권력에 대한 최초의 철학"이라고 일컬어도 무방하다고 본다. "진리가 아니라 권위가 법을 만든다(auctoritas, non veritas facit legem)"는 유명한 홉스의 명제[12]는 선과 악 그리고 정의와 부정의를 판단하는 객관적 기준의 부재로 초래될 갈등과 분쟁을 해결할 수 있는 가능성을 입법자 내지 주권자의 명령에서 구하려는 입장을 잘 보여준다. 여하튼 홉스가 정치적 아리스토텔레스주의를 비판하면서 사용하는 자유와 노예의 대비는 고대 공화주의적[13] 자유 이론의 이해에서 중요한 의미가 있다.

자유와 노예의 대비 속에서 자유의 본성을 탐색해온 공화주의적 자유 이론의 역사는 길다. 이는 아리스토텔레스의 《정치학》[14]과 로마 시대의 키케로, 리비우스, 살루스티우스(Caius Sallustius Crispus) 등의 저서에서 발견되며 이탈리아 르네상스기의 공화주의적 자유의 옹호자들도 지속적으로 제기한 바 있다. 특히 마키아벨리는 독보적이다. 그후 영국의 혁명 과정에서 왕당파에 반대하여 의회파를 지지한 많은 사람들이 공화주의적 자유 이론을 고수했다. 이 공화주의적 자유 이론 혹은 자유국가 이론의 핵심을 우리는 고대 아테네 시민들의 자유관이 반영된 아리스토텔레스의 다음과 같은 주장에서 잘 이해할 수 있다. "민주정체의 토대는 자유다. 일반적인 견해에 따르면 자유는 민주정체에서만 누릴 수 있으며, 모든 민주정체가 추구하는 목표는 자유를 누리는 것이라고 한다."[15] 즉 고대 아테네 시민들은 자신들이 자유로운 존재인 데 반해 아테네의 민주정과 다른 정치체제를 운영하고 있는 나라의 백성들은 노예적인 삶을 살아간다고 생각했다. 간단히 말해, 아테네 시민들은 공동체의 평등한 구성원으로서 해당 공동체를 스스로 운영하는 활동에 참여한다는 점에서 자유를 이해하기에, 그렇지 못한 나라의 백성들은 주인에게 속한 노예 같은 존재로서 자유롭지 못한 사람들이라고 생각했던 것이다.

홉스에 대한 이야기를 진전시키기 위해서는 용어 정리가 필요하다. 위 글에서도 보듯이 공화주의적 자유 이론에 대한 홉스의 비판적 태도를 설명하는 과정에서 필자는 인민적 정부, 공화주의 그리고 민주주의를 서로 혼용했다. 홉스가 이들 용어들을 구별 없이 사용하고 있기 때문이다. 즉 고대 아테네 민주정이나 로마의 공화정 그리로 르네상스 시기 이탈리아 도시국가에서 실현된 공화주의를 모두 '인민적 정부 형태'로 규정하면서 이런 정부 형태에서만 자유를 실현할 수 있다고 보는 그리스 및 로마의 정치 및 자유 이론을 비판하고 있기 때문이다.[16]

홉스는 시민적 자유에 대한 공화주의적인 관점, 즉 자유란 인민들의 자치를 실현하는 국가에서만 참다운 의미를 지닐 수 있다는 관점을 논박하려 했다. 스키너가 지적하듯이 홉스는 새로운 자유관 및 인간관을 정립함으로써 영국혁명 당시 왕당파의 사상적 전통과 경쟁을 벌이고 있었던 "신로마적" 내지 "공화주의적" 자유의 옹호자들이 안고 있는

이론적 한계를 비판하려 한 것이다.[17]

홉스에 의하면 전통적 정치철학이나 공화주의적 사유는 자유 개념에 대한 불명료한 인식을 유포하는 근원이었다. 그는 국가의 본성에 대한 참다운 인식을 방해하는 고전적 정치 이론이 대단히 위험하다고 보았다. 홉스가 보기에 잘못된 정치 이론은 단순히 이론에 그치는 것이 아니라 일반인들의 잘못된 정치 행동을 불러일으키고, 이는 결국 정치질서를 내적으로 무너뜨리는 암적 존재와 같다. 이로써 정치 이론의 차이 자체가 실로 현실과 유리된 것이 아니라 정치적 행위와 결부된 사회적 개입의 일종임이 드러난다. 홉스는 공화주의적 전통에 입각한 자유 이념의 문제점을 다음과 같이 비판한다.

"아테네인들과 로마인들은 자유를 누렸다. 즉 자유로운 코먼웰스들이었다. 개개인이 대표자에게 저항할 자유를 가지고 있었다는 뜻이 아니라, 대표자들 자신이 다른 나라 인민들에 대해 저항하거나 침략할 자유를 가지고 있었다는 뜻이다. 오늘날에도 루카 시의 성탑에는 '자유(Libertas)'라는 말이 큰 글씨로 씌어 있다. 그러나 그렇다고 해서 루카의 시민 개개인이 콘스탄티노플의 시민보다 더 많은 자유를 지니고 있다든가, 코먼웰스에 대한 봉사를 면제받고 있다고 추론할 수는 없다. 군주정이든 민주정이든 코먼웰스의 자유는 동일한 것이다."[18]

홉스에 따르면 공화주의적 자유 이론은 자유의 이름으로 그럴듯한 견해를 유포하지만 이는 기본적으로 자유에 대한 오해에 지나지 않는다. 고대적 자유는 항상 자유를 자치와의 연관성 속에서 이해한다. 즉 자유는 자치를 통해서만 가능한 것으로 이해한다. 이 고대적 자유에서 핵심은 간섭의 부재가 아니라 종속 내지 예속으로부터의 자립이다. 이

자립이 자유의 참다운 존립 기반이다. 공화주의적 전통을 옹호하던 사람들이 간섭의 부재를 몰랐던 것은 아니다. 그러나 그들은 자유를 박탈하는 것을 간섭의 부재가 아니라 예속, 즉 주종 관계에서 보았다. 달리 말해 공화주의적 전통에 의하면 참다운 정치적 자유는 타인이나 국가로부터 간섭을 받지 않는 상태가 아니라 "사적(私的)인 형태의 주종적 지배(dominazione, 또는 예속dispendenza) 자체가 존재하지 않는 상태"를 뜻한다.[19]

간섭을 받는 것과 예속 상태에 놓여 있는 것은 어떤 차이가 있는가를 예를 들어 설명해보겠다. 법을 두려워하지 않고 자의적으로 통치할 수 있는 권력자에 의해 억압받는 경우 혹은 회사 사장의 횡포 속에서 생활하는 사람들을 생각해보자. 독재자나 횡포를 부리는 고용주 밑에서 살아가는 사람들은 간섭을 감지하지 못할 수도 있다. 달리 말해 독재자나 고용주들은 매사에 간섭을 하지 않고서도 마음만 먹으면 언제든지 피고용인이나 백성들을 가혹하게 대우할 수 있다. 따라서 비롤리는 간섭과는 달리 예속을 "무엇보다 사람들이 공포를 품고 움츠러들도록 하는 개인 의지의 조건화(條件化)"로 본다. 매사에 간섭하지 않더라도 특정한 개인(폭군)이나 특권 계층은 언제든지 마음만 먹으면 일반 시민들의 자유를 공격할 수 있는 능력을 갖고 있다.[20] 이런 상태가 바로 자유에 대한 진정한 위협이라고 보는 것이다. 그러므로 예속에서 벗어난다는 것은 시민들이 스스로를 통치한다는 사실을 의미한다. 이런 측면에서 키케로는 한 독재자에게 전체가 억압받는 상태인 "인민이 존재하지 않을 때"를 "인민의 것(res pubica), 즉 국가"의 부재와 동일한 상황이라고 말한다. 그는 "전체 인민(populus), 인민의 구성체인 국

가(civitas)" 그리고 "인민의 소유물인 국가(res pubilca)"를 동의어로 사용한다.[21]

그러나 군주정 치하에서 사는 사람들을 노예로 간주하고 자유는 시민들이 스스로 통치하는 정치체제 내에서만 누릴 수 있다는 입장을 논박하면서 홉스는 자유를 다음과 같이 정의한다. "자유(liberty, freedom)는 본래 저항의 부재를 의미한다. 여기에서 저항이란 외부적 장애를 말한다."[22] 따라서 홉스에 의하면 자유로운 사람(freeman)이란 "스스로의 힘과 지력으로 할 수 있는 일들에 대하여 자기가 하고자 하는 것을 방해받지 않는 인간"을 의미한다.[23] 강제의 부재로서의 자유는 홉스의 이론에서 비로소 분명하게 자유의 핵심으로 등장한다. 아리스토텔레스나 키케로 등의 전통적 정치학에서 가장 경계하는 폭군, 즉 자의적으로 권력을 행사함으로써 자치의 자유를 위기에 빠트리는 독재자야말로 정치적으로 최악이다. 그러나 홉스는 자유를 강제의 부재로 보고 자유와 자치의 본질적 연관성을 부정함으로써 폭군에 대한 전혀 다른 관점을 제공한다. 그에 의하면 인간이 피해야 할 최악의 상태는 질서와 평화 그리고 개인의 안전을 옹호할 수 없는 무질서, 즉 무정부 상태이다.

홉스의 자유 개념은 근대 자유주의자들이 가졌던 자유의 기본 신념을 잘 나타낸다. 그러므로 20세기 자유주의를 대변하는 사상가의 한 사람인 이사야 벌린도 이런 자유관을 이어받고 있다. 그에게서 자유란 "언제나 〔……〕 로부터의 자유이다."[24] 홉스가 자유와 자치의 관계를 허물어뜨리는 것과 마찬가지로 벌린도 강제의 부재로서의 자유와 시민들의 공적 통치로서의 자치 사이의 연관성을 부인한다. 즉 "개인적 자유가 민주적 지배와 필연적으로 연관되지 않는다." 달리 말하자면 강제의 부재로서의 자유는 "모종의 독재 또는 어떤 정도가 되었든 자치(self-government)의 부재와 양립할 수 없는 것은 아니라는 것이다".[25]

벌린은 자치로서의 민주주의와 강제의 부재로서의 자유의 구별을 적극적 자유와 소극적 자유의 구별에 상응하는 것으로 이해한다. 그리고 이 두 자유는 상이한 질문에 대한 대답이며 논리적으로 종류가 다르다고 주장한다. 즉 적극적 자유는 "나를 지배하는 이가 누구인가?"라는 질문에 대한 답이고 소극적 자유는 "나에 대한 정부의 간섭이 어느 정도인가?"라는 질문에 대한 답이라는 것이다.[26]

홉스 및 로크 등 고전적 자유주의자들이 발전시킨 자유 이론과, 고대의 공화주의적 자유 이론에 대한 비판은 사적 개인을 모든 정치질서의 출발로 간주하는 새로운 인간관과 긴밀하게 연결되어 있다. 자유주의자들은 인간을 서로 평등하고 자유로운 독립적 개인으로 바라본다.

고전적 자유주의자들의 인간관은 개인주의적이다. 인간은 자신의 이익을 자유롭게 추구할 수 있는 인격적 주체로 간주된다. 인간은 타인에게 해를 가하지 않는 조건에서 자신들의 사적인 이익을 국가나 타인의 방해를 받지 않고 추구할 수 있는 존재로 이해된다는 것이다. 자유주의적 인간관에 따르면 인간은 특정한 가치관을 공유하는 공동체의 구성원이 되어 비로소 자립적인 인간으로 활동하는 존재가 아니라, 사회 이전의 독립적 자아이다. 그러므로 인간은 가치 있는 것으로 간주하는 삶의 목표를 자유롭게 선택할 수 있는 독립적인 존재라는 것이다. 마찬가지로 고전적인 자유주의자들에게 인간은 국가에 의해서 훼손당하지 않고 오히려 국가에 의해서 보호받아야 할 주관적 권리의 담지자들로 이해된다. 모든 인간은 독립적이고 평등한 존재로서 국가가 훼손하지 않고 존중해주어야 하는 기본적인 자연권의 주체라고 주장하는 존 로크의 자연법 이론은 이런 자유주의적인 관점을 잘 드러낸다. 즉 로크에 의하면 완전한 자유와 평등의 상태인 자연 상태를 지배하는 자연법(a law of nature)이 존재한다. 이 자연법은 "어느 누구도 다른 사람의 생명, 건강, 자유 또는 소유물에 위해를 가해서는 안 된다고 가르친다".[27]

자연법 이론은 국가의 자의적 권력 행사에 부당하다는 평가를 내림으로써 국가의 목적은 이런 자연법적 권리의 보존에 있다고 천명하는 것이다. 그러므로 근대의 자유주의적 이론은 권리 이론을 통해 국가권력의 제한을 정당화하려고 했다. 즉 자유주의자들이 보기에 정당한 국가는 항상 제한 국가(limited state)이고 무제한적 권력을 행사하는 국가는 부당한 국가이다. 물론 여기서도 로크는 홉스를 선행자로 삼고 있다. 물론 로크는 홉스가 내린 결론들이 아니라, 자연 상태에서 인간은 자유롭고 평등한 존재라고 보는 점 그리고 국가는 인민 자신의 이익을 보호하기 위한 계약의 산물이라는 이론적 전제들을 따르는 것이다. 실제로 홉스는 국가를 아리스토텔레스처럼 "최고선"을 목적으로 하는 공동체로 간주하지 않고 각 개인의 자기보존 욕구를 모든 "정의와 도덕의 유일한 근원"으로 보고 있기 때문이다. 즉 자기보존 욕구를 양도 불가능한 권리로 보고 이를 정치사회의 기능과 목적을 해명하는 출발점으로 삼고 있다는 것이다. 홉스의 이론에서도 정부는 인민의 동의에 기반을 둔다. 따라서 "인간의 의무와 구별되는 것으로서 인간의 권리들을 근본적인 정치적 사실로 간주하고 국가의 기능을 이런 권리들의 보호 및 방어와 동일시하는" 정치 이론을 처음으로 분명히 발전시킨 홉스야말로 "자유주의의 창시자"라는 평가를 받을 만하다는 것이다.[28]

로크는 홉스가 내린 정치적 결론들, 예를 들어 거의 무제한에 가까운 주권자의 권한을 수용하지 않는다. 홉스는 정치사회의 질서와 안정을 위해 주권자의 뜻대로 어떤 견해가 평화에 이로운지 그렇지 않은지를 판단할 수 있고 책을 검열할 수도 있다고 주장[29]했지만 로크가 보기에 이런 주장은 충분히 자유주의적이지 않다. 이제 사회계약론을 중심으로 근대 자유주의적 정치사상이 국가를 어떻게 생각하는지 좀더 살펴보자.

2. 근대 사회계약론의 문제점들

고전적 공화주의 전통에서 본 이상적 사회는 평등한 시민들이 골고루 공적 활동에 참여할 수 있게 할 뿐 아니라 시민들의 공적 활동에 의해 형성되고 유지되는 자치 공동체이다. 이 관점은 정치적 공동체에 대한 시민들의 참여를 단지 수단적이거나 부차적인 의미가 있는 행위로 이해하지 않는다. 이는 정치와 인간 본성의 실현을 긴밀한 연관 속에서 파악하는 관점으로 정리할 수 있다. 이런 관점을 가장 명료하게 보여주는 것은 '인간은 본성적으로 정치적 동물'이라는 아리스토텔레스의 정의이다. 이는 그가 독창적으로 고안해낸 말이 아니다. 아리스토텔레스는 인간을 "이성(언어)을 지니는 동물"이자 정치적 존재로 규정했는데, 이는 고대 아테네 도시국가에서 통용되는 "인간과 정치적 삶의 방식에 대한 의견을 정식화"한 것이다.[30]

아리스토텔레스에 의하면 국가는 가정이나 부락들을 기초로 형성되었으며 인간의 결사들 중에서 "완전한 공동체"이다. 이는 국가는 "단순한 생존(zēn)"을 위해 존립하는 것이 아니라 잘 사는 삶, 즉 "훌륭한 삶(eu zēn)을 위해 존속하는 것"이라는 뜻이다. 인간이 추구하는 삶의 궁극적인 목적인 행복은 바로 국가를 통해 완성된다는 점에서 국가는 국가 이전의 여러 공동체들의 "최종 목표(telos)"로 이해된다.[31] 이것이 바로 인간이 벌이나 개미와 같이 떼를 지어서 살아가는 동물과 다른 점이다. 무리 지어 살아가는 것이 바로 정치적 공동체에서의 삶이라고 할 수는 없다. 인간은 정치적 공동체 속에서 단순한 생존을 넘어 시민으로서의 정치적 삶을 영위함으로써 비로소 인간의 고유한 역할과 능력을 잘 발휘할 수 있다. 다시 말해 아리스토텔레스에 의하면 인간은 단지 정치적인 삶 속에서 혹은 단지 정치적인 공동체의 일원으로서만 인간 실존의 고유한 규정들을 전개·발전시킬 수 있다. 그래서 시민들이 법정이나 민회에 참여하여 공적 관심사에 대해 다른 누구보다 훌륭한 능력을 보여야만 하는 것이다. 이런 사람이 시민의 역할(ergon)을 가장 잘 수행하는 사람이고 그는 가장 탁월한 사람, 즉 덕(aretē)이 있는 사람으로 간주된다. 이처럼 고대 그리스 시민들에게 있어 공적인 관심사를 다루는 정치 공동체에 참여하는 삶이야말로 인간 본성의 가장 탁월한 표현방식의 하나이다. 인간이 자연적으로 정치적인 존재라는 명제는 바로 이를 의미한다.

아리스토텔레스에게서 인간의 행복은 탁월성을 최대한 실현하는 것이다. 이처럼 아리스토텔레스에게 폴리스에 대한 이론으로서의 정치철학은 윤리학의 연장이며 완성으로 파악된다. 이러한 의미에서 그는 《윤리학》에서 선을 추구하고 실현하는 것이 개인과 국가의 목적이라고 강조한다.[32] 그러나 선(좋음)을 국가에서 실현하는 것이 "더 크고 더 완전하다". 그러므로 아리스토텔레스에게 윤리학은 정치철학과 긴밀하게 연관돼 있을 뿐 아니라, 국가는 각 개인에게 최초이자 최고의 것이다. "국가는 본성상 가정과 개인에 우선한다."[33]

인간을 정치적 존재로 그리고 정치적 공동체를 인간의 자연스런 본성을 실현할 수 있는 고유한 삶의 지평으로 이해했던 것과 달리 고전적 자유주의자들이 그린 이상적인 사회는 국가와 분리된, 혹은 국가의 개입이 존재하지 않는 상태에서 개인들이 누리는 자유로운 삶의 영역들이다. 이는 흔히 국가와 구별되는 시민사회로 이해된다. 마이클 왈저(Michael Walzer)가 적절히 지적하듯이 근대 자유주의에 의해서 국가와 시민사회의 경계가 설정되었다.[34] 근대사회에서 정치적인 사안들에 무관심하고 사적인 관심사에 몰두하는 개인들의 삶은 고대 그리스와 달리 경멸받거나 폄하되지 않는다. 그런데 민주주의를 운영하던 아테네에서 공적 활동에 완전히 등을 돌리고 돈벌이나 가정생활, 친구들 사이의 교제에만 몰두하면서 살아가는 사람들은 결코 높은 평가를 받지 못했으며 경멸받아 마땅한 존재로 취급받았다.[35] 고전적 자유주의에 의해 설정된 여러 경계선들, 즉 종교와 국가의 분리, 국가와 시민사회의 분리 등은 분명 나쁜 결과만을 가져오진 않았다. 벌린이 주장하듯이 "개인의 권리, 시민적 자유, 개성의 존중, 사생활의 중요성, 개인적 인간관계의 중요성 등등의 가치들로 이루어진 그물망 안에 속하는 하나의 요소로서 개인적 자유라는 가치"의 긍정적인 평가는 근대 자본주의 문명의 발전에 의해 형성된 것이다.[36]

고전적 자유주의자들에게 정치와 국가는 수단이라는 의미를 지닌다. 그러므로 자유주의는 국가 및 정치에 대한 도구주의적 관점을 옹호하는 이론이라고 할 수 있다. 자유주의는 정치를 어떤 목적을 달성하기 위한 수단으로 본다는 점에서 정치에 부차적인 지위만을 부여한다. 자유주의적 전통에서는 정치와 국가를 개인의 사적인 영역에서의 자유로운 활동을 보호하고 이에 대한 안정적인 조건을 창출하는 기능 혹은 도구로 바라보는 경향이 강하기 때문이다. 로크는 국가의 존재 이유를 《관용에 관한 편지》에서 다음과 같이 말한다. "제가 보기에 공화국은 오로지 세속적 재산(bona civilia)을 지키고 증식하기 위해 세워진 사람들의 사회(societas hominum)입니다. 생명, 자유, 신체적 건강, 무병 그리고 토지, 돈, 가구 등과 같은 외적인 것들의 소유를 저는 세속적 재산이라고 부릅니다."[37]

정치를 단지 수단으로 왜소화시키는 과정은 근대 정치의 본질을 권력의 행사로 그리고 국가를 권력의 독점권을 장악한 기구로 이해하는 경향과 밀접하게 연결되어 있다. 이는 홉스의 국가 이론에서 분명하게 드러난다. 홉스는 시민들의 계약에 의해 형성된 국가를 "리바이어던"이라 일컬으면서 이를 "'영원불멸의 신(immortal God)'의 가호 아래 인간에게 평화와 방위를 보장하는 '지상의 신(mortal god)'"으로 규정한다.[38] 지상의 신인 리바이어던은 그의 행동에 대해 백성들이 어떤 비난이나 저항도 할 수 없을 정도의 주권적 권력(sovereign power)을 가진 존재로 간주된다. 게다가 이 주권자의 권리는 분할될 수도 양도될 수도 없는 최고의 것으로, 국가는 권력을 독점한다.[39]

홉스는 국가를 강제력 내지 권력을 독점한 주권자로 설정하고 국가는 사회질서를 유지하는 기능을 담당한다고 생각했다. 요컨대 국가는 필요한 경우 자신이 독점하는 강제력을 발휘하여 국민들을 처벌할 수 있는 장치인 것이다. 따라서 홉스는 주권자인 국가의 권력을 시민들에게 의무를 부과하고, 억제하고 강제할 수 있는 "공공의 칼"로 비유한다.[40] 국가를 강제력의 체계로 보는 관점은 홉스의 인간관의 필연적 결론이라고 볼 수 있다. 홉스는 인간을 자신의 생존과 안전을 최우선적인 선[41]으로 파악하는 존재, 다시 말해 죽음에 대한 공포를 가장 악한 것으로 간주하는 존재로 본다. 죽음을 제일의 악으로 보는 관점 역시 고전적인 도덕관이나 세계관의 급진적인 해체를 보여준다. 주지하듯이 소크라테스 시대의 아테네인들은 명성과 명예의 상실을 죽음보다도 더 두려워했다.[42] 죽음을 제일의 악으로, 생존을 최우선적인 선으로 보는 홉스의 관점에서 볼 때 인간들 사이에서 질서와 평화를 구현하기 위해서는 위법으로 규정된 사항들을 위반하는 사람들에게 그에 상응하는 공포를 불러일으키는 권력을 장악한 주권자를 상정해야만 한다. 즉 "인간의 정념 중에서 위법 행위를 가장 적게 하도록 만드는 것이 공포"이며, 그것은 "사람들로 하여금 법을 지키도록 만드는 유일한 것"이라고 홉스는 결론짓는다.[43]

홉스와 마찬가지로 로크 역시 "정치권력"을 "사형 및 그 이하의 모든 처벌을 가할 수 있는 법률을 제정하는 권리"로 규정한다.[44] 칸트 같은 사회계약론자도 개인의 내적으로 자유로운 도덕적 행위 방식과 외적이고 합법적인 행위 방식을 구별하고 "법과 강제하는 능력"을 "동일"한 것으로 간주했다.[45] 홉스는 시민사회를 국가와 동일한 것으로 이해한다.[46] 로크 역시 정치사회(political society)를 시민사회(civil society)의

동의어로 사용한다.[47]

헤겔은 시민사회와 국가를 구별한다.[48] 이 구별에 입각하여 근대의 사회계약론과 시장 사회 형성의 밀접한 연관성을 파악한다. 그리고 홉스 및 로크가 파악한 정치사회로서의 시민사회를 국가와 별개인 "필요 및 오성 국가(Not-und Verstandesstaat)"로 규정한다.[49] 국가로부터 시민사회를 구별하는 헤겔은 근대 서구 사회의 현실을 정확히 인식한 것이다. "욕구의 체계"[50]에서의 행위 주체는 독립적인 개별적 주체이다. 모든 신분적 질곡과 봉건제의 한계로부터 해방된 개인은 욕구의 체계인 시장 사회에 평등하게 참여하여 자신의 욕구를 실현시킬 수 있는 존재로 간주된다. 그러나 이 개인은 "사적 개인(Privatpersonen)이며, 이들은 자신의 이익을 목적으로 삼는다".[51]

이렇게 근대에 인간은 사적인 인간으로서 경제활동의 주체로 나선다. 그리고 이 영역은 헤겔 정치철학의 틀에서 인륜적 관계의 구성요소가 된다. 이는 근대 자유주의적 사고방식을 헤겔이 일부 받아들이고 있음을 보여준다. 그는 시민사회의 형성과 함께 등장하는 자유롭고 평등한 인격적 주체의 권리에 대한 자유주의적 생각이 진보적이라고 본다. 그러므로 사적 소유의 긍정이나 직업 선택의 자유, 양심의 자유 등을 인간 자유 실현의 필수 구성요소로 받아들인다. 예를 들어 헤겔은 소유의 자유나 양심의 자유 등 소위 "주관적 자유의 권리"를 "시민사회의 원리"이자 "정치적 헌법의 계기"로 보아 긍정한다.[52] 그러나 소유의 유지를 사회 및 국가의 최종 목적으로 간주하진 않는다. 근대 사회계약론에 대한 헤겔의 비판은 다음 세 가지로 요약할 수 있다. 첫째로 헤겔이 볼 때 근대 사회계약론은 사회적·역사적 세계의 형성 이전에 이미 합리적으로 행동하는 개별적 주체를 설정함으로써 인간 세계를 적절히 이해하지 못한다. 이는 흔히 원자론적 개인주의 비판이라고 불린다. 둘째로 헤겔은 근대 자유주의적 사고방식이 타인의 문제를 제대로 해명하지 못한다고 본다. 이 두 현상을 좀더 설명하면 다음과 같다. 시민사회의 원리는 '체계적이고 보편적인 이기주의'이다. 다시 말해 시민사회의 구성 원리는 각 개인들의 이익 추구이다. 시민사회는 "만인의 만인에 대한 개별적인 사적 이익의 싸움터"[53]라는 것이다. 이렇게 시민사회 내부에서는 인간과 인간의 관계가 단지 자신의 이익 추구라는 차원에서 맺어지기 때문에 시민사회는 "원자의 체계"[54]이다. 다시 말해 시민사회에서 타자와의 관계는 그 자체로 가치 있는 게 아니라, 각자의 이익 추구에 유용한 도구라는 의미만을 지닌다. 그럼에도 사람들은 자신들의 이익 추구를 위해 타자들과 관련을 맺어야만 한다는 점에서 상호 의존적이다. 앞으로 더 구체적으로 보겠지만 바로 이것이 시장 사회로서의 근대사회가 안고 있는 근본 문제이다. 시장 사회에서 이익을 추구하는 행위 주체들은 타자와의 연관 속에서만 자신의 이익을 도모할 수 있는데도 이 타자와의 관계를 오로지 유용성 혹은 도구의 차원에서만 파악하기 때문이다.

마지막으로 앞의 두 요인이 결합하여 정치적 공동 결정의 자유, 즉 고대적인 자치로서의 자유의 이념이 위기에 처하게 된다. 앞에서 언급했듯이 시민사회와 국가를 혼동함으로써 인간은 정치적 존재라는 점을 망각하고 국가를 자의적이거나 임의적인 체제로 환원할 수 있다는 결론이 도출되기 때문이다. 그래서 헤겔은 말한다. "만일 국가가 시민사회와 혼동되고, 국가의 사명이 소유 및 개인적 자유의 보증과 보호에 있다면, 개인들의 이익이 궁극의 목적이고 이 목적을 위해 그들이 결합되는 것이다. 이로부터 국가의 성원은 자의적인 것이라는 점이 뒤따라온다."[55] 정치적 자율성의 고유성을 망각하는 행위와 시민사회와 국가를 혼동하는 자유주의의 문제점은 현재도 널리 받아들여진다. 그러므로 하버마스에 의하면 국가를 외적인 강제력의 체계로 바라보는 자유주의적 사고방식은 "인민주권을 폭력의 독점과 혼동"[56]하면서 항상 다수의 전제정이라는 위험성을 불러들일 개연성이 있다.

헤겔이 비판한 세 가지 요인, 그러니까 원자론적 개인주의, 타인 및 사회의 도구화 그리고 정치적 자율성의 위축은 바로 근대의 위기의 근원을 형성한다. 이를 전형적으로 보여주는 것이 바로 시장 사회의 내적 분열로 인한 인간관계의 파탄이다. 이제 이 문제를 다루어보자.

3. 시장 지향적 근대사회의 문제점

앞에서 설명했듯이 자신의 이익을 추구하면서 타인과 관련을 맺는 이들의 상호 연결망을 헤겔은 시민사회의 첫 번째 구성요소로 보면서 이를 "욕구의 체계"라고 일컫는다. 이 욕구의 체계가 바로 근대에 전면적으로 등장한 시장 사회이다. 욕구의 체계로서 시민사회, 즉 시장 사회에서 인간은 자신의 욕구를 노동을 통해 만족시켜야 한다. 욕구의 체계에서 인간들의 욕구는 다양화되고 이러한 욕구들을 만족시키는 수단들 역시 분화된다. 그러므로 노동의 분업은 필연적이다. 근대 시민사회에서 인간의 욕구는 각 개인의 자족적인 활동에 의해서가 아니라, 타인과의 연관 속에서만 충족될 수 있다. 욕구의 체계에서 인간들의 기본 동기는 자신의 특수성의 실현, 즉 이기적인 목적의 달성이다. 그러나 이런 이기적인 목적을 달성하기 위해 사람들은 근대 자본주의 시장경제 속에 편입되어 다른 사람들의 욕구 충족을 위해 노동해야 한다. 근대 자본주의적 시장경제 사회에서 사람들은 이렇게 얽히고설킨 체계에 편입되어야만 자신의 이기심을 적절히 충족시킬 수 있다.

국가와 가정으로부터 떨어져 나가 고유한 법칙에 의거하여 움직이는 근대 시장 사회에는 해방적이고 진보적인 계기가 마련되어 있다. 그러나 이는 가족과 국가 등 여러 조건들이 갖추어져 있을 때 실현될 수 있다. 그렇지 않고 시장 사회의 논리가 극대화되면 사회는 파멸의 위기에 처한다. 근대 시장 사회는 부와 빈곤의 극단적 대립을 초래하여 사회 통합의 기초를 허물어뜨리는 힘을 갖고 있다. 헤겔은 소위 무한 질주하는 자본주의의 내적 위험성을 분명히 파악하고 있었다. 그는 "방해받지 않고" 움직이는 시장경제 질서가 광범위한 빈곤을 양산할 수밖에 없음을 지적한다. 즉 사회적 양극화는 시장 사회 실패의 현상이 아니라 그 기능이 원활하게 작동한 필연적 결과라는 것이다.

헤겔에 의하면 근대사회에서 빈곤은 부의 축적의 또 다른 얼굴이다. 사회의 부가 증대하는 한편 빈곤이 확대되는 것이다. 이렇게 볼 때 빈곤은 단순히 물질적 풍요의 결핍뿐만이 아니라, 독특한 사회현상으로 이해해야 한다. 즉 빈곤은 근대 시민사회가 산출한 근대적 현상이다. 헤겔은 부와 빈곤의 대립을 근대사회의 내적 발전의 필연적인 귀결이라고 이해한다. 이 문제를 해결하지 못한다면 시민사회는 더 이상 자신을 유지할 수 없음에도 불구하고, 이러한 부와 빈곤의 대립이 시민사회 내부에서는 충분히 조정되지 못한다는 것이 문제이다. 자본주의

헤겔 정치철학의 통찰과 맹목

적인 시장경제 체제가 내적인 원리로 삼고 있는 자기 이익의 극대화는 결국 최적의 경제 상황 내지는 만인의 만족으로 귀결된다는 주장은 이제 실업자의 존재를 고려한다면 설득력이 없다. 그러므로 시민사회의 내적인 대립을 고려한다면 근대의 문제는 어떻게 내적인 분열을 극복하고 통일된 사회를 유지할 수 있는가 하는 것이다. 그러므로 빈곤 혹은 사회적 불평등을 어떻게 해결할 것인가, 바로 이점이 근대사회를 "진행시키고 괴롭히는 문제"[57]라는 헤겔의 주장은 지극히 정당하다.

이와 같이 시민사회에서 개인이 자신의 욕구를 무한히 실현하는 행위는 극단적인 사회 분화를 초래하고 정치적 공동체를 파괴한다고 헤겔은 파악한다. 근대 시민사회에 대한 헤겔의 서술에서 우리는 그가 개인의 원자화와 파편화, 경제적 불행 그리고 정치적 공동체의 약화라는 현상 사이의 밀접한 연관성을 분명히 인식하고 있었음을 알 수 있다. 근대 시민사회의 내적 한계에 대한 정확한 분석으로 인해 헤겔은 여전히 현재의 사상가로 남아 있다.

그렇다면 헤겔은 근대를 괴롭히는 문제, 즉 시장의 자기 파괴적 힘을 해결할 대안들을 제시했는가? 필자는 이미 헤겔의 정치철학이 사회국가 원리와 많은 친화성을 띠고 있다는 사실을 강조한 바 있다.[58] 따라서 여기서는 헤겔이 노동의 권리 및 생존의 권리를 인정했다는 점을 강조하면서 이 주장이 시장 사회에서 어떤 의미를 갖는지 간단히 언급하겠다. 예를 들어 헤겔은 다음과 같이 주장한다. "실업자가 존재하면, 그들은 노동을 제공하라고 요청할 권리가 있다. 그러나 시민사회는 더 나아가 자신을 보존할 수 없는 개인을 돌보아야 할 무조건적인 의무가 있다."[59]

이 주장은 다음 두 가지 의미가 있다. 헤겔이 보기에 사회는 실업자가 일정한 수준의 생계를 꾸려갈 수 있도록 배려해야 한다. 그런데 이 배려의 의무는 결코 시혜적인 것이 아니다. 달리 말하면 사회가 건강과 교육, 가족 구성원의 재생산 그리고 최소한의 문화적 활동에 요구되는 기본 생계 수단을 실업자들에게 제공해야 할 의무가 있는데 이는 결코 가진 자의 베풂이 아니다. 노동자 역시 직업 활동을 통해 사회적 부의 전반적인 향상에 기여했음을 감안한다면, 그는 자신의 기여에 해당되는 급부를 요구할 권리가 있다. 그렇다고 국가에 의존하는 삶의 방식이 삶의 목적일 수는 없다. 도움이 자립적 삶을 형성할 수 있는 발판으로 작용할 때 가장 의미가 있을 것이다.

또 논의해보아야 할 사항은 노동의 권리에 대한 주장의 의미이다. 주지하듯이 근대사회는 노동과 직업을 통해 자신의 명예와 인정을 추구하도록 조직화된 사회이다. 그리고 근대의 규범적 토대는 모든 인간이 자유롭고 평등한 인격체로 존중받아야 한다는 것이다. 이런 규범적 기대와 노동을 통한 사회적 인정 추구, 그러니까 성공적인 자아실현의 모색은 떼려야 뗄 수 없는 관계에 있다. 우리가 스파르타나 로마 사회에서 보듯, 전쟁을 통한 명예의 추구를 야만시하고 상업 활동이나 직업 활동을 통해 자신의 삶을 설계하는 것을 도덕적으로 권고할 만한 행위로 간주하는 사회에서 살아가는 한, 모든 인간은 노동을 통한 자아실현의 기회를 박탈당해서는 안 된다. 이런 규범적 기대를 충족시키지 못한다면, 이는 시장 사회가 자신의 존재를 정당화하는 주장이 공허한 것임을 드러내는 것에 지나지 않는다.

그러나 노동권과 생존권 요구를 관철하는 방식은 상황에 따라 다양

헤겔 정치철학의 통찰과 맹목

할 수 있다. 따라서 시장 사회가 형성하는 사회적 양극화의 문제를 해결하는 데 있어서 원칙은 고대인의 자유라는 이념의 복원에 있을 것이다. 헤겔의 용어로 말하자면 국가의 구성원으로서 함께 살아가는 것, 즉 "최고의 공동성이야말로 최고의 자유"이기 때문이다.[60] 이는 자유를 자치에 참여하는 것으로 이해하는 공화주의적 자유 혹은 고대인의 자유의 신념을 달리 표현한 것이다. 헤겔은 말한다. "국가는 구체적 자유의 현실이다. 그러나 구체적 자유는 다음과 같은 점에서 존립한다. 즉 우선 개인의 개별성과 특수한 이해관계가 완전히 전개되어 개인의 권리를 대자적으로 (가족과 시민사회의 체계 내에서) 인정받는 데에 존립한다. 그뿐만 아니라 개인들이 한편으로는 자기 스스로를 통해 보편자의 관심으로 이행하고, 또 한편으로는 앎과 의지를 가지고 보편자를 인정하되, 더욱이 보편자를 개인들 자신의 실체적 정신으로 인정하고 그들의 궁극적인 목적이기도 한 보편자를 위해 활동한다는 데에 존립한다."[61]

앞에서 보았듯이 시장질서는 인간의 자유 실현의 장 가운데 하나라는 점에서 도덕적으로 정당한 측면이 있다. 그러므로 시장 사회에 토대를 둔 근대 시민사회가 새로운 형태의 인간 상호 간의 유대성의 원천으로 작동될 수 있음을 지적했다. 자유로운 독립적 개인들로 구성된 시민사회는 비시장적인 자유로운 결사의 영역들을 촉진하는 역할을 수행한다는 점에서 무한 질주하는 시장 사회의 사회 해체 경향을 어느 정도 막아준다. 이런 점에서 시민사회는 국가라는 지평에서 더 고차적인 형태로 실현 가능한 자유에 활력을 불어넣는다.[62] 그러나 시민사회의 하위 영역인 시장 사회는 경제적 불평등을 낳고 정치적 공공성을

떤 일에 대한 가치를 폄하하고 파괴하는 경향을 보인다. 그러므로 시장 사회의 파괴적 성향을 억제하고 긍정적 차원을 보존할 수 있는 방안 중의 하나는 시장 사회가 자유로운 시민들의 공동체적 삶, 즉 자치의 이념을 구현하는 삶을 해치지 않는 선에서 기능하도록 그것을 조정하는 방식일 것이다.[63] 이처럼 근대라는 변화한 조건 속에서 고대의 자치적 자유 이념을 구현할 가능성을 모색하여 고대인의 자유와 근대인의 자유의 결합을 모색한다는 점, 그리고 이런 시도를 가족, 시민사회, 국가라는 세 영역으로 분화된 인륜성의 이론 속에서 구체화하고 있다는 점이 헤겔 정치 이론의 탁월함을 보여주는 증표인 셈이다.

앞에서 언급한 것처럼 헤겔은 분화된 사회에서 구현할 수 있는 가장 강력한 자유의 모델을 제시할 수 있었다. 그는 루소와 칸트가 해결하지 못한 과제, 즉 고대인의 자유와 근대인의 자유의 종합을 해결함으로써 근대 및 서구의 정치사상사에서 지울 수 없는 역량을 유감없이 발휘했다. 도식적으로 정리하자면 칸트는 인권의 선차성을 주장하면서 정치적 참여와 적극적 자유의 고유성을 망각하는 우를 범했으며, 루소는 상업과 돈에 대한 과도한 열정이 인간의 정치적 자유를 부패시키는 것으로만 이해하여 근대적 자유에 비해 고대적 자유의 우월성만을 대조하는 데 그치고 말았다. 헤겔은 상업 사회와 고대 공화주의적 자유(고대적 자유)의 매개 가능성을 몽테스키외로부터 배움으로써 양극단에 빠진 루소와 칸트의 딜레마를 벗어날 수 있는 모델을 제시할 수 있었다.[64]

헤겔 정치철학의 근원적 통찰과 관련하여 우리는 국가와 시민들의 정치적 조절로부터 완전히 벗어난 시장 사회의 가공할 만한 파괴적 성격에 대한 그의 인식을 강조해야 할 것이다. 세계화와 더불어 20여 년

헤겔 정치철학의 통찰과 맹목

이상 세계를 주도했던 신자유주의 이론의 문제점과 이를 현실에 적용했을 때 어떤 병리적 현상과 모순이 드러나게 되는가를 2008년 미국에서 시작된 전 지구적 경제위기로부터 똑똑히 보았기 때문이다. 그렇다고 시장을 전적으로 폐지하는 것이 답이 될 수는 없다. 이는 헤겔의 생각이기도 하다. 헤겔에 따르면 시장은 사적 소유를 긍정하는데 이는 타인에 대한 종속에서 탈피한 자립성을 지켜줄 필요조건이기 때문이다. 재산 자체가 궁극적인 삶의 목적이라서가 아니라 자립적 삶의 출발점이기 때문에 긍정하는 것이다. 다시 말하자면 근대인의 자유를 고대적인 자립과 자치의 필수 조건으로 재해석할 때 비로소 참다운 의미가 발현될 수 있다.

헤겔은 고대 아테네 민주주의의 한계를 근대인의 자유의 보편성에 의해 교정해야 한다고 본다. 헤겔이 보기에 고대 민주주의의 한계는 바로 노동의 필요를 노예라는 존재를 통해 해결하고 일부 시민들만이 정치적 자율성이 보장된 삶을 영위했다는 데 있다. 노예는 타인의 지배에 종속되어 자유로운 시민의 삶을 살 수 없었던 것이다. 그러나 근대는 모든 인간을 사적 소유의 권리를 지니는 법적 주체이자 인격체로 간주하는데 이는 새로운 차원의 자유를 가능하게 하는 출발점이라는 것이 헤겔의 생각이었다. 이처럼 시장을 폐지하려 들지 않고, 그 효율성과 도덕적 규범성을 전적으로 부인하지도 않으면서 시장이 삶의 다른 영역들을 부패시키고 파괴할 수 있는 개연성을 차단할 정당한 근거를 정치적 평등과 자기 통치로서의 정치적 자율성에서 구하려는 헤겔의 시도는 시장유토피아주의와 전체주의적인 사회주의라는 양극단을 피하는 매력적인 대안을 제시한다.[65]

특히 근대사회의 빈곤 문제를 언급하면서 헤겔이 주목한 도덕적 규범의 파괴, 즉 경제적 빈곤 자체도 문제지만 이로 인한 사회관계 속에서 무시당하는 가난한 사람들의 경험과 자존감의 상실 현상은 빈곤 문제에 대한 새로운 인식의 지평을 제공한다. 즉 무한 질주하는 시장 사회가 필연적으로 양산하는, 사회적 양극화로 인해 시장에서 실패한 사람들의 저항, 즉 자기 보호 운동의 궁극적 배경에는 경제적 빈곤으로 인한 인간의 자존감 상실과 성공적인 자기 실현 가능성의 박탈에 대한 정당한 분노가 깔려 있다고 헤겔은 생각한다. 따라서 빈곤과 경제적 불평등은 근대 시장 사회의 제도적 한계는 물론이고 이 사회의 규범적 원리 및 정당화 기제로 작용하는 개인주의적 자유주의 이론의 딜레마를 분명히 드러낸다. 헤겔은 이를 근대를 괴롭히는, 즉 자유롭고 평등한 개인의 존엄성의 존중을, 그러니까 사회의 정당성의 규범적 토대로 삼는 근대의 주장을 공허한 것으로 만드는 근대성의 위기를 보여주는 전형적인 문제로 파악했던 것이다.

나가는 말

우리는 지금까지 헤겔이 고대인의 자유와 근대인의 자유를 어떤 방식으로 종합했는지를 근대 정치사상이라는 더 큰 맥락에서 살펴보았다. 그는 사적 개인들이 출현하고 이로 인해 가능해진 근대사회가 시장 사회의 특성을 지니고 있음을 정확히 인식했다. 그러나 근대에 출현한 시장 사회에는 시장지상주의로 변질되는 위험한 경향이 있음을 인식하면서도 거기에 존재하는 해방의 차원을 헤겔은 긍정했다. 그는 시장 사회적 요소를 토대로 삼고 있는 근대 시민사회가 한편으로는 원자화·파편화로 인한 원심력의 경향을 보이지만 또 한편 새로운 형태의 사회통합과 연대성의 토대가 될 수 있음을 통찰했다. 그리하여 현재 유행하는 비시장적이고 비국가적인 제3영역으로서의 시민사회의 활성화가 바로 국가가 유발하는 전체주의적 경향과 더불어 시장의 파괴적 성향을 극복하는 매개 역할을 할 수 있음을 보았다.

헤겔의 입장은 인간의 사회를 시장 사회와 동일시하거나 정치적 공동체를 시장 사회를 보호하는 수단으로 파악하는 고전적 자유주의와 그 현대적 형태인 신자유주의와는 다르다. 헤겔은 시장 사회에서의 활동의 자유를 현대 국가의 필수 구성요소로 인정하면서도 정치적 공동체에서 누리는 자유를 경제적 활동의 자유보다 고차적인 것으로 바라보기 때문이다. 간단히 말해 공동체를 스스로 통치하는 자치 이념에 뿌리를 둔 자유로운 시민의 역할은 시장에서의 자유로운 행위와 구별될 뿐 아니라 후자보다 한 차원 높은 고유한 가치를 갖고 있다는 것이다.

물론 헤겔의 대안은 양쪽에서 공격받을 가능성이 있다. 어떤 사람들은 그것이 지나치게 시장의 영역을 축소한다고 판단할 테고, 다른 사람들은 시장 사회의 현실에 지나치게 양보한 순응주의적 혹은 기회주의적 길이라고 볼 수도 있다. 그러나 이 양극단은 역설적이게도 시장 사회의 힘을 너무나 맹신하고 있다는 공통성을 보여준다. 하나는 시장 사회를 인간 사회의 이상적 모델로 보는 데 반해 다른 하나는 시장 사회를 모든 부패와 타락과 소외의 근원으로 본다는 점에서는 서로 다르지만 말이다.

끝으로 헤겔 정치철학의 문제점을 간단하게나마 지적해야 할 것이다. 헤겔 정치철학의 결함은 대략 두 가지로 볼 수 있을 듯하다. 첫째로 헤겔의 정치철학은 지나치게 서구중심주의적이다. 인류 역사를 자유 실현의 과정으로 보고 그 실현의 궁극적 목적을 기독교 문화를 바탕으로 한 서유럽 국가에서 찾는 것은 대단히 일면적이다. 헤겔이 어느 정도 암시했듯이 서구 시장 사회는 전 지구적 성격을 띠고 있을 뿐 아니라 식민지화와 결부되어 있다. 식민주의는 서구중심주의의 또 다른 얼굴이다. 이제 인류 역사는 타자화된 동양이 자립적 인식을 획득함에 따라 새로이 흘러가고 있다.

둘째로 헤겔은 국민국가와 전 지구적 차원으로 확산된 시장 사회의 긴장을 해결할 대안을 제시하지 못했다. 물론 이는 시대적 제약에 기인한다. 그럼에도 칸트의 영구평화론과 세계시민사회에 대한 이상이 헤겔 정치철학의 틀 속에서 적절한 방식으로 지양되어 있다고 보기는 힘들다. 국민국가의 다수성과 시장의 전 지구적 성격이 초래하는 긴장으로 인해 현재 무수히 많은 문제점들이 양산되고 있다. 서구 우월주의와 더불어 이 문제의 해결은 헤겔 정치철학의 문제점 극복에 꼭 필요한 것으로 보인다. 헤겔과 더불어 헤겔을 비판하는 것은 차후의 과제로 남겨져 있다.

들어가는 말

1990년대 이후 한국의 지성사는 큰 변화를 겪었다. 1980년대의 소위 '사회과학의 시대'에 큰 영향력을 행사하던 마르크스주의와 헤겔 철학은 더 이상 사람들의 관심을 받지 못하게 되었다. 1990년대 이후 마르크스주의를 대신하여 가장 강력한 영향력을 행사한 사조는 단연 포스트모더니즘이었다. 이 사조의 영향력도 주춤하고 있지만 그래도 건재한 상태다. 포스트모더니즘의 유행 혹은 유입으로 인해 근대성(modernity)을 성찰하는 움직임이 크게 일어났다는 점은 포스트구조주의에 호의적이든 그렇지 않든 부정적으로 평가할 사항이 아니다.

근대성에 대한 성찰은 근대 국민국가 및 민족주의 그리고 진보사관

＊2010년 《헤겔연구》에 실린 〈헤겔에서의 오리엔탈리즘을 넘어서―아시아에 대한 새로운 상상을 위한 불충분한 성찰〉을 교정한 논문이다.

등을 비롯한 근대성의 핵심 개념들에 대한 회의 및 반성이란 형식으로 전개되고 있다. 서양의 오리엔탈리즘에 대한 성찰 역시 이와 무관하지 않다. 서양의 오리엔탈리즘에 대한 비판은 동양 혹은 동아시아의 새로운 가능성에 대한 모색과도 긴밀히 연결돼 있는 주제이다. 그리고 동아시아 혹은 아시아를 새로이 성찰할 때 우리가 간과해선 안 될 점은 동아시아 및 아시아에 대한 상상이 제2차 세계대전 직전 및 대전 중에 일본 제국주의의 팽창과 침략전쟁을 정당화하는 이념으로 제시되었다는 점이다.[1] '근대의 초극'이라는 담론이 바로 그것이다. 물론 근대의 극복이라는 문제와 1935년에서 1945년에 진행되었던 '근대의 초극' 담론을 구별할 필요는 있다. 다시 말해 제2차 세계대전기에 일본에서 융성한 '근대의 초극' 담론이 비록 일본의 군군주의와 제국주의를 정당화하는 이데올로기에 지나지 않지만 근대의 문제를 해결하려는 과제는 여전히 중요하기 때문이다. 여기에서 우리는 근대성에 대한 성찰과 근대의 극복이 결코 만만치 않은 과제임을 깨닫게 된다. 우리가 서구 근대성을 비판적으로 성찰해야 한다는 점을 인정한다고 해도 그 방향이 탈근대적인 사상 혹은 일본의 '근대의 초극'에서 나타난 이른바 대동아 사상으로 귀결되지 않도록 조심해야 하기 때문이다.

이 글에서 시도하려는 과제, 그러니까 헤겔의 오리엔탈리즘 및 서구 중심주의적 사고방식에 대한 비판적 성찰은 이중의 어려움을 피해가려는 것이다. 한편으로 우리는 서구 근대를 인류가 지향해야 하는 보편인 목적으로, 그러므로 비서구 세계가 따라가야 할 목적으로 삼아야 한다고 주장하지는 않을 것이다. 물론 우리가 서구의 근대성의 원리 일반과 서구에서 진행된 근대적 원리의 구체적 구현에서 끊임없이

헤겔 정치철학의 통찰과 맹목

배워야 한다는 점도 부인할 수 없다. 그러나 이런 태도는 서구 근대 문명의 장점을 인정하면서도 그것의 상대화를 도모한다는 점에서 서구 근대를 문명의 재현이자 대표로 설정하는 태도와는 사뭇 다르다. 다른 한편으로 우리는 서구 근대와의 비판적 대결이 동양 대 서양이라는 이원론적인 대립 구도를 설정하는 관점으로 후퇴하지 않도록 애써야 한다. 동양의 정신문명 대 서양의 물질문명이라는 사고방식은 서구의 충격으로 인해 한국, 중국, 일본이 풍전등화의 위기에 처했을 때 동아시아 3국에서 다양한 형태로 나타난 태도이다. 그것이 '동도서기(東道西器)' 혹은 '중체서용(中體西用)', '화혼양재(和魂洋才)' 등 어떤 이름으로 등장하든 여기에는 동양과 서양을 불변적인 문화권으로 보는 태도가 놓여 있으나 이는 기실 설득력이 없다. 게다가 이런 사고방식은 서양이 동양을 타자화하여 자신의 정체성을 인류 문명의 보편적 잣대로 상상하는 태도를 거꾸로 뒤집은 것에 지나지 않는다. 즉 서구 근대 문명의 병폐들을 극복할 수 있는 동양 문명의 본래적인 우월성에 대한 확인은 서구와 동양의 이원적인 대립 구도를 온존시키는 한계를 반복하는 것이다. 그러므로 우리는 서양의 근대에 비판적으로 대결하는 자세를 견지하면서, 서양의 오리엔탈리즘을 전도해 서구를 폄하하고 동양 문명을 우월한 위치에 놓으려는 유혹을 견뎌내야 한다. 마찬가지로 근대화 및 문명화를 서구화로 등치하는 태도 역시 우리가 취할 올바른 자세라고 보기 힘들다.

이 글에서 시도하는 작업, 즉 헤겔의 오리엔탈리즘에 대한 비판적 성찰은 서구 근대성에 대한 비판과 동아시아의 새로운 가능성을 모색하는 작업을 어떤 방식으로 실행해야 할 것인가에 대한 고민이다. 21세기가 동아시아의 세기 혹은 중국의 세기가 될 것이라고들 하지만 이는 우리가 아시아를 어떤 방식으로 상상하는가에 달려 있다. 그리고 아시아에 대한 상상은 서구 근대성에 대한 치열한 성찰 없이는 불가능하다. 이 글에서 필자는 헤겔의 오리엔탈리즘을 실마리로 삼아 서구 근대를 넘어 새로운 동아시아의 가능성을 모색하는 사유를 펼쳐보려 한다.

1. 동양에 대한 헤겔의 관점

근대의 역사철학은 유대-기독교의 종말론적인 역사관에 의존한다. 인류의 역사가 궁극적인 목적을 향해 점진적으로 나아간다는 의미에서의 역사에 대한 근대적인 철학적 해석은 기독교적인 역사 개념을 전제할 수밖에 없기 때문이다. 이런 점에서 헤겔 역시 기독교를 인류 역사의 발전에서 결정적인 전환점으로 이해한다. "오로지 신이 삼위일체로서 알려지는 한에서만 신은 정신으로서 인식된다. 이 새로운 원리는 세계사 전회의 핵심(축)이다."[2]

헤겔은 기독교에 의해 천명된 원리의 구체적 실현(세속화) 과정에서 근대의 의미를 이해할 뿐 아니라, 기독교 원리는 인류 역사의 궁극적인 의미에 대한 사유를 가능하게 하는 것이라고 생각한다. 헤겔은 역사철학이 기독교 신학의 원리를 철학적으로 재해석한 것임을 자각하고 있었다. 그는 다음과 같이 말한다. "옛날부터 사람들은 이성과 종교, 종교와 세계의 대립을 주장하려 했다. 그러나 더 상세히 고찰해보면, 이 대립은 실은 대립이 아니라 단지 구별에 지나지 않는다. 이성은 일반적으로 정신의 본성이고, 신적 정신 및 인간적 정신의 본질이다.

헤겔 정치철학의 통찰과 맹목

종교와 세계의 구별은 다음과 같은 구별에 지나지 않는다. 즉 종교 자체는 심정과 마음 안에 있는 이성이고, 신 안에 존재하는 표상적인 진리와 자유의 전당이다. 이와는 달리 국가는 동일한 이성이 현실계의 지식과 의욕 안에서 존재하는 인간적 자유의 전당이다. 또한 그 내용 자체는 신적인 내용이라고도 할 수 있다. 그러므로 국가의 인륜은 종교의 근본원리를 실현하는 것이기 때문에, 국가에서의 자유는 종교에 의해서만 지지되고 확증된다. 따라서 역사의 임무는 종교가 인간 이성으로서 나타나게 하는 것, 즉 인간의 마음속에 살고 있는 종교적 원리가 세속적 세계의 자유를 산출하는 것임을 밝히는 데 있다. 이러한 의미에서 내적인 마음과 외적인 현존재 사이의 분열은 지양된다. 그러나 이를 실현하는 사명을 띠는 것은 다른 민족 혹은 다른 민족들, 즉 게르만 민족들이다."[3]

헤겔에게 기독교는 역사철학뿐 아니라 그의 철학 전체와 아주 밀접하게 관련돼 있다. 그는 기독교의 원리를 세계사에 결정적인 전환을 가져온 사건으로 해석하는 데 그치지 않고 기독교에 의해 천명된 신과 정신의 동일성에 대한 사유를 자신의 전체 철학 및 역사철학의 근본원리로 받아들이기 때문이다. 물론 그는 기독교의 원리를 종교적인 방식이 아니라 철학적인 의미로 받아들인다. 헤겔은 참다운 학문의 목적을 "정신의 무한성"을 인식하는 데 있다고 보면서 기독교가 "신의 인간화(Menschwerdung des Gottes)" 및 "신앙 공동체 안에서의 성령의 현존"에 대한 교리를 통해 "정신을 그 절대적 무한성에서 개념적으로 인식"할 수 있게 했다고 주장한다.[4] 그는 이성과 종교를 대립적인 것으로 파악하려는 관점을 거부함과 동시에 철학과 종교가 관심을 갖는 대상의 동일성을 강조한다. 즉 그에 의하면 종교와 철학은 공히 신을 목표로 한다. 따라서 헤겔은 "신"을 "철학의 유일무이한 대상"으로 이해하면서 신에 대한 참다운 탐구를 "예배"로 규정한다.[5]

독일 관념론, 특히 헤겔의 역사철학은 이성적인 것이 역사적 현실 속에서 실현되는 것을 필연의 과정으로 이해한다. 헤겔 이전의 프랑스 계몽주의나 칸트의 역사철학은 역사 과정의 무한한 진보에 대한 신념을 공유했다. 이 진보에 대한 믿음, 혹은 역사에 대한 믿음 역시 근대성의 독특한 현상이지만, 이는 고전적인 철학적 전통이 추구한 이념인 보편적이고 영원한 것에 대한 인식 가능성을 완전히 저버리진 않았다. 진보에 대한 믿음은 보편적으로 유효한 기준들이 존재한다고 믿는 한 철학의 전통과 일치한다. 인간의 삶과 사유의 역사적 제약성과 보편적인 이념에 대한 긍정을 양립시키려 한 사람은 헤겔이다.

헤겔의 역사철학은 역사 과정 자체가 합리적이라는 것을 전제한다.[6] 그의 역사철학적 전제에서 볼 때 정의로운 정치질서의 실현은 인류 역사의 궁극적인 목적이자 역사 자체가 의미를 획득할 수 있는 기초이다. 헤겔에 의하여 철학적 사유 자체가 역사성을 띠고 있다는 인식이 전면적으로 등장한다. 이제 사상은 시대정신의 표현으로 간주되고 철학사 자체가 철학으로 선언된다. 인간 존재 자체가 역사적 존재임이 천명된다. 역사는 존재를 해명하는 궁극적인 범주가 된다. 이런 점에서 헤겔은 역사적 사유의 발전에서 전환점이 되는 인물이다. 그럼에도 헤겔은 인간 삶의 역사성에 대한 인식이 결코 보편적이고 절대적인 지식의 추구를 배제하지 않는다고 본다. 그는 인류의 역사를 절대자의 자기 실현 과정으로 이해하려 했기 때문이다. 더 상세히 살펴보겠지만 헤겔은 이성과 현실의 종합이 필연적이라는 생각, 달리 말하자면 이성이 인류 역사의 궁극적인 원리라는 생각을 전제한다.

헤겔은 이 자유 의식의 필연적인 과정에 상응하는 구체적인 역사의 진전 과정을 세계사의 네 단계로 설정한다. 바로 동양 세계, 그리스 세계, 로마 세계 그리고 게르만 세계이다. 헤겔에 의하면 동양 세계는 인류 역사의 서막을 알리고, 세계사의 성숙과 완성은 서양에서 이루어진다. 그는 말한다. "세계사는 동방에서 서방으로 진행한다. 유럽이야말로 실로 세계사의 실마리이기 때문이다. 동방이라는 것은 그 자체로서 상대적인 것이긴 하나, 세계사에는 절대적인 의미에서의 동방이 존재한다. 지구는 구체를 이루고 있는데도 불구하고, 역사는 지구의 둘레를 원을 그리면서 도는 것이 아니고 오히려 역사는 일정한 동방을 가지며, 이 동방이 아시아이기 때문이다. 밖에 있는 자연의 태양도 여기에서 떠올라 서쪽으로 진다. 그 대신 더 고귀한 빛을 발하는 자의식이라는 내적인 태양은 서방에서 출현한다. 세계사는 무제약적인 자연적 의지를 보편적인 것과 주관적인 자유로 가르쳐 길러주는 것이다. 동양은 단지 한 사람만이 자유라는 것을 알고 있었을 뿐이고, 지금도 여전히 그렇다. 이에 반해서 그리스와 로마의 세계는 약간의 사람이 자유라는 것을, 게르만의 세계는 모든 사람이 자유라는 것을 알고 있다. 따라서 우리들이 세계사에서 보는 첫 번째 형태는 전제정(Despotismus)이고, 두 번째는 민주정과 귀족정이고, 세 번째 형태는 군주정(Monarchie)이다."[7]

동양의 전제정과 서양의 민주정을 대립시키는 관점은 고대 아테네와 페르시아의 전쟁에 대한 헤겔의 해석에서도 잘 드러난다. 그는 다음과 같이 말한다. "요컨대 이 전쟁에서는 세계사의 관심이 저울질되었던 것이다. 한쪽에는 동양의 전제주의, 즉 한 사람의 군주 밑에 통일되어 있는 세계가 있고, 다른 쪽에는 분할된 데다 광대성으로나 힘으로나 빈약하지만 다른 자유로운 개성 때문에 발랄한 생명을 가지는 국가가 서서, 이 두 개가 서로 항쟁의 관계에 있었다. 그런데 이렇게 정신력이 물량을 압도한 본보기, 그것도 실로 만만치 않은 막대한 물량을 압도해버리고 찬란한 광휘를 발휘한 본보기는 아직까지 역사상에서 한 번도 볼 수 없었던 것이다."[8] 이처럼 헤겔은 동양의 의미를 세계사의 최초의 단계를 구성하는 역할에서 구한다. 그러므로 다음과 같이 말한다. "중국과 인도는 오직 즉자적으로 그리고 우리(유럽인들—필자)에 대해서만 역사의 맥락 속으로 들어올 수 있다."[9] 중국과 인도는 "우리(유럽인들—필자)에 대해서만 역사의 맥락 속에 들어올 수 있다"는 명제는 무엇을 의미하는가? 그것은 아시아의 역사는 세계사의 과정에서 자각적인 자유 의식의 실현 과정에 스스로의 힘으로는 도달하지 못하는 역사, 즉 잠재적으로만 역사 세계일 뿐인 몰역사적인 역사 세계라는 것을 의미한다. 달리 말하자면 중국과 인도의 역사는 인류사의 유년기로서 인류사의 초기 국면을 보여주는 데 그칠 뿐이어서, 스스로 성숙된 역사의 시대를 창출하는 힘을 지니지 못한 역사로 이해되는 것이다. 그러므로 아시아의 역사는 정체된 문명이자 역사와 시대를 의식하지 못하는 자연적인 공간의 역사 상태에 매몰되어 있는 후진적인 문명을 상징하는 역사 없는 역사인 것이다. 역사 없는 역사로 아시아를 규정하는 것은 물리적인 시간이 존재하지 않는다는 것을 의미하지 않는다. 동양의 역사는 서구의 역사보다 더 장구한 세월을 갖고 있다. 그

헤겔 정치철학의 통찰과 맹목

러나 이 시간은 불임의 시간이자 자연적인 시간에 그치는 것이어서 아시아에 무수히 등장하는 왕조 변경의 역사는 인간이 인간으로서 존엄하고 자율적인 존재라는 해방의 역사를 구성하지 못하는 역사라는 것이다. 즉 아시아는 자유 의식의 실현이라는 세계사의 근본 규정을 자각적으로 실현하는 해방의 역사적 경험을 스스로 창출하지 못한 세계라는 것이다. 그러므로 아시아는 헤겔이 '우리'라고 표현한 유럽인들에 의해서만 세계사 속에 편입될 수 있다는 것이다. 이는 서구 근대 유럽 문명의 지도와 충격에 의해서만 아시아는 세계사의 구성 원리인 자유의 보편성을 자각하고 그것의 제도적 실현을 상상할 수 있다는 결론을 함축하는 것이다.

세계사를 자유 의식의 실현 과정으로 이해하고, 이 역사의 출발은 동양으로, 최고 정점은 서구에서 구하는 헤겔의 역사철학에는 당연히 세계의 원리로서의 정신에 대한 이론이 깔려 있다. 그는 "절대자는 정신"이라고 이해한다. 즉 정신으로서의 절대자는 "절대자에 대한 최고의 정의이다".[10] 동양이 세계사에서 출발점으로서만 의미를 지니는 이유는 동양 문명이 세계를 지배하는 궁극의 원리인 정신을 초보적으로만 이해하기 때문이다. 즉 헤겔은 동양의 정신을 정신이 자연 속에 몰입된 상태, 달리 말하자면 자연과의 실체적 통일 속에 있는 것으로 이해한다.[11] 그에 반해 그리스에서부터 서구 근대에 이르는 동안 서양은 무한한 주관성의 입장에 대한 철저한 자각 상태에 이른다고 본다. 주관성의 철저한 자각은 회의주의를 철저히 밀고 나가는 소피스트 및 소크라테스에게서 비로소 구체화되기 시작한다고 헤겔은 생각한다. 그러므로 다음과 같이 말한다. "동양에서도 정신이 출현한 것은 사실이지만, 그러나 그렇게 빚어진 상태란 여전히 주체가 인격으로서 존재하는 것이 아니라 객관적 실체에 휘말려서 부정당하거나 몰락해가는 것뿐이다."[12] 이처럼 헤겔은 동양의 정치질서를 전제정으로 보고 이 정치질서와 상응하는 정신적 태도로서의 주체성의 자각에 대한 불철저성을 동양적 사유의 근본 성격으로 이해한다. 그러므로 헤겔에 의하면 자유로운 정치체제를 자신의 필수 조건으로 삼는 철학적 사유는 동양에서가 아니라 그리스 세계에서 비로소 시작되었다. 이런 점에서 그는 "동양적인 것"은 "철학사에서 배제"되어야 한다고 판단한다.[13] 헤겔에 의하면 정신에 대한 정확한 인식에 입각하여 자유로운 정치질서와 학문 및 종교를 전개한 문명은 바로 고대 그리스 및 로마에 기원을 둔 서구 문명이다. 그는 다음과 같이 말한다. "절대자는 정신이다. 이것은 절대자에 대한 최고의 정의이다. 이 정의를 발견하고 그 의미와 내용을 이해하는 것, 이것이야말로 모든 교양과 철학의 절대적 경향이었다고 말할 수 있다. 모든 종교와 학문은 이 지점을 향해 내몰렸다. 세계사는 오로지 이러한 내몰림으로 이해되어야 한다. 정신이라는 말과 표상은 일찍이 발견되었고, 기독교의 내용은 신을 정신으로 인식하게 해주는 것이다. 여기에서 표상에 주어진 것과 즉자적으로 본질적인 것을 정신 자신의 지반에 있어서, 즉 개념에 있어서 파악하는 일이 철학의 과제이다."[14]

헤겔은 동양이라는 범주에 중국, 인도, 페르시아 그리고 이집트 문명을 포함한다. 그러나 여기에서는 주로 중국에 대한 헤겔의 관점만을 살펴보자.[15] 그는 인도와 중국을 언급하면서 이 두 민족에게는 "자유 개념에 관한 본질적 인식이 결여"되어 있다고 강조한다.[16] 중국 문명이 자유에 대한 정확한 인식을 결여하고 있고, 그리하여 한 사람만이 자유로운 전제정치를 운영하게 되는 근본적인 이유는 무엇인가? 헤겔에 의하면 중국 문명은 정신을 정신으로 파악하지 못하기 때문이다. 달리 말하자면 중국 문명의 정신은 정신적인 것과 자연적인 것을 명확히 구별하지 않고 이 둘을 직접적인 방식으로 통일된 실체로 파악한다. 중국 문명은 "내적인 것과 외적인 것" 그리고 "정신적인 것과 자연적인 것"이 구별되어 있지 않은 문명이라는 뜻이다. 그러므로 헤겔은 중국 문명의 성격을 "자연적 정신성(natürliche Geistigkeit)"의 문명으로 혹은 실체적 힘(die substanzielle Macht)이 지배 원리로 작동하는 문명으로 이해한다.[17]

헤겔이 볼 때 중국 문명을 비롯한 동양 세계가 인간의 자유를 정확히 이해하지 못하는 궁극적인 이유는 바로 이 문명이 실체적인 정신성에 기초를 두고 있기 때문이다. 이 실체적 정신성이 지배적인 문명은 결코 주관적인 자유를 알지 못한다. 그러므로 헤겔은 다음과 같이 말한다. "다음에 우리들은 위에 서술한 중국 역사의 근소한 자료를 기본으로 삼아 그에 일관하여 변하지 않는 국체의 정신을 고찰할 생각이다. 이 국체의 정신은 보편적인 원리로부터 생긴다. 보편적 원리란 바로 실체적 정신과 개체적인 것의 직접적인 통일이다. 그러나 그것은 실제로는 이 인구가 조밀한 국토에 번지고 있는 가족 정신이다. 주관성의 계기, 바꾸어 말하면 개별적 의지를 전멸시키는 힘인 실체에 대한 개별적 의지의 자기반성의 면, 혹은 이 힘이 개별적 의지 자체의 본질로서 세워져 개별적 의지가 이 본질 안에서 자기를 자유로서 안다고 하는 면은 여기에는 아직 존재하지 않는다."[18]

헤겔은 중국 문명의 정신을 형성하는 데 언어가 끼친 영향도 무시할 수 없다고 보았다. 그는 중국의 상형문자가 중국 문명의 특성을 구성하는 데 기여하고 있음을 파악하고 다음과 같이 말한다. "중국 민족의 상형문자 언어는 단지 중국인의 정체된 정신 형성에 적합할 뿐이다. 이런 종류의 문자언어는 더구나 한 민족 안에서 정신문화를 배타적으로 독점하고 있는 극소수의 몫일 뿐이다. 동시에 음성언어의 형성은 자모 표기의 습관과 밀접하게 연결되어 있고, 음성언어는 오직 이 자모 표기에 의해서만 그 음절의 규정성과 순수성을 얻는다."[19]

헤겔은 중국이 왜 필연적으로 전제정치를 통치 원리로 받아들일 수밖에 없었던가를 묻고 그 원인을 중국 문명의 실체적 성격에서 구한다. "중국에 대해서는 헌법을 말할 수 없다. 왜냐하면 헌법이란 개인과 단체, 혹은 개인의 특수한 이해에 관해서 혹은 국가 전체에 관해서 어느 면에서도 독립적인 권리를 가지는 것으로 간주하지 않으면 안 되기 때문이다. 그런데 여기에서는 계기가 결여되어 있기 때문에 단지 기존 국가 행정만을 논할 수 있을 뿐이다. 중국에는 절대적 평등의 나라가 있다. 〔……〕 그러나 중국에는 평등이 있다고 할지라도 자유는 없기 때문에 거기에 마땅히 생기는 통치 형태는 전제정치이다. 우리들이 살고 있는 곳에서는 인간은 다만 법률 앞에서만 평등하고 재산의 소유 면에서 평등함에 지나지 않는다. 그 밖에도 자유가 우리들에게 있어서 존재해야 할 한에 있어서 인간은 보증받지 않으면 안 되는 많은 이해와 특수성을 갖고 있다. 그러나 중국에 있어서는 이들 하나하나의 이해도 그 자신으로서는 인정되지 않는다."[20]

앞에서 본 것처럼 헤겔은 중국의 전제정치, 실체성의 정신 그리고

헤겔 정치철학의 통찰과 맹목

가족관계에 기초를 둔 국가 사이의 상관성을 지적한다. 그리고 중국 문명의 특성을 지속성과 안정성의 문명이자 "공간의 나라, 비역사적인 역사"로 이해한다.[21] 달리 말하자면 중국을 비롯한 동양의 문명은 역사의 진보와 발전을 모르는 정체된 문명이라는 것이다.[22] 헤겔은 중국 문명의 성격을 다음과 같이 요약한다. "이상이 여러 가지의 점에서 본 중국 민족의 성격이다. 이 민족의 특징은 그들에게 무릇 정신에 속하는 모든 것, 즉 자유로운 인륜이라든가 도덕이라든가 심정이라든가 내적인 종교라든가 학문이라든가 또 본래적인 예술 등이 결여되어 있는 점에 있다. 황제는 항상 존엄과 아버지 같은 자애와 온정으로 인민을 대하지만, 인민은 자기 자신에 대해서는 극히 비굴한 감정만을 가질 뿐이고, 자신은 단지 황제 폐하의 권력의 수레를 끌기 위해서 탄생했다고 믿고 있다. 그들을 땅에 닿을 정도로 밀어붙이는 무거운 짐도 그들에게는 어떻게 할 수 없는 운명으로 생각되어 자기를 노예로 팔고 예속의 쓰디쓴 맛을 보는 것도 그들에게는 별로 무서운 일이 아니다. 복수의 수단으로서의 자살, 일상다반사로서 벌어지는 자식들을 버리는 행위 등도 자기 자신과 인간에 대해서 존경의 마음을 가지지 않는 증거이다. 그래서 거기에 신분의 구별이 없고 누구든지 최고의 지위에 오를 수 있다 하더라도, 이와 같은 평등은 내적인 인간이 고투에 의해 얻은 것으로 의미를 갖는 것이 아니고, 오히려 그것은 아직 [정신과 자신의—필자] 구별에 도달하지 못한 저급한 자기 감정에 지나지 않는다."[23]

2. 헤겔의 오리엔탈리즘과 식민주의

헤겔이 식민지 지배체제를 어떻게 생각했는지 명확히 평가하기에는
사료가 충분치 않다. 물론 헤겔이 이를 인식하지 못한 것은 아니다. 그
는 근대 자본주의 경제체제가 내적인 요구에 의해 식민지를 구할 수밖
에 없음을 인식했다.[24] 그러나 제국주의를 통해 근대 서구의 국가와 민
족들이 유럽을 넘어 전 세계로 팽창해 나간 시기는 19세기 후반이었
다. 식민지의 초래가 필연적이라는 헤겔의 인식은 식민지를 정당화한
주장이라기보다는 식민지 현상에 대한 설명이라고 해야 타당할 것이
다. 그는 스페인에 프랑스혁명의 이념을 전파하려는 나폴레옹의 시도
를 비판적으로 바라보았다. 이런 점에서 헤겔은 어느 나라에 소위 더
나은 문명(예를 들면 기독교 문명이나 민주주의)의 전파를 촉진한다는 이유
로 외국에 대한 개입을 정당화하려는 시도에 비판적이었다.

　헤겔은 개입에 대한 비판의 근거로 그 나라의 역사적 조건에 대한
평가를 내세웠다. 헤겔은 추상적인 원칙에 입각하여 한 사회를 전반적
으로 변화시키려는 행동을 지나치게 사회공학적인 태도로 보았으며
이는 결코 성공하지 못할 것이라고 생각했다. 한 나라의 헌법과 인륜
적 삶이 일정한 역사적 맥락을 통해 서서히 성장하면서 실현되듯이 이
성적인 국가는 유리한 전제 조건들이 성숙되어 있어야만 실현된다고
생각했던 것이다. 그래서 스페인의 역사적 · 문화적 · 정치적 조건들
이 프랑스혁명의 이념을 수용할 정도로 성숙되어 있지 않다는 점을 들
어 헤겔은 스페인에 프랑스 식 헌법을 수출하려는 시도를 비판했다.[25]

　그러나 인류의 역사, 즉 세계사를 자유 의식이 진보하는 과정으로
이해하면서 이 과정이 기독교 문명에 바탕을 둔 서구 유럽에서 비로소

헤겔 정치철학의 통찰과 맹목

정점에 도달한다는 헤겔의 인식은 많은 부작용을 낳을 수 있는 판도라의 상자 같은 것이다. 물론 자신의 이론에 함축된 폭력적이고 야만적인 배제 작용의 측면을 헤겔이 충분히 의식하고 있었다고 볼 이유는 없다. 헤겔 이론의 영향사를 보건대, 그의 이론은 곧바로 서구우월주의 및 비유럽 지역에 대한 야만적 태도의 양산을 정당화하는 가장 유용한 지적 담론의 하나가 되었다. 월러스틴은 다음과 같이 말한다. "민족주의는 적들에 대한 적대감에 의해 더욱 확고해졌다. 핵심부 국가들 대부분은 일부 이웃 국가들이나 어떤 배경 등에 대한 적대감을 의식적으로 유포시켜 나갔다. 그러나 여기에는 다른 적대감 또한 존재하였고, 궁극적으로는 이것이 더 중요한 역할을 수행하였던 것으로 보인다. 다름 아니라 범유럽권 세계가 직면하게 된 나머지 세계에 대한 적대감이었다. 범유럽권을 제외한 세계에 대한 적대감은 머지않아 인종주의로 제도화되기에 이르렀고, '문명'이라는 개념의 전파 속에는 이 인종주의가 자리 잡고 있었다. 당시에는 이 '문명'은 복수가 아니라 단수로 개념화되었는데, 세계체제를 경제적·정치적으로 지배하고 있던 범유럽 세계는 자신을 문명화 과정의 중심이자 절정이라고 규정하였던 것이다."[26]

헤겔은 중국으로 대표되는 동아시아 문명을 가족주의, 전제정치, 자유 의식의 결여 그리고 실체적 정신 사이의 상관성이라는 측면에서 이해하면서 동양을 아무런 내적 진보나 발전이 없이 정체된 사회로 바라보는데 이는 바로 유럽을 중심에 둔 오리엔탈리즘의 사고방식이다. 더구나 서구 기독교 문명을 인간의 존엄성과 자유에 대한 자각을 이룬 세계사의 정점으로 바라보는 해석을 동양에 대한 이해와 비교할 경우 헤겔의 정신철학 및 역사철학은 세계를 유럽 중심적으로 이해하는 관점임을 부정할 수 없다. 헤겔의 동양관은 유럽과 아시아를 이원적으로 대립시켜 아시아를 미개의 문명이자 문명의 정점인 서구의 타자로 바라보고 있다. 오리엔탈리즘이란 개념은 에드워드 사이드가 세계적으로 확산시킨 학문 용어로, 서양이 비서구 문화, 특히 동양을 '미개'하고 '후진적'이며 '야만적'이고 '원시적'이라고 평가하는 사유 방식이자 지식 체계를 의미한다.[27]

사이드는 푸코의 권력-지식 연계 이론을 이어받아 동양에 대한 서구 사고방식의 영역에서 지배적인 권력에 의해 우리의 의식이 어떻게 타자의 구성과 서로 연결되어 있는지를, 그런 역사적 구성물인 우리-타자 의식이 어떻게 자연스러운 것으로 만들어지는지를 설득력 있게 보여준다. 사이드는 지식을 능동적으로 산출하는 권력의 생산성을, 서구가 동양을 지배하기 위해 가공해낸 동양에 대한 독특한 접근 방식을 '오리엔탈리즘'으로 명명하여 서구의 문화적 헤게모니를 비판하는 데 창조적으로 적용했다. 즉 서구에 의한 동양의 지배는 날것의 적나라한 폭력이 동원된 결과인데, 이와 더불어 서구인들은 문화적 헤게모니에 의한 지배의 정당성을 꾀하는 과정에서 동양에 대한 특수한 사유 방식들을 만들어 유포시켰다는 것이다. 문화적 정체성의 문제는 어떻게 정치적 투쟁이자 학문적인 활동의 결과가 되는가. 이에 대해 사이드는 다음과 같이 말한다. "비코가 우리에게 가르쳐준 것처럼, 이 모든 것의 핵심은, 인간의 역사는 인간에 의해 만들어진다는 점이다. 영토를 지배하려는 투쟁은 인간 역사의 한 부분이고, 역사적 의미와 사회적 의미에 대한 투쟁도 그 역사의 한 부분이다. 비판적인 학자의 임무는 한

가지 투쟁을 또 다른 투쟁과 분리시키는 것이 아니라, 전자의 투쟁이 가지고 있는 압도적인 현실성과, 후자의 투쟁이 가지고 있는 명백히 이론적인 정교성 사이의 현저한 차이에도 불구하고 그것들을 연관 짓는 것이다. 내가 이런 일을 하는 방식은, 모든 문화의 발전과 유지가 서로 경쟁 관계에 있고 '상이한 자아(alter ego)'의 존재를 요구함을 보여주는 것이다. 정체성을 구축하는 것—동양이든 서양이든, 프랑스든 영국이든, 분명히 구별되는 경험의 집합적 보고인 이들 세계는 결국 하나의 구조이다—은 그 실재성이 언제나 '우리'와는 다른 그들의 차이점을 연속적으로 해석하고 재해석해야 하는 반대항과 '타자'를 구축하는 것을 뜻한다. 각각의 시대와 사회는 '타자들'을 재창조한다. 그렇다면, 자아와 '타자'의 정체성은 정체된 것이기는커녕, 모든 사회의 개인들과 제도를 포괄하는 하나의 투쟁으로 벌어지는 매우 공들인 역사적, 사회적, 학문적, 정치적 과정인 것이다."[28]

동양을 전제정치가 지배하는 사회로 그리고 노예적 복종도 기꺼이 받아들이는, 자유가 질식된 사회로 바라보는 헤겔의 부정적 시각과 편견은 동양에 대한 서구인의 관점을 대변한다. 그러므로 고야스 노부쿠니의 다음과 같은 지적은 수긍할 만하다. "헤겔의 역사철학적인 '동양'의 기술이 유럽 근대의 성립 과정에서 유럽인이 직면한 이질적인 동양에 대한 인식과 체험의 이론적이고 포괄적인 역사철학적 표상이라면, 그것은 유럽 근대 문명에 기초한 동양관을 이론적인 포괄성을 가지고 대표하는 것이 된다."[29] 서구가 제국주의적 방식으로 침략해오는 과정에서 헤겔의 동양관은 동양인들에게는 커다란 도전으로 다가올 수밖에 없었다. 동양이 정말 헤겔이 생각하는 그런 사회라면 서구의 근대 문명의 세례를 받지 않고서는 결코 새로운 문명의 단계로 도약하거나 진보할 수 없다는 주장을 수용할 수밖에 없기 때문이다. 이런 태도는 자연스럽게 서구의 침략을 숙명으로 받아들이는 자세로 이어질 것이다.

노부쿠니에 의하면 헤겔의 동양관은 근대 서양을 문명의 모델로 설정하고 이를 자기 것으로 만들려 했던 근대 일본의 동양에 대한 시각 형성에 지대한 영향을 주었다.[30] 이는 일본 메이지 시대의 대표적인 사상가인 후쿠자와 유키치의 탈아입구(脫亞入歐)론에서도 등장한다. "나쁜 친구와 사귀는 사람은 함께 나쁜 친구가 되는 것을 면치 못한다. 우리는 마음속으로부터 아시아 동방의 나쁜 친구를 거절해야 한다." 이런 주장과 더불어 유키치는 1885년에 "서양문화를 취하여 오직 일본의 낡은 모습에서 벗어나야 할 뿐만 아니라, 아시아 전역에서 새롭게 한 기축(機軸)을 세워서 주의(主義)로 삼아야 할 것은 오직 탈아(脫亞) 두 글자에 있을 따름이다"는 탈아론을 주장했다.[31] 그리고 문명과 비문명의 관계 구조를 일본과 중국, 조선 같은 아시아 여러 나라와의 관계로 전이시키는 데 결정적으로 기여한 유키치의 탈아론은 헤겔의 역사철학적인 동양관을 재생산한 것으로 평가받는다.[32]

그리고 일본과 여타 아시아 국가의 관계를 문명국 대 비문명국의 대립 구도로 설정한 유키치의 입장은 후에 조선의 식민지 지배는 물론이고 중국 대륙에서의 제국주의적 전쟁 행위를 정당화하는 입장으로까지 극단화된다. 달리 말하자면 제국주의 전쟁은 중국 사회로 하여금 정체된 문명 상태에서 벗어나게 하여 자립적인 동아협동체를 건설하기 위한 개입이자 세계사적인 실천으로 정당화되었다.[33] 그러므로 노부쿠니는 다음과 같이 말한다. "헤겔의 역사철학이 구성한 전제와 정

헤겔 정치철학의 통찰과 맹목

체의 왕국으로서의 동양상은 일본으로 하여금 중국 중심의 문명론적 동아시아 정치 지도를 교체하게 했다. 일본은 '동양적 전제' '동양적 정체'라는 이름을 중국에 뒤집어씌우면서 중국을 문명의 중심적 위치에서 끌어내리고자 한 것이다. 유럽 문명의 적장자임을 자임한 일본이야말로 동아시아의 새로운 문명론적 지도의 중심에 서지 않으면 안 되었던 것이다."[34]

 헤겔의 동양관은 일본 제국주의가 동양 문명의 중심으로 자처하면서 조선을 강제 병합하고 조선의 식민지 상황을 정당화하는 논리로도 이용되었다. 많은 일본인 역사가들은 말할 것도 없고 일부 한국 역사가들조차도 한국인은 스스로 발전할 능력이 없기 때문에 일본에 의한 조선의 한반도 강제 병합과 식민 지배는 정당화될 수 있다고 생각했다. 지금은 탈민족주의 담론의 등장으로 약간의 변화가 있지만 오랫동안 남한의 역사가들이 극복하고자 노력한 사관은 바로 일본의 식민지 사관이었다. 주지하듯이 일본의 식민지사관은 다음 네 가지 특성으로 구성되어 있다. 첫째로 한국의 역사는 외세의 영향으로 발전해왔다는 타율성 이론, 둘째로 한국 사회는 정체되었다는 정체성론, 셋째로 조선시대의 사화와 당쟁에서 보듯이 분파주의가 한국의 정치 문화에 깊이 뿌리 내리고 있다는 당파성론, 그리고 한국과 일본은 종족의 기원이 동일하며 일본의 식민지 지배는 고대 한일 관계의 회복을 의미한다는 일선동조론이다.[35] 일본의 제국주의 침략 당시 일본 역사가들과 이에 동조한 일부 한국 역사가들이 주장한 한국의 정체성 이론이나 타율성 이론은 헤겔의 동양에 대한 역사 인식과 크게 다르지 않다.

3. 인정투쟁과 새로운 아시아의 상상

헤겔의 역사 서술에서 등장하는 근대 서구 문명의 우월성에 대한 강조와 별도로 헤겔의 인정투쟁 이론과 세계사를 자유 의식의 진보로 보는 입장은 어떻게 이해해야 할까? 이것 역시 서구 식민주의의 발로이자 제국주의적 침략 이론으로 치부해야 할 것인가? 이 물음에는 쉽게 그렇다고 답변할 수 없다. 서구 제국주의와 식민지의 민족해방 투쟁의 역사를 해명하는 유력한 이론적 패러다임으로 이해할 수 있기 때문이다. 달리 말하자면 헤겔이 강조한 식민지 건설의 필연성 개념은 세계사의 과정이 식민지와 피식민지의 인정투쟁에 달려 있음을 함축하는 것으로 이해할 수 있다. 주지하는 바와 같이 헤겔은 미래의 역사에 대한 당위적인 물음에 철학적 의미를 부여하지 않았다. 그의 소위 사변적 철학의 방법은 현실과 이성의 결합에 대한 인식, 그것도 지금까지 진행된 인류사에 대한 사변적 성찰과 개념적 파악에 초점이 맞추어져 있다. 그러나 인정투쟁이 근대적인 인격적 주체성의 평등에 기반을 둔 합리적 국가의 형성과 더불어 일정한 방식으로 종결되고 투쟁 양식이 변형되듯이, 국가들 사이에 일어나는 전쟁을 뒤로하고 국가들의 상호 관계를 평화적으로 규율할 제도의 출현은 인정투쟁의 장에 달려 있음을 헤겔 철학은 암시한다. 물론 이때 우리는 프리드리히 실러에게서 유래하는 "세계사는 세계법정이다"는 명제를 통해 오로지 인정투쟁 과정에서 승리하는 세력이 도덕적으로도 우월하다는 결론을 정당화하려는 것으로 오해할 필요는 없다.

특히 식민주의 발생의 필연성을 근대 자본주의사회의 전 지구적인 팽창 경향과 결부해 파악한 헤겔의 입장을 생각한다면, 헤겔의 오리엔

헤겔 정치철학의 통찰과 맹목

탈리즘에 대한 종합 평가는 더욱더 복잡해진다. 헤겔이 이 문제를 극복할 구체적인 대안을 제시하지 못했음을 우리는 알고 있다. 물론 헤겔의 인륜성 철학이 현실 비판적이고 자본주의 시장 사회의 문제를 해결할 수 있는 대안을 보여준다는 점을 간과해서는 안 된다. 많은 학자들이 지적하듯이 그의 이론은 현재의 사회민주주의적인 경향을 선취하고 있다. 하지만 우리는 그가 빈곤 문제를 해결하는 방안을 모색하면서 느낀 무기력에 대한 솔직한 고백을 무시할 필요는 없다. 근대 자본주의 사회를 이대로 방치하면 화해할 수 없는 부와 빈곤의 양극화를 초래하여 궁극적으로는 인간 공동체를 와해시키고 말 것이라는 점을 철저히 인식했던 헤겔, 그리고 부와 빈곤의 대립을 근대 세계를 괴롭히는 문제임을 강조한 헤겔의 모습과는 달리 근대의 시장 사회가 초래할 세계적 차원의 갈등에 대한 인식은 헤겔에게 거의 결여되어 있다. 실제로 근대 세계의 진전과 더불어 형성될 식민지와 피식민지의 관계가 인정투쟁 과정을 통해 더 평등한 민주적 세계시민사회를 창출할지 아니면 새로운 야만의 길로 들어가는 문을 열어젖힐지에 대해 헤겔은 아무런 대답도 하지 않는다. 그러므로 헤겔의 식민지에 대한 생각을 평가할 때 의견이 갈리는 것도 이상한 일은 아니다.[36] 예를 들어 즈비그뉴 펠진스키(Zbigniew A. Pelczynski)는 식민지 모국이 피식민지인들에게 더 나은 수준의 문명화와 인륜적 삶을 가능하게 하는 경우에 헤겔의 원칙에 입각하여 식민지 지배가 정당화될 수도 있으리라고 언급했다.[37]

그러므로 헤겔의 오리엔탈리즘에 대한 지적과 그것을 극복하려는 자세를 '근대의 초극' 이론이나 요즈음 유행하는 포스트모던적 태도로 오해할 필요는 없다. 아니, 나는 그런 오해를 피하기 위해, 헤겔의 오리엔탈리즘을 극복해야 한다는 당위는 서구 근대가 이룩한 역사적 업적을 통째로 부정하고 동양을 비롯한 다른 문명에 서구 근대의 문명 패러다임을 극복할 수 있는 사상적 자원이 있다고 주장하는 식의 태도와는 아무런 관련이 없다는 점을 강조하고 싶다. 동양과 한반도의 역사가 보여주듯이 서구 근대가 세계사를 주도하는 역사적 흐름에 직면하여 우리는 처절한 식민 지배를 경험했으며 지금도 여기에서 완전히 자유롭지 못하다. 분단으로 인해 지연되고 있는 한반도에서의 자주적이고 근대적인 국민국가의 형성이라는 과제뿐 아니라 정신적·문화적 차원에서 식민주의 유산을 비판적으로 극복하는 과제도 남아 있다.

동양의 서양인 일본을 비롯한 서구 열강들의 위협에 직면해 한국과 중국 등 아시아 국가들이 서구 근대를 거부하는 자세만을 보여준 것은 아니다. 우리 역사만을 보더라도 한편으로 우리는 서구 근대의 역사적 성취를 우리 것으로 소화하기 위해 엄청난 노력을 해왔다. 식민지 경험에서 벗어나 자주적인 근대 독립국가를 달성하려 했던 노력이나 자유와 인권, 민주주의를 향한 지속적인 투쟁의 역사를 보아도 그렇다. 그러므로 자유 시장경제 체제, 분단된 상황으로 인해 미완으로 남아 있는 근대적인 국민국가 형성 그리고 자유와 민주주의의 실현이라는 지난 100여 년에 걸친 한반도의 역사는 헤겔의 역사철학 이념과 원리적으로 다르지 않다고 볼 수 있다. 그는 세계사를 자유 의식의 진보의 역사로 보고 이 역사가 기독교 문명에 기반을 둔 자유민주주의적 정치질서의 형성에서 절정에 이른다는 철학을 제출한 바 있다. 이를 두고 우리는 당연히 오리엔탈리즘과 서구우월주의를 문제 삼을 수는 있다. 그러나 헤겔의 오리엔탈리즘이 동양을 개돼지 취급했다는 식의 단언

헤겔 정치철학의 통찰과 맹목

을 일삼는 것은 우리의 성찰에 아무런 도움을 주지 못한다. 물론 앞에서 보았듯이 헤겔은 동양인을 노예적 상황을 숙명적으로 받아들이고 인간의 존엄성을 자각하지 못한 미성숙한 존재에 불과하다고 본다. 하지만 서구우월주의는 동양인의 문명과 사회를 열등한 것으로 치부했기 때문에 헤겔 같은 오리엔탈리스트는 동양인을 개돼지만도 못한 존재로 받아들였다는 식의 비판과 단정으로는 우리가 안고 있는 문제의 복잡성을 인식할 수 없을 뿐만 아니라, 우리가 직면한 문제점을 극복하는 데에 아무런 도움이 되지 않는다.

우리는 서구의 제국주의적 침략에 맞서 우리의 존엄성을 보존하고 인정받기 위해 목숨을 걸고 투쟁했던 역사에 대해 자부심을 가져야 한다. 아시아를 비롯한 여러 식민지 국가들의 반제국주의 민족해방 투쟁 과정에서 서구가 자랑하는 인권과 민주주의 등의 보편주의가 실로 허구적이고 특수한 이념임이 여실히 폭로되었다. 또 이를 통해 서양인들은 모든 인간이 진정으로 존엄한 존재임을 자각하게 되었다. 달리 말하면 헤겔이 동양인을 노예적 순종을 운명적으로 받아들이는 미성숙한 존재라고, 동양은 노예제를 긍정하고 전제정치를 정당화하는 정신 상태에 매몰되어 있는 사회라고 주장했지만, 동양인들 역시 목숨을 걸고 자신이 자유롭고 존엄한 존재임을 인정받고자 했다. 서구 근대의 편견과 오만은 이런 투쟁의 역사를 통해 교정되었으며 사실상 모든 인간이 평등한 존재로 존중받아 마땅함을 천하에 입증한 이들은 다름 아닌 식민 모국에 항거한 피식민지의 대중들이었다. 이렇게 실천을 통해 동양인들을 비롯한 비서구인들은 노예 상태를 죽음보다 더한 굴욕이자 치욕으로 받아들이는 자유로운 존재임을 보여주었다. 이를 통해 헤겔의 동양관은 어느 정도 극복되었다.

그러나 식민 지배로부터 벗어나 자립적인 독립국가를 건설하여 민주주의와 자유로운 삶을 실현하고자 한 피식민지 국가들이 근대 서구의 패러다임을 전적으로 극복한 것은 아니다. 그러므로 헤겔 역사철학의 진리는 오히려 20세기 식민지 민족해방 투쟁과 자유와 민주주의를 쟁취하기 위한 제3세계 민족들의 투쟁으로 인해 더욱더 입증되었다는 역설적인 측면을 망각해서는 안 된다. 헤겔은 한편으로는 인간이 자유로운 존재로 인정되는 과정을 처절한 인정투쟁 과정으로 이해하면서도, 인간이라는 범주를 독특한 방식으로 왜곡한다. 앞에서 보았듯이 동양인이나 아프리카인을 자유로운 인간이라기보다는 자유 의식을 자각하지 못한 미성숙한 인간으로 보고 서구인만을 자각적인 의미의 인간으로 파악하기 때문이다. 헤겔에게 인간은 서구인에 의해 대표되는 것이다.

하여간 헤겔에 의하면 인간이 자신의 자연적 직접성을 벗어나지 않는다면, 자유로운 의식을 획득할 수 없다. 달리 말하자면 인간은 자신의 삶을 걸고 자신이 자유로운 존재임을 입증해야만 한다는 것이다. 그러므로 자유는 생명을 건 인정투쟁의 결과이다. 헤겔은 다음과 같이 말한다. "따라서 자유는 자기의식적 주체가 자기 자신의 자연성을 계속 존립하도록 하지 않고, 다른 사람의 자연성을 용납하지도 않으며, 오히려 현존재에 대해 무관심한 채 개별적이고 직접적인 행위에서 자유를 얻기 위하여 자신의 생명과 타인의 생명을 내걸 것을 요구한다. 따라서 자유는 오직 투쟁을 통해서만 획득될 수 있다. 자유롭다는 선언은 자유를 획득하기에 충분하지 않다. 인간은 이 관점에서 다른 사

헤겔 정치철학의 통찰과 맹목

람과 마찬가지로 자기 자신을 오로지 죽음의 위험 속으로 몰아넣음으로써, 자유에 대한 자신의 능력을 입증한다."[38]

우리는 서구 근대의 원리를 우리 것으로 만들고 이를 더 높은 차원으로 끌어올리는 작업을 통해 비로소 헤겔의 오리엔탈리즘을 제대로 극복할 수 있을 것이다. 이를 위해서는 물론 더욱더 진지하게 서구로부터 배우려는 자세를 갖추어야 한다. 상대방의 장점을 배우지 못하면 그를 극복할 방법이 없기 때문이다. 비유하자면 이렇다. 적진에 뛰어들어 적의 장수의 칼을 빼앗아 적장의 목을 베려는 용기와 기개가 없이는 안 된다. 상대의 장수들은 만만치 않다. 소크라테스, 플라톤 그리고 아리스토텔레스는 물론이고 아우구스티누스와 아퀴나스, 칸트, 헤겔 등 적장들은 하나같이 천지를 진동시키고도 남을 항우 못지않은 어려운 상대이다. 자신에게 결정적인 타격을 가한 상대방의 본성과 장점을 상대방보다 더 철저히 파악해야만 승산이 있다. 당연한 이야기이지만 적진에 뛰어들면 패배와 좌절을 겪을 가능성이 있다. 너무나 뛰어난 적의 위력에 굴복할 수도 있을 것이다. 그렇지만 이런 모험을 하지 않고서는 도저히 적을 이겨낼 방도가 없다. 그래서 나는 서구 오리엔탈리즘에 대한 강고한 반대와 서구에 대한 철저한 배움의 자세는 양립될 수 있고 우리는 둘 다를 취해야 한다고 본다.

헤겔로 대표되는 서구의 동양관을 극복하는 작업은 서구 근대의 이념을 보편화시키는 작업으로 환원될 수 없다. 서구 열강의 제국주의 패권 추구와 그에 저항하는 역사에는 바로 서구 근대에 대한 저항이라는 측면도 있기 때문이다. 근대 동양 역사의 특수성은 서구 근대에 대한 저항 속에서 그들의 원리를 자기 것으로 삼은 역설적 과정이라는 점에 있다. 그러나 이는 서구 근대의 원리를 마냥 추종하는 데 그치지 않는다. 서양의 제국주의적 침략에 대한 동양의 저항으로 서구 근대의 모순과 한계들을 성찰하게 되었을 뿐 아니라, 유럽적 세계사를 극복할 수 있는 가능성이 열리고 있다. 이런 점에서 "동양에서의 저항으로, 동양은 계속 저항함으로써 유럽적인 것에 매개되면서 그것을 뛰어넘는 비(非)유럽적인 것을 만들어내고 있는 중"이라는 요시미의 말은 상당히 중요하다.[39] 동아시아에 대한 새로운 상상은 서구 근대를 문명의 보편적 잣대로 간주하지 않으면서 서구 근대를 부정하지 않는 이중적 자세를 견지하면서 서구 근대의 문명과 사유의 틀을 극복할 수 있는 가능성과 결부되어야만 한다. 그럴 때 우리는 동양에 대한 사유를 통해 근대 일본이 자신의 제국주의적 팽창 욕망을 정당화했던 불행한 역사를 반복하지 않을 것이다.

우리는 서구 근대를 배우고 수용하는 자세를 견지하되 서구 근대에 대한 맹목적인 추종으로 흐르지 않아야 한다. 또 한편 서구 근대에 대한 저항이 동양의 국수주의적이고 폐쇄적인 자기 확인으로 경화되지 않는 주체적인 자세를 확고히 해야 한다. 이것이야말로 새로운 아시아를 상상하는 출발점이다. 우리는 요시미의 다음 주장을 통해 이러한 문제의식을 좀더 명료하게 사유할 수 있는 통찰을 얻을 수 있다. "서구의 우수한 문화 가치를 더 대규모적으로 실현하기 위해 서양을 한 번더 동양에 의해 다시 싸안아서 역으로 서양 자신을 이쪽에서 변혁한다는 이 문화적인 되감기 또는 가치상의 되감기에 의해 보편성을 이루어냅니다. 동양의 힘이 서양이 만들어낸 보편적인 가치를 더 높이기 위해 서양을 변혁합니다. 이것이 동과 서의 오늘날의 문제점이 되었습니

헤겔 정치철학의 통찰과 맹목

다. 이것은 정치상의 문제인 동시에 문화상의 문제입니다. 일본인도 이러한 구상을 가지지 않으면 안 됩니다.

그 되감기할 때에 자신 속에 독자적인 것이 없으면 안 됩니다. 그것이 무엇인가 하면—그러한 것이 실체로서 존재한다고 생각하지는 않지만—방법으로서는, 다시 말해 주체 형성의 과정으로서는 있을 수 있지 않겠는가라고 생각합니다. 때문에 '방법으로서 아시아'라는 제목을 붙이는 것입니다만, 그것을 명확히 규정하는 것은 저로서도 불가능한 일입니다."[40]

나는 동아시아에 대한 새로운 사유가 지향해야 할 바를 서구 근대 및 동양 전통의 이중부정과 이중긍정의 길로 설명한 바 있다. 서구 근대 및 동양 전통에 대한 이중의 '그렇다'와 이중의 '아니다'는 한편으로 서구 근대의 철저한 부정과 철저한 긍정의 길을 걷는다는 것을 의미하며, 다른 한편으로 동양적 전통에 대한 철저한 비판과 창조적 긍정의 길을 걷겠다는 것을 의미한다. 달리 말하자면 이중부정과 이중긍정의 길을 통해 동양과 서양이 만나 서로를 철저히 부정하고 긍정하면서 타자를 배타적으로 바라보는 관점을 극복해보자는 것이다. 동양과 서양의 동시 긍정 및 동시 부정을 통해 비로소 동아시아에 대한 새로운 상상력은 서구 근대의 파괴적 성격을 치유하고 그 위대한 성과를 한층 더 발전시키는 길을 열게 될 것이다.[41]

나가는 말

21세기의 초입에서 현재 인류 사회를 바라보면 서구 근대의 규범적 원리인 자유와 평등, 인권과 민주주의 등은 전체 인류 사회의 보편 원리로 받아들여지고 있는 듯하다. 또한 서구 근대 문명의 또 다른 축을 형성했던 과학기술과 결부된 자본주의적 시장 사회도 전 지구적 차원에서 자기의 의지를 관철시키고 있다. 물론 여전히 서구 문명을 거부하는 이슬람 사회와, 사회주의 및 공산주의를 내세우는 국가가 고립된 섬처럼 이 지구상에 존재한다. 그렇지만 이런 사실들이 서구 근대의 사고방식과 삶의 원리들이 인류 사회의 전 영역에 걸쳐 자신을 관철하는 데 성공했다는 점을 부인할 정도는 아닌 듯하다. 이런 점에서 서구 근대의 원리는 세계사적인 승리를 구가한 것으로 보인다.

물론 서구가 자랑으로 내세우는 자유와 평등의 보편 원리가 실현된 과정을 되돌아보면, 그것이 침략과 정복, 아메리카 대륙의 원주민 학살이나 아프리카 흑인의 노예화 그리고 경제적 수탈과 식민지 쟁탈전 같은 야만적인 불법 행위를 수반했음을 도외시할 수 없다. 더 나아가 자유와 평등, 인권과 민주주의가 실현되는 과정에서 유럽 이외의 아시아, 아프리카 그리고 중동 지역이 기여한 바를 망각해서는 안 된다. 유럽이 내세우는 보편주의가 참다운 보편주의가 아니라 침략의 도구이고 그들만의 보편주의에 머무르고 있음을 서구의 제국주의적인 식민 지배는 여실히 보여준다. 그런데 우리가 명심할 것은, 인권과 민주주의가 전 지구적인 보편 가치로 자리 잡는 과정에서 유럽의 식민 지배나 경제적 수탈, 야만적 침략 등에 목숨을 걸고 투쟁했던 비유럽 세계의 지난했던 노력이 결정적으로 기여했음을 인식하지 못한다면 유럽 근대의 세계사적 의미를 제대로 파악할 수 없음은 자명하다. 서구 근대의 타자, 즉 서구 근대에 의해 문명에 대비되는 야만으로 낙인찍힌

헤겔 정치철학의 통찰과 맹목

비유럽인들, 경제적 착취와 약탈 그리고 노예적 굴종을 강요당했던 식민지 민중들의 목숨을 건 투쟁과 저항이 없었다면, 인권과 민주주의는 전 인류의 참다운 보편주의가 아니라 서구 유럽의 보편 가치에 머무르고 말았을 것임에 틀림없다.

서구 근대 문명이 전 지구적 차원에서 자기 의지를 관철했음에도 불구하고 문제는 여전히 남아 있다. 서구 근대의 원리가 21세기에도 지속되리라는 보장이 없기 때문이다. 그만큼 서구 근대는 진보적인 성격과 함께 자기 파괴적인 모습을 보여주고 있다. 우리는 이를 생태계 위기, 전 지구적 차원에서의 부와 빈곤의 대립, 대량살상무기의 확산 등에서 찾아볼 수 있다. 이는 전 지구적인 해결을 요하는 문제들로 어느 한 국가나 지역의 노력으로 해결될 수 없다. 그러므로 서구 근대의 승리가 역사의 종말인지 아닌지의 여부는 향후 인류가 당면한 여러 문제들을 어떻게 대처해 나가느냐에 달려 있다. 21세기의 새로운 인류 역사를 모색하는 과정에서 서구 근대에 의해 상처받으면서도 생사를 건 투쟁을 통해 인간성을 회복했던 비유럽인들의 역사를 돌아보면서 나는 비유럽인, 특히 동양인들이 더 창조적이고 적극적인 역할을 수행하기를 바란다. 이것이 또 다른 형태의 자민족중심주의의 발로라고만은 볼 수 없을 것이다.

헤겔의 관계적 존재론의 04 사회·정치 철학적 함축

들어가는 말

약 2500년 전에 아테네 시민들에 의해 재판에 회부되어 사형선고를 받고 죽은 소크라테스의 사건은 정치와 철학의 갈등을 보여주는 대표적인 사례의 하나이다. 소크라테스와 아테네 시민 사이의 갈등을 보며 우리는 '어떻게 살아야 하는가?'라는 물음에 대해 깊이 성찰하게 된다. 그 갈등 속에는 전통적 규범이나 신의 계시, 명령 같은 외적인 것에 입각하여 삶의 문제를 해결하려는 관점과 윤리적 규범을 오로지 인간 주체의 내적 양심이나 자율성에서 구하려는 관점 사이의 대립이라는 측면이 포함되어 있기 때문이다. 소크라테스 이후 기독교 및 서구 근대의 계몽적 삶의 방식이 전면적으로 전개된 후에 이제 관습은 더 이상 자명하게 삶의 규범으로 받아들여지지 않게 되었다. 현대사회의

---

* 2007년 펴낸 《동서 사상의 만남》(동과서)에 실었던 논문을 교정한 글이다.

한 특성을 형성하는 이런 탈관습적 상황에서 물음은 상이한 양상으로 전개된다. 이제 문제가 되는 것은 '모든 관습적 전통의 권위에서 해방된 개인이 어떻게 자신의 행동을 상호 주관적으로 규제할 것인가?' 하는 물음이다. 그런데 여기에서 문제는 상당히 복잡한 양상을 띠게 된다. 관습과 전통의 권위를 벗어던지고 해방된 개인은 이제 세계를 다른 각도에서 바라보게 된다. 여기에 독특한 형태의 위험이 도사리고 있다. 이를 인간의 개인적 삶의 성장 과정을 통해 비유하면 다음과 같다. 유년기에서 청소년기로 이행하는 과정에서 사람들은 부모의 권위로부터 해방되어 두 발로 서서 자신의 삶을 주체적으로 결정하려고 노력한다. 그런데 이 과정에서 일부는 기존의 권위에 극단적으로 반발해 타자와 올바른 관계를 맺는 데 실패하고 자신과 사회에 해악을 끼치는 방향으로 나아간다.

이 파괴적인 행동방식은 두 가지 유형으로 나뉜다. 하나는 극단적인 냉소주의 혹은 현실주의적 태도로, 삶의 본질을 아주 자의적이고 상대주의적으로 바라본다. 이 경우 사람들 사이의 행동을 규제하는 규칙에는 아무런 객관적인 토대가 없는 것처럼 보이기 때문에, 이제 남은 것은 어떻게든 자기에게 이로운 방식으로 삶을 형성하는 것이다. 이는 결국 인간 현실을 권력이나 이해관계의 소산으로 바라보는 관점이나 다름없다. 이러한 관점을 이론적으로 정교하게 다듬는 작업은 소피스트적인 상대주의 그리고 20세기의 가치중립적인 실증적 과학이나 권력 비판 혹은 이데올로기 비판이라는 형태로 등장한다. 물론 여기서 우리는 권력 비판이나 이데올로기 비판이 명시적이지는 않지만 어떤 규범적인 타당성 주장을 전제하고 있는가 하는 문제를 염두에 두지 않는다. 다만

헤겔 정치철학의 통찰과 맹목

나는 도덕적 주장을 권력 관계나 이해관계를 호도하기 위한 장치로 폭로하는 데 만족하는 지적 작업이 도덕 자체에 대한 회의적이고 냉소적 태도를 부추기는 경향과 결합될 수 있다는 점에 주목한다.

다른 하나는 모든 관습적 권위로부터 해방된 개인이 자신의 주관적 원칙을 보편적인 덕목으로 환치하여 엄숙주의적 태도로 이를 현실에 구현하려는 태도이다. 달리 말해 어떤 한 인간이나 집단이 보편적 도덕을 자신과 동일시하면서 계몽군주처럼 행사하려는 행동양식이 등장하는 것이다. 이 계몽군주적인 태도는 보편 도덕으로 간주된 것을 인정하지 않는 모든 사람들을 '계급의 적', '인종의 적', '빨갱이 내지 공산주의자' 아니면 '인민의 적' 혹은 '혁명의 적'이라 매도하며 배제하고, 인류의 참다운 의지라는 명분으로 이들을 숙정 내지 말살하려는 광적인 테러를 자행하는 상황으로 나아간다는 사실은 더 이상 낯설지 않다. 우리는 이미 소위 '극단의 세기'인 20세기를 경험하지 않았던가? 탈관습적인 상황에서 보편 윤리의 규범을 정초하고 이를 통해 정치적 공동체를 구성하려는 노력의 성패는 이 두 가지 태도의 극복에 달려 있다고 해도 과언이 아닐 것이다. 이 두 가지 관점을 극복하기 위해 우선 추상적인 규범주의와 극단적 현실주의라는 두 관점의 내적 논리와 한계를 분명히 분석해야 한다.

이하에서 필자는 정치철학에서 등장하는 두 가지 극단적인 양상, 즉 도덕을 최고의 가치로 설정하여 현실 맥락을 도외시하는 경향과 정치적 현실의 이름으로 도덕을 전적으로 배제하려는 경향의 위험성을 논하려 한다. 이 과정에서 헤겔의 철학이 어떤 점에서 이 양극단을 극복할 수 있는 성찰을 제공하고 있는가를 밝히려 한다. 철학, 특히 사회·

정치 철학은 규범적인 혹은 윤리적인 물음에서 벗어날 수 없다. 그리고 광범위한 의미의 윤리학이나 사회 · 정치 철학은 합리적인 학문 분야로 간주되어야 한다는 관점을 필자는 전제한다. 도덕적인 진술이나 주장들, 선과 악 혹은 정의와 불의의 보편적인 판단 기준과 타당성의 근거는 오로지 이성적인 해명 작업을 거쳐 비로소 확보할 수 있다고 보기 때문이다. 즉 다양한 가치체계들 사이의 갈등은 인간 이성의 능력으로 해결할 수 없다는 입장을 추종할 필요는 없다.

그럼에도 불구하고 필자는 보편주의적인 윤리학이 빠지기 쉬운 추상적인 규범주의라는 함정을 경계해야만 한다고 본다. 추상적인 규범주의라는 용어가 규범의 정당성 자체를 회의하는 것은 아니다. 이는 규범의 직접적인 실천과 연관된 문제이다. 즉 추상적 규범주의는 한편으로 도덕적 주장들의 발생 연관이나 보편타당한 이념들을 실현하는 과정에서 반드시 고려해야 하는 역사적인 삶의 문맥에 대한 감수성을 결여하고 있다. 그래서 보편적 진리를 실현하는 과정에서 초래되는 예기치 않은 문제들을 철저히 도외시한다.

다른 한편으로 추상적 규범주의는 자신의 의도와 다른 결과에 직면해 원론적인 수준에서 규범들의 고귀함을 재차 강조하면서 그것들의 무조건적이고 가차 없는 실현을 주장하며 열망을 불태운다. 그래서 추상적 규범주의 입장에서 보면 이제 실현되어야 할 이념의 숭고함과 비교해볼 때 이를 받아들이지 못하는 현실은 항상 불만스럽고 타락하는 것으로 나타날 수밖에 없다. 즉 문제의 근원은 악한 현실이라는 태도 그리고 그런 현실을 치유할 유일한 방법으로서 자신이 견지하는 이념의 순수함과 숭고성에 대한 자기 확신 사이의 대립만이 남는 것이다.

헤겔 정치철학의 통찰과 맹목

이런 다양한 현상들이 바로 추상적 규범주의라는 용어로 다루려는 사태다.

1. 추상적 도덕주의의 위험으로서의 덕성의 독재

우리는 구체적인 현실 속에서 살아가는 존재이며 철학적 사유 역시 이런 현실 속에서 이루어진다. 철학도 인간 삶의 일부이다. 따라서 철학자는 현실 사회에서 철학적 사유의 기능, 예컨대 철학적 사유가 초래하는 정치적 효과와 같은 다양한 사회적 결과들에 대해서 무관심할 수 없다. 도덕적·규범적 사유를 포함한 철학적 사유의 사회적·정치적 효과에 대한 성찰을 게을리할 경우 현실 사회에서 곤경에 빠질 뿐 아니라, 철학적 사유 자체의 운명에도 치명적인 영향을 미친다. 우리는 이념이 직접적으로 그리고 무매개적인 방식으로 혹은 무조건적으로 실현될 수 없다는 점을 항상 명심해야 한다. 우리를 둘러싼 삶의 역사적 조건들, 우연적인 요소들 같은 복잡한 현상들을 고려해야만 한다. 그렇기에 사회·정치 철학은 이상적인 사회적·정치적 질서의 원리가 무엇인가 하는 물음에만 매달려서는 안 된다.

물론 우리는 도덕적 원리들의 합리적인 정당화에 대한 이론의 모색과 실천이성이 요청하는 보편적인 도덕적 규범들을 구체적으로 실현하는 문제가 서로 구별된다는 점을 인정해야 한다. 그러나 도덕적 물음에서 완전히 해방된 정치에 대한 사유가 위험하듯, 존재와 당위의 분리 자체에 위험성이 내포되어 있다. 칸트의 실천철학에서 나타나는 존재와 당위 혹은 도덕과 현실의 강한 이원적인 분리에는 여러 위험이 있다. 우선 도덕과 현실을 단호히 분리하는 것은 도덕적 원리들이 어떻게 구체적 현실에 실현될 수 있는가 하는 물음에 설득력 있는 대답을 제공하기 어렵다는 점에서 위험하다. 이는 소위 헤겔이 칸트의 윤리학을 비판하는 과정에서 '당위의 무기력(die Ohnmacht des Sollens)'이라는 용어로 문제 삼은 바 있다.

이 당위의 무기력의 또 다른 얼굴이 바로 덕성의 독재이다. 우리는 이미 이념은 무매개적으로 실현될 수 없다는 점을 강조했다. 일례로 어떤 보편적인 도덕 이념이 존재하고 이를 통찰한 사람들이 일부 존재한다고 가정한다고 해도, 그 이념은 현실에서 단번에 실현될 수 없다. 우선 일반 대중들과 대화하면서 그들이 공감할 수 있는 언어를 통해 설득하는 과정을 거쳐야 한다. 비록 일반 시민들이 정치적인 사안들에 대하여 왜곡된 편견에 가득 차 있다고 하더라도 이런 과정을 생략하거나 포기할 수는 없다. 기존 사회에 뿌리박힌 전통적인 신념체계와 가치관을 비판하며 이를 일반 대중들에게 전달하는 사람들은 당연히 다양한 어려움과 예기치 않은 반발을 겪을 것이다.

어떤 사람들은 일반 시인들과의 대화와 설득의 과정을 지나치게 순응적인 것으로 혹은 불합리한 현실을 개혁하는 데에서 효율성이 적은 것으로 판단하고 현실을 일거에 무너뜨리고 새로운 바람직한 현실을 세우려는 욕망과 열정에 빠지기 쉽다. 그런 열망과 욕망에 굴복하기 쉬운 사람들은 일상에 매몰되어 살아가는 보통의 사람들이나 소시민적인 사람들이 아니라 오히려 강한 개혁적 열정이나 도덕적 신념을 갖고 있는 사람들이라는 사실은 아주 흥미롭다. 그러나 그런 도덕적 열정은 현실에 대한 폭력적 파괴와 결합되기 쉽다.

헤겔 정치철학의 통찰과 맹목

일반 대중들과의 소통 과정이나 상호 이해의 과정을 무시하고 강제적이고 폭력적인 수단을 동원해서라도 기존 현실을 전복하고 완전히 새로운 토대 위에서 고귀한 도덕적 이념을 실현하려는 시도는 근대에 이르러 강렬하게 분출된 바 있다. 이 혁명에의 열정이 얼마나 파괴적이고 야수적인 결과를 초래했는지 우리는 너무나 잘 알고 있다. 이는 참다운 자유와 평등 같은 고귀한 이념을 실현한다는 명분으로 일으켰던 혁명이 초래한 비극을 통해 널리 알려져 있다. 프랑스혁명기의 로베스피에르의 공포정치, 스탈린의 철권통치, 마오쩌둥의 문화대혁명의 광기는 대표적인 역사적 사례라 할 것이다.

근대에서 인간 행위의 구체적인 역사적 조건 그리고 이 행위로 인한 다양한 결과를 적절히 고려하지 않은 채로 부르짖는 절대적 자유가 역설적으로 가장 극악한 야만으로 전락할 수 있다는 사실을 헤겔보다 더 진지하게 고민한 철학자는 없다. 그는 프랑스혁명에 대한 분석이나 도덕성과 인륜성이라는 개념의 대립을 통해 이 주제를 철학적 논의 안으로 끌어들였다. 뒤에서 더 자세히 살펴보겠지만, 헤겔은 칸트의 도덕철학이 오로지 주체가 정립하는 보편주의적인 도덕성만을 고려한 결과 공허하고 비역사적인 사유에 빠졌을 뿐 아니라, 순수한 신념의 테러리즘이라는 위험에 처해 있다고 비판한다. 여기에서 주목할 것은 정치적 테러가 바로 자유에 대한 열망과 공속하고 있다는 점이다. 헤겔은 이런 자유를 '부정적 자유' 혹은 '공허함의 자유'라고 일컫는다. 그에 의하면 절대적 자유에 대한 열망을 품은 이들은 어떤 긍정적인 현실도 인정하지 않기 때문에, 궁극적으로 파괴 속에서만 자신이 현존한다고 느낀다. "이 부정적 (자유)의지는 어떤 것을 파괴하는 한에서만,

현실에 존재한다는 느낌을 받는다."[1]

절대적 자유의 추구로 인한 역사적 비극은 인간의 행동과 사회적 제도들의 역사적인 제약성을 소홀히 하는 추상적인 윤리학의 위험을 잘 보여준다. 이런 역사적 비극들은 도덕규범들을 무조건 추구했을 때 발생하는 결과와 부작용들을 충분히 고려하지 않는다는 특성이 있기 때문이다. 자신이 속해 있는 삶의 역사적 맥락에 대한 예민한 감수성이 결여된 추상적 보편주의는 자기 파괴적인 결과를 일으킬 수 있다. 추상적 도덕주의는 사회적인 행위자들에게 이성의 명령을 무조건적으로 실현할 것을 강요하는 교조적이고 독단적인 심정과 연결될 수 있다. 이런 태도는 이성의 명령을 무조건 추구함으로써 발생할 수 있는 결과들을 신중히 고려하지 않고 오로지 자신에게 절대 선으로 여겨지는 도덕적 원리들의 관철에만 주목한다. 이때 사람들은 마치 자신들의 행위에는 아무런 전제 조건이 없는 것처럼 생각한다. 자신이 속해 있는 현실은 아무런 의미도 없고 오로지 이 세계는 실천이성의 명령에 의거하여 전적으로 재구성되어야 하는 질료로 다가온다. 이제 세계는 오로지 도덕적 명령을 무조건적으로 준수하려는 사람들의 행위에 의해서만 의미를 획득할 수 있는 것으로 여겨지는데, 이는 사실상 자신들의 존재 의미를 세계 전체 혹은 인류 전체의 의미로 환치하는 극단적인 광신자의 믿음에 지나지 않는다. 즉 그들이 보기에 자신들의 실패는 세계의 의미의 상실이자 좌절에 지나지 않는다. 이런 태도가 인간의 삶을 극도로 황폐화시키는 참으로 공허하고 파괴적인 열망에 지나지 않는다는 사실을 이해하기란 그리 어렵지 않다.

기존 세계를 완전히 부정하고 전적으로 이성의 명령에 따라서 완전

헤겔 정치철학의 통찰과 맹목

한 세상을 달성하려는 혁명에 대한 열망은 가장 극단적인 인간성의 파괴로 귀결되곤 했으며 이는 '극단의 세기'라고 일컫는 20세기가 아주 극명하게 보여주었다. 그럼에도 불구하고 광신적인 사람들은 이 세계에서 결코 사라지지 않을 것이다. 그들은 역사적 경험에서 교훈을 찾기보다는 자신의 아름다운 영혼이나 의도의 순수성에 대한 자기애적인(그러나 사실은 자기 기만적인) 확신(혹은 집착)으로 스스로를 위무하면서, 자신의 순수성을 받아들이지 않는 사람들을 비열하고 사악하며 타락한 사람이라며 저주할 것이다. 자기 영혼의 순수성에 대한 강한 확신과 이에 대항하여 존립하는 무의미한 현실의 대립으로 인해 인간의 사회적 · 정치적 삶에서 구체적인 결정을 내릴 때 초래되는 결과에 대한 무책임한 태도가 양산될 것이다. 도덕적 광신주의와 결부된 어떤 행위의 결과에 대한 무책임한 태도야말로 역설적으로 객관적이며 보편적인 도덕적 이념의 추구를 좌절시키고 도덕과 윤리적 이념에 대한 냉소적이고 경멸적인 태도를 양산하는 주된 요인의 하나임은 명백하다.

마키아벨리의 도덕과 정치의 구별에 대한 강조가 지니는 의미 중의 하나는 바로 정치와 도덕의 단순한 일치 혹은 정치의 도덕화가 가져올 부정적 결과에 대한 경고이다. 정치현실을 있는 그대로 이해하려 한 마키아벨리의 시도는 다양하게 해석할 수 있을 것이다. 마키아벨리는 정치적 현상을 냉정하게 서술함으로써 기존의 도덕주의적인 정치철학의 유토피아적 성격을 비판하려 했다. 그가 보기에 이런 고전적 정치철학의 한계는 현실적으로 무기력한 이론에 지나지 않는다는 사실에 있는 것만은 아니다. 우리는 도덕이 자주 갈등의 원천, 그것도 참으로 첨예한 갈등의 원천으로 작동할 뿐 아니라, 의도하든 의도하지 않든 정당하지 못한 정치질서와 세력의 유지에 이데올로기적으로 봉사하거나 협력하는 모순에 빠지게 되는 역설적 상황을 보게 된다. 그러므로 도덕이 현실에서 수행하는 역할에 대해 맹목적인 태도를 지니는 도덕적 추상주의를 거부하고 의심해야 한다.

도덕적 행위가 곧바로 도덕적으로 의미 있는 바람직한 상황으로 귀결되지 않는다는 점을 염두에 두면서 마키아벨리는 다음과 같이 지적한 바 있다. "왜냐하면 모든 것을 신중하게 고려할 때, 얼핏 유덕한 것으로 보이는 어떤 일을 하는 것이 자신의 파멸을 초래하는 반면, 일견 악덕으로 보이는 다른 일을 하는 것이 결과적으로 자신의 입장을 강화시키고 번영을 가져오는 경우가 있기 때문이다."[2] 의도와 결과의 차이에 대한 인식 그리고 정치적 행위에서 중요한 것은 사적인 영역에서 유덕하게 보이는 행동이라기보다는 행위의 결과가 공동체에 어떤 결과를 가져오는가를 고려하는 것이라는 관점을 마키아벨리는 옹호하려 했다. 그런 관점에서 볼 때 공적인 영역에서는 사적인 윤리 규범에 반하여 행동할 필요가 종종 있다는 점은 마키아벨리에게 분명해 보였다. 그는 이런 상황에 대한 사례를 다음과 같이 언급한다. "따라서 현명한 군주는 자신의 신민들을 결속시키고 충성스럽게 유지할 수 있다면, 잔인하다는 평판을 받는 것을 걱정해서는 안 된다. 무질서를 너무 관대하게 방치함으로써 많은 사람이 죽거나 약탈당하게 하는 자보다 소수의 몇몇을 시범적으로 처벌함으로써 기강을 바로 잡는 군주가 실제로는 훨씬 더 자비로운 셈이 될 것이기 때문이다. 전자는 공동체 전반에 해를 끼치는 데 반해 군주가 명령한 처형은 단지 특정한 개인에게만 해를 끼칠 뿐이다."[3]

헤겔 정치철학의 통찰과 맹목

모든 인간을 동등하게 고려해야 한다는, 그 누구도 부인하기 힘든 도덕적 견해, 자유와 인권에 기초한 인도적인 개입에 대한 주장이나 언설이 특정 국가의 이익 추구를 위한 침략 전쟁을 호도하거나 심지어 정당화하는 수단으로 이용된 대표적인 예로 우리는 미국의 이라크 침략을 들 수 있을 것이다. 여기에서 인권을 위한 전쟁이 과연 형용모순에 지나지 않는 것인가 하는 문제를 상세히 다룰 수는 없다. 필자는 인도주의적 개입의 논리적 정당성 자체를 부인하지는 않는다. 그래서 인권이라는 부인하기 힘든 도덕적 호소력을 가진 도덕적 이상이 현실 정치에서 어떻게 작동하는지 설명하는 커스틴 셀라스(Kirstin Sellars)의 주장을 인용한다. "인권은 흔히 추상적인 도덕성의 차원에서 논의되지만, 다른 정책들과 마찬가지로 정치라는 토대에 발을 딛고 있으며 똑같은 규칙의 지배를 받는다. 정부는 그럴듯하게 들리는 인도주의 정책을 선보이고, 다른 나라의 인권탄압을 공개적으로 비난한다. 그러나 그 정부도 필요한 경우에는 그들과 똑같은 행위를 저지르고 인권을 무시한다."4

　　민주주의와 인권이 이 세계에서 영향력과 지배력을 확산시키려는 정치적 욕망을 위장하는 기만으로 악용될 수 있다는 사실은 단순한 도덕적 언설의 정치적·사회적 효과에 대한 냉정한 사회학적 기술에 그치지 않는다. 물론 많은 도덕주의적 철학자들이 이런 지식의 사회적 기능에 대한 사회학적 반성을 통해서 많은 것을 배울 수 있다는 점을 인정하더라도 말이다. 그보다 중요한 것은 도덕적 언설의 정치적 기능에 대한 반성이 중요한 윤리적인 물음을 던지고 있다는 사실이다. 바로 도덕적 언설이 가져올 구체적인 결과에 어떻게 책임질 수 있는가

하는 물음이다. 철학의 현실 개입을 찬성하는 사람들, 달리 말해 현실에 철학을 실현하려는 사람들은 행위의 결과에 관심을 기울이는 책임 윤리에 대한 문제 설정을 전적으로 도외시할 수는 없다. 이런 책임 윤리의 부재는 도덕을 현실적인 권력투쟁의 효과적인 매체로 전락시키는 데 그치지 않는다. 이 과정에서 가장 큰 상처를 입는 쪽은 도덕 자체일 것이다. 도덕은 정치투쟁의 장에서 이렇게 저렇게 쓰이고 버려지는 일회용품이 아니다. 그럼에도 불구하고 정치 현실의 독자적인 논리를 인식하지 못하고 직접적으로 도덕규범을 정치 현실에 실현하려는 사람들은 의도하든 의도하지 않든 간에 도덕을 단순히 정치적 조작에 유용한 요소 내지 자원으로 보는 사람들에 의해 희생물로 전락하는 경향이 있다.

이미 언급한 대로 인간적 삶의 복잡성 그리고 정치적 현실의 불완전성과 유동적 성격으로 인해 도덕적인 선을 추구하는 행위가 반드시 좋은 결과만을 낳는 것은 아니다. 도덕이 정치권력을 장악하는 도구로 이용되는 것을 보는 사람들에게 어떻게 도덕에 대한 경외심과 숭고한 감정이 솟구칠 수 있겠는가. 여기에서 우리는 책임 윤리와 심정 윤리가 전적으로 배타적이지 않다는 사실을 보게 된다. 책임 윤리에 의거하여 도덕과 정치 혹은 철학과 현실의 만남을 신중하게 시도하는 작업에서 우리는 정치적 공동체 구성원들의 도덕성 함양을 위한 기초를 발견할 수 있을 터이기 때문이다. 그래서 도덕과 정치의 만남으로 인한 도덕의 정치적 효과에 대한 반성과 이에 기초한 건전한 판단력을 통해 도덕과 정치의 결합을 시도하는 책임 있는 자세는 시민들의 도덕의식 함양과 연관된 주제이기도 하다.

헤겔 정치철학의 통찰과 맹목

2. 급진화한 역사주의와 가치상대주의의 위험성

급진적 역사주의와 가치중립적인 사회과학은 추상적이고 보편주의적인 도덕주의 못지않게 위험하다. 19세기 역사법학파 이래로 자연법과 이성법적인 이념들의 보편적 타당성은 도덕적·법적 규범들의 역사적인 제약성의 이름으로 의문시되었다. 즉 도덕규범들의 객관적 타당성에 대한 물음은 그런 규범들이 어떤 특정한 역사적 맥락 속에서 발생했는가에 대한 이해로 해소되기에 이른 것이다. 그리고 베버 이래로 가치중립성(Wertfreiheit)은 현대의 사회과학에서 거의 의심할 여지가 없는 공리 수준으로 격상되었다. 그럼에도 불구하고 인간 삶의 역사적 제약성을 강조하여 보편적이며 객관적인 규범의 원천인 실천이성의 타당성을 거부하는 것은 위험하다. 이런 태도는 불가피하게 모든 것이 허용된다는 가치상대주의로 귀결되기 십상이기 때문이다. 간단히 말해 가치상대주의는 도덕적 허무주의의 또 다른 얼굴이다. 우리가 인간의 행동과 사회·정치적 질서의 보편적이며 객관적인 구속력의 근거에 대한 이성적인 해명 작업을 포기한다면, 궁극적으로 정의와 부정의, 선과 악을 구별할 수 없다. 이는 도덕에 대한 물음을 순수 주관적인 가치판단이나 자의적인 선호로 환원시키고 만다.

현대의 많은 사람들은 자유민주주의의 이론적 토대를 인식론적·도덕적 상대주의로 간주하는 경향이 있다. 다시 말해 도덕적 상대주의는 삶의 다양한 관점과 가치를 긍정하고 타인이 추구하는 삶의 가치들을 관용하는 태도를 불러온다는 것이다. 즉 상대주의는 일종의 자유주의적 다원주의로 귀결되며, 종교적 독단주의의 쇠퇴로 근대의 종교적 관용이라는 길이 열렸듯이 다양한 입장의 존중과 관용의 정신을 북돋는

데 기여할 것이라고들 한다. 그러나 자유민주주의와 도덕적 상내주의의 친화성에 대한 믿음은 그리 공고하지 않다. 우리는 도덕적 상대주의가 자유주의적인 삶의 방식에 대한 부정으로 귀결될 수 있음을 홉스의 정치철학에서 알 수 있다. 홉스의 저작은 도덕적 상대주의가 반드시 자유주의적인 관용 사회나 다원주의적 사회로 귀결되지는 않는다는 사실을 보여준다. 리처드 턱은 이런 점을 다음과 같이 명료하게 지적한다. "적절하게 사유된 도덕적 상대주의는 리바이어던으로 귀결될 수 있다. 그리고 리바이어던은 이전의 불관용을 제거하는 반면, 그것들을 새로운 불관용으로 대체할 수도 있다."[5]

스티븐 룩스(Steven Lukes)는 20세기의 위대한 자유주의 철학자의 한 사람인 벌린 경의 가치다원주의 이론을 언급하면서 다원주의가 자연스럽게 자유주의적 결론으로 나아간다는 벌린의 생각이 자명하진 않다고 지적한다. 그는 이렇게 말한다. "모든 측면을 포괄적이거나 중립적이거나 객관적으로 본다면 어떤 경우에도 갖다 쓸 것이라고는 하나도 없을 것이라는 점을 근거로 다원주의가 광신적인 일면성으로 치닫지 말아야 한다는 보장이라도 있는가? [……] 철저하게 가치다원주의적이면서도 '결정주의적' 반(反)자유주의를 고수한 가장 극적인 사례는 카를 슈미트의 경우가 될 것이다. 카를 슈미트는 정치를 친구와 적의 대립으로 환원시켰고, 자유민주주의에 대한 혐오에 있어서도 현대 세계의 어떤 주요 사상가도 필적할 수 없었던 친나치적 법 이론가였다."[6]

이렇게 가치상대주의는 사실상 인간의 삶에서 강자의 이익을 긍정하고 도덕적 허무주의를 잉태한다. 지금까지 살펴본 추상적 도덕주의의 극단적 변종의 하나인 도덕적 광신주의와 도덕에 대한 실증주의적이고 냉소주의적인 태도의 위험성에 대한 논의에서 우리는 도덕에 대한 두 가지 상이한 태도가 사실은 은밀한 적대적 공범자임을 알 수 있다. 도덕적 상대주의나 냉소주의는 도덕적 광신주의와 추상적이고 유토피아적인 사고방식의 대안이 아니다. 그러므로 유토피아주의에 대한 비판을 현실에 대한 맹목적인 추종으로 오해해서는 안 된다. 현실보다 더 나은 삶에 대한 상상력과 유토피아적 열망이 없다면 우리의 삶의 지평은 대단히 협소해질 것이다. 베버가 적절히 지적하듯이 "만약 사람들이 항상 거듭하여 이 세계에서 불가능한 것을 추구하지 않았더라면, 가능한 것마저도 성취하지 못했으리라는 점은 전적으로 옳으며 모든 인류의 경험은 이런 사실을 증명한다."[7]

우리는 냉소주의와 도덕적 광신주의의 공통성을 다음과 같은 노르베르트 슈페만(N. Spaemann)의 설명으로 요약할 수 있다. "광신자는, 의미는 오로지 우리에 의해서 설정되고 실현된다는 생각에 집착하는 사람이다. 그는, 행위자가 운명의 막강한 힘에 직면한다는 사실을 받아들이기를 거부한다. 그는 현실 조건들의 기본 틀을 바꾸거나, 아니면 파괴하기를 원한다. [……] 자기 행동의 도덕적 한계를 인정하지 않는 모든 혁명가는 광신자이다. 왜냐하면 그는 그의 행동을 통해서만 이 세상에 의미가 생길 수 있다고 생각하기 때문이다. [……] 광신자의 반대는 냉소주의자이다. 그러나 실제로 그들은 서로 혼동이 될 정도로 비슷하다. 냉소주의자는 현실에 대항하여 의미 편을 택하는 것이 아니라, 의미에 대항하여 현실 편을 택한다. 그는 의미에 관심이 없다. 그는 행위를 기계적인 사건의 관점에서만 바라본다. 그는 강자의 권리를 믿는다. [……] 광신자는 입에 거품을 물고 덤비는 반면, 냉소주의자는 차갑게 웃는다. 흔히 광신자는 얼마간의 시간이 지나면 냉소주의자가 되기도 하는데, 이는 그가 싸워온 현실의 높은 벽을 경험했기 때문이다. 이 양자는 기본적으로 다음의 사실에 동조한다는 점에서는 애초부터 입장이 똑같다. 즉 우리 행위를 둘러싸고 있는 현실, 다시 말해서 행위가 그것으로부터 나오고 또 그것으로 귀결되는 현실은 무의미하다는 것이다."[8]

추상적 도덕주의와 도덕적 냉소주의의 공통성에 대한 지적과 관련해서 주목할 것은 두 입장 모두 존재와 도덕을 뚜렷이 구분하고 있다는 점이다. 존재와 당위의 이원론적 구별은 근대의 고유한 문제이기도 하다. 정치철학의 영역에 국한하더라도 근대 초기에 존재와 당위는 매우 뚜렷이 구별되었다. 고대와 근대의 정치철학의 차이점을 보여주는 두 저작은 마키아벨리의 《군주론》(1513)과 토머스 모어의 《유토피아》(1516)이다. 고대의 정치철학은 항상 규범적 실천철학의 일부였다. 개인의 윤리학과 국가의 윤리학은 서로 밀접하게 연관되어 있었다. 예를 들어 플라톤과 아리스토텔레스는 인간은 국가(정치적 공동체) 속에서 비로소 온전히 선한 삶을 영위할 수 있다고 생각했다. 그들에게 정치학은 윤리학의 연장이자 완성이었다. 역으로 정치철학은 항상 윤리학을 전제하고 있었다. 즉 그들은 시민들의 덕이 전제되지 않은 국가는 존립할 수 없으리라고 여겼다. 그러나 이런 고전적인 정치철학은 마키아벨리와 함께 근본적으로 붕괴되기 시작한다. 그와 더불어 도덕이나 종교와 같은 가치 물음이 한갓 사회적인 사실로, 더 정확히 말하자면 권력투쟁에서 의미를 지니는 사실로 이해되기 시작한다.

그런데 가치 물음이 하나의 사회적 사실로 환원되는 움직임이 나타

헤겔 정치철학의 통찰과 맹목

남과 함께 유토피아적인 강한 열망이 등장한다는 사실은 흥미롭다. 즉 가치들의 사회학적인 대상화와 동시에 유토피아적인 열정이 걷잡을 수 없이 분출된다. 양자는 모두 자아가 사회적인 세계로부터 분리된 상황에서 나타난 상이한 표현이다. 물론 이런 분리와 자립화의 움직임이 고대에 전혀 없진 않았다. 이미 살펴본 것처럼 소크라테스와 플라톤은 인간의 이성과 도덕을 기존의 사회적 관습의 논리로부터 해방시키고자 치열한 노력을 기울였다. 더 나아가 플라톤은 가장 이상적인 정치질서를 기획하기도 했다. 그러나 근대의 사상가들과는 달리 존재와 당위의 이원론적 구별을 소크라테스나 플라톤에서 찾아보기는 힘들다. 자아가 모든 자연적·사회적 세계로부터 해방되면서 한편으로 세계는 무의미한 사실로, 다른 한편으로는 유토피아적인 완전한 세계에 대한 갈망으로 분열되는데 이를 근대의 독특한 양상으로 보아도 무방하다.

세계를 무의미한 질료로 그리고 인간의 주체적인 활동에 의해 비로소 내적 의미가 부여될 수 있는 대상으로 파악하는 방식은 근대의 주관 중심적 세계상과 밀접한 관련이 있다. 유토피아적 이상에 맞게 현실세계를 변혁하여 기술적인 방식으로 관리·통제하려는 혁명적 욕구는 사실 근대의 존재와 당위의 이원론에서 발생한 것이다. 이 지점에서 사유와 연장이라는 두 개의 독립적인 실체를 중심으로 전개된 데카르트의 주관성의 형이상학이 이미 자연에 대한 유토피아적·과학기술적 지배 사상과 사회에 대한 관리통제적인 사상을 준비하고 있었다는 점을 상기할 필요가 있다. 슈미트가 적절하게 언급하고 있듯이 데카르트에 의해 "모든 인간계의 사물이 그 핵심에서 혁명적 변화를 일으켰다". 왜냐하면 인간의 몸을 기계론적인 것으로 파악함으로써 오늘날에 전면적으로 전개된 "기술혁명, 산업혁명의 시초"를 개시한 사람은 다름 아닌 데카르트였기 때문이다.[9] 주관 중심적인 근대의 보편과학 이념이 세계에 대한 지배 사유 및 과학기술문명과 내적으로 연결되어 있다는 비판은 하이데거의 데카르트 해석에서 잘 나타난다. 그는 근대의 과학기술이 근대의 주체중심적인 보편과학의 이념의 부산물이 아니고, 이 둘은 서로 긴밀하게 연결되어 있다고 강조한다. 예를 들어 데카르트 철학에서 진리가 확실성으로 이해되고, 이러한 확실성으로서의 진리 규정 속에서 비로소 모든 존재자는 인간에 의해서 계산 가능한 대상으로 그리고 마음대로 처분 가능한 것으로 사유된다.

다시 말해 확실성을 추구하는 데카르트의 사유 배후에는 자연에 대한 기술적인 지배 충동이 내재되어 있다는 것이다. 그러므로 그는 존재를 표상(Vorstellung)으로 보는 데카르트의 해석을 "동력기계기술(Kraft-machinentechnik)을 형이상학적으로 가능하게 하는 것"으로 규정한다.[10] 이미 고전적인 목적론적 자연관은 후기 중세의 주의주의(Voluntarismus)와 유명론에 의하여 파괴되기 시작하였으며, 갈릴레이는 이러한 배경 속에서 자연을 인과적이고 수학적으로 설명하려고 시도하였다. 데카르트는 근대의 기계론적이고 수학적인 자연과학의 학문적인 정당화 프로그램을 계속하여 발전시켰다. 이러한 목적론적 자연관의 파괴는 인간 행동의 본성 및 정치질서의 기본적 원리를 새롭게 추구하는 홉스의 출발점이 된다. 고전적인 자연법과 구별되는 근대의 자연법 이론의 발전에서 갈릴레이와 데카르트의 자연과학적 연구 방법은 커다란 의미를 지닌다.[11]

헤겔 정치철학의 통찰과 맹목

데카르트는 사회에 대해서도 주체성의 결정을 통한 사회 구성을 더욱 바람직한 것으로 바라본다는 점에서 사회의 유토피아적인 과학기술적 관리 및 통제의 이념을 준비한다. 데카르트는 《방법서설》에서 오직 한 명의 건축가에 의해 치밀하게 만들어지는 도시를 여러 사람들에 의해 만들어진 것보다 더 완성도가 높고 잘 정돈되어 있다고 말한다. 이런 주장을 그는 인간사와 정치 공동체의 질서정연한 유지에도 적용한다. 데카르트에 의하면 "신이 혼자 율법을 만든 참된 종교의 상태가 다른 종교의 상태보다 질서가 더 잘 잡혀 있다"는 사실과 마찬가지로 오직 한 사람의 훌륭한 입법가에 의해 제정된 법률에 의해 통치되는 공동체가 더 번영을 누릴 수 있다. 그는 이런 사례를 스파르타에서 구한다.[12]

마르크스-레닌주의가 사람들에게 열광적으로 받아들여진 이유 중의 하나는 많은 사람들에게 근대의 유토피아적인 사상과 사회과학적인 인식을 결합하는 것처럼 보였기 때문이다. 그러나 이런 시도는 역사 속에서 좌절되었다. 달리 말해 강제 내지 폭력이라는 수단을 동반하는 의식적인 계획을 통해 얼마든지 인간 및 사회를 철저하게 개조하고 변형시킬 수 있다는 생각은 커다란 부작용을 남겼다. 이런 생각을 체현하는 사람들에게 폭력은 새로운 질서를 산출할 수는 없을지 몰라도 구질서를 파괴할 수 있기에 용인될 수 있었다. 폭력은 완전한 사회를 낳는 산파이기에 불가피하다. 그러나 이런 생각은 인간의 참다운 개별성과 개성의 발현을 방해했다. 또 인간 사회의 다양성으로 인한 소외와 파편화를 과장하여 이를 양산한 인간을 완전히 개조 내지 숙청하려는 파괴적인 욕구에 불을 질러 삶을 황폐화시켰다. 그래서 파시즘 및 나치즘과 함께 공산주의적 전체주의 사회는 인간 삶의 가능성을 말살하는 방향으로 나아갔다.

마르크스-레닌주의의 좌절은 바로 이 이론의 한계들과 결합되어 있다. 그러므로 기존 사회의 여러 문제점들을 지적하고 비판하면서 더 바람직한 인간 사회를 건설하려는 이론가와 지식인들은 마르크스-레닌주의의 한계들을 분명히 반성할 필요가 있다. 달리 말하자면 왜 근대 들어 세계를 근본적인 방식으로 변혁하려는 열망이 발생했으며 이런 혁명적 열정이 왜 폭력을 동반하는 방식으로(혹은 폭력적인 수단을 동원하는 것을 정당화하는 방식으로) 분출하게 되었는가를 우선 깊이 성찰해야 할 것이다. 이 문제는 비판적 지식인과 철학자의 역할과 기능은 무엇인가, 그리고 사회적 비판의 적절한 방식과 형태는 무엇인가 하는 물음을 동반한다. 궁극적으로 이런 성찰은 정치의 본질과 근대 세계를 규정하는 기본 원리들에 대한 철학적 성찰을 요구한다. 그런 성찰의 토대 위에서 우리는 사회비판 작업을 포기하지 않고 더 나은 세상에 대한 희망을 다시 꿈꾸어볼 수 있을 것이다.

3. 헤겔의 중용적 사회·정치 철학

추상적 도덕주의와 냉소적 현실주의라는 양극단을 피하고 이 두 입장의 장점을 살려 좀더 현실적면서도 규범이나 당위의 물음에도 눈감지 않는 이론의 한 모델이 바로 헤겔의 사회·정치 철학이다. 이것이 가능한 까닭은 바로 헤겔 철학의 변증법적인 성격 때문이다. 필자는 헤겔 변증법 사상의 핵심 통찰로 정신적 주체의 자기실현의 과정적 성격에 대한 명확한 인식을 들고 싶다. 정신의 자기실현을 과정과 운동을 통해서 이해하려는 태도는 헤겔 변증법 사상의 진수인데, 필자는 이를 **매개의 철학**(필자 강조)이라고 이름 붙일 수 있다고 본다. 매개의 철학이란 간단히 말해 자기동일성은 분화와 다양성 혹은 차이가 없이는 불가능하다는 통찰이다. 달리 말하자면 분화와 다양성 그리고 차이의 긍정적 의미는 동일성 내지 참다운 통일과 화해에 대한 지향 없이는 불가능하다는 인식이다. 이런 분화와 다양성의 긍정 속에서 산출되는 참다운 동일성 혹은 구체적인 보편성에 대한 인식의 추구는 여러 학문 분야에서 결실을 보게 된다. 매개의 철학이 어떻게 사회 · 정치 철학적인 결실을 산출할 수 있는가에 대해서는 이곳에서 본격 서술할 수 없다. 여기에서는 간단하게 헤겔 철학의 기본 특성을 서술하고자 한다.[13]

헤겔 철학의 기초는 자연 세계나 유한한 인간의 주관적인 의식 상태 그리고 상호 주관적인 인간의 사회적 · 역사적 세계로 환원되지 않는 논리적인 것(das Logische)의 독자성에 대한 긍정이다. 헤겔은 절대적인 이성 내지 절대적인 주체성을 논리적인 것의 근본 원리로 간주한다. 그런데 이 절대적 주체성은 자연과 역사라는 모든 존재자의 궁극적인 원리이기도 하다. 이 절대적 주체성으로서 절대자는 내적인 부정성(innere Negativität)을 자신의 본질적 특성으로 삼는다. 그러므로 절대적 이념은 자연과 인간의 주관적 의식 그리고 인간의 사회적 · 역사적 세계를 통해 자신을 구체적으로 표현해야만 비로소 참다운 의미의, 혹은 헤겔적인 용어로 말한다면 즉자대자적인(an und für sich) 절대적 주체성이 된다. 여기에서 헤겔 철학체계의 원리인 절대적 주체성은 철저하게 구체적인 세계로 자신을 대상화하는 과정을 매개로 해서 비로소 참다운 주체성일 수 있다는 사실이 드러난다. 그래서 헤겔의 객관적 관념론은 주관과 객관의 동일성 사상을 발전시킨다. 이 주객동일성에 의하면 객관은 주체에 외적으로 대립하는 단순한 객체가 아니라, 주체 실현의 내적인 계기이다. 그런 점에서 객관은 목적과 수단이라는 범주로 접근해서는 안 되는 차원에 있다. 즉 헤겔 철학의 기본 원리인 주객동일성으로서의 절대적 주체성은 대상이나 객관을 아무런 내적 의미가 없는 질료로 바라보는 것이 아니다. 그러므로 주관과 객관이 동일하다는 헤겔의 이론에 의하면 객관은 단순한 객체가 아니라, 주체 자신과 동등한 지위와 의미를 지닌다. 이런 주관과 객관의 동일성 철학이 사실상 상호 주관성의 논리를 예비하고 있다는 것은 당연하다. "더 나아가 생동하는 실체는 이 실체가 오로지 자기 자신을 정립하는 운동이거나 자기 자신과 자신의 타자화의 매개(die Vermittlung des Sichanderswerdens mit sich selbst)인 한에서만 참으로 주체, 혹은 동일한 의미이지만 참으로 현실적인 존재이다."[14]

절대적 진리와 철학사의 필연적인 연관성에 대한 헤겔의 강조는 바로 절대적 주체성의 성격을 좀더 분명히 이해하는 데 기여한다. 즉 절대적 주체성과 매개의 필연적 연관성에 대한 헤겔의 입장이 가진 성격을 더 잘 이해할 수 있게 해준다. 헤겔은 절대적 진리와 철학사의 연관을 해명하면서 구체적인 것과 전개(Entwicklung)라는 두 가지 규정을 강조한다. 철학적 사유가 목표로 삼는 절대자 혹은 절대적 이념은 이제 헤겔에 의하면 구체적이다. 그리고 구체적인 한 이념은 내적인 계기들을 객관적으로 전개 내지 실현해야만 한다. 이런 실현과 전개의 과정을 통해서만 비로소 절대적 이념은 자기 자신에 이른다. 헤겔은 절대자를 구체적인 것으로 이해함으로써 영원한 것의 인식으로서의 철학이 어떤 의미에서 "시대 속에서 현상하고 역사를 지녀"[15]야만 하는가라는 물음에 대한 답을 제시한다.

헤겔에 의하면 절대적 이념의 전개 혹은 자신의 타자화는 단순히 타자로의 자기 상실이 아니다. 그것은 "어떤 타자로의 변화나 생성이 아니라, 마찬가지로 자기 내면으로서의 몰입(ein Inischhineingehen), 또한 자기 내면으로의 심화이다".[16] 전개와 구체성이란 개념은 자연은 물론이고 인간의 사유 과정과 인간의 상호 관계 등을 포함하는 우주 전체의 이해를 위한 철학적인 기초이다. 이런 관점에서 보면 세계에서 나타나는 모든 존재자는 다른 것에 관계하지 않은 채로, 즉 직접적인(unmittelbar) 상태로는 결코 제대로 이해될 수 없다. 사물에 대한 정확하고 올바른 이해는 오로지 타자와의 연관을 통해서, 즉 매개된(vermittelt) 측면에 대한 고찰을 통해서만 가능하다.

전개와 발전 혹은 대상화와 표현으로 다양하게 이해될 수 있는 절대적 이념의 매개와 전개의 필연성에 대한 통찰은 자유에 대한 헤겔의 관점과도 밀접하게 연결되어 있다. 그는 다음과 같이 적는다. "그러므로 정신은 그 필연성 속에서만 자유롭고 그 필연성이 단지 그 자유 속에서만 머무르는 것처럼 오로지 이 필연성 속에서만 그 자유를 발견한다는 사실은 더 높은 통찰이다. 〔……〕 자유는 필연성 없이는 또한 추상적 자유일 수 있다. 이 잘못된 자유는 자의이다. 그리고 이 추상적 자유는 바로 자기 자신의 반대이고 무의식적인 속박이고 자유에 대한 공허한 견해, 즉 단순한 형식적 자유이다."[17]

이때 우리는 필연성을 단지 자연법칙 같은 것으로 간주해서는 안 된다. 앞의 인용문이 분명하게 밝히고 있듯이, 필연성은 바로 전개이자 타자화이고, 이런 필연적인 타자화라는 매개를 통해서만 자유는 비로소 구체적인 형태와 내용을 갖출 수 있다. 이런 구체적 자유론은 헤겔의 《법철학》에서는 '타자 속에서 자기 자신으로 머무름'으로 표현되며 이 구체적 자유 규정의 총체적 측면이 상세히 해명되고 있다. 우리는 이런 자유 이론의 구체성과 깊은 통찰력 그리고 현재적인 의미 등을 더 자세히 살펴볼 수 없다. 다만 여기서는 헤겔 자유 이론의 역사적 맥락과 그 현재적 의미에 대한 찰스 테일러의 해석만을 간단히 언급하겠다.

테일러는 헤겔의 구체적 자유관을 "상황적 자유관"으로 해석하면서 이 이론의 현재적 의미를 강조한다.[18] 헤겔의 자유론은 절대적 자유의 열망이 지닌 딜레마와 허무주의적 성격을 비판하는 이론적 준거틀을 제시한다. 그러는 한에서 헤겔의 자유 이론은 근대적 자유 이론의 중요한 발전이다. 헤겔은 근대에 전면적으로 등장한 자기 자신에게 의존하는 자유, 즉 전통이나 권위로부터 벗어나 자기 자신의 삶을 스스로 선택하고 형성하는 주체의 자기 창조적인 자유에 대한 생각을 이어 받으면서도, 그것의 허무적이고 자기 파괴적인 경향을 날카롭게 비판했다. 헤겔은 근대적인 자기 창조적 자유 관념에 내재한 공허와 파괴성을 깊은 통찰을 통해 드러내는 데 성공하여 시대규정으로서의 근대의 규범적 이념인 자유의 원리에 대한 비판적 성찰을 개시했다. 그런 점에서 헤겔은 근대성에 대한 철학적 반성의 참다운 출발점이다. 테일러에 의하면 헤겔은 이 근대적 자유 이념의 양면성과 딜레마에 대한 깊은 인식을 기초로 모든 것에서 해방된 자유와 주체를 "구체화된 사회적 존재로서의 우리의 생활에 관련시킴으로써 주체성을 상황 내에 위치 지우려는 현대의 시도"의 모델을 제공한다. 주체성을 일정한 상황 속에 위치시킴으로써 그 자유에 일정한 틀과 내용, 그러니까 구체성을 부여하려는 헤겔의 시도는 근대 계몽주의와 낭만주의를 거쳐 심화되는 급진적 자율성 이념을 계승·발전시키려 한 그의 기나긴 철학적 모색의 결과이다.

나가는 말

헤겔은 매개의 철학과 관계적 존재론을 통해 다양한 정치철학적 통찰을 전개할 수 있었다. 예를 들어 매개의 이론에 입각하여 시민사회에 대한 양극단의 관점을 피했다. 그의 시민사회 이론은 신자유주의적인 입장과 마르크스주의적인 태도를 극복하는 이론의 단초를 제공한다. 마르크스-레닌주의의 실패와 더불어 공산주의와 결부되었던 유토피아적인 생각이 급속도로 퇴보하면서 시장이 새로운 유토피아적 열망을 충족시키는 대안으로 자리잡고 있다. 세계화를 급속히 확산시키고 이를 추동하는 신자유주의적인 시장근본주의가 내세우는 유토피아적인 생각은 근대에 발생한 어떤 인위적인 혁명 못지않게 많은 폐해를 양산하고 있다. 그런 점에서 볼 때 시장 유토피아는 헛된 신기루에 지나지 않는다.

신자유주의와 마르크스주의는 시민사회에 대하여 정반대의 태도를 취하지만 한 가지 점에서는 일치하는데, 시민사회를 자본주의적인 시장경제 질서와 동일시한다는 것이다. 신자유주의자들은 시민사회와 시장 사회를 동일시하면서 이것을 최상의 효율성과 인간의 자유를 증진시키는 데 가장 적절한 제도적 질서로 보면서 경제적·사회적·정치적 불평등에 눈을 감는다. 이와는 달리 자본주의적 시장경제 질서를 경제적 불평등과 인간의 상품화, 정신적 부패와 같은 모든 인간 소외의 원천으로 간주하여 거대한 관료적인 계획국가에 의해 시장의 논리를 철저히 부정하려는 마르크스주의는 시민사회에 대한 또 하나의 극단적 입장을 대표한다. 헤겔은 제약 없는 시장의 횡포로 인해 필연적으로 발생하는 경제적 불평등을 극복하기 위한 시장 개입의 필요성을 인정하면서도, 시장경제 체제에 대한 국가의 개입으로 발생할 경제적 비효율성과 관료주의적인 폐단을 자발적인 시민사회의 여러 제도적 장치들을 통해 제한하려 함으로써 이 양극단의 논리적 한계를 극복하는 데 유용한 이론적 토대를 제공한다.

양극단의 논리를 피하고 현실과 당위를 균형 잡힌 시각에 의해서 매개하려는 시도는 아주 중요하다. 이제는 많은 이들이 낯설게 여길지 모르지만 이런 시도는 현실과 이성의 변증법적인 통일 시도라고 표현할 수 있을 것이다. 극단적 대립을 넘어 화해를 추구하는 문제는 오늘날에도 여전히 중요하다. 생태학적 위기에 직면하여 자연과 인간의 조화와 화해를 달성하는 문제나 세계화의 진전 속에서 다시금 확인되는 개별 국민국가 및 세계적 차원에서의 부와 빈곤의 대립은 시급히 해결해야 할 문제가 아닐 수 없다. 극단의 지양, 그리고 중도와 중용의 도를 모색하는 것은 아마도 우리네 삶의 모습을 반추해보는 작업에서도 큰 의미를 지닌다. 해방 이후 극심한 좌우 대립 속에서 좌절을 맛보아야만 했던 좌우의 합작노선이나 한국전쟁의 와중에서 보여주었던 야만적인 행위들 그리고 전쟁 이후 남과 북에서 확고하게 굳어진 냉전적 질서와 대결 의식은 왜 양극단의 논리와 이에 기초한 삶을 지양할 수 있는 중도의 길을 모색해야 하는가를 보여준다. 극단의 지양, 그리고 중용의 모색과 헤겔의 변증법적 사유는 그리 다르지 않다고 필자는 생각한다.

들어가는 말

역사철학은 이제 학문의 세계에서 영원히 퇴출된 것처럼 보이지만 한
때는 대단한 관심을 불러일으킨 철학적 탐구 주제였다. 역사철학의 흥
망성쇠는 근대의 흥망성쇠와 운명을 같이한다. 달리 말해 역사철학과
근대는 밀접한 관계가 있다. 이는 역사철학이 근대에 이르러 비로소
철학의 중요한 영역으로 등장했다는 사실 때문만은 아니다. 근대라는
시대의 특징을 규정하는 것 중의 하나가 바로 역사철학이다. 인간의
역사는 근대 이전에도 존재했고, 사람들이 큰 관심을 기울였음에도 불
구하고 근대 이전에 역사와 철학의 결합은 존재하지 않았다. 개인주의
를 철학적 토대로 하는 자유주의가 근대의 표현이자 계몽의 기획이듯

* 2007년 《헤겔연구》에 실린 〈헤겔 역사철학의 근본 주장 및 그 의미에 대하여〉를 교
  정한 논문이다.

이 역사를 철학적 인식의 대상으로 삼은 시도는 근대성의 표출로 이해될 수 있다.[1] 헤겔의 역사철학은 역사철학에서 대표성을 지닌다. 즉 "헤겔의 역사철학은 역사철학의 전개 과정에서 정점을 차지"한다. 그도 그럴 것이 헤겔은 역사철학에서 이성의 점진적인 실현 과정을 주제로 설정함으로써 역사철학이 추구할 관심사에 대한 모범을 보여주기 때문이다.[2] 그러나 근대가 심각한 문제점들을 드러냄에 따라 근대라는 시대를 형성하고 지탱하는 데 결정적인 의미를 지녔던 세계와 역사, 삶에 대한 이해는 커다란 불신에 직면하게 되었다. 달리 말해 근대의 기획에 대한 불신이 역사철학에 대한 신뢰 상실의 근원이다. 이런 점에서 포스트모더니즘이라는 용어를 유행시키는 데 큰 영향을 미친 사상가인 장-프랑수아 리오타르가 포스트모던적이라는 것을 "메타 이야기에 대한 불신"으로 규정하면서 메타 이야기의 대표적 현상의 하나로 역사철학을 들고 있는 것은 중요하다.[3]

인류가 궁극적인 목적을 향해 나아간다는 인식으로서의 역사철학은 근대의 거대 서사의 한 사례로서 더 이상 정당성이나 보편적 타당성을 주장할 수 없다는 생각은 이제 낯설거나 이상하게 들리지 않을 정도로 널리 유행하고 있다. 그럼에도 역사철학과 더불어 철학의 근본 주제로 등장한 인간 삶의 역사성에 대한 강조를 포스트모더니즘 사상가들은 부인하지 않는다. 그들은 볼테르와 계몽주의 사상가들, 칸트를 거쳐 헤겔과 마르크스에 의해 정점에 이르는 역사철학적 사유를 폐기하지 않고, 그것을 오히려 급진적인 방식으로 몰고 간다고 볼 수 있다. 그러므로 역사철학, 특히 헤겔에 의한 근대 역사철학의 완성을 반추해 보는 것은 시대에 뒤떨어진 연구라고 말할 수 없다.

여기서 나는 주로 헤겔 역사철학의 기본 주장들을 검토해볼 것이다. 이때 근대성의 문제, 혹은 근대성의 특성과 연관해서 헤겔의 역사철학에 접근할 것이다. 그래서 우선 역사철학과 근대의 연관성을 해명하면서 근대에 역사철학이 등장하게 된 정신사적 조건들을 해명한다.(1) 두 번째 단락에서 나는 헤겔의 역사철학을 그의 전체 철학체계의 기초인 절대적 이성 내지 신적 이성의 자기 실현의 맥락에서 재구성하면서 역사철학의 주된 주장을 분명히 하고자 한다.(2) 세 번째 단락에서는 두 번째 단락에 이어 헤겔 역사철학의 근본 주장들을 해명한다. 그러나 이 단락에서 나는 인류 역사의 전진 과정에 대한 헤겔의 이론에 초점을 맞춘다. 여기에서 왜 헤겔이 세계사를 "자유 의식의 진보"로 이해하는지 살펴보고 세계사의 내적 동력의 원리를 인정투쟁 이론에 입각하여 검토해본다.(3) 결론 부분에서 나는 헤겔 역사철학의 한계점들을 지적하면서도 왜 오늘날에도 그의 역사철학적 통찰들이 의미 있는가를 간단히 언급한다.

1. 근대 역사철학의 정신사적 조건들

역사철학은 근대에 전면적으로 등장한 새로운 철학의 분과이다. 달리 말하자면 극단적으로 말해 근대 이전, 특히 (서구) 고대에는 역사철학이 존재하지 않았다. 여기에서 역사철학과 역사 기술(Historiographie)은 별개로 간주되어야 한다.[4] 나는 역사철학이라는 용어를 "역사적 사건이나 연속적으로 일어나는 것을 통일하고 궁극적인 의미를 향하여 움직이게 만드는 원리에 따라서 보편사를 체계적으로 해석"한다는 의미에서 사용한다.[5] 서구 문명을 형성하는 양대 축으로 일컬어지는 그리스 문명과 유·대-기독교 문명에 대해 말할 때, 그리스 철학에서 역사는 그리 큰 가치나 의미를 지니지 못했다. 역사철학 자체가 근대라는 시대 규정의 하나, 혹은 근대의 독특한 성격을 해명하는 중요한 현상이라고 말할 수 있다. 달리 말하자면 역사에 대한 참다운 보편적인 인식 가능성을 추구하는 학문으로서의 역사철학은 근대에 이르러 비로소 등장한다.

고대 그리스의 사유는 역사적 사유와 무관할 뿐 아니라 역사철학을 발전시키지 못했다. 그렇다고 고대 그리스 사유에 역사철학적 반성을 위한 어떤 단초도 존재하지 않는 것은 아니다. 사실 고대 아테네는 헤로도토스와 투키디데스 같은, 역사 서술의 신기원을 장식한 위대한 역사가들을 배출했다. 그럼에도 근대의 역사철학과 비교할 때 고대 그리스의 사상가들에게 있어서 역사적 세계에서의 보편 원리의 추구는 낯설었다고 볼 수 있다. 헤로도토스와 투키디데스 이외에도 요즈음은 플라톤이 역사철학적 사유를 발전시키고 있다는 점을 강조하는 주목할 만한 연구 업적이 있다. 예를 들어 가이저(K. Gaiser)는 플라톤이 역사를 철학적인 주제로 삼지 않았다는 견해를 비판한다. 그러면서 플라톤이 존재론적으로 뒷받침된 상당히 정교한 역사철학을 발전시켰다는 관점을 입증하려 한다.[6] 이런 가이저의 노력은 진지하게 검토해야 하지만 이 작업은 본 연구의 틀을 벗어난다. 그래서 가이저가, 플라톤이 역사철학적 사유를 전개했다고 언급했다는 사실만을 지적하겠다. 다시 말해 가이저의 입장이 아직 학계의 일반적 승인을 얻고 있지 못할 정도로 플라톤적 사유와 역사철학적 사유의 연관성 문제는 논쟁에 휩싸여 있다. 그래서 앙게른은 플라톤의 사유에 역사적 사유가 존재할지라도 궁극적으로 볼 때 그의 이론은 "역사적 사유와는 반대되는 특징"이 있다고 말한다.[7]

고대 그리스 철학에서 역사적 사유가 본질적인 주제로 등장하고 있지 않다는 사실은 아리스토텔레스의 역사 기술에 대한 언급에서도 분명하게 나타난다. 그는 다음과 같이 말한다. "앞서 말한 여러 가지 사실들로부터 명백한 것은 시인의 임무는 실제로 일어난 일을 이야기하는 데 있는 것이 아니라 일어날 수 있는 일, 즉 개연성 또는 필연성의 법칙에 따라 가능한 일을 이야기하는 데 있다는 사실이다. 역사가와 시인의 차이점은 〔……〕 한 사람은 실제로 일어난 일을 이야기하고 다른 사람은 일어날 수 있는 일들을 이야기한다는 점에 있다. 따라서 시는 역사보다 더 철학적이고 중요하다. 왜냐하면 시는 보편적인 것을 말하는 경향이 더 강하고, 역사는 개별적인 것을 말하기 때문이다."[8]

그렇다면 왜 역사의 문제가 근대에서 그토록 중요한 주제로 등장했는가 하는 물음이 떠오른다. 이 문제를 상세히 탐구하는 것은 중요한 정신과학적 주제와 연관이 있다. 여기에서 나는 근대에 이르러 역사철학이 등장하는 데 결정적인 동기를 부여했다고 간주될 만한 세 가지 사항만을 강조하고자 한다. 우선 기독교의 영향을 언급해야 한다. 유대-기독교의 구원사적이고 종말론적인 세계관은 역사 및 인간의 삶의 의미에 높은 가치를 부여한다. 그러나 아우구스티누스의 《신국론》이후 중세 전반에 이르기까지 역사에 대한 사유는 구원사의 결정적인 역할에 주목하는 역사신학적인 것이었다. 역사에 대한 신학적 전제들에서 벗어나 인류의 역사 전체를 의미 있는 것으로 이해하려는 세속적이고 본래적인 의미의 철학적 사유는 근대 계몽주의와 함께 본격적으로 등장한다. 역사와 철학을 결합해 "역사철학(philosophy of history)"이라는 용어를 처음으로 만든 사람은 볼테르다. 그는 최초로 역사철학이라는 용어를 근대적인 의미에서 역사에 대한 신학적 해석과는 구별되는 것으로 사용했다. 신의 의지나 섭리가 아니라 인간의 이성과 의지를 역사를 해석하는 주도적인 원리로 간주한 것이다.[9] 그럼에도 불구하고 근대의 역사철학은 유대-기독교의 종말론적인 역사관에 의존한다. 인류의 역사가 궁극적인 목적을 향해 점진적으로 나아간다는 의미에서의 역사에 대한 근대적인 철학적 해석은 기독교적인 신학적 역사 개념을 전제해야만 가능하기 때문이다. 이런 점에서 헤겔 역시 기독교를 인류 역사의 발전에서 결정적인 전환점으로 이해한다. "오로지 신이 삼위일체로서 알려지는 한에서만 신은 정신으로서 인식된다. 이 새로운 원리는 세계사 전회의 핵심(축)이다."[10]

헤겔은 기독교에 의해 천명된 원리의 구체적 실현(세속화) 과정에서 근대의 의미를 이해할 뿐 아니라, 기독교 원리는 인류 역사에 궁극적인 의미를 부여한다고 생각한다. 헤겔은 역사철학이 기독교 신학의 원리를 철학적으로 재해석하고 있음을 자각하고 있었다. 그는 다음과 같이 말한다. "옛날부터 사람들은 이성과 종교, 종교와 세계의 대립을 주장했다. 그러나 더 상세히 고찰해보면, 이 대립은 실은 대립이 아니고 단지 구별에 지나지 않는다. 이성은 일반적으로 정신의 본성이고, 신적 정신 및 인간적 정신의 본질이다. 종교와 세계의 구별은 다음과 같은 구별에 지나지 않는다. 즉 종교 자체는 심정과 마음 안에 있는 이성이고, 신 안에서 존재하는 표상적인 진리와 자유의 전당이다. 이와는 달

헤겔 정치철학의 통찰과 맹목

리 국가는 동일한 이성이 현실계의 지식과 의욕 안에서 존재하는 인간적 자유의 전당이다. 그리고 그 내용 자체는 신적인 내용이라고도 말할 수 있다. 그러므로 국가의 인륜은 종교의 근본 원리를 실현하는 것이기 때문에, 국가에서의 자유는 종교에 의해서만 지지되고 확증된다. 따라서 역사의 임무는 종교가 인간 이성으로 나타나게 하는 것, 즉 인간의 마음속에 살고 있는 종교적 원리가 세속적 세계의 자유를 산출하는 것임을 밝혀주는 데 있다. 이러한 의미에서 내적인 마음과 외적인 현존재 사이의 분열은 지양된다. 그러나 이것을 실현시키기 위한 사명을 띠는 것은 다른 민족 혹은 다른 민족들, 즉 게르만 민족들이다."[11]

헤겔에게 기독교는 역사철학뿐 아니라 그의 철학 전체와 아주 밀접하게 관련돼 있다. 그는 기독교의 원리를 세계사에 결정적인 전환을 가져온 사건으로 해석하는 데 그치지 않고 기독교가 천명한 신과 정신의 동일성에 대한 사유를 자신의 전체 철학 및 역사철학의 근본원리로 받아들이기 때문이다. 물론 그는 기독교의 원리를 종교적인 방식으로서가 아니라 철학적인 의미로 받아들인다. 헤겔은 참다운 학문의 목적을 "정신의 무한성"을 인식하는 데 있다고 보면서 기독교가 "신의 인간화(Menschwerdung des Gottes)" 및 "신앙 공동체 안에서의 성령의 현존"에 대한 교리를 통해 "정신을 그 절대적 무한성에서 개념적으로 인식"할 수 있게 했다고 주장한다.[12] 그는 이성과 종교를 대립적인 것으로 파악하려는 관점을 거부함과 동시에 철학과 종교가 관심을 갖는 대상이 동일함을 강조한다. 즉 종교와 철학은 공히 신을 목표로 한다. 따라서 헤겔은 "신"을 "철학의 유일무이한 대상"으로 이해하면서 신에 대한 참다운 탐구를 "예배"로 규정한다.[13]

기독교가 역사철학에 미친 영향 이외에도 근대 초기에 등장한 고전적인 자연관의 종말 및 근대 주체성의 대두를 근대 역사철학의 전제조건 중 하나로 언급할 수 있다. 즉 근대 자연관과 근대적 주체성은 역사철학을 출현시킨 정신사적 배경이 된다. 근대에 자연에 대한 인간의 관계가 근본적으로 변화한다. 근대의 자연은 고전적인 철학이 전제하는 우주론적인 자연이 아니다. 고대 그리스인들은 신들 역시 자연(physis)의 일부로 이해했다. 더 나아가 자연을 잘 질서 잡힌 코스모스로 이해했다. 플라톤적으로 말하자면 코스모스(우주)는 선하고 아름답고 심지어 "모든 생성된 것 중에서 최상의 것이고 가장 아름다운 것"이었다.[14] 아리스토텔레스 역시 세계가 창조되거나 멸망하리라는 생각을 "신을 믿지 않는 것(ungodliness)"과 같은 거라고 주장한다.[15]

고대의 우주론적 자연관에 의하면 세계는 위계질서를 이루고 있는 전체이다. 이 포괄적인 체계는 무생물에서 식물, 동물 그리고 인간을 거쳐 최고의 존재인 신에 이르기까지 서로 연관된 존재들의 연쇄로 이루어져 있다. 아리스토텔레스의 이론에서 보듯이 우주의 모든 존재자는 스스로 실현해야 하는 목적을 지니며 이를 향해 움직인다. 각 존재자의 목적은 외부에서 주어지지 않으며, 각 존재자가 생성과 변화 속에서 실현하려는 자연으로 주어져 있다. 이런 점에서 아리스토텔레스는 모든 존재자들이 실현하려는 목적을 자연으로 그리고 이 목적의 달성을 각 존재자의 최선의 상태로 이해한다. 각 존재는 자신이 실현해야 할 고유한 목적을 지니고 있을 뿐 아니라, 상위 단계에 속하는 존재들이 하위 단계 존재들의 목적이 되는 방식으로 체계적인 연관을 이루고 있다. 목적론적 방식으로 질서 잡힌 전체 속에서 인간은 "신들과 짐승들 사이의 중간적" 존재로 간주되었다. 따라서 인간은 자연의 위계질서 내에서 자신이 실현해야 할 고유한 목적을 가진 존재로 이해되었다.[16]

근대에 자연관이 얼마나 극적으로 변화하는지를 우리는 데카르트의 자연관을 통해 잘 알고 있다. 데카르트는 자신의 철학에서 세계를 신, 자아 그리고 연장이라는 세 영역으로 나누어 고찰한다. 그의 사유와 연장의 이원론은 여러 가지 점에서 근대의 특성을 보여준다. 데카르트는 전통적인 목적론적인 자연학을 파괴하고 자연학을 기계론으로 환원시킨다. 그에 의하면 "길이와 넓이 그리고 깊이로 이루어지는 연장이 물질적 실체의 본성을 구성한다".[17] 그리고 연장(res extensa)과 사유(res cogitans)는 서로 완전히 분리되어 독립적으로 존재하는 실체다. 이러한 연장과 사유의 엄격한 존재론적 구별로 인해 자연과학은 수량으로 측정 가능한 연장의 세계로 국한될 뿐 아니라, 자연은 더 이상 자기목적적인 존재가 아니라 가치중립적인 것으로 이해된다. 예를 들어 인간의 물리적 자연, 즉 신체를 포함하여 식물과 동물은 "내면(Innenseite)을 갖지 않는 기계"로서 아무런 "주체성이 없는" 것으로 이해된다. 이렇게 데카르트는 자연을 연장으로 변경해 자연으로부터 주체성과 내재적 가치를 박탈한다.[18]

고대 및 중세 철학이 전제하는 목적론적 우주론은 근대 자연과학에 의해서 잘못된 체계임이 입증되었다고 근대의 이론가들은 생각한다. 자연의 의미는 자신과 다른 존재, 예컨대 인간의 삶에 어떤 유용한 결과를 가져오느냐에 의거하여 판단된다. 자연은 오직 인간이 마음대로 조작할 수 있는 질료라는 의미로만 받아들여진다. 간단히 말해 자연은 인간이 정복하고 관리해야 할 대상에 지나지 않는다. 이처럼 근대 세계에서 인간의 주체성에 대한 강조와 자연의 탈목적론화 과정은 서로 밀접하게 연결되어 있음이 드러난다. 근대 세계에서 인간은 자연의 지배자이자 주인으로 설정되는데, 이런 인간과 자연의 비대칭적인 관계 속에서 인간의 주체성이 관철되고 있다고 근대인들은 생각한다.[19]

근대에 전면적으로 등장하는 이런 주체성에 대한 강한 자각은 인간을 자기의식적으로 사유할 수 있고 삶의 의미를 스스로 결정하고 선택할 수 있는 존재로 이해하는 자율성의 이념으로 정식화된다. 헤겔은 고대와 근대의 차이점을 주관적인 자유의 유무에 의해서 파악하면서, 이러한 주관적인 자유의 긍정이 사회 전반에서 다양한 형태들로 나타나고 있음을 강조한다. 그는 다음과 같이 주장한다. "주관적 자유의 권리는 고대와 근대의 차이에서 전환점과 핵심점을 형성한다. 이 무한한 권리는 기독교에서 천명되었으며, 세계의 새로운 형식의 일반적·현실적 원리로 만들어졌다. 이 원리에 가까운 형태들에는 사랑, 낭만적인 것, 개인의 영원한 신성이라는 목적 등이 속한다. 그리고 도덕성과 양심이 속하며, 일부는 시민사회의 원리와 정치적 계기로 등장하고, 또 일부는 역사에 있어서, 특히 예술, 과학, 철학이 역사에 등장하는 다른 형식 등이 이에 속한다."[20]

자연을 대신하여 근대에 인간의 사회적·역사적 세계에 대한 의미의 중요성이 부각되었다. 앞서 언급했듯이 근대의 기계적 자연관의 등장과 함께 우주 자체가 자기 완결적인 의미를 지니는 존재 질서라는 생각은 파괴되었다. 따라서 자연을 삶의 의미가 충족될 수 있는 공간으로 이해할 수 없게 되었다. 이미 파스칼은 근대 초기에 코페르니쿠

헤겔 정치철학의 통찰과 맹목

스적인 우주관 그리고 데카르트가 초래한 목적론적 세계관의 붕괴가 우주에서 인간 삶의 의미라는 문제를 제기하리라는 사실을 날카롭게 의식하고 있었다. 그는 다음과 같이 말한다. "내 생애의 짧은 기간이 그 전과 후의 영원 속에 흡수되는 것을 볼 때, 내가 지금 차지하고 있는 눈앞에 보이는 작은 공간이 내가 모르고 또 나를 모르는 무한대의 공간 속에 흡수되는 것을 볼 때, 나는 저곳이 아닌 이곳에 있는 나를 바라보며 공포에 떨고 놀란다. 왜냐하면 저곳이 아닌 이곳에, 다른 시간이 아닌 이 시간에 있어야 할 아무런 이유도 없기 때문이다. 누가 나를 이곳에 태어나게 하였는가. 누구의 명령과 행동으로 이 장소와 이 시간이 나에게 지정되었는가."[21] 또 파스칼은 "이 무한한 공간의 영원한 침묵이 나를 두렵게 한다"고 말한다.[22]

근대에 이르러 고대의 목적론적 자연이 수행하던 역할은 인간의 사회적·역사적 세계가 담당하게 되었다. 이 세계야말로 인간이 상실한 고향을 되찾을 수 있는 새로운 영역으로 이해되기에 이른다. 물론 인간의 역사적 세계에 대한 새로운 의미 부여는 역사의 무한한 진보에 대한 낙관적 믿음과 궤를 같이한다. 인간 역사의 무한한 진보에 대한 믿음 그리고 인간의 역사 자체가 바로 인간의 삶에서 중요한 의미를 구성한다는 생각은 근대 역사철학의 발전에 결정적으로 기여한다.

독일 관념론, 특히 헤겔의 역사철학은 이성적인 것이 역사적 현실 속에서 실현되는 것을 필연적 과정으로 이해한다. 헤겔 이전의 프랑스 계몽주의나 칸트의 역사철학은 역사 과정의 무한한 진보에 대한 신념을 공유했다. 이 진보에 대한 믿음, 혹은 역사에 대한 믿음 역시 근대성의 독특한 현상이지만, 이 믿음은 아직도 고전적인 철학적 전통이 추구했던 이념인 보편적이고 영원한 것에 대한 인식 가능성을 완전히 저버리진 않았다. 진보에 대한 믿음은 보편적으로 유효한 기준들이 존재한다고 믿는 경우 철학의 전통과 일치한다. 인간의 삶과 사유의 역사적 제약성과 보편적인 이념에 대한 긍정을 양립시키려 한 사람은 헤겔이다.

헤겔의 역사철학은 역사 과정 자체가 합리적이라는 점을 전제한다. 그의 역사철학적 전제에서 볼 때 정의로운 정치질서의 실현은 인류 역사의 궁극적인 목적이자 역사 자체가 의미를 획득할 수 있는 기초이다. 헤겔에 의하여 철학적 사유 자체가 역사성을 띠고 있다는 인식이 전면적으로 등장한다. 이제 사상은 시대정신의 표현으로 간주되고 철학사 자체가 철학으로 선언된다. 인간 존재 자체가 역사적 존재임이 천명된다. 역사는 존재를 해명하는 궁극적인 범주가 된다. 이런 점에서 헤겔은 역사적 사유의 발전에서 전환점에 해당하는 인물이다. 그럼에도 헤겔은 인간 삶의 역사성에 대한 인식은 결코 보편적이고 절대적인 지식의 추구를 배제하지 않는다고 본다. 그는 인류의 역사를 절대자의 자기실현 과정으로 이해하려 했기 때문이다. 앞으로 더 상세히 살펴보겠지만 헤겔은 이성과 현실의 종합이 필연적이라는 생각, 달리 말하자면 이성이 인류 역사의 궁극적인 원리라는 생각을 고수한다.

앞에서 언급했던 것처럼 근대에 등장한 역사철학은 진보에 대한 낙관적인 믿음을 공유하고 있었다. 진보에 대한 믿음이란 근대가 이전의 모든 시대보다 우월할 뿐 아니라 미래에 더욱더 진보하리라는 기대에 대한 확신이다. 이렇게 하여 근대에 역사는 자연의 자리를 대신하여 삶의 의미를 충족시켜주는 고유한 지평이자 공간으로 간주된다. 진보에 대한 낙관적인 믿음에 기반을 둔 근대의 고전적인 역사철학은 독일 관념론, 특히 헤겔에게서 정점에 이른다. 헤겔은 역사철학을 통해서 철학과 역사의 화해를 주장하기 때문이다. 그리고 그의 역사철학은 다른 사상가들과 비교했을 때 폭과 깊이에서 타의 추종을 불허한다. 그래서 인류의 전 역사를 이성의 자기실현이라는 관점에서 체계적으로 설명하고 이해하려는 헤겔의 역사철학은 근대 역사철학의 정점으로 간주되는 것이다.

2. 변신론(Theodizee)으로서 역사철학

헤겔의 성숙한 철학 체계는 논리학과 자연철학 그리고 정신철학으로 나뉜다. 이런 헤겔 철학 체계의 기본 원리는 절대자로서의 주체, 달리 말하자면 '절대적 이념(die absolute Idee)'이다. 절대자로 이해되는 주체는 단순한 인간의 사유 작용을 의미하지 않는다. 헤겔에 의하면 절대적 이념은 자연 세계, 인간 그리고 인간의 역사적 세계를 관통하여 자신을 실현하는 주체이다. 달리 말하자면 헤겔에게 절대자는 주체인데, 이 주체는 이 세계에 존재하는 모든 것(생명 및 인식 현상을 포함하여)의 원리이다. 헤겔의 주체 개념에서는 주체가 자신을 전개하고 발전시키는 것을 내적인 본질로 삼는다는 점이 중요하다. 주체는 단순하게 존립하는 것이 아니라 우주와 인간의 정신 그리고 역사 세계 속에 자신을 구체화하려는 내적 운동을 그 본질 규정으로 갖고 있다는 것이다. 자신을 객관적으로 표현하는 활동을 하지 않는 절대적 주체성이란 존재하지 않는다고 헤겔은 생각한다. 그래서 절대적 주체를 주관과 객관의 통일로 간주한다. 이렇게 볼 때 우주 및 인간의 역사적 세계는 절대적 주체와 무관하지 않으며, 이 세계 전체가 절대적 주체의 표현과 전개의 장이다. 다른 측면에서 보자면, 자연과 인간의 의식 그리고 역사 세계는 절대적 정신이 자신을 실현하고 구체화하는 곳이라는 의미를 부여받는다. 그러므로 우주와 인간의 역사적 세계는 절대적 주체의 외화 없이는 아무런 의미도 없다. 간단하게 말해 우주 전체는 절대적 이념에 의해 내적으로 규정되어 있다는 점에서 이 우주 전체의 구조는 절대적 주체의 내적 구조의 반영이자 표현으로 이해될 수 있다.

자유 및 자율성이 본질적 특성인 절대적 이념은 헤겔에 이르러 역사 세계의 기본 원리로 간주될 뿐 아니라, 우주의 전 발전 과정과 연결되어 이해된다. 그는 그리스 예술을 소개하는 맥락에서 개인화 및 주체의 자율성 증대 과정을 자연과 세계 역사의 과정과 매개시킨다. "별은 자신의 간단한 법칙에 따라 소진되고, 그럼으로써 이 법칙을 나타낸다. 몇 가지 특정한 특성들은 이 돌 왕국에 형태를 부여한다. 그러나 이미 식물적 자연 속에는 다양하기 짝이 없는 형태들, 변화들, 혼합들, 이상(異狀)들이 헤아릴 수 없을 정도로 많이 등장한다. 동물적인 유기체들은 그들이 관계를 맺는 외부 세계와의 상호작용의 차이를 더 폭넓게 보여준다. 마침내 우리가 정신적인 것과 그 현상들의 단계로 올라서면, 내면적 실존과 외면적 실존의 무한히 광대한 다양성을 발견한다."[23]

절대자의 내적인 본성이 구체적으로 실현되는 영역으로 이해되는 우주는 일정한 발전 과정을 통해 구성된다. 절대자의 실현은 중구난방식으로, 즉 아무런 질서나 법칙 없이 이루어지지 않는다. 자연과 역사 세계로 구성되는 전 우주는 절대자를 구성하는 필연적인 계기들이 점

헤겔 정치철학의 통찰과 맹목

진적으로 구체화되는 것으로 이해된다. 달리 말하자면 우주의 발생과 무기적인 자연의 형태들에서 식물과 동물 그리고 인간 같은 더 복잡한 생명체에 이르기까지, 더 나아가 인간의 자연사에서 인류의 보편적인 역사 과정에 이르기까지의 전 과정이 이제 절대적 정신의 내적인 계기들(차원들 혹은 부분들)이 점차 실현되는 과정으로 이해되는 것이다. 헤겔은 다음과 같이 말한다. "정신의 발전 전체는 정신이 자기 스스로를 진리로 고양시키는 것일 뿐이며, 이른바 혼의 힘이라는 것도 이러한 고양의 단계라는 것 말고는 다른 의미를 갖지 않는다. 이와 같이 스스로를 구별하고 자기를 변형함으로써, 그리고 자신의 구별로부터 자신의 개념의 통일로 귀환하기에 정신은 참된 것이며, 살아 있는 것이고, 유기적인 것이며, 체계적인 것이다. 그리고 이와 마찬가지로 정신의 본성에 관한 인식을 통해서만 정신에 관한 학문은 참되고, 살아 있으며, 유기적이고 체계적이다."[24]

절대적 이념의 궁극적 실현은 인간의 역사 과정을 통해 달성되는 것으로 간주된다. 헤겔에게 역사는 자연의 역사라기보다는 정신의 역사이다. 인간의 역사적 세계를 포함한 우주의 근본원리가 주체성의 원리에 의해 형성되는 것으로 간주한다는 점에서, 왜 헤겔이 인류의 정신사를 자연의 영역에 비해 더 고차원적인 것으로 바라보는가를 쉽게 이해할 수 있다. 절대적 주체의 근본 성격이 정신적이기 때문에 이 정신은 사유하는 인간의 역사 세계 속에서만 궁극적으로 실현된다. 따라서 헤겔은 인간의 역사 세계 속에서 신 혹은 절대자의 표현을 이해하고 사유하려 노력하지 않는 기존의 철학적 사유를 불충분한 것으로 보아 비판한다. "동물, 식물 또는 개개인의 운명 안에서 작동하는 신의 지혜에 경탄하는 태도가 한때 유행했다. 그러나 섭리가 이 같은 대상과 소재 안에 계시된다는 점을 인정한다면, 왜 세계사 속에서는 그렇지 않은가? 〔……〕 우리 인식이 목표하는 바는, 영원의 지혜에 의해 기도된 것이 자연의 지반 위에서와 같이 세계 안에서 현실적으로 활동하고 있는 정신의 기반 위에도 출현했다는 통찰을 획득하는 것이다."[25]

앞에서 언급했듯이 절대적인 이념이 전 우주(자연 세계, 인간의 내적 심리 세계 그리고 인간의 역사적 세계를 통틀어서)의 토대이다. 따라서 세계사의 기초는 절대적인 정신이다. 즉 세계사의 내적인 원리는 이성 자체라는 것이 헤겔 역사철학의 기본 전제이다. "그런데 철학이 지니는 유일한 사상은 이성이라는 단순한 사상, 즉 이성이 세계를 지배하고 있다는 점, 따라서 세계사 역시 이성적으로 진행되고 있다는 점이다. 이 확신과 통찰은 역사 자체에 관해서는 일반적으로 하나의 전제이지만, 철학 자체에서는 결코 전제가 아니다. 이성 〔……〕 은 실체인 동시에 무한한 힘이고, 모든 자연적 생활과 정신적 생활의 무한한 재료이며, 이 이성적 내용의 활동인 무한한 형상이라는 점은 사변적 인식을 통해 증명된다."[26]

앞에서 언급했던 것처럼 세계(자연 세계와 인간의 역사 세계)는 신 혹은 절대적 이념이 자신을 드러내는 곳이자 자신의 본래 모습을 회복해가는 곳이다. 헤겔에 의하면 자기 안에서 찢긴 신이 바로 우리 눈앞에 펼쳐진 세계이다. 신이 자기로부터의 벗어남(외화와 소외)은 바로 신이 세계로 자신을 드러내는 것이다. 또한 자연과 역사 세계의 과정을 통해 신은 자신과 진정으로 화해하게 된다.

절대정신이 자신을 실현해가는 매개로서 자연과 인간의 역사적 세계가 언급되지만, 헤겔은 인간의 역사적 세계를 자연 세계보다 더 본질적인 것으로 간주한다. 인간은 역사적 과정을 매개로 하여 세계가 바로 신, 절대정신의 표현이라는 점을 인식하게 된다고 생각하기 때문이다. 바로 이런 인간의 인식은 인간 안에 있는 신적인 것의 완성이나 다름없고, 바로 이런 순간에 신은 자기 자신을 인식하고 자신과의 대립과 분열의 상황을 극복하여 자기 자신을 회복하는 것이다. 절대적 이념의 최후의 규정이 자기를 정신적 주체로서 자각하는 것이라면, 이 절대적 이념의 구체화 과정은 우주 속에서 이 절대적 이념의 자기의식 상태가 완성될 때 비로소 종결 내지 완성된다. 달리 말하자면 이 우주의 전체 과정의 궁극적인 종결은 이 세계가 바로 정신의 자기실현 과정과 다름없다는 점을 통찰하는 정신적 존재의 자기 인식을 통해 비로소 가능해지는 것이다.

그런데 인간이 우주 속에서 실현되는 정신을 완성하기 위해서는 인간의 역사 세계를 이성적으로 형성해야만 한다. 이렇게 인류의 역사는 이성의 실현을 향해 나아가도록 구성되어 있다고 헤겔은 생각한다. 인간의 역사 속에서 등장하는 이성과 현실의 화해, 다시 말해 현실 세계가 이성적인 질서로 작동되는 역사적 순간에 인류의 역사는 궁극적인 목적을 달성하게 되며 절대적 이념의 자기실현 과정 역시 종결된다. 그렇다면 인류의 역사에서 이성의 실현 과정의 필연성을 철학적으로 통찰하는 것이야말로 이 우주에서 신으로 간주되는 절대적 이성이 스스로를 관철하고 있다는 점을 입증하는 것이다. 그런 점에서 세계사는 절대적 이성에 대한 철학적 변호로 간주된다. 따라서 헤겔은 세계사 속에서 이성의 필연적 실현에 대한 철학적 사유, 그러니까 역사철학을 고통과 악으로 점철되는 이 인간 세계에서도 여전히 신을 정당화하려는 작업, 즉 변신론으로 간주한다.

"세계사란 어지럽게 변천하는 역사의 무대에서 연출되는 이상과 같
은 정신의 전개 과정이고, 정신의 현실적인 생성이라는 것, 이것이야
말로 변신론이며, 역사에서의 신의 정당화이다. 과거에 일어났던 것과
매일 매일 일어나는 것은 신 없이는 존재하지 않을 뿐 아니라, 본질적
으로 신 자신의 작품이라는 통찰만이 정신을 세계사 및 현실과 화해시
킬 수 있다."[27]

세계사를 신의 정당화 과정으로 이해한다는 점에서 헤겔의 역사철
학은 일종의 제일철학의 지위를 차지한다고 볼 수 있다. 즉 전통적인
형이상학이 담당하는 역할과 지위가 역사철학에 부여되는 것이다. 헤
겔의 역사철학에서 가장 중요한 것은 역사를 절대 이성이 자신을 실현
하는 궁극적 지평으로 해석한다는 점이다. 헤겔 역사철학의 서론을 편
찬한 호프마이스터(J. Hoffmeister)는 책 제목을 '역사에서의 이성'이라
고 지었는데 이는 헤겔 역사철학의 본질을 아주 잘 포착한 것이다.

헤겔은 역사에서의 이성을 인식할 수 있다는 점을 철학적으로 정당
화했다고 믿고 있다. 앙게른이 지적하듯이 "역사에서의 이성" 혹은 역
사와 이성의 연관성에 대한 통찰은 "역사철학의 관심사 일반에 대한
모범적인 규정"이다. 그뿐 아니라 헤겔의 역사철학은 역사에서의 이
성의 전개 과정을 가장 체계적이고 포괄적으로 서술한다는 점에서
"역사철학의 전개 과정에서의 정점을 차지"한다는 평가를 받는다.[28]

헤겔 정치철학의 통찰과 맹목

3. 인정투쟁과 자유 의식의 진보로서 세계사

앞 단락에서 우리는 헤겔이 세계의 궁극적인 목적을 이성 내지 절대적 이념의 실현이라고 보았음을 살펴보았다. 그러나 이성의 실현이 세계의 궁극적 목표라고 할 때, 무엇보다 이성이 무엇을 의미하는가를 더 구체적으로 이해해야만, 세계 및 세계사의 궁극적 목적을 더 잘 이해할 수 있다. 헤겔에 의하면 이성의 근본 규정은 자유이다. 따라서 세계사의 궁극적인 목적은 이성의 본질인 자유의 실현이라고 그는 강조한다. 즉 "세계사를 자유 의식에서의 진보"라고 규정한다. 또 "세계사는 자유 개념의 전개나 다름없다"라고 역설한다.[29] 그러므로 역사철학의 과제는 이 자유 의식의 실현 과정을 "필연성 속에서" 인식하는 것으로 이해된다.[30]

그러나 헤겔이 생각하는 자유는 개인적이고 부정적인 자유, 즉 내가 하고 싶은 것을 하는 자유는 아니다. 물론 헤겔은 자유 개념에 그런 측면이 있음을 전적으로 부인하지는 않는다. 그러나 헤겔이 이해하는 진정한 의미의 자유는 타자와의 연관 속에서 자신의 동일성과 정체성을 형성하고 유지하는 것이다. 다시 말해 정신과 이성 역시 자신을 산출하고(객관화 내지 구체화) 자신이 스스로 산출한 것을 자신에게 대립하는 것이 아니라 자신의 내적 본질의 표현으로 받아들이는데, 이런 정신이나 이성의 "타자 속에서 자기 자신으로 머무름"이 자유의 최고 규정이라고 헤겔은 생각한다. 그래서 "자유의 구체적 개념"을 설명하면서 "우정과 사랑"을 예로 들고 있다.[31] 이런 자유를 우리는 공동체적 혹은 연대적 자유라고 말할 수 있을 테고, 하버마스의 용어를 빌리자면 의사소통적 자유라고도 할 수 있을 것이다.[32]

헤겔 역사철학에서 우리가 주목해야 할 점 중의 하나는 그가 자유 의식의 진보 과정이 공허한 진공 상태에서 이루어지는 것이 아니라는 점을 분명히 인식하고 있다는 사실이다. 이런 지적은 사소해 보인다. 실제로 인간의 자유 및 사유의 역사적 조건에 대한 통찰은 현대의 철학사조에서 너무나 익숙하게 발견되는데 이는 헤겔 역사철학의 영향사로 파악해도 무방하다. 헤겔에 의하면 인간의 자유 의식이 형성되는 지반인 역사 세계는 자연적인 물리적 세계의 제약을 받을 뿐 아니라, 역사적인 성격을 띠고 형성되는 문화적인 조건들의 제약도 받는다. 이런 형태의 제약들을 극복하는 과정에서 점차로 자신이 자유로운 존재임을 자각하게 된다. 자연 조건들과 역사적 조건들을 극복하고 인간의 자유를 실현하기 위해 나아가는 세계사의 기나긴 도정은 다양한 공동체의 경험을 통하지 않으면 불가능한 길이다. 이렇게 인간이 자유로운 존재임을 자각하는 과정 역시 다수의 인간들로 구성되는 공동체의 변화와 발전을 매개로 해서 형성된다. 자유의 개념이 타자와 관계하면서도 자신과 긍정적인 관계를 맺을 수 있는 것으로 이해되듯이, 인간의 자유 의식의 형성은 타자와의 관계 없이는 불가능하다.

절대적 이성이 자신을 실현하고 구체화하는 데 있어서 반드시 이성적인 공동체의 성장이 요구된다는 점을 앞에서 언급했다. 그런데 이성적이고 합리적인 국가 질서 혹은 공동체의 형성 역시 기나긴 역사 과정을 전제한다. 그러므로 인간이 보편적으로 자신의 자유를 인정하고, 이런 인간의 보편적 자유를 가능하게 하는 국가 공동체가 형성되어야만 정신이 실현될 수 있다. 즉 이성의 본질에 부합하는 국가를 건설하지 않고서는 이성은 자신이 자유롭다는 의식을 얻을 수 없다. 이런 점

헤겔 정치철학의 통찰과 맹목

에서 인류 역사의 궁극적인 목적은 인간의 자유를 보편적으로 실현하는 공동체의 형성 과정으로도 이해되는 것이다. 그래서 헤겔은 인류 역사의 진정한 단위가 고립된 개개인들이 아니라 "민족 내지 국가"라고 주장하는데, 이는 전혀 이상하지 않다.[33] 이렇게 본다면 세계사는 절대적 이념에 상응하는 이성적인 공동체의 실현을 향한 과정이다. 그런데 이 과정은 단시일 내에 혹은 단번에 이루어지지 않기 때문에 인류 역사상 최초의 공동체 혹은 초기 공동체에서부터 다양한 공동체들의 단계적 진행을 매개로 형성된다. 뒤에서 보듯이 헤겔은 인류 역사에서 결정적인 역할을 담당하는 네 민족 혹은 국가를 다룬다. 이들 여러 공동체가 바로 세계사의 중요한 국면들을 담당하는 세계사적인 민족정신들이다.

헤겔에 의하면 인류 역사에서 인간의 자기의식 및 자유 의식은 상이한 개체들의 투쟁 과정에서 형성되며, 인간은 본질적으로 인정을 추구하는 존재이다. 이 인정의 추구는 인간을 인간으로 만드는 원천이다. 따라서 인간은 본질적으로 타자의 인정을 욕구하는 사회적 존재이다. 헤겔은 다음과 같이 말한다. "인정〔행위―필자〕 속에서 자아(das Selbst)는 개별자이기를 그친다. 자아는 당연히 인정 〔행위〕 속에서 법적으로 존재한다. 즉 자아는 더 이상 〔타자와의 매개 없이 존재하는〕 직접적인 현존재가 아니다. 〔……〕 인간은 필연적으로 인정받으며, 필연적으로 인정하는 존재이다. 이러한 필연성은 인간 고유의 것이며, 내용과 대립하는 우리의 사고에 따른 것은 아니다. 인간 자체는 인정하는 존재라는 점에서 운동이며, 이러한 운동이 바로 인간의 자연 상태를 극복한다. 즉 인간은 인정〔행위〕이다."[34]

다양한 인간들로 구성되는 집단생활을 영위하지 않으면, 인간은 참다운 인간적인 욕구나 개성적인 삶을 실현할 수 없다. 달리 표현하면 다음과 같다. 헤겔에 의하면 인간은 자식의식 혹은 자기의식적 존재이다. 인간이 자기의식인 한에서, 그는 자신이 존엄하고 고귀한 존재임을 자각한다. 그러나 인간은 자기의식적 존재로서 이미 완성된 상태로서 존재하지 못한다. 인간은 자신의 자아 내지 자기의식을 타자와의 관계 속에서만 비로소 생성 내지 형성시킨다. 그런데 이 타자와의 관계는 이중적이다. 우선 인간은 동물과 같이 자연 세계를 부정하면서 자신을 보존, 유지할 수 있다. 타자를 부정한다는 것은 파괴만을 의미하지는 않는다. 물론 인간 역시 자신의 생존을 위해서 여타 동물이나 생명체를 완전히 먹어치우는 방식으로 행동할 수 있다. 그러나 타자에 대한 부정적인 관계는 이런 파괴적 행위에 국한되지 않는다. 예를 들어 인간은 노동을 통해서 자연 대상을 가공하여 새롭게 만들기도 하기 때문이다. 인간이 타자와 관계를 맺는 또 다른 차원은 다른 자아, 즉 또 다른 자기의식적 존재인 타자와의 관계이다. 이 다른 인간 존재와의 관계 역시 부정적인 성격을 지닌다. 인간은 다른 인간과의 관계에서 여타의 자연 존재들을 자신의 생존을 위해 양분으로 삼는 것과는 달리 행동한다. 인간들 사이의 관계에서 등장하는 욕구는 단순한 생명의 유지라는 동물적 욕구가 아니다. 코제브가 말하듯이 인간적 욕구는 "가치에 대한 욕구"이다.[35]

앞에서 언급했듯이 인간은 본질적으로 타인의 인정을 지향하는 존재라면, 인간이 타인에게서 추구하는 것은 자신이 추구하는 가치가 긍정적인 것임을 확인하고 승인받으려는 욕구이다. 그런데 이 인간적인

헤겔 정치철학의 통찰과 맹목

욕구, 즉 타인을 통해서 자신의 가치를 인정받으려는 욕구는 자신의 동물적인 생명을 과감하게 걸어야만 충족될 수 있다고 헤겔은 생각한다. 자신의 생명을 걸고서라도 타인으로부터 인정받으려는 욕구, 달리 말하자면 단순한 생명의 유지를 넘어서 다른 가치를 추구하는 욕구가 존재하지 않는다면 인간은 결코 동물적 차원을 넘어설 수 없다는 것이다. 그렇다면 인간들 상호 관계에서 발생하는 부정적 활동은 인간의 동물적 차원을 부정하는 행동이나 다름없다. 이렇게 헤겔은 인간됨의 형성에서 죽음과 자신의 유한성 전체를 도모하는 행위를 결정적인 것으로 간주한다. 따라서 인간이 동물적 차원을 넘어 자기의식적인 존재로 태어나기 위해서는 목숨을 걸고 수행하는 인정투쟁이 필연이라고 헤겔은 강조한다. 그래서 알렉상드르 코제브는 말한다. "자기의식의 '기원(origin)'에 대해 말하는 것은 필연적으로 '인정'을 위한 생사를 건 투쟁에 대해서 말하는 것을 의미한다." 또 그에 의하면 "이러한 생사를 건 투쟁이 없었다면 인간 존재는 결코 지상에 존재하지 않았을 것이다".[36]

이와 같이 헤겔은 인정투쟁과 자유 의식 발생의 공속성을 강조한다. 즉 "인정의 과정은 투쟁"이며, 이 투쟁 속에서 목숨을 걸고 자신의 동물적 차원, 즉 생명의 유한성을 초월하지 않는다면 인간은 정신적이고 자유로운 존재로 인정받을 수 없다는 것이다. 그래서 헤겔은 인정투쟁이 생사를 건 투쟁이며 죽음의 위험을 무릅쓰는 행위 속에서 인간은 비로소 자유를 "절대적으로 증명한다"고 강조한다.[37] 이처럼 헤겔은 인정의 과정을 상이한 인간들 사이의 투쟁으로 이해하고 이 인정투쟁의 과정을 통해 비로소 자유 의식이 전개되고 인류는 궁극적으로 인간이 보편적으로 자유로운 존재임을 자각하게 된다고 본다.

인정투쟁은 인간의 형성사이자 인간적인 세계, 즉 정치적 공동체의 형성사이기도 하다. 인간은 인정투쟁을 통해 동물의 상태를 벗어나 인간이 된다. 인간됨의 과정은 물론 정치적 관계의 형성과 더불어 비로소 전면적으로 개시된다. 헤겔에 의하면 처음의 인정투쟁의 결과는 주인과 노예의 관계 형성이기 때문이다. 그리고 이 주인과 노예 혹은 지배와 예속의 관계를 거쳐 인간은 점차 모든 인간들이 평등하고 자유로운 존재임을 깨닫게 된다. 이런 과정을 통해서 인간은 모든 타자들에 의해서 가치 있는 존엄한 존재임을 인정받으며, 자신도 모든 타자들이 자기의식적 존재임을 승인한다. 인류의 역사는 이 보편적인 인정이 구체적으로 실현될 때 종결점에 이르는 것이다.

헤겔은 인류의 역사가 인정투쟁에 의해 형성되는 주인과 노예의 변증법적 과정을 거쳐 인간의 역사적 현실이 점차 변형되고 이성이 객관적으로 실현되는 궁극적 상태를 향해 나아간다고 본다. 그는 인류의 역사에서 자유의 실현에 커다란 기여를 하는 단계들을 중심으로 세계사를 서술한다. 그러므로 헤겔은 다음과 같이 말한다. "세계사는 [······] 정신이 자신의 자유를 의식하는 과정이며 그런 의식에 의해 산출된 실현 과정을 서술한다. 발전은 단계적인 진행, 즉 사태(Sache)의 개념에서 생기는 자유의 여러 규정의 전진적인 규정들이라는 의미를 지닌다."[38] 헤겔은 이 자유 의식의 필연적인 과정에 상응하는 구체적인 역사의 진전 과정을 세계사의 네 단계로 설정한다. 바로 동양 세계, 그리스 세계, 로마 세계 그리고 게르만 세계이다.

헤겔에 의하면 동양 세계에서는 인류 역사가 막을 올리고, 서양 세

헤겔 정치철학의 통찰과 맹목

계에서는 세계사가 성숙하고 완성된다. 그는 말한다. "세계사는 동방에서 서방으로 진행한다. 유럽이야말로 실로 세계사의 실마리이기 때문이다. 동방이란 그 자체로서 상대적인 것이긴 하나, 세계사에는 절대적인 의미에서의 동방이 존재한다. 지구는 구체를 이루고 있는데도 불구하고, 역사는 지구의 둘레를 원을 그리면서 도는 것이 아니고 오히려 역사는 일정한 동방을 가지며, 이 동방이 아시아이기 때문이다. 밖에 있는 자연의 태양도 여기에서 떠올라 서쪽으로 진다. 그 대신 더 고귀한 빛을 발하는 자의식이라는 내적인 태양은 서방에서 출현한다. 세계사는 제약 없는 자연적 의지를 보편적인 것과 주관적인 자유로 가르쳐 길러주는 것이다. 동양은 단지 한 사람만이 자유라는 것을 알았을 뿐이고, 지금도 여전히 그렇다. 이에 반해서 그리스와 로마의 세계는 약간의 사람이 자유라는 것을, 게르만의 세계는 모든 사람이 자유라는 것을 알고 있다. 따라서 우리들이 세계사에서 보는 첫 번째 형태는 전제정(Despotismus)이고, 두 번째 형태는 민주정과 귀족정이며, 세 번째 형태는 군주정(Monarchie)이다."[39]

나가는 말: 역사철학의 종말과 헤겔 역사철학의 현재적 의미

우리는 지금까지 헤겔 역사철학의 기본 주장을 근대성 원리와 연관지어 논했다. 근대는 이성에 대한 낙관적인 믿음과 진보에 대한 신념에 기초한 세계다. 헤겔의 역사철학은 '역사에서의 이성'이라는 관점에서 근대의 신념을 철학적으로 가장 분명히 표현했다. 그러나 근대성이 크게 문제되고 있는 현재의 상황에서 진보에 대한 낙관적인 믿음의 상실과 더불어 인류의 역사 자체가 어떤 궁극적인 의미를 향하여 나아간 다는 믿음 또한 사라졌다. 그래서 근대의 역사철학은 종말을 고했다고 많은 사람들은 생각한다.

역사철학의 종말을 논외로 치더라도 헤겔 역사철학은 여러 점에서 미흡하며 문제점을 안고 있다. 여기에서 나는 헤겔 역사철학의 문제점 을 몇 가지 점에서 고찰한다. 첫째로 헤겔의 역사철학에는 미래에 대 한 지평이 존재하지 않는다. 그는 현재에 이르는 역사에서의 이성의 실현에 대한 철학적 이해에 주목할 뿐 미래 인류의 역사에는 아무런 관심을 기울이지 않는다. 물론 헤겔의 역사철학은 역사의 종말에 대한 생각을 함축하고 있다는 점에서 미래의 문제를 도외시한다는 것이 특 별히 문제될 게 없다고 반박할 수 있을지 모른다. 역사의 종말 테제가 옳다면, 인류는 물리적인 시간 속에서 계속 생존할지라도 헤겔의 입장 에서 볼 때 참다운 의미의 발전을 기대할 수 없고 긍정적인 것이 등장 할 가능성도 없다. 그러므로 헤겔의 역사철학이 미래의 문제를 다루지 않는다는 지적만으로 그의 역사철학이 한계를 드러냈다고 보기는 어 렵다고 생각할지도 모른다.

그러나 역사의 종말에 대한 생각을 달리 바라볼 수도 있다. 이에 대 해서는 뒤에서 언급할 것이다. 다만 여기서는 근대의 완성이 바로 인 류 역사의 완성이라고 볼 수는 없다는 점을 언급해야겠다. 헤겔의 역 사의 종말에 대한 생각과 니체의 '최후의 인간(the last man)'을 연관지어 바라보는 사상가들이 등장하는데 이는 우연이 아닌 듯하다.(알렉상드르 코제브와 프랜시스 후쿠야마 그리고 레오 스트라우스) 특히 생태계 위기에 직면 한 오늘날 주체성과 자율성의 의미에 기반한 자유민주주의의 정치체제가 인류의 최종 도달점이라고 단정하기에는 성급한 면이 없지 않다.

둘째로 지적해야 할 헤겔 역사철학의 문제점은 인류 역사 과정의 맹목적 혹은 무의식적 특성에 대한 지나친 강조이다. 헤겔은 그의 역사철학에서 인류의 역사를 인간이 스스로 형성해가는 것으로 이해하면서도, 인류의 과정을 거의 전적으로 무의식적인 활동의 결과물로 이해하는 경향이 강하다. 즉 헤겔이 바라보는 세계사는 이성을 실현하는 과정이지만, 이 이성의 실현은 무의식적으로 진행되는 것으로 간주된다. 이런 관점은 그의 유명한 "이성의 간지(der List der Vernunft)"에 대한 강조에 잘 나타나 있다. 헤겔에 의하면 인류의 역사 과정을 통해 이성의 실현은 인간이 이성적인 것을 자각하고 이를 목표로 삼는 의식적인 행동에 의해서 이루어지지 않는다. 오히려 인간은 자신이 전혀 의도하지 않았음에도 불구하고 이성의 실현을 결과적으로 산출하게 된다고 헤겔은 이해한다. 그러므로 인간의 역사 과정에 대한 합리적이고 이성적인 인식과 통찰은 오로지 모든 세계사의 진행 과정이 종결된 후에 철학자의 사변적 고찰을 통해서만 구체적으로 인식된다. 이런 점에서 그는 철학을 저녁에야 비로소 날기 시작하는 '미네르바의 올빼미'에 비유한다. 따라서 우리는 여기에서 역사에 대한 회고적이고 관조적인 관찰과 미래의 지평을 자신의 역사철학에서 철저히 배제하는 것이 밀접하게 연결되어 있음을 깨닫는다.

카를 마르크스를 포함하여 헤겔 이후의 청년헤겔주의자들이 헤겔의 사변적 철학에서 현실에 대한 순응적인 태도를 발견하고 미래의 차원에서도 더 고차적인 이성적 가치를 실현하고자 노력한 것은 우연이 아니다. 마르크스는 헤겔의 이성과 역사적 현실의 조화에 대한 생각을 이어 받으면서도 기존 사회 전체를 비판하지 않는 헤겔 철학을 비판한다. 마르크스는 자신의 역사적 유물론에 기초하여 참다운 자유의 왕국을 실현하기 위한 의도적이고 조직적인 활동의 중요성을 강조하였는데, 이는 마르크스의 유물론적 역사 해석이 과연 튼튼한 토대에 기반을 두고 있는가 하는 물음과는 별도로 헤겔 역사철학에 대한 비판적 반작용으로 간주해야 할 것이다.

세 번째 헤겔의 역사철학은 지나치게 서양중심주의적이다. 헤겔의 오리엔탈리즘은 별도로 언급해야 할 만큼 중요하다. 여하튼 헤겔은 세계사의 출발을 동양에서 구하고 인류 역사의 정점을 서양에서 구하고 있다는 점, 그리고 세계사에서 기독교의 등장을 결정적인 전환점으로 이해하고 있다는 점 등은 심각하게 검토되어야 할 것이다. 예를 들어 기독교를 인류사에서 등장한 가장 탁월한 종교로 이해하는 관점 역시 받아들이기 힘들다. 서양에 인류 문명의 세계사적 책임을 부여하는 관점은 그 자체로도 다른 문명을 야만이자 서양에 의해 교화되어야 할 대상으로 타자화한다는 점에서 심각한 성찰의 대상이 아닐 수 없다. 다들 알다시피 이런 이론이야말로 세계를 식민화한 서구의 행위를 정당화해온 것이다.

네 번째로 헤겔의 역사철학에서 등장하는 이성의 성공적인 도정에 대한 서술도 문제가 아닐 수 없다. 20세기에 일어난 두 차례의 세계대전과 유대인 학살 그리고 참혹한 한국전쟁을 경험한 상황에서 이성의 성공적인 진전 과정을 변증법적으로 이해하는 관점을 무비판적으로 받아들일 수는 없다. 한스 요나스가 적절히 지적하듯이 "정립과 반정립과 종합을 거치면서 필연적으로, 거침없이, 그리고 그 무엇에도 현혹되지 않는 이성의 간지(奸智)에 의해 성큼성큼 나아가다가 마지막에는 자기 자신에 도달한 이성과 자유의 왕국에서 정점"에 이르는 헤겔의 철학은 문제점을 안고 있다.[40]

앞에서 언급한 헤겔의 역사철학의 한계점에도 불구하고 그의 역사철학이 현실성을 완전히 상실했다고 볼 수는 없다. 헤겔은 역사적 사유를 처음으로 철학 자체에 수용하여 역사적 사유를 철학적 사유의 근본 규정으로 삼았던 인물이다. 헤겔 역사철학의 이론적인 문제점들에도 불구하고 역사적 사유에 대한 그의 강조는 오늘날에도 커다란 영향력을 행사하고 있다. 간단히 말해 헤겔의 역사적 사유는 하이데거나 포스트모던적 사상가들이 급진적인 방식으로 수용한 바 있다. 이렇게 헤겔 이후 헤겔의 역사에서의 이성은 이성의 역사성으로 전도되어 이성 자체를 포함한 모든 존재자들의 역사성이 철학적 사유의 전면에 등장하는 데 결정적인 전환점을 형성했다.

둘째로 헤겔은 역사철학에서 근대 세계를 인류 역사의 종말 혹은 완성으로 바라봄으로써, 역설적으로 근대라는 시대가 이미 원칙적으로 종말에 이르렀음을 철학적으로 표현했다. 그러므로 헤겔의 역사철학은 '근대의 종말 이후 인류의 역사는 어떻게 진행되는가'를 중요한 철학적 문제로 남겨두고 있다. 다시 말해 헤겔은 근대의 역사에서 이성과 현실의 원칙적인 화해를 선언함으로써, 우리들에게 근대의 지평을 넘어 인류가 나아갈 새로운 원리가 무엇인가를 사유하도록 재촉하고 있다.

생태 위기 시대와 헤겔 철학의 가능성: 06
회슬레의 환경철학을 중심으로

들어가는 말

인류가 현재 당면한 문제들, 예를 들면 국제적 규모의 부와 빈곤의 확대, 냉전 이후에 초강대국들 사이의 핵전쟁 위협은 다행스럽게도 상당 정도로 소멸되었으나, 국지적인 분쟁을 종식시키고 평화를 정착시키는 일 등은 결코 쉽게 해결될 수 없는 문제들이다. 그러나 이보다 더 절박하고 인류의 생존 자체와 직결된 환경 문제는 이제 우리의 일상을 위협하고 있다. 인구의 폭발적 증가, 대기 온난화 현상, 수중에서의 유독 화학물질의 증가, 오존층 파괴, 식량과 생물종의 감소 등 지구 환경의 파괴를 알리는 현상들로 인해 우리들은 커다란 충격에 빠져 우려를 떨치지 못하고 있다. 인류와 지구 생태계는 지금 심각한 위협에 직면

＊2002년《헤겔연구》에 실린〈회슬레의 환경철학에 대하여―객관적 관념론과 환경철학의 새로운 가능성을 중심으로〉를 교정한 논문이다.

해 있는 것이다. 이제는 모든 사람이 환경보호에 관심을 기울이게 되었다. 유럽 환경정책연구소 소장인 에른스트 울리히 폰 바이츠제커(Ernst Ulrich von Weizsäcker)는 21세기가 환경의 세기가 될 것이라는 논제를 설득력 있게 주장한다.[1]

이 환경 위기는 현대 인류의 업적으로 받아들여지는 인간의 기본권에 대한 이념과 이의 구체적인 실현을 위한 정치 질서로서의 민주주의에 대한 심대한 도전이다. 그러나 환경 위기를 극복하지 못한다면, 즉 이 지구상에서 인류의 생존이 더 이상 가능하지 않다면 당연히 인권과 민주주의 역시 존립할 수 없다. 동시에 현재의 인류가 환경 위기를 민주주의적인 방식으로 해결해내지 못한다면, 더욱더 많은 사람들은 생태 독재에 대한 유혹에 빠질 것이고 결국 인류는 커다란 불행에 빠질 것이다.[2]

또 환경 위기는 자연을 아무런 거리낌이나 제약 없이 훼손하는 시장 경제 질서가 과연 변화 없이 지속될 수 있을까라는 의문을 제기한다. 많은 사람들이 염려하듯, 인류의 대부분이 현재 서유럽의 기준에 상응하는 삶의 방식을 누리기란 지구 환경을 생각해보면 거의 불가능에 가깝다. 경제적 불평등에 대한 높은 관심과 배려에도 불구하고 사회복지 국가 역시 성장제일주의와 물질적으로 풍요로운 삶의 추구라는 근대적 목표에서 한 치도 벗어나지 못한다. 동시에 환경 위기는 근대 윤리학의 기초를 근저에서부터 흔들고 있다. 결코 침해할 수 없는 인간의 권리에 대한 인식이 아무리 위대하더라도, 자연에 어떤 권리도 부여하지 않는 근대 윤리학 및 정치철학의 기본 원리 역시 더 이상 자명한 진리로 간주되기 어려운 상황이다. 환경 위기로 인해 우리는 불가피하게 현대의 규범적인 이념인 자유와 인간의 기본권에 대한 전통적인 주장이 과연 타당한지 의구심을 제기하게 된다. 왜냐하면 현대의 자유와 평등의 원리는 인간과 자연의 이원적 대결 구도에 기초를 두기 때문이다. 이런 의미에서 지난 19세기 이래 인류를 가장 강력하게 규정했던 힘이 자본주의였다면 환경은 이제 오늘날 인간 생활의 가장 운명적인 힘이 되었다고 말할 수 있을 것이다.[3]

위에서 간략하게 서술한 바와 같이 근대의 규범적 이념인 자율성의 원리와 이의 구체적 표현인 인권과 민주주의는 환경 위기 속에서 심각한 한계를 노정했으며 곤경에 빠졌다. 근대사회는 인간 이외의 모든 생명체의 고유한 가치를 박탈하고 자연을 단순한 가공의 대상이나 자원의 저장고로 전락시킴으로써 형성되었다. 하지만 다른 생명체에 비해 인간만이 고유한 가치와 자기 목적적인 가치를 지닌다는 주장은 이제 더 이상 유지될 수 없을 것이다. 그렇다고 다른 생명체와 인간의 차이를 무화시키고[4] 인간의 보편적 평등과 자유의 이념 자체를 서구 중심적인 이데올로기로 배척하는 태도는 바람직하지 않고 그리 설득력도 없다.

필자의 생각으로는 서구 근대가 이룩한 업적을 긍정하고, 근대의 규범적 토대인 자유의 이념을 반성하여 그 내적인 한계를 극복하는 것이 올바른 자세이다. 그러므로 필자가 보기에 이 시대의 결정적 한계는 근대의 규범적 토대인 자유 이념 자체에 있는 것이 아니라, 자연에 대한 전적인 지배라는 관념 위에 자유를 설정하고 있다는 점에서, 너무나 편협하고 인간 중심적인 차원으로 자유 이념이 제한되어 있다는 점에 있다. 이런 반성의 핵심 주제는 아마도 인간 존엄성의 기초에 대한 기존 생각들을 돌아보아 교정하여, 인간과 여타 생명체 사이의 상실된 유대 관계를 회복하는 것이다. 다시 말해 자율성과 생명의 연대를 추구하는 새로운 철학적 사유를 모색해야 할 것이다.

이러한 문제의식에서 필자는 회슬레의 환경철학의 핵심 논제들을 재구성해보려 한다. 우선 필자는 회슬레가 환경 위기의 정신사적인 뿌리를 어떻게 이해하고 있는지 설명한다. 이 과정에서 데카르트의 정신-물질 이원론과 이 이론의 정신사적인 조건을 형성하는 기독교적인 자연관을 고대 그리스적인 자연관과 비교하면서 살펴본다.(1) 두 번째 단락의 주제는 근대 주체성의 원리가 단순히 기술적인 합리성으로의 전적인 몰락의 가능성을 지니는 것이 아니라, 이성의 자율성이라는 또 다른 해방의 측면을 지니고 있음을 드러내는 것이다. 이 과정에서 필자는 하이데거적인 서구 형이상학의 역사 이해에 대한 회슬레의 주된 비판점들을 다룬다.(2) 마지막으로는 환경 위기와 관련해서 칸트 윤리학을 교정해야 한다고 보는 회슬레의 입장과 그의 환경 위기 윤리학의 철학적 토대인 객관적 관념론의 기본 골격을 서술한다. 여기에서 필자는 회슬레가 객관적 관념론이 어떤 의미에서 환경 위기 극복에 더 적절한 윤리적 기초가 된다고 보는지를 밝힌다. 동시에 그의 환경윤리학이 지닌 특징을 인간중심주의와 생태중심주의적인 윤리학과의 차별성을 통해 드러내 보이고자 한다.(3)

1. 환경 위기의 정신사적 토대: 데카르트의 정신과 물질의 이원론

환경 위기를 일으킨 주범은 다름 아닌 인간 자신이라는 것은 두말할

헤겔 정치철학의 통찰과 맹목

나위가 없다. 회슬레가 주장하듯이 지구상의 어떤 생명체도 인간 종처럼 수많은 생명체들을 죽음으로 몰고 가지 않았고 돌이킬 수 없을 정도로 심각하게 지구를 파괴하지도 않았다. 또 한편 기나긴 인류의 역사에서 인류가 현재와 같은 정도로 자연을 유린한 경우도 없었다. 그러므로 왜 어떤 이유로 현대 인류가 현재와 같은 대량 환경 파괴를 자행하게 되었는가 하는 물음을 제기할 필요가 있다.

물론 환경 위기의 원인은 단순치 않을 것이다. 그중에서도 특히 유럽에서 발생한 산업혁명을 통해 전 지구적으로 확산되기 시작한 성장 지향적이고 소비 지향적인 자본주의 사회가 중요한 원인임을 부인할 사람은 없을 것이다.[5] 그럼에도 불구하고 우리는 환경 위기의 근원을 더 철저히 고민해야 할 것이다. 환경 위기는 단순히 경제구조나 정치 구조와 연관되어 있는 게 아니라 인간의 정신성 내지 사유의 특정한 방식과 필연적으로 연관돼 있다. 그러므로 경제적, 사회적, 문화적 조건 그리고 자연과 세계에 대한 인간의 태도와 같은 여러 맥락에서 총체적으로 고려할 때 비로소 환경 위기를 더 객관적으로 이해하고, 이를 극복하기 위한 합당한 방법을 찾을 수 있을 것이다. 그러므로 회슬레가 《환경 위기의 철학》 2장에서 환경 위기의 정신사적 토대를 다루는 것은 지극히 당연하다.

회슬레는 환경 위기가 유럽 정신사에 깊이 뿌리를 내리고 있다고 본다. 특히 자연에 대해 과학적이고 기술적으로 접근할 수 있게 한 현대의 문화적·정신적 조건들에 주목한다. 현대 산업사회의 본질적인 세 가지 구성요소인 기술, 과학 그리고 자본주의적 경제 배후에는 "근대 형이상학의 프로그램과 관련된 결정적인 정신사적 방향 전환"이 놓여 있다.[6] 이러한 정신사적 조건에서 두드러진 역할을 한 철학자는 다름 아닌 데카르트이다. 회슬레는 헤겔과 하이데거와 마찬가지로 고대 철학과 근대 철학을 객관성과 주체성의 범주에 의거하여 구별할 수 있다고 믿는다.[7] 즉 근대 철학은 다름 아닌 자연과 사회 세계로부터 추상화된 주체성을 모든 인식의 출발점으로 설정함으로써 존립한다고 본다. 이러한 주체성을 철학의 원리로 설정하여 고대 철학과 구별되는 근대 철학의 새로운 지평을 개척한 사람은 의심할 여지 없이 데카르트이다. 회슬레는 데카르트의 철학을 "주체성이 점점 더 급진적으로 세계로부터 벗어나 반성하는 〔……〕 발전의 정점"으로 이해한다.[8] 비록 우리가 알고 있는 것과는 달리 데카르트가 자신의 철학을 형성하는 데 스콜라 철학 전통에 많은 빚을 지고 있다 하더라도,[9] 데카르트가 "주체성의 새로운 형식"을 통해 이전과는 다른 새로운 철학적 사유의 지평을 열었다는 것은 부인할 수 없다.

데카르트는 급진적인 방법적 회의를 통해 인간 세계와 자연으로부터 해방된 자아를 모든 인식의 확고하고 불변적인 기초로 설정하고, 이러한 자아에서 출발하여 세계를 연장이 본성인 외적 자연과 사유가 본성인 정신으로 구별했다. 회슬레가 보기에 역사상 처음으로 스스로를 절대화시킨 데카르트적인 주체성은 이제 세계의 아르키메데스의 점이 되었다. 그 결과 필연적으로 "존재의 다른 세 영역, 즉 신, 자연 그리고 상호 주관적인 세계의 평가절하"[10]가 발생한다.

환경 위기와 연관지어 볼 때 자연에 대한 데카르트의 학설은 지대한 의미를 지닌다. 이미 언급한 바와 같이 데카르트는 세계가 (신을 제외하면) 자아와 연장으로 구성되어 있다고 본다. 이러한 이원론은 한편으로

헤겔 정치철학의 통찰과 맹목

전통적인 목적론적인 자연학을 파괴하고 자연학을 기계론으로 환원시키는 데 결정적인 역할을 한다. 데카르트는 물질적 실체의 본성을 연장(延長)으로 규정한다. 그러니까 "길이와 넓이 그리고 깊이로 이루어지는 연장이 물질적 실체의 본성을 구성한다".[11] 그리고 연장(res extensa)과 사유(res cogitans)의 영역은 서로 완전히 분리된 독립적인 실체를 이룬다. 이러한 연장과 사유 사이의 엄격한 존재론적 구별로 인해 자연과학은 수학화될 수 있는 연장의 세계로 국한된다.[12]

더 나아가 연장으로 이해되는 자연은 더 이상 자기 목적적인 존재가 아니라 가치중립적인 존재로 이해된다. 예를 들어 인간의 물리적 자연, 즉 신체 역시 연장으로 이해되며 식물과 동물은 "내면(Innenseite)을 갖지 않는 기계"[13]로서 철저히 "주체성이 없는" 대상으로 이해된다.[14] 그리하여 데카르트는 자연을 수학화할 수 있는 연장으로 변경해 물리학을 자연과학의 모델로 만든다. 이렇게 데카르트는 자연에게서 주체성과 고유한 가치를 박탈하고 이를 철학적으로 정당화한다. 데카르트는 《철학의 원리》에서 자연에서의 목적인에 대한 탐구를 완전히 추방할 것을 선언하는데 이는 우연이 아니다.[15] 그러므로 데카르트의 연장과 사유의 이원론은 "수학적 분석을 보편적으로 적용하기 좋도록 하나의 폐쇄되어 있는 영역으로서의 외적 실재를 구성"하였을 뿐만 아니라, "현대 자연과학에 필수 불가결한 기계론적 유물론을 형이상학적으로 정당화시키는 일도 해냈다".[16]

현대 자연과학과 자연에 대한 기술적 통제의 기초에는 데카르트가 전면화한 자연과 인간의 이원론적인 대립이 놓여 있다.[17] 그렇다면 왜 이러한 자연관의 급격한 변화가 나타났는가? 이러한 물음과 관련해 회슬레는 기독교가 데카르트에 의해서 비로소 연장으로 이해되기에 이르는 자연관의 혁명적인 변화를 준비하고 있었다고 말한다.[18] 기독교의 자연관은 고대 그리스의 자기 완결적인 코스모스로서의 자연관을 파괴함으로써, 근대의 양적이고 수학화한 자연관의 탄생에 문을 열어주었다. 왜냐하면 기독교는 어떤 종교보다도 인간과 자연의 대립을 강조하여 근대의 자연 지배 프로그램을 준비하고 있었기 때문이다.

기독교적 자연관과 고대 그리스적인 자연관의 차이를 좀더 자세히 살펴보자. 고대 그리스적인 자연관의 특성은 다음과 같다. 고대 그리스인들은 신들 역시 자연(physis)의 일부로 이해했다. 더 나아가 자연은 그리스인들이 보기에 잘 질서 잡힌 코스모스였다. 플라톤적으로 말하자면 코스모스는 선하고 아름다울 뿐 아니라 심지어 "모든 생성된 것 중에서 최상이고 가장 아름다운 것"이었다.[19] 세계를 이념에 의해서 구성된 것으로 파악했음에도 불구하고 플라톤에게 이 세계는 가장 위대하고 완전하며 최선이었다. 또한 아름답고 유일한 것이었다. 심지어 아리스토텔레스는 세계가 창조되거나 멸망할 거라고 생각하는 사람들은 "신을 믿지 않는 것(ungodliness)"이라고 주장한다.[20] 그러므로 세계와 분리되어 스스로 존재하며 세계를 무로부터 창조한 신이라는 관념은 그리스인들에게 전적으로 낯설었다.

그러나 기독교의 초월적인 신관은 자기 완결적이고 폐쇄된 질서라는 의미의 코스모스라는 고대 그리스적인 관점을 파괴했다. 물론 중세 철학자들에게 세계는 (비록 그것이 신의 피조물이라 할지라도) 자체 내에 목적과 위계질서가 있는 창조 질서가 구현된 무엇이었다. 그러나 신이 세계를 창조하거나 파괴할 수 있는 힘을 지닌 존재로 간주되는 기독교

헤겔 정치철학의 통찰과 맹목

적인 신관으로 인해 스스로 존립하는 우주라는 그리스적인 생각은 약화되었다. 즉 이러한 기독교적인 신에 대한 우회로를 통해 자연 세계와 사회적 세계로부터 극단적으로 분리된 데카르트적 자아가 발생할 수 있었던 것이다. 동시에 기독교적인 신관은 고대 그리스적인 신적인 코스모스에 대한 생각에 단호히 사망 선고를 내리는 데카르트적인 자연관을 준비하고 있었다.[21] 간단히 말하자면 데카르트의 연장과 사유의 이원론은 자연에게서 고유한 가치를 박탈했으며, 자연을 모든 형식의 주체성과는 무관한 것으로 이해했다. 따라서 자연을 인간의 자의적인 목적 설정을 실현하기 위한 지배의 대상으로 전락시켜 중세 후기에 둔스 스코투스의 주의주의와 오컴의 유명론적인 전통에서 시작된 자연의 탈목적론화 과정을 완성한다.[22]

데카르트가 확정한 연장과 사유의 이원론은 인간과 자연의 관계를 철저히 지배와 피지배 관계로 변화시킨다. 하이데거가 주장한 바와 같이 근대에 자연은 인간의 각종 기획에 소용되는 "주요 에너지원으로의 저장고"로 취급된다.[23] 자연에 대한 기술적인 지배와 자연에 대한 탈주체화 및 탈목적론화는 밀접히 연관돼 있다. 다시 말해 현대 과학기술의 점증하는 자연 지배는 17세기 베이컨과 데카르트가 수행한 세계의 목적론적 질서에 대한 고전적 전통의 파괴에 의해 가능했던 것이다. 우리는 자연 지배와 인식의 내적 연관성에 대한 주장을 데카르트의《방법서설》마지막 장에서 확연하게 볼 수 있다. 여기에서 그는 인간을 "자연의 지배자이자 소유자"로 규정하며 물리학을 인간의 행복 증진에 유용한 도구로 이해한다.[24]

지식을 자연 지배의 도구로 이해하는 점에서 데카르트는 프랜시스 베이컨을 따른다. 한스 요나스는 "지식을 자연의 지배라는 목표에 맞추고 자연의 지배를 인간 운명의 개선을 위해 사용할 수 있도록 만드는 기도"를 "베이컨적 기도"라고 규정한다.[25] 이렇게 자연은 탈목적론화되고 자체 내에 고유한 가치가 전혀 없는 것으로 이해된다. 더불어 오늘날 자연에 대한 학문적 관심은 기술적 관심과 뗄 수 없는 관계가 있다. 즉 지식과 학문에 대한 관점이 근본적으로 변화한 것이다.

회슬레는 데카르트, 베이컨 그리고 홉스와 함께 전면적으로 등장하는 지식의 본질적인 변화를 비코(G. Vico)가 최초로 정식화한 진리-만듦-원리(verum-factum-Prinzip)에 의거해 재구성한다. 이 공리는 바로 "진리와 만들어진 것은 서로 치환된다(verum et factum convertuntur)"는 뜻이다. 이러한 인식론적인 원리에 의하면 인간은 스스로 만든 것만을 인식할 수 있다.[26] 비코가 그의 주저인 《새로운 학문》에서 이 인식론적 원리에 입각하여 인간이 스스로 형성한 인간의 문화적, 역사적 세계에 대한 학문적 인식 가능성을 정당화하려 했던 것과는 달리 회슬레는 진리-만듦-원리를 현대 과학이 본성적으로 기술과 함께하고 있음을 밝히는 이론적 기초로 설정할 수 있다고 믿는다. 즉 비코의 공리는 현대 자연과학의 "실험에 의한 새로운 근거 해명(die experimentelle Neubegründung)"을 가능케 한다.[27]

회슬레가 보기에 위에서 인용한 비코의 공리는 자연과학이 본성상 그것의 실천적 사용을 전제하고 있는 논리적 근거를 해명한다. 다시 말해 제작과 인식의 상호 교환성의 원리는 근대 "과학과 기술의 결합의 기초"이다.[28] 왜냐하면 그가 보기에 "실험 속에서 인간은 자연을 말하자면 모조하기 때문이다".[29] 현대 과학이 실험에 의존하고 있는 것은

헤겔 정치철학의 통찰과 맹목

진리-만듦-원리로 표현되는 지식에 대한 현대의 "구성주의적인 자기이해"의 구체적인 표현에 지나지 않는다.[30]

자연과학은 실험을 통해서 자연의 일부를 다시 창조하려 하며, 이러한 과정을 통해 자연은 철저히 인간의 주권에 종속돼 있는 것으로 입증된다. 그리고 자연은 실험과 자연과학의 공동 작업을 통해 단지 "인공품의 기술 세계로(als technische Welt der Artefakte)" 이해된다. 수학적 존재들(쿠자누스), 인간의 역사적 세계(비코), 국가(홉스) 그리고 자연의 경험적 세계가 인간 정신에 의해서 구성된 것(칸트)으로 이해되는데 이는 바로 제작 가능성과 진리의 상호 치환 가능성을 정신적 원리로 삼을 경우에만 제대로 이해될 수 있다.[31] 실제로 근대 초기에는 제작과 인식의 결합을 물리학에서는 구현할 수 없는 원리로 여겼다 할지라도, 근대의 자연과학이 인간이 창조한 수학을 전제하는 한 자연 세계를 칸트와 피히테의 철학에서 분명히 등장하는 인간 주관에 의해 구성된 것으로 이해하는 방향으로 나아갈 수밖에 없다.

데카르트 역시 자연 세계를 인간을 통해서 구성된 것으로 바라보는 관점을 선취한다. 그는 《철학의 원리들》에서 인공적인 것과 자연적인 것이 본질적으로 구별돼 있다고 보지 않는다. 즉 기술을 통해서 제작된 도구와 자연적인 물체들 사이에는 본질적인 차이가 없다는 것이다.[32] 이러한 데카르트의 생각에서 우리는 학문에 대한 고대의 이해와는 전적으로 구별되는 근대의 고유한 특성을 나타내는 생각, 즉 지식의 획득이란 사물이 어떻게 만들어졌는가를 아는 것이라는 관점을 분명히 엿볼 수 있다. 나중에 칸트는 세계에 대한 이런 접근방식의 핵심을 다음과 같이 주장한다. "나에게 질료를 달라. 나는 그로부터 세계를 건설할 것이다! 즉 나에게 질료를 달라, 나는 어떻게 세계가 그로부터 발생해야 하는지를 너희들에게 제시할 것이다."[33]

이상과 같은 서술에서 밝혀진 바와 같이 현대 과학과 실험은 본성적으로 연결돼 있다. 우선 자연과학이 있고 그다음에 응용을 위해 실험이 존립하는 것이 아니다. 실험이란 인간 자신이 설정한 조건 속에서 형성된 자연에 대한 이해가 옳은지 그렇지 않은지를 확인하는 것이다. 따라서 실험은 인식의 확실성을 판가름하기 위해 반드시 요구되는 것이다. 근대에서 실험 없이는 학문의 학문성은 더 이상 보장될 수 없다.

2. 근대 주체성 원리의 또 다른 가능성으로서 이성의 자율성

우리는 지금까지 환경 위기의 정신사적인 조건들에 대한 회슬레의 이론을 재구성했다. 그러나 주관 중심적인 근대 보편과학의 이념이 세계에 대한 지배 사유 및 과학 기술 문명과 내적으로 연결되어 있다는 회슬레의 비판은 하이데거, 특히 요나스의 철학적 통찰에 크게 의존하고 있다는 사실을 이들 사상가의 이론을 이해하고 있는 사람이라면 알 수 있을 것이다. 실제로 하이데거가 서구 철학의 전통을 비판하면서 근대 주체성의 원리와 기술적 사유가 서로 의존한다는 통찰을 개진한 이후 서구 형이상학과 기술 문명의 내적 연관성에 대한 고찰은 널리 알려진 주제이다.[34]

그러나 근대에 전면 등장한 주체성의 원리와 기술적 사유의 내적 연관성에 대한 고찰에서 우리는 서구 근대의 고유한 특성에 대한 정확한 이해에 주목해야 한다. 서구 형이상학, 특히 근대 서구의 합리화 과정

헤겔 정치철학의 통찰과 맹목

을 도구적 혹은 지배적 사유의 전일적 과정으로 해석하려는 시도가 과연 서구 형이상학과 근대에 대한 정당한 해석인가 하는 물음을 제기할 수 있다. 회슬레는 이성이 지배적 사유와 동일시될 수 있다고 생각하지 않는다. 우리가 근대 주체성의 원리를 단순히 기술적 사유의 관철로 바라보는 것은 일면적 관점이다. 그는 기술 문제의 철학적 중요성을 인정하고, 근대적 주체성의 한계를 분명히 지적하면서도 근대 주체성의 모든 것을 부정해서는 안 된다고 강조한다.[35] 이러한 맥락에서 회슬레의 하이데거에 대한 평가는 의미가 있다.[36]

하이데거의 위대성은 바로 현대의 과학 기술 문명의 뿌리를 서구의 형이상학 전통과 연관지어 파악하고 있다는 점이다.[37] 하이데거의 기술 비판과 서구 형이상학에 대한 비판은 의심할 여지 없이 위대한 업적임이 분명하지만 이 역시 일정한 한계를 지닌다. 회슬레가 지적하는 하이데거의 기술 비판에서 지적할 수 있는 한계는 세 가지다. 우선 회슬레에 따르면 근대를 과학 기술 문명의 전일적인 지배와 자기 관철 과정의 한 단계로 규정하는 하이데거의 관점은 근대에 대한 올바르고 객관적인 평가가 아니다. 즉 그의 기술 비판은 근대에 대한 일면적인 이해에 기초한다. 여러 한계에도 불구하고 회슬레는 근대의 주체성 원리에 결코 부인할 수 없는 위대한 업적이 있음을 망각해서는 안 된다고 강조한다. 특히 도덕적 자율성에 대한 사고를 근대 주체성의 긍정적인 산물로 규정한다.[38]

우리는 이미 데카르트가 전통적인 우주론적 질서에 대한 관념을 돌이킬 수 없을 정도로 파괴했다는 점과 이와 관련한 위험을 살펴보았다. 이러한 파괴는 한편으로 근대적인 의미의 자유를 잉태하는 기초가 되었음을 간과해서는 안 된다. 우주적 질서 이론에서 해방된 근대인들은 자신을 더 이상 우주적 질서의 일부로 생각하지 않게 되었다. 그리하여 각 개인은 이제 자신을 자율적인 주체로 이해하게 된다. 이런 과정에서 자연스럽게 모든 질서와 전통적인 규제로부터 해방된 독립되고 자율적인 개인에 대한 생각이 형성되었다. 이제 개인들은 자신의 생활방식을 스스로 선택하고 결정할 수 있는 권리를 지니는 존재로 이해되기에 이르렀다. 이 개인주의는 근대사회의 구성 원리로 자리 잡았으며, 오늘날에도 많은 사람들은 이를 근대사회가 이룩한 최고의 업적으로 간주한다.[39]

하이데거는 기술적 합리성의 관철을 서구 형이상학, 특히 근대 형이상학의 필연적인 결과로 봄으로써, 기술적 합리성의 절대화를 비판하는 중요한 통찰을 제시한다. 그럼에도 불구하고 상이한 합리성이 존재한다는 점을 간과하고 합리성 자체를 포괄적으로 비판, 거부하는 한계를 보인다. 이러한 측면에서 회슬레는 하이데거 철학이 전통적인 오성과 이성의 구별 그리고 전략적인 합리성과 가치 합리성의 구별을 무화시킴으로써 오히려 기술적 합리성의 한계를 비판하고 극복할 수 있는 가치 합리성에 대한 이론적 추구 자체를 불가능하게 만든다고 본다. 이렇게 볼 때 역설적으로 하이데거는 자신이 비판하는 근대 형이상학의 계산적 합리성을 주장하는 사람들과 한 가지 점에서 동일하다는 것을 알 수 있다. 즉 그들은 모두 이성이 도구적인 합리성이라고 보는 것이다. 그러나 이는 서구 형이상학의 전통에 대한 정당한 비판은 아니다.[40]

회슬레에 따르면 플라톤 이래로 서구 형이상학은 제일원리들을 반성적으로 고찰하는 사유와, 특정한 공리를 전제하고 이것의 정당성을

헤겔 정치철학의 통찰과 맹목

해명하지 않는 연역적 사유를 구별한다. 이뿐만 아니라 칸트의 이론에서 드러나는 실천이성의 자율성의 확보는 결코 기술적인 합리성으로 환원될 수 없는 이성 자체의 고유한 차원을 드러내는 귀중한 증거이다. 이렇게 서구 형이상학에서 문제가 되는 이성은 단순히 기술적 합리성으로 환원될 수 없을 뿐만 아니라, 목적-수단의 합리적 관계를 넘어선 고유한 타당성을 반성적으로 해명하려는 이념과 연관되어 있다.[41] 물론 뒤에서 살펴보겠지만 칸트는 이러한 이성의 자율성을 자연과 인간의 첨예한 대립이라는 지평에서 확보하려 한다는 점에서 데카르트가 열어놓은 틀에 머물러 있다는 것은 확실하다.[42]

둘째로 회슬레는 하이데거가 자연에 대한 상이한 이해들만을 알고 있을 뿐 "자연 그 자체"에 대해서는 다루지 않는다고 비판한다. 다시 말해 하이데거는 "자연에 대해서가 아니라, 단지 자연에 대한 생각들만을" 다루며, 이 경우 자신이 그토록 비판해 마지않는 "닦달(Gestell)"의 시기에 속해 있음을 드러낸다.[43] 그러나 환경 위기를 극복하기 위해서는 "이성의 자율을 자연의 독자적인 가치와 연결하려고 노력하는 자연철학"이 필요하다.[44] 더 자세히 설명하면 회슬레의 두 번째 비판점은 다음과 같다. 현대 자연과학의 정신사적 배경을 고찰하면서 하이데거는 타당성과 발생을 엄격히 분리하지 않는다. 회슬레가 보기에 하이데거는 현대 자연과학의 발생에 결정적인 역할을 한 서구 형이상학을 강조한다는 점에서 의심할 여지 없이 옳다. 하지만 그렇다고 현대 자연과학과 서구 형이상학의 내적 연관성에 대한 지적을 통해 현대의 자연 개념이 여타의 다른 자연관에 비해 단순히 존재자의 상이한 해석의 한 양식이라는 방식으로 평준화 혹은 상대화되는 것은 아니다.[45]

하이데거는 자연 개념의 역사적 상이성을 통해서 현대 자연 개념이 서구 형이상학에 기초한 존재 망각의 역사에서의 특수한 한 국면, 아니 존재 망각의 완성 단계를 보여주는 것으로 파악한다. 그러나 이것은 회슬레가 보기에 현대적인 자연과학의 발생사적 조건에 대한 설명으로는 탁월하나 이러한 발생사적인 설명을 통해 현대 자연과학의 학문적 설명력을 역사주의적인 방식으로 상대화하는 것으로 그리 설득력이 없다. 즉 현대 자연과학의 자연관을 상이한 역사적 국면에서 등장하는 존재 이해의 다양성으로 상대화하는 입장은 그릇된 것이다. 그 이유는 만약 하이데거의 관점을 취할 경우, 왜 현대 자연과학이 그토록 커다란 성공을 거두었는지, 또 자연이 현대의 자연과학과 기술의 개입에 왜 그토록 무기력한지를 설명하기 어렵기 때문이다.[46] 회슬레에 따르면 주관성이 심화되는 정도에 상응하여 자신을 둘러싼 환경과의 대결이 더욱 치열해지는 것은 바로 자연 법칙 자체이다. 더 자세히 말하자면, 유기체란 오직 자신의 환경 세계를 동화시킴으로써 자신을 보존할 수 있다는 점에서 존재와 당위의 구별은 최초의 유기체에서부터 존재하며 이는 식물, 동물 그리고 인간의 진화 과정에서 더욱더 심화된다. 그러므로 데카르트가 확정한 자연과 인간의 대립은 전적으로 "자연의 변증법적인 본질 속에서 근거 해명되는 발전의 종결점"으로 이해해야만 한다.[47]

마지막으로 회슬레는 하이데거가 "현대 민주주의적인 법치국가의 긍정적인 업적"을 제대로 파악하지 못했다고 비판한다.[48] 하이데거가 아메리카주의와 공산주의를 기술의 형이상학적 지배의 동전의 양면으로 파악할 수밖에 없었던 이유는 그가 자율성의 원리에 대한 추구를

헤겔 정치철학의 통찰과 맹목

서구 형이상학 비판의 문맥 속에서만 바라보기 때문이다.[49] 이 마지막 비판은 첫 번째 비판점과 밀접하게 연관돼 있다. 그러므로 하이데거가 현대 자연과학 및 기술에 대한 비판을 서구의 형이상학 및 합리성 비판 자체와 연결함으로써 환경 위기의 극복에 반드시 요구되는 인간 행동의 보편타당한 윤리적 기준에 대한 이성적인 논의를 불가능하게 만드는데 이는 우연이 아니다. 회슬레는 하이데거 철학의 기초 위에서는 윤리학과 정치철학이 발전할 수 없다고 보는 것이다.[50]

3. 환경 위기와 칸트 윤리학의 확장 필요성—객관적 관념론과 환경철학의 새로운 가능성

회슬레는 현대 철학의 불충분함을 고찰하는 대목에서 현대 철학은 "이성과 도덕적 가치 그리고 의무들에 대한 믿음"을 상실하고 있을 뿐만 아니라 우리가 직면한 위기를 극복하는 데 도움을 줄 수 있는 토대들을 파괴한다고 비판한다.[51] 바로 이러한 이성의 파괴는 헤겔의 객관적 관념론의 붕괴 이후 서구 현대 철학의 특징이다. 그러나 이러한 과정은 결코 하이데거가 생각하듯이 서구 형이상학의 필연적인 귀결이 아니다. 그러므로 존재자를 몇 개의 기본 원리로 환원하려는 학문의 이념을 포기하거나 이성을 파괴하는 것이 아니라, "학문과 이성의 변화"가 필요하다고 회슬레는 강조한다.[52]

회슬레는 근대 철학 초기에 있었던 "이성의 자율에 대한 해소될 수 없는 욕구(das unauslöschliche Bedürfnis nach Autonomie der Vernunft)"를 강조한다.[53] 이러한 근대 철학의 자율적이고 보편적인 이성의 이념에 대한 갈망은 칸트 철학에서 비로소 가장 뚜렷하게 정식화된다. 칸트의 실천철학은 인간의 도덕적 주체성의 원천을 이성의 자율이라는 이념에서 구하려는 철학을 대표한다. 동시에 칸트의 보편주의적인 윤리학은 "현대가 특별히 자부심을 지니고 있고, 모든 퇴행 시도에 대해서 열정적으로 방어하고 있으며, 시민적 시대의 도덕적 우월감의 근거를 함께 형성했고, 오늘날까지 형성하고 있는 상당히 중요한 것"이다.[54] 이 칸트 윤리학은 "자유는 인간이 원하는 것을 행하는 데에 있다고 믿는 형식적인 자유 개념의 극복"을 가능케 하는 학설로서, "자유는 오히려 올바른 의욕에 존립한다는 해결하기가 어려운 물음에 대한 통찰을 지도할 수 있다".[55]

그러나 칸트 윤리학이 아무리 위대하다 할지라도 몇 가지 한계가 있다.[56] 이러한 한계는 특히 환경 위기와 연관지어 볼 때 시급히 교정해야 할 것이다. 여기에서 우리는 칸트 윤리학 전반을 다루지는 않으며, 환경 위기와 연관지어 왜 칸트 윤리학을 일정하게 바로잡아야 하는가라는 물음에 주목한다.[57] 회슬레는 환경 위기와 연관해서 칸트 윤리학은 세 가지 측면에서 불충분하며 따라서 일정한 교정이 필요하다고 본다.

첫 번째 비판점에서 회슬레는 자연과 정신 사이의 매개를 이론적으로 정당화하려는 작업을 염두에 둔다. 이 점과 연관해서 칸트 윤리학 및 칸트 철학 전반이 데카르트가 설정한 자연과 정신의 철저한 이분법에 기초하고 있다는 점을 지적해야 한다. 즉 칸트의 실천철학은 존재와 당위의 이원론을 극복하지 못함으로써 현대 자연과학과 기술의 전제가 되는 인간과 자연의 경직된 대립을 극복할 충분한 이론을 제공하지 못한다. 더 구체적으로 말하자면 칸트의 이론은 인간이 자연에 의해 산출된 자연의 일부이자 자연을 초월하는 자연의 타자라는 양면성의 종합을 해결하지 못한다. 회슬레가 보기에 이러한 종합은 객관적 관념론의 지반 위에서만 가능하다.[58]

두 번째로 회슬레는 자연을 윤리적 의무의 직접적인 대상으로 삼을 수 있도록 칸트 윤리학을 확장해야 한다고 주장한다. 주지하다시피 칸트는 이성적인 존재만이 고유한 가치를 지니고 있다는 주장에 의거하여 자연을 윤리적인 의무의 직접적인 대상이 아니라고 주장했으며, 자연은 비이성적인 존재로서 목적 그 자체가 아니라 단지 상대적인 가치만을 지니는 물건(Sache)에 지나지 않는다고 생각했다.[59] 그러나 회슬레는 자연 역시 윤리적 의무의 대상이라고 강조한다. 왜냐하면 자연은 "이념적 구조(ideale Strukturen)에 참여하고 있고", 그러는 한에서 가치를 실현하고 있기 때문이다.[60]

마지막으로 회슬레는 칸트 윤리학의 한계를 인간 행동의 동기 부여와 연관해서 비판한다. 여기에서 문제가 되는 것은 칸트의 엄숙주의(Rigorismus)이다. 회슬레가 칸트의 엄숙주의를 비판하는 이유는 윤리학의 근거에 대한 합리적인 해명 작업과 무관하다. 이성을 통해 윤리학에 보편타당한 객관적 토대를 부여하려는 칸트의 시도는 인정되어야 한다. 그러므로 여기에서 문제가 되는 것은 칸트 윤리학이 "동기 심리적으로 불충분하다"는 점이다. 특히 이 점과 연관해서 회슬레는 우리의 행동의 결과는 윤리 이론에서 특별한 문제로 다루어야 할 주제가 아니라는 칸트의 믿음을 염두에 둔다. 그러나 이러한 믿음은 오늘날의 상황에서는 더 이상 설득력이 없다. 왜냐하면 현대의 기술로 인해 우리의 행동의 결과는 상상할 수 없을 정도로 시간적으로나 공간적으로 확대되었기 때문이다. 자동차로 인해 온실효과가 심화된다는 것을 대부분의 사람들은 인식하고 있으나, 자동차를 포기하고 대중교통 수단을 선택하기란 그리 쉬운 일이 아니다. 우선 자신의 행동이 야기하는 직접적인 결과가 명백하게 보이지 않으며, 더 나아가 이러한 행동이 가져올 파괴적인 결과는 한참 시간이 지나 발생할 수도 있기 때문이다. 따라서 사람들이 환경 파괴를 피하기 위해 일상적인 생활방식을 변화시킬 내적 동기를 찾아내기가 쉽지 않다. 그러므로 회슬레가 보기에 어떤 행위가 가져올 부정적 결과에 주의를 환기시키는 것만으로는 불충분하다. 이런 점에서 현대 기술 시대는 이전 시대에는 존재하지 않았던 아주 특이한 문제들을 제기한다고 볼 수 있다.[61] 결론적으로 이러한 상황에서 인간 행동의 내적 동기들을 불러일으킬 다양한 방법을 연구해야만 한다. 특히 회슬레는 자연의 아름다움에 대한 감수성을 향상시키는 교육이 환경 파괴가 도덕적 죄악임을 보여주는 것보다 더 중요하다고 강조한다.

지금까지 서술한 회슬레의 칸트 윤리학 비판과 확장 시도에서 이론적으로 가장 주목할 만하며 논쟁적인 부분은 아마도 자연의 내재적 가치를 객관적 관념론에 의해 철학적으로 정당화하려는 시도일 것이다. 환경 위기의 시대에 자연철학과 자연에 대한 윤리적인 물음은 많은 철학자들의 관심을 불러일으키고 있다. 데자르댕(J. R. DesJardins)은 환경 윤리학을 "인간과 자연환경 사이의 도덕적 관계에 대한 체계적인 설명"으로 정의하면서 자연환경에 인간이 도덕적 책임을 져야 하는지, 그러하다면 이러한 책임의 정당성은 어떻게 뒷받침될 수 있는지를 둘러싼 윤리적 견해들을 크게 "인간 중심적 윤리(anthropocentric ethics)"와

헤겔 정치철학의 통찰과 맹목

"탈인간 중심적 윤리(nonanthropocentric ethics)"로 나눈다. 전자의 핵심 주장은 자연에 대한 우리의 책임은 간접적이라는 것이다. 이와는 달리 후자는 자연적 존재에 대한 인간의 직접적인 도덕적 책임을 인정하고 주장한다.[62] 그러므로 인간과 자연의 도덕적 관계에 대한 물음에서 핵심은 자연이 과연 직접적·도덕적 의무의 대상이냐 아니냐라는 물음이다. 서양 철학의 전통에 속한 대부분의 윤리 이론은 대체로 인간만을 도덕적 의무의 대상으로 보며, 자연과 인간 사이의 직접적인 도덕적 의무 관계를 전혀 인정하지 않는다.[63]

이미 살펴본 대로 회슬레 역시 자연을 도덕적 의무의 대상이라고 본다는 점에서 전통적인 도덕 이론의 틀을 넘어선다. 그의 환경철학 프로그램을 추동하는 근본적인 문제의식은 이성의 자율성을 포기하지 않고 자연의 독자적인 가치를 인정할 수 있는 자연철학의 정립이라고 할 수 있을 것이다.[64] 회슬레는 객관적 관념론을 통해, 우리 세계를 인간이 자연을 일방적으로 지배할 수 있는 세계로 이해하는 근대와 현대의 지배적인 자연관을 극복할 수 있을 뿐만 아니라, 우주 내에서의 인간의 특별하고도 고유한 지위를 인정할 수 있는 자연과 인간의 관계에 대한 새로운 이론적 토대를 제공할 수 있다고 믿는다. 그러므로 객관적 관념론에 기초한 그의 환경철학은 근본생태주의와 일방적인 인간 중심주의의 이론적 한계를 지양할 수 있는 철학적 틀을 제공한다고 볼 수 있을 것이다.

우선 회슬레의 철학 프로그램은 간략히 말하자면 현대의 상황에 맞는 객관적 관념론을 되살려보려는 시도라고 요약할 수 있을 듯하다. 그러므로 그의 철학에서 가장 중요한 것은 객관적인 진리와 객관적인 가치에 대한 믿음을 합리적으로 정당화하는 철학적인 작업이다. 회슬레 역시 객관적 관념론이 현대에서 유행하는 철학이 아니고, 대단히 혹평을 받는 철학적 입장임을 모르지 않는다. 그럼에도 불구하고 그는 객관적 관념론을 서양 "철학사에 등장하는 여러 철학적 이론들의 내적 전개 과정의 정점을 형성할 뿐만 아니라, 근거를 해명하는 이론적 입장에서도 가장 강력한 인식론적이고 존재론적인 이론"[65]이라고 생각한다.

회슬레는 반성적인 논증(reflexive Argumente)을 통한 최후의 근거를 해명함으로써 객관적 관념론을 학문적으로 정당화하려 한다. 그가 보기에 반성적 논증은 연역이나 직관 같은 논증 방식의 한계를 극복할 수 있다. 반성적 논증은 "우리가 어떤 것을 증명하려고 시도할 경우에 반드시 특정한 것들을 항상 이미 전제해야만 한다는 점을 제시하려는 논증"으로 규정된다.[66] 그러므로 사유의 사유, 즉 순수 사유는 절대적인 자율을 획득하는데, 그 이유는 사유의 자기 자신에 대한 반성은 결코 부인될 수 없기 때문이다. 다시 말해 사유의 사유를 부정하는 사람 역시 이미 이러한 부정을 통해 자신이 부정하고자 하는 것, 즉 사유의 가능성을 전제하기 때문이다. 이러한 반성적 논증을 통해서 회슬레는 자연적 존재 및 인간의 의식 상태와는 별개의 독립적인 영역으로 존재하는 이념 내지 논리적인 것의 영역을 확보하려 한다. 그러므로 이성의 객관성과 필연성, 즉 이성의 절대성에 대한 주장을 이성적으로 확보하려는 시도가 객관적 관념론의 주요한 동기들 중의 하나라고 말할 수 있을 것이다.[67]

이러한 측면에서 회슬레는 "종합적–선험적 인식(synthetisch-apriorische

Erkenntnis)이 존재하고 동시에 이러한 인식이 주관적–상호주관적인 이성에 앞서는 어떤 것에 대한 인식"이라는 입장을 객관적–관념론이라고 규정한다.[68] 이 객관적 관념론의 입장에 따르면 "종합적–선험적 인식"이라고 총괄적으로 표현된 "객관적 이성(objektive Vernunft)"은 "자연과 유한한 정신"의 원리로서 이러한 것들보다 앞서 그 자체로 존재한다. 더 나아가 객관적인 이성은 자연이나 인간과 같은 유한한 주체로 환원될 수 없을 뿐만 아니라, 자연과 의식, 그리고 "모든 타당성 주장, 모든 규범들과 가치들"의 근거이자 원리라고 여겨진다.[69] 이것이 바로 간략하게 살펴본 객관적 관념론의 핵심 주장이다. 이런 객관적 관념론의 틀 속에서 자연은 더 이상 정신과 대립하지 않는다. 자연은 이제 잠재적인 정신이다. 동시에 인간과 같은 유한한 정신은 자연을 통해서 산출되는 것으로 이해된다.

회슬레의 객관적 관념론에 기초한 환경철학의 장점은, 필자가 보기에 "탈인간중심적인 윤리"를 대표하는 생명 중심 윤리나[70] 네스(A. Naess), 드볼(B. Devall) 그리고 세션즈(G. Sessions)의 저작에서 찾아볼 수 있는 근본생태주의(deep ecology)[71] 같은 생태중심주의, 그리고 서구의 전통적인 윤리적 관점에 서 있거나 이를 확대하여 환경 문제를 해결하려는 인간 중심주의라는 극단을 피할 수 있는 이론적 토대를 제공하는 데 있다.

회슬레는 자연의 내재적인 가치를 부인하지 않는다는 점에서 생명 중심 윤리나 근본생태주의와 같은 입장을 취하지만, 왜 자연이 내재적 가치를 지닌다고 보는지에 관련한 철학적 기초를 해명하는 데에서 이들과 구별된다. 예를 들어 근본생태주의자들은 생태학적인 통찰로부터 인간과 자연의 구별을 부인하고 인간은 자연과의 연관 속에서만 비로소 존재할 수 있다고 보면서 인간과 자연의 밀접한 연관성을 강조한다. 근본생태주의자들이 보기에 이러한 연관성 자체가 모든 규범의 궁극적인 근거인 셈이다. 생태 중심적(ecocentric) 윤리는 개별 생명체만을 중요시하는 테일러적인 생명 중심적인 윤리에 반대하여 생태계나 무생물, 종들, 과정이나 관계 자체에도 직접적인 도덕적 의무를 져야 한다고 본다.[72] 이들은 이러한 주장을 정당화하기 위해 주로 생태학적인 연구에 의존한다. 따라서 이러한 접근방식은 존재에서 당위를 도출하려는 자연주의적인 오류를 범하고 있다는 비판을 받을 여지가 있다. 데자르댕이 지적하고 있듯이 생태 중심적인 철학자들은 생태계가 자연적인 평형 상태를 갖고 있다는 과학적인 주장을 근거로 자연 보전 정책의 당위성을 도출하려 한다. 그러나 이는 결코 설득력 있는 주장이 아니다. 왜냐하면 동일한 과학적 사실로부터 정반대 논리, 즉 "자연은 어찌하든 알아서 균형 상태로 가기 때문에 우리는 자연에 대해 마음대로 간섭해도 된다"는 주장 역시 가능하기 때문이다.[73]

회슬레의 이론은 생태 중심적인 철학이 빠지기 쉬운 논리적 난점을 피할 수 있는 듯하다. 그에 따르면 자연은 "이성적 세계의 구조에 참여하는 한에서" 그 자체로 가치 있기 때문이다.[74] 이렇게 회슬레는 자연의 내재적 가치의 정당성의 근거를 자연의 근저에 놓인 자연 초월적인 정신적 원리와의 연관 속에서 구한다. 그리하여 존재와 당위의 칸트적인 구별을 포기하지 않고서도 자연에 대한 인간의 직접적이고 도덕적인 의무의 정당성을 해명한다. 이러한 이론적 기초 위에서 회슬레는 아리스토텔레스적인 존재론으로 회귀하는 요나스의 이론뿐만 아니라, 네스의 근본생태주의에는 명백한 이론적인 결함이 있다고 비판한

헤겔 정치철학의 통찰과 맹목

다. 그가 보기에 근본생태주의의 전체주의적인(holistisch) 생각은 규범적인 이론의 근거를 해명하지 못한다. 네스와 같은 자연중심주의자들은 어떤 세계 상태를 다른 가능한 세계 상태보다 더 우월한 것으로 가정할 뿐이다. 더 나아가 전체주의적인 생태 중심적인 이론의 문제점은 이것이 자연 개념에 규범적인 차원을 부여한다는 데 있다. 그러나 이 입장은 자연이 가치중립적이지 않다는 견해 자체가 옳다는 점을 전제할 때 비로소 수미일관된 이론일 수 있다. 그러므로 생태 중심적인 윤리 이론은 자연 개념을 규범적인 것으로 이해하려 한 나머지 생명체들 사이에서 벌어지는 생존경쟁을 위한 투쟁 같은 양상들을 간과하게 되며 이는 결코 우연이 아니다.

마지막으로 전체주의적인 생태 중심의 사상가들은 구체적인 상황에서 등장하는 법철학적이고 도덕적인 물음을 해결하기 위해서는 반드시 필요한 가치들의 위계질서를 모른다.[75] 다시 말하자면 이러한 위계질서는 도덕 규칙의 예외를 정당화하기 위해 반드시 필요하다.[76] 주지하다시피 근본생태주의는 인간의 이익과 자연의 이익이 충돌할 때 이를 해결해줄 이론적인 원리를 제공하는 데 어려움을 겪는다. 심지어 이러한 갈등 상황을 합리적으로 해결할 수단을 제공하려고 시도하는 생명 중심 윤리의 대표적 사상가 중 하나인 폴 테일러(Paul Taylor)의 작업에 대해 "인간의 이익을 상위에 놓는 위계를 결과할 가능성"이 있다고 우려한다.[77] 그럼에도 불구하고 근본생태주의는 테일러가 처한 딜레마를 벗어나지 못한다. 따라서 데자르댕은 테일러에게 제기했던 것과 동일한 반론이 근본생태주의에도 적용될 수 있다고 보면서 다음과 같이 지적한다. "인간의 이익과 자연계의 이익이 충돌할 때 어떻게 해야 하는가? 그런 경우 만일 인간의 편을 든다면, 이는 탈인간 중심적 전체주의를 포기하는 것이다. 반면 자연의 편을 든다면, 이는 근본생태주의가 부정하길 원했던 인간 혐오주의에 빠지는 것이다."[78] 인간의 이익과 자연의 이익 사이에서 발생하는 도덕적 갈등과 딜레마를 피할 수 있는 한 가지 길은 가치 및 재화들의 위계질서에 대한 이론일 것이다. 왜냐하면 이러한 위계질서를 설정하면 상위의 가치를 구하기 위해 필요한 경우 더 낮은 가치의 손상을 허용할 수 있다는 주장을 합리적으로 정당화할 수 있기 때문이다.

회슬레는 바로 객관적 관념론과 선험적 논증(transzendentale Argumente)에 기초하여 실질적인 가치들의(materiale Werte) 선험적 위계질서를 설정하려 한다.[79] 예를 들어 생명이 소유보다 상위의 선/재화(Gut)라는 주장은 생명은 소유를 위해 필연적으로 전제해야 할 조건이라는 통찰에서 정당성을 획득할 수 있다고 주장한다.[80] 우리가 객관적 관념론을 인정한다면 이 세계에는 가장 낮은 무기적인 자연의 형태들로부터 유기적인 자연의 여러 형태들을 거쳐 인간에 이르는 위계질서가 있다는 점을 쉽게 인식할 수 있을 것이다. 물론 우리는 여기에서 간략하게 서술된 상이한 가치들의 객관적인 위계질서를 설정하는 회슬레의 작업이 여전히 진행 중이고 여러 가지 측면에서 불완전하다는 점을 인정해야만 할 것이다. 그럼에도 불구하고 이러한 시도의 논리적인 정당성과 필요성 자체가 줄어드는 것은 아닌 듯하다.

나가는 말: 서구적 근대의 상대화와 동아시아의 독자성

우리는 지금까지 객관적 관념론의 기초 위에서 새로운 환경철학을 발전시키려는 회슬레의 시도가 지니는 여러 측면들을 다루었다. 이 과정에서 당연히 필자는 그의 이론의 긍정적인 측면을 다른 이론과의 대조 속에서 부각시키려고 노력했다.

그러나 우리가 항상 염두에 두어야 할 점은 훌륭한 환경 이론을 발전시키는 것보다 중요한 것은 객관적으로 타당하다고 여겨지는 것들을 현실 속에서 실현하려는 구체적인 노력일 것이다. 현실을 보면 우리는 미래를 그리 낙관하기 어려울 것 같다. 도구적 이성이 지배적으로 관철되고 자연에 대한 무차별적 개입이 일상화된 상황, 자아도취적이고 고립된 개인주의로 파편화된 인간이 오로지 물질적인 향락이나 자극에서만 존재 의미를 느끼는 상품의 소비자로 전락해버린 상황, 이와 함께 인간 영혼의 상품화와 균질화가 확립되고 있는 상황 등을 염두에 둘 때, 현대의 자연 파괴와 이로 인한 위기가 참으로 위협적이고 치명적인 결과를 가져올 것이라는 점은 자명하다. 그러므로 현대의 위기를 이겨내기란 그리 쉽지 않을 것이다. 많은 사람들이 걱정하듯 아마 우리들은 인류의 마지막 세대일지도 모른다.

그럼에도 불구하고 우리는 자연과 생명체에 대한 새로운 이해에 기초하여 서구 현대 문화의 틀 내에서 관철되었고 지금은 전 세계로 확장되어가는 자연에 대한 관점, 지나치게 인간 중심적인 윤리학과 법철학의 기본 원리들을 재고하여 환경문제를 해결하는 데 적절한 새로운 이론적 토대들을 발전시켜야 할 것이다. 그와 동시에 환경문제를 해결하기 위해 정치적, 경제적, 사회적, 교육적 차원에서 다방면의 노력을 기울여야 한다. 이 글에서 서술된 환경 위기의 정신사적 배경에 대한 연구는 서구 근대성이 인류의 전체 문명사회에 보편적으로 적용 가능한 모델일 수 없다는 점을 보여준다. 그리고 서구적 근대의 길과 다른 길을 걸었던 비서구 문명의 역사를 서구적 근대의 길을 기준으로 삼아 비판적으로 접근해서는 결코 온전하게 이해할 수 없다는 점도 분명해졌으리라 생각된다. 신의 절대적인 초월성에 대한 믿음을 매개로 하여 자연과 인간의 이원적 대립 구도를 형성하고 그런 기초 위해서 구체화된 서구 근대의 길은 서구 문명이 걸어온 특수한 길에 불과하다는 점을 인식해야 한다. 서구적 근대성에서 출현한 인간의 존엄성과 자율성에 대한 자각도 인류사의 소중한 성취를 보여주는 것이기도 하지만, 서구적 자율성과 인간의 존엄성 자각의 방식이 얼마나 위태로운 조건 속에서 형성된 독특한 것이었는지도 망각해서는 안 된다. 그러므로 서구 근대를 근대 자체로 설정하여 서구 근대의 길을 비서구 역사를 평가하는 기준으로 설정하는 태도는 극복되어야 한다. 그런 시각에서 볼 때 서구의 근대성과 다른 비서구의 역사는 서구적 근대성이 도달한 지점에 불충분하게 도달한 상태로, 그러므로 서구에 비해 후진적인 것이거나 그런 역사적 발전 단계에도 한참이나 이르지 못한 야만적인 상태에 머물러 있는 것으로 오해되기 십상이다.

그러나 서구적 근대성의 길이 유럽적 조건을 매개로 해 형성된 특수한 것임을 자각하고 서구적 근대를 상대화 내지 지방화하는 작업은 인간의 자율성과 존엄성 그리고 인간과 자연의 관계에 대한 상이한 사유 방식을 도모해야만 하는 오늘날의 시점에서 더 이상 지체되어서는 안될 것이다. 과학기술문명과 연결되어 존속하는 자본주의적 시장경제

혜겔 정치철학의 통찰과 맹목

질서 그리고 이 질서 속에서 움직이는 정치 제도인 민주주의는 이제 갈림길에 처해 있다. 그렇다고 인권과 자유 그리고 민주주의적 이념을 포기하자는 것이 아니다. 생태 위기는 인권과 민주주의의 토대와 근원이 무엇인지를 우리에게 성찰할 것을 요구하고 있다. 그러므로 인간과 자연의 대결 속에서 자유가 가능하고 인간의 존엄성이 확보되며 인간의 번영이 지속되리라는 믿음 위에 형성된 서구적 근대의 길과는 다른 길을 모색하면서 인간의 자율성의 심화 확충의 가능성을 성찰해야 할 시점이다.

인간의 자유와 민주주의를 생명과의 연계 속에서 재구성하기 위해 우리는 동양의 전통 사상에 대한 비판적 대화도 진지하게 모색해 나가야 한다. 예를 들어 천지만물의 화육과 조화에 대한 유교적 사유방식은 매우 중요한 사상적 자원이다. 물론 인간과 천지만물의 조화에 대한 생각은 유학의 독점물이 아니다. 인간과 천지만물의 일체에 대한 생각은 자연과 인간의 관계에 대한 동양인의 기본 입장으로 장자나 불교 사상에서도 나타나기 때문이다.[81] 자연과 인간의 대립 관계 속에서만 인간의 자유가 가능하다는 서구적 근대의 역사적 경험을 인류 보편의 경험으로 특권화한 나머지 그런 대립 규정이 확실하지 않은 동양 문화를 자유에 대한 의식이 부재한 노예적 굴종의 사회라고 헤겔은 간주하고 있음을 우리는 헤겔의 오리엔탈리즘에 대한 장에서 살펴보았다. 그리고 이런 서구의 인식틀을 그대로 수용하여 서구 근대에 의해 타자화된 동양 사회를 후진적이거나 발전이 없는 정체된 사회로 보는 입장을 내면화한 사유방식이 여전히 한국 사회에서 정상 학문이나 정상적인 인식의 패러다임의 지위를 누리고 있다.

아직은 시론적 단계에 머물러 있지만 필자는 유학 전통에 대한 비판적 재전유 작업을 서구적 근대에 대한 성찰의 방법의 일환으로 보고 있다. 이런 문제의식을 좀더 설명하면 다음과 같다. 서구적 근대의 문제점들이 분명하게 드러난 지금 서구 근대가 노정한 모순들을 극복하기 위해서는 우선 서구 근대를 상대적으로 바라볼 수 있는 관점의 근본적 전환이 요구된다. 이런 상대화 작업이 없이는 동아시아의 과거를 새로운 대화 상대로 불러올 수 없기 때문이다. 그러므로 한국과 동아시아의 사상문화 전통과의 비판적 대화는 새로운 비판적 사유의 틀을 모색하는 작업에서도 요구된다. 서구 근대 문명 패러다임의 위기의 전면화는 비판적 사유의 틀에 대한 전면적 재구성을 요청한다.

그런데 새로운 비판적 사유의 내실을 기하기 위한 통찰과 자원을 위해 서구의 충격으로 인해 겪게 된 동아시아/한국의 역사적 경험을 반추할 필요가 있다. 이런 인식의 전환이 필요한 이유는, 사유가 그 현장성과 역사성에 뿌리를 내리고 진행되어야만 한다는 당연한 이유 때문만은 아니다. 서구적 근대의 위기를 극복하기 위해 서구=근대화라고 보는 기존 사유의 관성을 괄호치고(에포케) 우리 사회, 더 나아가 동아시아의 역사적 전개의 고유성을 제대로 이해할 수 있는 사유의 힘을 길러야 한다. 이런 사유의 힘을 토대로 새로운 문명전환의 시대에 어울리는 더욱 공정한 세계질서의 가능성이 모색될 수 있을 것이기 때문이다.

들어가는 말

이 글의 목적은 변증법에 대한 하나의 해석을 제공하는 것이다. 오늘
날 개념의 본성에 대해 그것도 헤겔의 개념의 본성에 대해 말하는 것
은 두 가지 의미에서 커다란 용기가 필요하다. 첫째로 개념의 본성에
대한 작업 특유의 근원성에 기인한 어려움이다. 이는 '사유란 무엇인
가'와 같은 질문과 마찬가지로 대단히 다루기 어려운 주제이기 때문이
다. 둘째로 헤겔의 개념 이론에 대한 연구는 그것이 전제하는 형이상
학으로 인해 시대에 뒤처진 것으로 여겨지기 십상이다. 그래서 더욱더
이를 언급하기 힘들다. 여기에서 하버마스의 시대 규정, 즉 소위 '탈
형이상학적 시대'[1]로서의 현대라는 규정을 떠올릴 필요는 없다. 주지

---

*2009년《한림대학교 개념과 소통》에 실린 〈개념의 운동으로서 변증법과 현실 세계〉
를 교정한 논문이다.

하듯이 서구의 로고스 중심의 형이상학 전통의 가장 위대한 계승자이자 완성자인 헤겔의 정신철학과 개념 형이상학은 포스트구조주의로 표현하든 포스트모더니즘 사상으로 일컫든 20세기 후반의 현대 프랑스 철학의 주도적 경향들로 인해 집중 공격의 대상으로 전락한 상황이다.

이 글의 순서는 다음과 같다. 우선 객관적 관념론 철학으로 일컫는 헤겔 철학의 기본 프로그램을 간단히 설명하고, 객관적 관념론을 참다운 학문으로 형성하는 데 결정적인 역할을 담당하는 변증법적 논리학 내지 변증법적 방법의 기본 의도를 설명한다.(1) 그다음에는 헤겔 변증법을 간단히 소개한다. 이때 변증법의 기본 목적 및 변증법에서 가장 논쟁이 되는 모순 개념과 개념 운동의 원리를 설명한다. 이를 통해 헤겔의 변증법 이론이 모순율을 부정하고 있기 때문에 모든 의미 있는 사유 활동 및 학문 활동의 토대를 파괴한다는 헤겔 변증법에 대한 전형적인 비판을 우회할 수 있는 한 가지 해석을 소개한다.(2) 마지막으로 '논리적인 것' 혹은 '개념'과 현실 세계의 연관성에 대한 헤겔적인 객관적 관념론이 오늘날 어떤 점에서 의미 있는 철학적 프로그램으로 존립할 수 있는가에 대한 사유의 단초를 제시하려 한다.(3)

1. 객관적 관념론 프로그램과 변증법

헤겔 철학은 서구 형이상학의 위대한 완성으로 인정받고 있다. 서구 근대의 주관성 중심의 철학과 고대 형이상학의 창조적 종합을 수행함으로써 서구 형이상학 역사의 정점에 서 있는 것이다. 헤겔에게 철학

헤겔 정치철학의 통찰과 맹목

의 목적은 진리 파악이며 이는 "사유와 개념"에 의해서만 참되게 실현될 수 있다. "철학의 목표는 사유하면서, 또 개념적으로 파악하면서 진리를 이해하는 것이지 아무것도 인식할 수 없다거나, 적어도 참다운 진리는 인식할 수 없고 다만 시간적으로나 시대적으로 제약된 유한한 진리만을 인식할 뿐이라는 입장을 내세우는 데 있지는 않다"는 것이다.[2] 또 철학은 "대상에 대한 사유하는 고찰"이라고도 헤겔은 말한다.[3]

헤겔에 의하면 진리를 이해하고 서술하는 것을 목적으로 하는 철학은 체계(system)로서만 가능하다. 이제 철학은 "지식에 대한 사랑"이라는 이름을 넘어서 "현실적 지"가 되어야 한다.[4] 그런데 "지는 학문으로서만, 다시 말하면 체계로서만 현실적이며, 또한 서술될 수 있다".[5] "진리는 전체이다"는《정신현상학(Phänomenologie des Geistes)》의 유명한 명제 또한 학문이 체계로서만 가능하고 진리에 대한 참다운 인식은 체계로서만 완성될 수 있다는 헤겔의 주장을 간명하게 표현하고 있다.[6]

1817년에 출판된《철학적 학문의 백과사전(Enzyklopädie der philosophischen Wissenschaften im Grundrisse)》[7]을 통해 비로소 일정한 의미에서 완성된 헤겔 철학 체계는 논리학과 자연철학 그리고 정신철학으로 구성된다. "그러므로 학문은 다음 세 부분으로 나뉜다. 1. 논리학, 즉자대자적인 이념에 대한 학문. 2. 자신의 타자태 속에 있는 이념에 대한 학문으로서의 자연철학. 3. 자신의 타자태에서 자신으로 귀환하는 이념으로서의 정신에 대한 철학."[8] 헤겔 철학의 완성된 형태를《논리학》과《철학적 학문의 백과사전》에서 발견할 수 있다"는 주장은 여러 사람이 개진한 바 있다. 예를 들어 하르트만(K. Hartmann)은 이 저서들에서 비로소 헤겔 철학의 고유한 특성인 "무전제성, 최종 근거 해명 그리고 방법"이 가장 발전되고 일관된 방식으로 전개되고 있다고 주장한다.[9] 이들 체계적인 저서들에 입각해 볼 때 헤겔 철학 체계의 기본 원리는 절대자로서의 주체, 달리 말하자면 '절대적 이념(die absolute Idee)'이다.[10] 논리적인 것(das Logische)은 "순수한 이성적인 것(das Rein-Vernünftige)"인데[11], 그것은 "절대적으로 참인 것"[12] 혹은 "절대적 근거로서"의 "개념"이라고 불린다. 달리 말하자면 철학이 대상으로 삼는 진리는 절대자이다. 따라서 헤겔에 의하면 "절대자만이 참되거나 참다운 것만이 절대적이다".[13]

왜 논리적인 것 혹은 개념으로 이해되는 절대자는 주체로 이해되는가? 간단히 말하자면 반성적인 구조를 통해 형성되는 자기 완결적인 관계를 헤겔은 주체의 근본 특성으로 파악한다. 사유의 사유, 즉 "스스로를 전개하는 순수한 자기의식"[14]으로서 사유의 자기반성은 결코 부정될 수 없는 필연성을 띠고 있다는 점에서, 그리고 결코 부인될 수 없는 절대적 필연성으로 이해되는 사유의 자기 파악이라는 반성적 구조가 존재의 근본 구조라는 점에서 절대자로 이해될 수 있다. 이 절대자를 정확하게 인식하는 것이 바로 철학의 과제임은 이미 언급했다. 그리고 철학은 오로지 체계로서 절대자를 참다운 방식으로 인식할 수 있다는 점도 언급했다. 그런데 체계적 사유 및 인식에 대한 열망은 사실상 근대 철학의 특성이기도 하다. 데카르트, 스피노자 그리고 라이프니츠는 어떤 궁극적인 원리들로부터 세계 일반에 대한 정보를 제공하는 진리의 체계를 연역할 수 있다는 생각을 공유했다.

다른 한편으로 헤겔은 근대 철학의 문제의식을 근대 이전의 형이상학적 전통과 결부시킨다. 절대자로 이해되는 주체는 단순히 인간의 사

헤겔 정치철학의 통찰과 맹목

유 작용만을 의미하지 않는다. 주관적 관념론은 논리적인 규정들에 "본질적으로 주관적인 의미"만을 부여하는 데 반해,[15] 헤겔 철학에서 논리적인 것은 더 기초적인 의미를 부여받고 있다. 헤겔이 논리적인 것에 절대성을 부여할 때, 이는 논리적인 것이 단순히 인간의 사유의 원리에 지나지 않는다는 제한된 의미만을 지니는 것은 아니다. 헤겔에 의하면 논리적인 것은 인간의 사유와 자연 그리고 인간의 사회적·역사적 세계, 즉 존재 일반의 근거가 되는 원리이기도 한다. 이런 점에서 헤겔이 볼 때 실재의 참다운 모습은 인간의 사유에 의해서는 도달할 수 없는, 사유에 낯선 것이라는 사고방식은 받아들일 수 없다. 그러므로 헤겔은 인간의 사유에 의해서는 도달할 수 없으면서도 인간의 감각을 촉발함으로써 인간의 경험을 가능하게 하는 칸트적인 "물자체"를 "비판 철학에 의해 남겨진 유령" 같은 것으로 규정한다.[16] 따라서 헤겔은 "사유 규정들"도 "객관적 가치와 실존"을 지닌다고 강조한다.[17] 즉 헤겔에 있어서 "철학의 유일한 대상이자 내용"인 절대적 이념[18]으로서의 개념들 내지 사유 규정들은 단지 인간의 주관적인 사유 능력이 아니라 "로고스, 존재하는 것의 이성(der Logos, die Vernunft dessen, was ist)"으로 이해해야 한다.[19]

이와 같이 헤겔의 철학은 주체를 철학의 근본원리로 설정하는 선험론 철학과 존재를 더 앞선 원리로 파악하려는 고대 형이상학의 종합이라는 성격을 지닌다. 그렇지만 헤겔은 로고스의 최고 규정을 주체성의 원리로 파악한다는 점에서 유한한 근대의 선험철학과 고대의 형이상학을 근대적 지평 속에서 변증법적으로 지양한다고 볼 수 있다.[20] 헤겔에 있어서 사유 규정들의 내적인 전개 전체를 서술하는 학문은 "주체 자신"[21]의 형성 과정이고, 이는 객관적 논리학이 아니라 개념논리학에서 비로소 일정한 방식으로 종결되기 때문이다. 기존의 형이상학 및 논리학과 자신의 논리학 사이의 관계에 대해 헤겔은 다음과 같이 말한다. "사변적 논리학은 이전의 논리학과 형이상학을 포함하고 있고, 동일한 사유 형식들, 법칙들 그리고 대상들을 보존한다. 하지만 사변적 논리학은 이것들을 동시에 더 심화된 범주들로 계속 형성하고 있고 변형하고 있다."[22]

절대적 이성을 순수한 논리적인 것 내지 사유 규정들의 체계적인 내적 전개라는 방법으로 인식하는 것이 《논리학》의 과제이지만, 절대자에 대한 참다운 인식은 《논리학》에 의해서 종결되지는 않는다. 헤겔에게 있어서 절대자, 즉 신에 대한 서술은 그의 철학 체계의 일부를 구성하는 《논리학》만의 과제가 아니다. 절대자에 대한 참다운 인식은 절대자가 자신을 자연과 객관적인 인간 세계로 외화하는 과정을 매개로 자신에게 귀환할 때에만 달성될 수 있다고 헤겔은 보기 때문이다. 즉 헤겔에 의하면 절대자는 내적인 타자로 이행하는 부정성과 전개 과정을 통해 스스로 구체화되고 더 높은 차원에서 자신을 실현하는 것이다. 따라서 헤겔은 진리의 인식에서 중요한 두 개의 규정을 언급하는데, 바로 "발전과 구체적인 것"이라는 개념이다. "자신을 전개하고 그리고 오로지 발전(전개)을 통해서만 자신을 파악하고 자신의 본래 모습(was sie ist)으로 되어가는 것이 이념의 본성이다."[23] 이처럼 헤겔에 의하면 진리는 여러 규정들이 내적인 관계에 의해서 필연적으로 파악되는 데 있을 뿐만 아니라 발전을 통해 구체성을 띤 총체성으로 이해된다. 그리하여 헤겔은 다음과 같이 말한다. "진리는 전체이다. 그러나 전체란

헤겔 정치철학의 통찰과 맹목

다만 자기를 전개함으로써 자기를 완성해가는 실재에 다름 아니다. 절대자에 대해서는 그것이 본질적으로 결과이며 종결에 이르러서야 비로소 참으로 그것인 바의 것이라고 말할 수 있다."[24]

진리는 전체이고 구체적 총체성이라는 헤겔의 주장을 달리 말하자면 다음과 같다. 헤겔에 의하면 절대적 이념은 자연 세계, 인간 그리고 인간의 역사적 세계를 관통하여 자신을 실현하는 주체이다. 즉 헤겔에게 절대자는 주체인데, 이 주체는 이 세계에 존재하는 모든 것(생명 및 인식 현상을 포함하여)의 원리이다. 헤겔의 주체 개념에서 중요한 것은 주체가 자신을 전개하고 발전시키는 것을 내적인 본질로 하고 있다는 점이다. 주체는 단순히 존립하는 게 아니라 우주와 인간의 정신 그리고 역사 세계 속으로 자신을 구체화하려는 내적 운동을 자신의 본질 규정으로 갖고 있다는 것이다. 자신을 객관적으로 표현하는 활동을 하지 않는 절대적 주체성이란 존재하지 않는다고 헤겔은 생각한다. 그래서 절대적 주체를 주관과 객관의 통일로 간주한다. 이렇게 볼 때 우주 및 인간의 역사적 세계는 절대적 주체와 무관하지 않으며, 이 세계 전체가 절대적 주체의 표현과 전개의 장이다.

다른 측면에서 보자면, 자연과 인간의 의식 그리고 역사 세계는 절대적 정신이 자신을 실현하고 구체화하는 곳이라는 의미를 부여받는다. 그러므로 우주와 인간의 역사 세계는 절대적 주체의 외화 없이는 아무런 의미도 없다. 간단히 말해 우주 전체는 절대적 이념에 의해 내적으로 규정되어 있다는 점에서 이 우주 전체의 구조는 절대적 주체의 내적 구조의 반영이자 표현으로 이해될 수 있다. 절대자의 내적인 본성이 구체적으로 실현되는 영역으로 이해되는 우주는 일정한 발전 과정을 통해 구성된다. 절대자의 실현은 중구난방식으로, 즉 아무런 질서나 법칙 없이 이루어지지 않는다. 자연과 역사 세계로 구성되는 전 우주는 절대자를 구성하는 필연적인 계기들이 점진적으로 구체화되는 것으로 이해된다. 달리 말하자면 우주의 발생과 무기적인 자연의 형태들에서 식물과 동물 그리고 인간 같은 더 복잡한 생명체에 이르기까지, 나아가 인류의 역사 과정에 이르기까지의 전 과정이 이제 절대적 정신의 내적인 계기들이 점차 실현되는 과정으로 이해되는 것이다. 헤겔은 그리스 예술을 소개하는 맥락에서 개인화 및 주체의 자율성 증대 과정을 자연과 세계사의 과정과 매개시킨다. "별은 자신의 간단한 법칙에 따라 소진되고, 그리고 그렇게 이 법칙을 나타낸다. 몇 가지 특정한 특성들은 이 돌 왕국에 형태를 부여한다. 그러나 이미 식물적 자연 속에는 다양하기 짝이 없는 형태들, 변화들, 혼합들, 이상(異狀)들이 헤아릴 수 없을 정도로 많이 등장한다. 〔……〕 마침내 우리가 정신적인 것과 그 현상들의 단계로 올라서면, 우리는 내면적 실존과 외면적 실존의 무한히 광대한 다양성을 발견한다."[25]

앞에서 서술한 헤겔의 객관적 관념론 체계에서 논리학은 독특한 위상을 지닌다. 논리적인 것을 가장 순수한 방식으로 탐구하는 학문이기 때문이다. "논리학은 순수이성의 체계이며 또한 순수사상의 왕국으로 파악해야만 한다. 이 왕국은 아무런 표피도 없이 즉자대자적으로 자신인 진리이다. 그러므로 우리는 이 논리학의 내용이 자연과 유한한 정신의 창조 이전에 그 영원한 본질 속에 존재하는 신의 서술이라고 표현할 수 있다."[26] 즉 논리학은 순수한 사유 규정들 내지 사유 형식들의 내적인 연관을 해명하는 작업을 목적으로 삼는다.[27] 헤겔은 논리적인 규정들, 범주들, 사유(내용)들(Gedanken) 그리고 개념들을 동의어로 사용[28]하지만, 때로는 범주들을 "즉자적인 개념들"로 규정하고 객관적 논리학의 규정들만을 표현하는 것으로 제한해 사용하기도 한다.[29] 그러나 느슨하게 용어를 사용하면 이들 용어들은 호환 가능하다고 볼 수 있다.[30] 따라서 헤겔 논리학의 대상을 "논리적인 것"으로 규정하는 것도 설득력이 있다.[31]

하여간 논리학이 추구하는 개념들의 상호 연관성에 대한 인식에서 변증법적 방법이 바로 그런 연관성을 해명하는 데 열쇠 역할을 담당한다. 즉 범주들 내지 사유 규정들의 상호 연관에 의해 구성되는 학문은 이들 규정들이 자의적으로 채택되는 방식으로는 달성될 수 없다. 이와 달리 이들 개념들의 내적인 연관은 수미일관하게 도출되어야 한다. 그런데 논리적인 사유 규정들의 도출과 그것들의 내적 연관성을 해명할 수 있는 방법은 헤겔에 의하면 바로 변증법이다. 그러므로 변증법은 헤겔에 따르면 참다운 인식에 이르는 유일한 학적 방법 혹은 "철학적 학문의 참다운 방법"이다.[32] 즉 헤겔이 보기에 변증법적 방법이야말로 순수하게 자신을 사유하는 주체성의 사유 규정들을 그것의 "필연적인 전개로서 서술하는 것"을 가능하게 한다.[33] 왜냐하면 "방법이 형성하는 것"은 "개념 자체의 규정들이며 그것들의 관계"이기 때문이다.[34] 이처럼 헤겔에 의하면 철학적 진리 서술의 참다운 방법으로서 변증법의 본질은 모든 사유 규정들의 전개 필연성을 분명히 드러내는 것이다. 또 변증법에 따르면 "개념의 내재적인 전개"는 "인식의 절대적 방법"이자 "내용 자체의 내적인 혼(Seele)"으로 이해된다.[35] 따라서 헤겔의 《논리학》 개념들의 전개 및 발전 방법으로서 변증법에 대한 학문이라는 점에서 변증법적 논리학이라고 볼 수 있다. "개념 자체로 하여금 스스로 진전되도록 하는 것은 바로 이 개념이 자체 내에 갖고 있는 (……) 부정적인 것이다. 이것이 곧 진정으로 변증법적인 것이다."[36]

우리는 헤겔이 변증법적인 것을 이중의 의미로 사용하고 있음을 고려해야 한다. 변증법의 이중 의미는 헤겔이 《철학적 학문의 백과사전》에서 "논리적인 것의 세 측면"을 다루면서 명백하게 나타난다. 그는 논리적인 것의 세 가지 계기를, "추상적 혹은 지성적 측면", "변증법적 혹은 부정적-이성적 측면" 그리고 "사변적 혹은 긍정적-이성적 측면"으로 나눈다.[37] 여기에서 분명히 드러나듯이 헤겔은 변증법을 논리적인 것의 두 번째 측면에만 관계하는 것으로 정리한다. 이는 변증법에 대한 좁은 의미로 이해할 수 있다. 그러나 변증법은 좀더 넓은 의미를 갖고 있는데, 이때 변증법은 부정적인 측면뿐만 아니라 긍정적인 결과와도 관계한다.[38] 좁은 의미의 부정적인 변증법은 논리적인 것의 첫 번째 측면인 여러 규정들의 구별과 상호 대립을 고수하는 것과 연결되지 않으며, 유한한 것과 무한한 것, 주체와 객체를 비롯한 모든 사유 규정을 고정해 서로 대립하는 것으로만 바라보는 지성(Verstand)의 작용을 넘어 이들 대립 규정들의 "내적인 자기 지양"에 관계한다.[39]

그러나 변증법적 방법은 이 두 번째 차원을 넘어 부정적인 대립으로의 이행과 운동에 그치지 않고 더 고차원의 긍정적인 것을 산출한다. "변증법은 긍정적인 결과"를 지닌다. 즉 "사변적인 것 혹은 긍정적-이성적인 것은 규정들의 대립 속에서 이들 규정들의 통일성을 파악하고 이들 대립된 규정들의 해체 및 이행 속에 포함된 긍정적인 것을 파악한다".[40] 달리 말하자면 이때 변증법은 소위 사변적인 것으로 이해되는

헤겔 정치철학의 통찰과 맹목

데 대립된 두 규정들 속에서 통일성을, 즉 "부정적인 것 속에서 긍정적인 것"을 인식하기 때문이다.[41] 즉 사변적인 것의 본성은 부정적인 것 속에서 머무르지 않고 긍정적인 결과를 산출하는 데 있다. 사유 규정들의 모순 속에서 얻어지는 결과가 단순히 부정적인 것이 아니라 긍정적인 것이라는 헤겔의 주장은 그의 "규정적 부정(bestimmte Negation)"에 대한 이론에서 더 분명히 해명된다. "변증법은 긍정적인 결과를 낳는다. 왜냐하면 변증법은 규정된 내용을 지니기 때문이다. 달리 말하자면 변증법의 결과는 공허하고 추상적인 무가 아니라 일정한 규정들의 부정이기 때문이다."[42]

위에서 간략하게 보았듯이 변증법적 방법에서 중요한 통찰은 개념들의 내적 연관과 운동의 필연성에 대한 인식이다. 그리고 이는 대립된 사유 규정들 사이에서, 즉 서로 모순되는 규정들 사이에서 긍정적인 것을 파악하는 사유 방법이다.[43] 그런데 헤겔 스스로 강조하듯이 실로 이것이야말로 "가장 중요한 것이지만, 아직 도야되지 않은 그리고 자유롭지 못한 사유 능력에 있어서는 가장 어려운 측면이다".[44] 헤겔은 자신의 철학적 사유를 설명하는 데에서 모순에 대한 긍정을 거듭 강조한다. 실로 모순 개념이 헤겔 철학의 가장 중요한 용어의 하나임은 부인할 수 없다. 예를 들어 헤겔은 모순을 "이성으로 하여금 지성의 제한들을 넘어서 고양시키는 것 그리고 이 제한들의 해체"라고 규정한다.[45] 또 "모든 운동과 생명성의 근원"으로 그리고 "모든 자기운동의 원리"로 정의하기도 한다.[46] 여기에서 보듯 헤겔은 모순을 존재의 원리로 파악한다. 즉 "모든 사물들은 그 자체 모순적이다(Alle Dinge sind an sich selbst widersprechend)".[47] 이처럼 헤겔의 변증법적 방법과 모순에 대한 긍정적인 파악은 매우 밀접하게 관련돼 있다. 헤겔은 변증법적 방법에 대한 이론에서 모순의 필연성에 대한 인식을 절대자의 자기 전개의 필수 운동 원리로 받아들인다.

2. 모순과 변증법적 개념 운동의 원리

(1) 카를 포퍼는 20세기 과학철학을 대표하는 철학자로 유명하지만 헤겔 철학의 비판자로도 유명하다. 포퍼는 헤겔 철학에 대한 기존 비판을 반복하는 데 그치지 않고, 헤겔을 독일 나치즘의 인종주의 및 전체주의의 사상적 선구자로 규정하면서 그의 철학을 궤변의 극치로 평가절하한다. 포퍼는 헤겔 철학의 "두 기둥"을 변증법적인 사유와 주관과 객관의 동일성 철학(philosophy of identity)으로 규정하면서, 후자를 전자의 응용으로 평가한다. 헤겔의 동일성 철학은 현존하는 "질서를 정당화하는 데 봉사"하며, "존재하는 것이 선한 것이라는 윤리적 · 법률적 실증주의"에 지나지 않는다.[48]

헤겔의 이론철학에 대한 포퍼의 비판은 헤겔의 변증법 이론을 겨냥한다. 그는 변증법을 관념이나 사고, 사회 및 역사 발전에 대한 이론으로 이해한다. 그리고 이 변증법을 "정립, 반정립, 종합(thesis, antithesis, and synthesis)"이라는 "3화음"으로 이루어진 사유 및 역사의 발전 논리로 이해한다. 즉 인간의 사고나 사회는 이런 "변증법적인 3화음으로 특징지을 수 있는 방법으로 전개된다"고 주장하는 이론이 바로 변증법이다.[49] 포퍼는 이런 변증법 이론의 긍정적인 측면을 어느 정도 인정하는 태도를 보이면서도 곧장 변증법 이론가들을 공격하기 시작한다.

헤겔 정치철학의 통찰과 맹목

그가 보기에 헤겔을 비롯하여 헤겔을 추종하는 변증법 이론가들은 모순에 대한 부정확한 표현을 통해 오해와 혼란을 낳고 있다. 즉 그들은 "모순이 최고로 중요하다는 것을 올바르게 통찰"하고 있으면서도, "이 생산적인 모순들을 회피할 필요는 전혀 없다는 결론을 내리고" 있기 때문이다.[50] 포퍼에 따르면 이런 주장은 전통적으로 논리학이 전제해온 사항, 즉 두 모순되는 진술은 동시에 참일 수 없고 논리적으로 항상 거짓이기에 거부해야 한다는 모순율 혹은 모순 배제율에 대한 공격이나 다름없다. 변증법론자들은 이 모순율을 피해야만 한다는 전통 논리학의 법칙을 거부해야 한다는 것이다. 즉 변증법론자들은 모순이 창조적이고 유익하고 진보를 낳는다는 주장으로부터 모순을 묵인하고 받아들여야만 한다는 결론을 끌어낸다고 포퍼는 이해한다. 이로부터 포퍼의 변증법에 대한 결정적인 비판이 등장한다. 즉 포퍼의 견해대로 변증법이 모순율을 거부한다면, 이로부터 도출되는 것은 변증법 이론은 모든 자의적인 진술을 타당하다고 인정하게 된다는 것이다. 이제 변증법 이론은 진리에 이르려 하는 모든 진지한 학문적 시도를 불가능하게 만드는 주범임이 드러난다. "만일 모순되는 두 진술을 인정하게 되면, 어떠한 진술도 인정하지 않을 수 없게 된다"는 사실이 자명하기 때문이다.[51]

포퍼는 모순을 용인하는 헤겔의 변증법으로부터 헤겔 변증법이 "어떠한 공격도 두려워할 필요가 없는 독단론"이라는 결론을 끌어낸다.[52] 이는 모순의 긍정성을 인정하고, 피해야만 하는 모순율이라는 법칙을 거부하는 헤겔 변증법의 근본 주장(포퍼가 보기에)을 자신의 이론에 적용한 결과이다. 이렇게 해서 포퍼는 헤겔의 변증법 이론을 한편으로는 모든 자의적인 주장을 참인 것으로 내세우는 독단론이자 상대방이 제기할 수 있는 모든 비판을 공허한 것으로 만드는 비학문적 이론으로 규정한다. "왜냐하면 변증법 논자가 논리적인 곤란에 빠지면, 마지막 수단으로 논적에 대해 다음과 같이 말하는 것을 우리는 자주 발견하기 때문이다. '당신들의 비판은 변증법이 아니라 일반적인 논리학에 근거하고 있기 때문에 잘못이다. 당신들이 변증법만을 사용한다면, 당신들이 변증법 논자의 몇몇 논증에서 발견한 모순이란 전적으로 정당하다(즉 변증법적인 관점에서)는 것을 발견하게 될 것이다.'"[53]

이러한 포퍼의 비판은 사실 아주 오래된 헤겔 비판을 다시 들고 나온 데 지나지 않는다. 예를 들어 1868년에 이미 폰 하르트만(E. v. Hartmann)은 헤겔이 모순율을 따르지 않기에 변증법 이론에 대한 진지한 비판 가능성이 존재하지 않는다고 비판한 바 있다. 즉 헤겔의 변증법 이론은 모순율을 부정함으로써 자신에 대한 모든 비판 가능성을 미리 봉쇄해버린다는 것이다. "우리는 진정한 변증법적 이론가의 고유한 의식에 대해서는 결코 부조리함을 증명해낼 수 없다. 왜냐하면 다른 사람들이 보기에 모순을 지닌 부조리가 나타나는 바로 그때에야 비로소 변증법 이론가가 보기에는 그가 유일하게 애착을 가지는 지혜가 시작하기 때문이다."[54]

(2) 포퍼를 비롯한 여러 학자들이 주장하듯이 헤겔의 변증법 이론은 모순율을 부정하고 모든 의미 있는 학문적 사유 활동을 불가능하게 하는 부조리한 사유의 극치에 지나지 않은 것인가? 이하에서는 헤겔 변증법 이론에 대한 이런 대표적인 이의제기를 비판적으로 논박하는 변증법 및 모순에 관한 새로운 해석 가능성을 제기하고자 한다.

헤겔 정치철학의 통찰과 맹목

헤겔의 변증법과 모순 이론을 상세히 살펴보기 전에 우선 헤겔 철학이 지향하는 학문의 이념이 무엇인가를 간단히 짚어보자. 헤겔에 의하면 참다운 학문, 즉 참다운 철학은 그 원리들의 필연성이 이성적으로 타당하다는 점을 입증해야 하므로 무언가를 미리 참다운 것으로 설정하지 않아야 한다고 강조한다. 이 이념은 흔히 '무전제성'을 지향하는 것으로 이해된다. 즉 학문에서 "모든 것에 대한 회의, 즉 모든 것에 대한 전체적인 무전제성(Voraussetzungslosigkeit)"이 요구된다고 헤겔은 강조한다.[55]

그렇다면 헤겔 철학은 자신의 원리로 무엇을 설정하는가? 아니 헤겔은 자신의 학문 원리의 객관적 타당성을 수학적 공리처럼 미리 자명한 것, 전제된 것으로 간주하는 방식과 다르게 어떤 방식으로 정당화할 수 있는가? 그게 가능하다면 공리 연역적 방법과 구별되는 그런 이론은 무엇인가? 이런 물음들에 대해 헤겔은 자신의 철학 체계, 특히 《논리학》을 통해 답하려 한다. 헤겔은 "논리적인 것"이 "모든 학문에서 가장 학문적인 것으로 전제되어 있다"고 주장한다. 앞에서 언급했듯이 이 논리적인 것에 대한 학문이 바로 논리학이며 이는 "순수한 보편적 학문"이라는 규정을 부여받는다.[56] 그렇다면 이제 우리에게 제기되는 질문은 다음과 같다. 논리적인 것이 모든 학문에 전제되어야 한다면, 그것의 절대성 혹은 타당성에 대한 해명은 어떤 방식으로 확정될 수 있는가? 우리는 모든 학문의 궁극적인 토대이자 원리인 논리적인 것의 타당성을 무엇에도 기대지 않고 이성적으로 해명할 수 있는가? 이런 지적 시도는 소위 '최종 근거 해명(Letztbegründung)' 작업으로 알려져 있다. 그리고 이런 작업의 성공 가능성에 대한 회의적 태도 역시 널리 퍼

저 있다. 일례로 한스 알베르트(H. Albert)가 제시한 소위 '뮌히하우젠-트릴레마'는 이 최종 근거 해명 작업의 불가능성에 대한 대표적 견해로 널리 알려져 있다. 알베르트기 보기에 최종 근거를 해명하려는 작업은 해결할 수 없는 세 가지 난점에 빠질 수밖에 없기에 결국 불가능하다. 최종 근거의 타당성을 이론적으로 해명하려는 작업은 다음 세 가지 가능성 중의 하나를 채택해야만 한다. 바로 "무한 퇴행", "연역에서의 논리적 순환" 그리고 "특정한 지점에서의 절차의 중지"이다. 근거 해명 작업에는 이 세 가지 가능성밖에 없다고 생각하는 알베르트는 결국 최종 근거에 대한 해명은 불가능하다는 결론을 내린다.[57]

헤겔은 어떤 방식으로 앞에서 거론된 세 가지 난점을 우회하면서 논리적인 것이 학문의 궁극적 근거라는 자신의 주장을 논증할 수 있는가? 이에 대한 대답의 출발점은 알베르트의 뮌히하우젠-트릴레마의 전제, 즉 모든 근거 해명은 어떤 것을 다른 어떤 것으로부터 연역하는 방법을 통해서만 가능하다는 전제를 비판적으로 반성하는 것이다. 이는 이미 아펠(K.-O. Apel)이 제기하고 걸어간 길이다. 아펠은 최종 근거 해명의 불가능성에 대한 알베르트의 주장에 대해 그것은 "연역을 공리적인 체계의 틀 내에서" 이해해야 한다는 것을 전제한다고 생각한다. 더 나아가 아펠이 보기에 어떤 "논리가 모든 근거 해명에 이미 전제되어 있기 때문에 우리가 그 논리를 공리적인 방식으로 근거 해명할 수 없다는 점에 대한 암시가 바로 모든 논증의 가능성과 타당성의 조건들에 대한 선험적 반성이라는 의미에서의 철학적 근거 해명의 전형적인 단초"로 간주되어야 한다.[58]

아펠의 최종 근거 해명의 이론에 따르면 모든 논증은 논증 과정에서

헤겔 정치철학의 통찰과 맹목

의미 있는 결과에 이를 수 있고 자신의 주장이 의미 있다는 점을 진지하게 고수하는 타당성 주장을 전제해야만 한다. "즉 철학적 논증에 참여하는 사람은 제시된 전제들을 이미 논증의 선험성(Apriori der Argumentation)으로 함축적으로 인정하고 있고 동시에 자신이 논증적 능력을 논란의 대상으로 삼지 않고서는 이런 전제들에 대해 이의를 제기할 수 없다."[59] 앞에서 언급했듯이 아펠은 논증을 시도하는 사람들이 항상 전제해야만 하는 필수적인 논증의 전제 조건들을 반성적인 수단을 통해 명료하게 하는 작업을 칸트적인 의미에서의 선험적 철학이라고 생각한다. 따라서 이제 경험 가능성의 조건들을 형성하는 "나는 생각한다"라는 "자기의식"이 아니라 상호 이해를 지향하는 언어적 행위의 전제 조건들이 선험적 분석의 대상으로 떠오르게 된다. 언어철학과 칸트적인 선험철학의 종합을 지향하는 아펠의 철학은 "선험화용론(Transzendentalpragmatik)"이라 일컬어진다.[60]

논증 가능성의 조건에 대한 선험철학적 반성 작업은 바로 알베르트의 주장, 즉 최종 근거 해명은 불가능하다는 주장의 불합리성을 드러내는 데 결정적인 역할을 한다. 즉 반성적인 근거 해명의 논리 구조만이 무한 퇴행 가능성을 차단할 수 있는 방법이라는 것이다. 왜냐하면 의미 있는 논증 가능성의 조건을 선험철학적으로 반성하는 작업은 항상 논증에서 이미 전제된 것에 대한 반성적 숙고를 가능하게 하기 때문이다. 이제 알베르트의 주장이 왜 한계가 있는지 분명히 설명할 수 있다. 최종 근거 해명이 불가능하다는 알베르트의 주장은, 주장이 참임을 전제하면서도 이 전제를 반성적으로 해명할 수 없다는 점에서 논리적인 한계가 있는 것으로 드러난다.

최종 근거 해명에 대한 아펠의 논증을 헤겔 철학과 그의 변증법을 해석하는 데 창조적으로 응용한 사람이 바로 회슬레다. 아펠과 회슬레의 논증 방식은 자기 근거 해명 방식으로 일컬을 수 있다. 왜냐하면 다음과 같은 근거 해명의 이론적 원칙에서 출발하기 때문이다. "그것을 도외시한다는 것 자체가 이미 그것을 전제하지 않고는 불가능함으로 인해, 바로 그것 자체가 스스로의 근거를 해명하는 바의 원칙"이 바로 자기 근거 해명 전략의 원칙이다.[61]

(3) 앞에서 보았듯이 헤겔은 모든 학문의 궁극적인 전제이자 토대를 '논리적인 것'에서 구했다. 이제 이 논리적인 것이 어떤 점에서 자신을 스스로 근거 지을 수 있다고 보는지를 살펴볼 차례이다. 이 논리적인 것은 사실 논리학과 헤겔 철학 전반에 대한 서술을 통해 비로소 완전히 이해될 수 있다. 그렇지만 우리는 우선 논리적인 것이 사유의 사유 내지 절대적 주체성의 다른 이름임을 이미 살펴본 바 있다. 그러므로 헤겔 철학의 근본적 원리는 절대적 주관성이다. 그런데 이 원리가 절대적인 이유는 그것이 "거역 불가능하고 자기 반성적으로 스스로를 근거 해명하는 구조(eine unhintergehbare und sich reflexive selbst begründende Struktur)"이기 때문이다.[62]

그리고 이런 원리는 이미 앞에서 언급한 것처럼 단순히 인간의 주관적 정신 구조만을 의미하지 않는다. 이는 자신과 대립하는 세계를 갖고 있는 유한한 주관성이 아니라 세계 자체의 원리라는 점에서 존재론의 원리이다. 헤겔이 "객관적 사상(내용)(objektive Gedanken)"[63]을 언급하는 것은 바로 이 때문이다. 즉 객관적 사상이라는 용어가 잘 보여주듯이 이는 주관 정신과 독립적으로 존립한다. 헤겔에 의하면 "지성, 이성

헤겔 정치철학의 통찰과 맹목

이 세계 속에 존재한다는 것은 바로 객관적 사상〔내용〕이라는 표현이 포함하는 것과 동일한 것을 의미한다".[64] 이 객관적 사상은 사실 아낙사고라스(Anaxagoras)에서 시작하여 플라톤과 아리스토텔레스가 발전시킨 형이상학적 전통을 헤겔이 이어받고 있음을 잘 보여준다.[65] 헤겔에 의하면 "누스(Nous), 즉 사상(Gedanke)이 세계의 원리"이고 "세계의 본질은 사상으로 규정되어야만 한다"는 생각을 처음으로 표명한 사람은 아낙사고라스이며, 이런 사유를 가장 순수한 형태로 발전시킨 저작이 바로 자신의 《논리학》이다.[66] 따라서 주체성의 반성적 구조의 절대성은 사유에 의해서 회피될 수 없으며 주관성과 객관성의 통일이라는 측면에서도 절대적인 성격을 지닌다.

헤겔의 《논리학》은 여러 기능을 갖는다. 그중 하나는 "자기 자신을 개념 파악하는 사유의 반성적 구조"를 "진리 주장을 제기하는 모든 인식에 선행하는 것"으로 보고 이 구조의 절대성을 이론적으로 정당화하는 작업이다.[67] 이렇게 모든 학문적 활동의 근본 전제의 필연성을 논리적으로 해명하지 않는다면, 학문은 결코 참다운 지식이라는 주장을 진지하게 내세울 수 없다.[68] 그러므로 헤겔은 자신의 논리학을 "자기 스스로를 정초하며 그런 한에서 그 어떤 전제도 없는 체계"로 이해한다.[69] 헤겔이 "자신을 인식하는 진리" 내지 "자기 스스로를 인식하는 이성"[70] 같은 반성적인 구조를 지닌 개념을 통해 순수 사유의 모습을 해명하려는 것도 이 때문이다. 그리고 이 반성적 구조는 헤겔 논리학의 최후 범주인 절대적 이념의 반성 구조와 동일하다. 왜냐하면 헤겔에 의하면 절대자는 "자기 자신을 인식하는 개념"[71]이나 다름없기 때문이다.

회슬레가 주장하듯이 헤겔은 이성의 절대성을 이성을 부인하는 행위의 자기 모순을 통해서 입증한다.[72] 간단히 말해 사유를 부정하는 행위 자체의 태도의 타당성을 증명하기 위해서라도 사유의 가능성을 전제해야만 한다. 이로부터 사유 자체는 사유의 부정을 가능케 하는 궁극적인 조건이라는 점이 도출된다. 어떤 회의주의자가 사유의 이런 무조건적 타당성에 일관되게 이의를 제기하려 한다면, 그런 이의 제기가 불가피하게 함축적으로 전제하는 자기 논증의 진리 주장을 부정할 수 없다는 점에서 그는 화용론적(수행적) 모순에 빠지게 된다. 헤겔은 바로 이런 방식으로, 즉 이성의 부정이 지니는 내적 모순을 들추어내는 방식을 통해 간접적으로 이성의 절대성을 긍정하는 전략을 취한다.

아펠의 최종 근거 해명 이론으로 유명해지긴 했지만 대립된 입장의 자기 지양을 매개로 하여 간접적으로 원리를 증명하는 방법은 철학사에서 아주 오래된 것이다.[73] 회슬레에 의하면 헤겔은 자신의 철학의 원리인 절대적 이념 내지 사유의 사유의 절대성을 이런 간접 논증을 통해 확보한다. 즉 헤겔 논리학은 "절대 이념에 대한 간접 증명"으로 이해해야 마땅한다.[74] 그리고 이런 간접 증명의 방법을 변증법과 모순 이론에 의해 더 정교하게 발전시키고 있다는 점에서 회슬레는 헤겔 철학이 "근거 해명 이론적(Begründungstheoretisch)"인 차원에서도 "최고도로 수준 높은 섬세한" 이론이라고 평가한다.[75]

앞에서 설명했듯이 반성적 구조를 통해 특징지을 수 있는 절대 이념은 절대적 주관성으로도 이해된다. 그리고 이 절대적 주관성은 부정적인 것을 자체 내에 지양된 계기로 포함한다. 부정적 계기를 포함한 절대자이기에 자신을 타자, 즉 자연과 인간 세계 속에 외화하는 내적 필연성이 존재한다. 그리고 이 타자 속에서 자신으로 머무르는 과정을 통해 절대자는 더 순수한 방식으로 자신에게 도달한다. 즉 완성에 이르는 것이다. 그러므로 헤겔 철학에서 자연과 정신의 영역은 절대이념의 반성적 구조에 의해 선험적인 방식으로 구조화되어 있다. 이런 방식으로 헤겔은 자연과 정신세계에 대한 학문적 인식의 원리들을 일관되게 재구성할 수 있다고 생각한다. 그러므로 헤겔 철학 체계에서 이 절대 이념은 자연철학 및 정신철학과 같은 실재철학의 개념들을 선험적으로 근거 해명하고 자기 자신을 스스로 근거 해명하는 이중의 역할을 담당한다. 이런 점에서 하를란더(K. Harlander)는 다음과 같이 말한다. "논리학은 정신현상학과 자연철학 그리고 정신철학의 제일 토대로서 드러난다. 나아가 절대 이념에 대한 이론은 논리학의 내적 핵심으로 드러난다. 이 이론에는 전체의 체계가 최고도로 농축되어 포함되어 있다."[76]

(4) 앞에서 보았듯이 헤겔이 자신의 철학의 제일 원리로 내세운 '사유의 사유(Denken des Denkens)' 혹은 '순수 이념(reine Idee)'[77]은 결코 직접적인 방식으로 타당성을 내세울 수 없다. 그것의 타당성은 간접적인 논증 방식으로만 입증할 수 있다는 것 역시 이미 언급했다. 이제 절대 이념의 반성적 구조에 간접 논증 방식으로 타당성을 부여하려는 헤겔의 시도는 변증법을 이해할 수 있는 실마리 구실을 한다. 헤겔은 변증법의 중요성을 다음과 같이 말한다. "변증법적인 것을 적절히 파악하고 인식하는 것은 대단히 중요하다. 변증법적인 것 일반은 현실 속에서 모든 운동, 모든 생명 그리고 모든 활동의 원리이다. 마찬가지로 변증법적인 것은 모든 참다운 학문적 인식의 혼이다."[78] 심지어 헤겔에 의하면 방법은 "자기 자신을 인식하는, 즉 주관적일 뿐만 아니라 객관

적인 것으로서, 즉 절대자로서 스스로를 대상으로 삼는 개념"으로 정의된다.[79] 간단히 말해 헤겔의 변증법은 절대 이념의 타당성을 간접 증명하는 방법이다. 이제 이것이 무엇을 의미하는지를 살펴보겠다.

절대 이념의 간접 증명 과정은 모순 이론과 불가분의 관계에 있다. 최근에 일련의 학자들이 헤겔의 모순 개념을 화용론적 모순의 성격을 지닌 것으로 독해해냄으로써 변증법에 대한 새로운 해석 가능성이 제기되었다. 디터 반트슈나이더(D. Wandschneider)가 지적하듯이 헤겔 변증법 이론과 모순 이론에 대한 새로운 해석의 전망을 연 사람들은 빌란트(W. Wieland), 헨리히(D. Henrich), 풀다(K. F. Fulda), 케셀링(Th. Kesselring) 그리고 회슬레(V. Hösle) 등이다.[80]

절대 이념이 간접 방식으로, 그러니까 오로지 다른 주장들의 불완전성을 드러내는 부정적인 과정을 매개로 펼쳐진다면, 이는 여러 규정들의 전개를 통해서만 펼쳐질 수 있음을 의미한다. 그런데 헤겔에 의하면 개념들은 개념들 내부에 있는 모순을 통해서만 내재적으로 전개될 수 있다. 그러므로 헤겔은 모순을 "모든 운동과 생명성의 근원"으로 그리고 "모든 자기 운동의 원리"로 이해한다.[81] 회슬레의 주장에 따르면 헤겔의 모순 개념은 우선 화용론적 모순으로 이해해야 한다. 예를 들어 헤겔은 유한성이나 악무한성 같은 규정들에 있는 모순을 지적함으로써 이들 범주들이 절대 이념을 서술하는 데에는 불충분하다는 점을 입증한다. 이렇게 헤겔은 모순을 드러냄으로써 모순 속에 빠져 있는 규정들의 무의미함과 비진리성을 보여주려는 것이다. 이런 점에서 헤겔은 모순을 피해야 할 것으로 본다. 그러므로 헤겔은 모든 비판 가능성의 조건인 "논증 논리적 모순율(argumentationslogischer Satz vom Widerspruch)"을

헤겔 정치철학의 통찰과 맹목

부정하지 않는다.[82]

헤겔의 변증법적 모순 개념은 형식논리적인 모순이 아니라 화용론적 모순의 성격을 지니는데, 화용론적 모순은 "〔함축적으로〕전제된 것과 명시적으로 표현된 것 사이의 불화"에서 성립한다.[83] 회슬레가 지적하듯이 헤겔 모순 개념의 화용론적 측면을 처음으로 명확하게 인식한 학자는 W. 빌란트이다. 빌란트에 의하면 헤겔의 모순은 어떤 명제나 범주가 "주장하는 것"과 "그 명제가 어떤 것을 주장함으로써 수행하는 바의 것 사이"에 존재하는 "상위성(Diskrepanz)"이다.[84] 그러므로 헤겔이 주장하는 모순은 절대 이념을 통해서 비로소 완전히 해소된다. 왜냐하면 이 개념에 이르러서야 비로소 그 전의 모든 규정이 명시적으로 주장하는 바와 함축적으로 전제된 것 사이의 긴장이 완전히 해소되기 때문이다. 이렇게 본다면 모순을 개념들의 내적 연관성을 해명하는 운동 원리로 삼는 헤겔에 대한 표준적인 반론, 즉 모순에 대한 긍정을 통해 헤겔이 모든 학문적 논의의 토대 자체를 파괴한다는 반론은 적절치 못한 것으로 드러난다.

헤겔의 모순은 화용론적인 것으로 이해해야 한다. 그리고 절대 이념을 제외한 모든 규정의 내적 운동으로 구성되는 규정들의 체계적인 연관성은 각 규정들의 내적 모순을 해결하는 과정에 지나지 않는다. 모순은 어느 한 규정이 함축하는 바를 더 높은 차원에서 명시적으로 드러내는 새로운 범주로의 이행을 통해 해결할 수 있다. 즉 각각의 범주들이 모순에 의해 스스로를 지양하여 새로운 범주로 이행하는데, 뒤에 오는 범주들은 그 전의 범주들이 함축적으로 전제하는 바를 명시적으로 표현하는 역할을 담당한다는 것이다. 그러므로 모순을 드러내는 작업에 의해 규정들의 내적인 연관성을 구성하는 작업은 함축된 것의 명시화 과정이다. 이런 점을 염두에 두면 이제 다음과 같은 헤겔의 진술을 좀더 잘 이해할 수 있다. "규정의 여러 다양한 순환들(Kreisen) 속에서 그리고 현시(Exposition)의 진행 속에서, 또는 더 자세히 말해서 개념의 현시를 향한 그 개념의 진행에서 가장 주된 문제 가운데 하나는 아직 즉자적인 상태에 머무르는 것과 정립된 것을 구별하는 것, 즉 규정들이 개념 속에 있는 것으로 존재하는 상태와 그 규정들이 정립된 것으로 또는 타자를 위해 있는 것으로 존재하는 상태를 잘 구별하는 일이다."[85]

화용론적 모순을 운동의 추동력으로 삼는 사유 규정들의 변증법적인 전개 과정은 무한히 진행될 수 없다. 앞에서 언급했듯이 규정들의 운동은 자기 자신을 사유하는 사유의 자기 연관이 확보되면 종결된다. 그러므로 회슬레는 논리학에 나타나는 헤겔의 논증 방법의 절차를 다음과 같이 요약한다. "그것은 모순적인 것으로 드러날 하나의 규정과 더불어 출발한다. 이는 새로운 하나의 범주의 도입을 요청하는데, 이때 오로지 최초 범주의 규정적 부정만이, 즉 그것의 반대적 대립만이 이 새로운 범주일 수 있다. 그런데 이 새로운 범주에서도 모순이 또다시 드러나고 이는 또 하나의 새로운 범주의 도입을 요청하거니와, 이러한 방식의 진행은 모순이 없는, 또는 그 어떤 모순도 더 이상 드러낼 수 없는 하나의 규정에 도달할 때까지 계속된다."[86]

헤겔 정치철학의 통찰과 맹목

3. 객관적 관념론 프로그램의 현재적 의미

헤겔 철학 체계의 궁극적 기초인 절대적 주관성은 세계의 궁극적 목적을 정신의 자기인식으로 설정하고 그리하여 실재철학(Real-philosophie)은 이제 이념의 실현이 아니라, 실현된 이념의 사변적인 인식에서 종결된다.[87] 즉 실재철학은 철학을 통한 절대적인 주관성의 자기 복귀에서 정점을 발견한다.

그러나 20세기에 철학이 언어적 전회를 한 이후에 헤겔적인 절대적 주관성의 원리에 입각한 객관적 관념론은 심각한 이론적 난점을 보였고 변형의 필요성이 제기되었다. 어떤 사람들에게는 변형이 아니라 객관적 관념론과의 작별이 더 타당하게 여겨질 것이다. 위르겐 하버마스의 용어를 빌리자면 헤겔은 "최후의 형이상학자"[88]이다. 여기에서는 상호 주관성과 객관적 관념론의 결합 가능성을 간략하게 언급하는 데 그칠 것이다. 물론 헤겔의 절대자 내지 절대적 주체성이 그저 인간적이고 고립된 자기의식이 아니라는 점은 분명하다. 마찬가지로 헤겔이 특히 자신의 정신철학을 통해서 상호 주관성에 대한 문제의식을 어떤 근대 철학자들보다 깊이 있게 천착했고 현대의 상호 주관적 이론을 예시했다는 점도 부인할 수 없다. 근대의 가장 중요한 철학적 범주인 주관과 객관의 대립을 넘어서기 위해 헤겔이 절대적 주관성을 주관과 객관의 통일로 사유한다는 점도 널리 알려져 있다. 따라서 헤겔 철학에서의 절대적 주체성과 상호 주관성의 연관성에 대한 물음은 대단히 중요한 문제이다. 절대적 주관성의 이론에 함축된 상호 주관성의 차원을 설명할 필요가 있다. 주지하듯이 헤겔은 인간을 타자와의 인정관계 속에서 이해하려는 관점을 지속적으로 유지하려 했다. 달리 말해 헤겔에 따라, 인간의 자기의식이나 자유 의식 역시 타자와의 관계 속에서만 비로소 현실적일 수 있음을 나는 강조했다. 자기의식은 또 다른 자기 의식을 통해서만 정신적 존재로서의 자신의 가치를 인정받고 확인할 수 있기 때문이다. 심지어 헤겔은 "절대정신"을 "상호 인정"이라고까지 말한다(ein gegenseitiges Anerkennen, welches der absolute Geist ist).[89]

후기의 헤겔 철학에도 상호 주관성 이론이 뚜렷하게 담겨 있다는 사실은 다음과 같은 주장에서도 분명히 드러난다. "우리는 이름에서 사유한다(Es ist in Namen, daß wir denken)."[90] 이 구절은 헤겔의 철학 체계가 집대성된 《철학적 학문의 백과사전》에서 찾아볼 수 있다. 헤겔은 인간의 사유가 본질적으로 언어에 의존해 있다는 사실을 다음과 같이 덧붙여 설명한다. "그렇게 언어(Worte)는 사유에 의해 생동적인 현존재가 된다. 이 현존재는 우리의 사유에 절대적으로 필요하다."[91] 헤겔은 《철학사 강의》에서 고대 그리스의 철학을 설명하면서 로고스(logos)라는 단어에 있는 언어와 사유라는 이중 의미에 주목한다. 여기에서도 헤겔은 "언어는 정신의 순수한 실존이다(Sprache ist die reine Existenz des Geistes)"고 말한다.[92] 이렇듯 후기의 헤겔에게도 "이성적인 것은 오로지 언어로서만 실존한다(das Vernünftige existiert nur als Sprache)"[93]는 점은 분명한 사실이었다.

헤겔의 절대적 주관성의 객관적 관념론이 아무리 풍부한 상호 주관성 이론을 내장하고 있다 해도 그 범주가 헤겔 철학 체계의 제일원리의 지위를 차지하지 못한다는 점은 분명하다. 또한 그는 주체와 객체의 범주를 지양할 수 있는 상호 주관성의 범주를 명시적으로 전개하려 하지 않았다. 이는 헤겔 철학이 안고 있는 문제점이다. 따라서 객관적

헤겔 정치철학의 통찰과 맹목

관념론이 의미 있는 철학적 프로그램으로 등장하기 위해서도 상호 주관성의 차원을 더 진지하게 다루는 객관적 관념론의 변형된 형태가 필요하다.

헤겔적인 절대적 주체성의 객관적 관념론의 한계를 넘어 철학의 언어적 전회를 진지하게 고려하는 객관적 관념론 철학을 요즈음 영미 분석철학과 독일 철학을 배경으로 한 철학자들이 진지하게 모색하고 있다는 점은 사뭇 시사적이다. 간단히 말해 상호 주관성의 객관적 관념론(회슬레) 혹은 객관적 언어 관념론(브랜덤)[94]은 철학에서의 '언어적 전회'를 매개로 등장한 객관적 관념론의 최근 형태들이다. 이 새로운 유형의 객관적 관념론을 여기서 상세히 다룰 수는 없다. 또 이 철학이 언어 화용론적 전회 이후의 철학이 당면한 중요한 이론적 문제들에 대해 얼마나 타당한 이론들을 제시하고 있는지에 대해서도 다룰 수 없다. 다만 회슬레와 로버트 브랜덤(R. Brandom)의 철학은 하버마스가 대결하고 있고 해결하려는 두 가지 이론철학의 근본 문제들에 대해 나름의 해결책을 모색하고 있다는 사실만으로도 의미가 있다.

하버마스가 제기하는 두 가지 근본적인 이론철학의 문제들은 다음과 같다. "첫 번째 문제는 자연주의(Nauralismus)에 관한 존재론적 문제로서, 어떻게 언어적으로 구조화된—그 안에서 우리가 '언제나 이미' 언어 능력 및 행위 능력을 가진 주체로서 존재하는—생활세계에 깃든, 참여자 시각에서 볼 때 우회할 수 없는 규범성과 사회문화적 삶의 형식의 자연사적 발전에 있는 우연성을 조화시킬 수 있는가를 묻는다. 두 번째 문제는 실재론에 관한 인식론적 문제로서, 우리의 기술(記述)과는 무관하며 모든 관찰자에게 동일한 하나의 세계에 대한 가정이

'적나라한' 실재에 대한, 언어를 매개로 하지 않는 직접적 접근은 우리에게 허용되어 있지 않다는 언어철학적 통찰과 어떻게 통합될 수 있는가를 묻는다."[95]

이 두 가지 근본 문제들에 대한 하버마스의 해결책이나 객관적 인식의 물음을 더 이상 진지하게 모색할 필요성을 느끼지 않는 리처드 로티(R. Rorty)의 신실용주의적인 해결책 등이 왜 불만스럽다고 여길 만한가에 대해서는 따로 논의할 필요가 있다. 하버마스는 "언어공동체의 사실상 익숙한 합의가 인식의 문제에서 최종심급으로서의 권위"를 인정받아서는 안 된다는 브랜덤의 입장에 적극 동의한다. 만약 언어공동체의 합의와 객관적 진리를 구별하지 않고 전자를 인식의 물음을 해결할 최종 준거점으로 삼는다면 "진리 주장의 합리적 수용 가능성과 단순한 수용 간의 차이가 없어질 것"이기 때문이다.[96] 자신이 한때 주장했던 '진리 합의설'에 비판적 태도를 취하고 진리 개념과 "이상적인 조건하에서의 합리적 수용 가능성 개념"[97]을 분리한 이유는 바로 이런 위험 때문이었음은 분명하다.

사실 회슬레 역시 일찍이 이런 맥락에서 하버마스의 진리 합의설의 위험성과 논리적인 불충분성을 지적한 바 있다.[98] 하버마스가 '진리'와 '올바름'을 구분하면서 로티 식의 상대주의적인 입장에 빠지지 않을 가능성을 모색하는 이론적 입장이 얼마나 일관된 길을 걸을 수 있을지 의문이다. 오히려 브랜덤의 다음과 같은 진술이 하버마스가 해결하려는 이론철학의 문제점, 즉 언어공동체와 객관적 세계의 연관성이라는 문제에 대한 더 설득력 있는 해결책을 제공하는 것처럼 보인다. "개념들이 추론적으로 분절되어 있다는 〔개념들에 대한〕 개념적 파악(conception)

헤겔 정치철학의 통찰과 맹목

은 사유와 그 사유가 지향하고 있는(about) 세계가 개념적으로 동등하게 (equally), 그리고 특별히 유망한 경우에는 동일하게(identically) 분절되어 있다는 생각을 허용한다."[99]

언어학적 전회를 통해 근대 철학의 패러다임인 주체철학의 틀을 넘어 이성을 오로지 특정한 언어공동체 속에서 실현된 실천 관행으로 해석하는 맥락주의를 도출하는 로티뿐만 아니라 선험화용론을 주창하는 아펠과 보편화용론을 주장하는 하버마스도 헤겔 철학 내에서 자신들의 철학적 동기와 깊은 친연성을 발견하는데, 이는 대단히 흥미로운 대목이다. 이뿐 아니라 로티의 제자로 스승과 달리 논변을 통해 논증될 수 있는 객관적 진리의 가능성을 진지하게 다루는 브랜덤도, '탈형이상학적' 시대로 일컬어지는 21세기 모두에 자연 및 인간 세계가 이성적으로 구조화되어 있다는 객관적 관념론의 기본 통찰을 이어받으려는 회슬레도 헤겔 철학에서 자신들의 철학함의 중요한 자양분을 길어 올리려는 노력을 지속하고 있다. 이처럼 탈형이상학적 시대에도 진리 인식의 보편타당성을 진지하게 고려하는 객관적 관념론이 여전히 활발한 움직임을 보이고 있다는 점은 앞으로 어떤 방식으로 철학함을 지속해야 할 것인가를 모색하는 우리에게 중요한 점을 시사한다.

니체의 소크라테스 비판, 대화적 이성 08
그리고 헤겔 변증법의 가능성

들어가는 말

"근대 철학은 대부분 니체 덕으로 살아왔고, 여전히 니체 덕으로 살아가고 있다."[1] 이는 질 들뢰즈의 문장이다. 들뢰즈가 니체를 그토록 중요한 철학자로 이해한 시기는 바로 1960년대 초였다. 그러나 거의 같은 시기인 1968년에 하버마스는 니체의 사상적 영향력은 이미 종말을 고했다고 단정했다.[2] 니체의 이론에 대한 평가에서 가장 극적인 전환은 좌파 진영에서 등장했다. 게오르크 루카치는 《이성의 파괴》에서 니체를 서양 제국주의 및 독일 나치즘의 이데올로기를 준비한 사람으로 평가했다.[3] 하지만 많은 이들은 그런 평가를 잊어버렸는가 하면 부당한 판결이라 여겨 거부했으며 니체를 새롭게 평가하고 있다. 그래서

＊2008년 연세대학교 《인문과학》에 실린 〈니체의 소크라테스 비판과 대화적 이성〉을
교정한 논문이다.

들뢰즈나 푸코 같은 포스트모던적인 사상가들은 니체는 좌파적이고 마르크스는 우파적이라고 말할 정도다.[4]

근대 철학에서 니체가 차지하는 위상에 대한 평가가 이처럼 판이한 까닭은 그의 사상이 논쟁적인 성격을 띠고 있기 때문이기도 하다. 우리는 앞으로 소크라테스 비판을 매개로 하여 니체가 바라보는 학문과 삶 그리고 예술 사이의 연관성을 살펴볼 것이다. 특히 니체의 철학은 그가 살았던 서구 근(현)대 위기의 근원에 대한 성찰과 극복 방향에 대한 모색으로 이해할 수 있다. 그런 점에서 소크라테스주의의 소산이라고 볼 수 있는 객관적 진리 인식을 추구하는 학문 일반에 대한 니체의 비판이 어떤 시대 비판적 의미를 지니는가에 초점을 맞출 것이다. 이 과정에서 나는 소크라테스의 지성주의를 고대 그리스 비극을 종말로 이르게 하는 근원일 뿐 아니라 기독교와 매개하여 서구의 전 역사에 걸쳐 삶에 대한 적개심과 원한을 퍼지게 하여 궁극적으로는 생에 대한 긍정을 파괴하는 치명적인 질병으로 바라보는 관점이 얼마나 타당한 것인가를 다루어볼 것이다. 또한 소크라테스로부터 니체가 살던 당대의 서구 사회에 이르는 전체 역사를 삶에 대한 긍정적인 태도가 지속적으로 몰락해가는 과정으로 생각하는 니체의 태도가 과연 받아들여질 수 있는 것인가 하는 문제를 변증법과의 대화 그리고 이성적 사유와 삶의 연관성에 대한 니체의 관점을 중심으로 비판적으로 검토해보려 한다.

니체의 소크라테스주의에 대한 비판의 유용성과 한계는 무엇인가? 소크라테스주의에 대한 니체 비판의 핵심은 삶에서 대화적 이성이 차지하는 의미를 망각하게 하고 파괴하는 데 있는 것은 아닌가? 우리는,

헤겔 정치철학의 통찰과 맹목

적어도 나는 왜 니체를 온전하게 받아들일 수 없고 또 그러해서는 안 된다고 보는가? 이 글은 이런 질문들에 대한 해명 작업이다. 이 질문들은 단순히 이론적인 관심사에 국한되지 않는 대단히 실존적인 의미를 담고 있다. 니체도 강조하듯이 철학적 질문이 인간의 삶의 방식과 밀접하게 연결되어 있다는 점을 우리는 종종 잊는다. 플라톤의 대화편 《국가》에서 '정의는 강자의 이익'임을 주장하는 트라시마코스가 아포리아에 빠져 침묵을 지킬 때 그 대신 등장하는 글라우콘의 태도는 철학적 질문들이 실존의 문제와 얼마나 긴밀하게 결합되어 있는가를 잘 보여준다. 글라우콘 자신은 트라시마코스의 입장을 받아들이지 않으면서도 그의 입장을 더 설득력 있는 방식으로 설명하면서 소크라테스에게 자신의 입장을 진정으로 논파해볼 것을 요구한다. 그가 보기에 트라시마코스의 입장은 한갓 말장난이 아니다. 정의에 대한 트라시마코스의 입장이 진정 옳다면 적어도 글라우콘은 그 원칙에 입각하여 살아갈 수밖에 없음을 보여준다. 그래서 자신은 그런 입장을 왜 수긍할 수 없는지 그리고 다른 삶의 방식이 왜 더 바람직한가를 소크라테스와의 대화를 통해서 확인해보려 했던 것이다.

니체가 누구보다도 강하게 서구의 전통 형이상학의 흐름 전반을 비판하기에 소크라테스와 플라톤의 지적 전통에 호의적인 나에게도 그의 입장은 대단히 진지한 도전이다. 그런 점에서 여기서 시도하는 니체와의 비판적 대화는 필자에게도 진지한 실존적 의미를 지닌다. 니체가 평생 옹호하고자 한 예술가의 관점이 아니라 그가 극복하려 애썼던 서구의 전통 형이상학에 기반을 둔 철학자의 관점에서 이의를 제기하는 것이야말로 내가 니체에게 표할 수 있는 최상의 존경일 것이다. 니체 스스로 인정하듯이 비판적 저항이야말로 그 자신에 대한 적절하고 도 현명한 평가의 전제조건 중의 하나이기 때문이다.[5]

1. 소크라테스의 합리주의와 근대

1869년 니체가 스물다섯 살의 젊은 나이로 스위스 바젤 대학의 고전 문헌학 교수로 취임했다는 사실이 널리 알려져 있듯이, 니체는 고전 문헌학자이기도 했다. 하지만 그는 당대의 고전문헌학과 교양에 대단 히 비판적이었다. 왜냐하면 당대의 교양 및 고전문헌학은 고대의 참다 운 모습에 대한 오해에서 비롯된 것으로 보았기 때문이다. 유럽의 교 양은 "고대를 완전히 거세하고 위조해낸 연구"에 기인한다.[6] 이 오해 의 뿌리는 니체에 따르면 소크라테스와 그로부터 시작되는 지성주의 이다.

당대의 고전문헌학에 대한 비판은 그의 최초의 저작인 《비극의 탄 생》에 분명히 드러나 있다. 당시에 독일과 유럽에 제도적으로 뿌리박혀 있던 고전문헌학에 대한 비판은 고전문헌학이라는 학문 분과의 비판에 그치지 않는다. 니체는 고전문헌학 비판을 학문 일반의 본질 및 근대에 대한 비판이라는 관점에서 수행하고 있다. 따라서 1886년에 덧붙인 〈자 기비판의 시도〉에서, 그리고 1872년에 처음으로 간행된 《비극의 탄생》 에서 그가 다루었던 문제를 "학문의 문제 자체"라고 설명한다. 이 문제 는 "두렵고 위험한 것"으로서 아주 "새로운 문제"였다는 것이다.[7]

당대의 고전문헌학은 그리스 정신의 본질을 철저히 꿰뚫어 볼 수 있 는 능력을 상실하고 그리스 정신의 표면적인 것을 본질로 착각하고 있다고 니체는 비판한다.[8] 왜냐하면 당대의 고전문헌학은 고대 그리스 비극의 본질과 기원을 오로지 아폴론적인 관점에서만 바라보았기 때문이다. 그러나 니체가 보기에 그리스 비극의 더 근원적이고 참다운 기원은 디오니소스적인 관점에서만 이해될 수 있다. 그렇다면 당대 고전문헌학의 오해와 착시는 왜 발생했는가? 간단히 말해 소크라테스적 세계관, 즉 이론적 세계관의 관점에서 삶을 이해하려는 고전문헌학의 학문적 정신과 태도 때문에 발생했다.[9] 학문적 정신이란, 비극적 정신과 세계관을 몰락케 한 근원으로 소크라테스에 의해 처음으로 명료하게 정식화된 "신념, 즉 자연의 이론적 규명 가능성과 지식의 보편적인 치료 능력에 대한 저 신념"을 의미한다.[10] 그리하여 니체는 비극적 정신과 학문적 정신을 대립시키고 이 이론적 세계관과 비극적 세계관 사이의 영원한 투쟁을 설정한다.

후에 스스로 평가하듯이 《비극의 탄생》에서 파악된 "본능 대 이성"의 대립구도는 니체 사상의 전개 과정에서 중요한 의미를 지닌다. 디오니소스적인 현상에서 탄생한 비극과 이 비극을 몰락으로 몰고 가는 소크라테스주의에 대한 새로운 이해는 니체를 독창적인 철학자로 이끈 결정적인 통찰이었다.[11] 그는 소크라테스주의에서 삶이 퇴화하는 본능을 보았다. "이 소크라테스주의야말로 몰락과 병 그리고 무질서하게 해체되어가는 본능의 징조"라는 인식,[12] 즉 소크라테스가 데카당이라는 인식은 당대의 문헌학을 비판하는 기준이 되었을 뿐 아니라 서구 근대를 포함한 서구의 전체 역사는 물론이고 인간의 삶과 학문의 본질에 대한 새로운 통찰을 발전시키는 열쇠로 작용했다.

〈진리의 파토스에 관하여〉라는 짧은 글에서 니체는 진리의 치명적 결과를 경고한다. "인간이 단지 인식하는 동물에 지나지 않는다면, 이것은 인간의 운명일지도 모른다. 진리는 인간을 절망하게 하고, 파멸의 길로 몰아넣을 것이다."[13] 그런데 이 객관적 진리에 대한 믿음을 갖고 인류 역사에서 "이론적 인간의 유형"이라는 아주 새로운 유형의 삶의 방식을 발견한 사람이 바로 소크라테스다.[14] 새로운 인간의 유형을 발견함으로써 소크라테스는 "세계사의 한 전환점"을 형성했다.[15] 소크라테스를 세계사적인 인물로 평가하는 것이 니체의 독창적인 관점은 아니다. 예를 들어 헤겔도 소크라테스를 철학사에서 가장 중요한 인물이자 고대 철학에서 가장 흥미로운 인물로 그리고 "세계사적인 인물"로 평가한다. 그 이유는 소크라테스로 인해 비로소 "무한한 주관성, 자기의식의 자유"가 탄생했다는 데 있다.[16]

이처럼 헤겔은 소크라테스와 아테네 시민의 갈등을 비극적인 사건으로 보면서도, 그를 통해 새로운 세계사적인 원리, 즉 주체성과 자유의 원리가 등장했다는 점을 높이 평가한다. 따라서 헤겔의 소크라테스는 인간으로서의 인간이라는 서구 근대적 인간관의 출현의 시작을 의미한다. 후에 보듯이 니체에게도 소크라테스는 근대적인 인간의 탄생을 의미한다. 그러나 니체는 소크라테스를 헤겔과는 달리 매우 부정적으로 평가한다. 이에 대해서는 조금 있다 다루기로 하고, 우선 니체는 왜 진리가 인간을 파멸로 몰고 갈 것이라고 보는가를 좀더 살펴보자. 앞서 간단히 언급했듯이 소크라테스는 비극의 죽음을 가져온 장본인이다. 좀더 구체적으로 말하자면 "덕은 지식이다. 죄는 오직 무지에서 비롯된다. 유덕한 자는 행복한 자"라는 소크라테스의 명제들이 디오니소스적 생에 대한 긍정을 해체한다. 니체는 이 소크라테스의 기본

헤겔 정치철학의 통찰과 맹목

명제들을 "낙천주의의 세 가지 근본 형식"이라고 부르면서 이것들이 비극을 파멸시켰다고 해석한다.[17] 그래서 소크라테스는 "디오니소스의 적"으로 선언된다.[18]

소크라테스주의가 낙천주의인 이유는 인간의 사유에 대한 무한한 믿음을 갖고 있기 때문이다. 달리 말하자면 인간의 사유가 "존재의 가장 깊은 심연에까지 도달하고 존재를 인식할 수 있을 뿐 아니라 수정할 수도 있다"는 믿음을 견지하기 때문에 소크라테스주의는 낙천적이다.[19] 소크라테스라는 인물과 더불어 처음으로 세상에 출현한 이 믿음은 "자연의 이론적 규명 가능성과 지식의 보편적인 치료 능력에 대한 저 신념이다".[20] 이 생각은 우주가 기본적으로 합리적이고 인간은 사유함으로써 이런 우주의 본질을 정확히 인식할 수 있으며 정확한 세계에 대한 합리적 인식을 통해 인간의 삶은 행복해지고 궁극적으로 구원받을 수 있다는 관념이다. 그리고 이런 인식은 결국 이 세계는 본질적으로 선하다는 믿음이다. 후에 소크라테스의 제자인 플라톤이 '좋음(善)의 이데아'를 우주의 '원리'로 파악하는 것은 우연이 아니다.[21] 이런 낙천주의적 세계관에서 볼 때 인간이 추구해야 하는 목표는 오류 및 가상과 분리되는 세계에 대한 참다운 인식이다. 소크라테스는 오류와 가상의 영역에서 해방되어 참다운 인식에 이르는 학문적 탐구 활동을 진정한 인간의 사명 내지 인간의 활동 중에서 가장 탁월한 것으로 생각했다.[22] 이는 나중에 아리스토텔레스가 개념적으로 확정했듯이 향락적 삶이나 정치적(활동적) 삶(vita activa)과 구별되는 관조적 삶(vita contemplativa)의 출현이다.

소크라테스와 더불어 시작되는 이론적 인간형이 그 출발점에서 정치와 철학의 갈등을 초래했다는 사실은 유명하다. 소크라테스적 삶이 아테네인들이 가장 중요한 것으로 생각한 폴리스, 즉 정치적 공동체에서 찾을 수 있는 삶의 궁극적 가치와 의미를 파괴하는 것처럼 보였기 때문이다. 아테네인과 소크라테스의 대립이 상징하는 두 가지 상이한 삶의 방식으로 인한 갈등 상황을 아리스토텔레스는 다음과 같이 표현한다. "어떤 생활방식이 가장 바람직한가? 행동과 정치적 생활이 가장 바람직한가? 아니면 모든 외부적 상황에서 초탈한 생활, 예를 들어 어떤 사람들이 철학자로서 가치가 있는 유일한 생활방식이라고 보는 명상의 생활이 가장 바람직한가?"[23] 이렇게 아리스토텔레스는 정치적 삶과 철학적 삶을 구별하고 이 두 가지 삶의 방식 중에서 무엇이 더 바람직한가를 묻는다. 그러나 이런 문제 설정 자체에서 철학적 삶이 바람직한 삶의 방식의 하나라는 것은 긍정되고 있다.

학문적 활동에 대한 찬탄은 소크라테스에게서 우선 변증법과 윤리학의 형태로 나타난다. 동등한 사람들 사이에 논거와 반대 논거를 통해 객관적인 인식에 도달해보려는 시도는 소크라테스적인 대화법으로 알려져 있다. 이제 소크라테스와 더불어 개념, 판단 그리고 추론의 논리적 사유 능력은 어떤 능력보다 귀중한 덕목으로 간주되었고 교육도 그런 사유 능력의 함양을 이상으로 삼게 되었다. 마찬가지로 소크라테스는 덕과 지식의 일치라는 자신의 명제를 통해 덕을 가르칠 수 있는 것으로 만들고 지혜로운 자, 그러니까 가장 탁월하게 논증할 수 있는 자를 도덕적 행위의 주인공으로 만든다고 니체는 이해한다.[24]

앞서 언급했듯이 낙천적 합리주의자의 전형인 소크라테스는 비극을 죽음으로 몰고 간 사람이기도 한데 이는 그의 가장 위대한 제자인

헤겔 정치철학의 통찰과 맹목

신적인 플라톤에게서도 잘 나타난다. 젊었을 때 비극 작가였던 플라톤은 소크라테스의 제자가 되기 위해 자신의 시작품들을 불태워버려야 했다.[25] 그래서 나중에 비극과 예술 전체를 가상의 모방이라는 점에서 감각적인 경험세계보다 더 낮은 영역에 속한다고 비판했다.[26] 이런 판단에 기초하여 플라톤은 자신이 그린 이상적이고 완전한 국가에서 천재적인 예술가들을 추방했다. 이는 예술에 대한 소크라테스적인 경멸과 조소의 필연적인 결과였다.[27] 그러나 소크라테스적 문화와 학문 정신을 통해 "생존의 영원한 상처를 치유할 수 있다"는 믿음은 근거가 없다.[28] 세계를 지성에 의해서 완전히 통찰할 수 있다는 신념, 즉 세계는 근본적으로 합리적으로 구조화되어 있다는 믿음은 니체가 보기에 망상에 지나지 않을 뿐 아니라 삶의 근원적인 본능에 대한 저항과 적개심의 표현이다. 니체는 소크라테스 및 플라톤과는 다른 존재관을 갖고 있다. 그에게 세계는 대단히 위험하고 고통스럽고 부조리하고 끔찍한 것이었다. 이미 그의 초기 저작인 《비극의 탄생》에서 니체는 "광기, 의지, 비통"을 "존재의 어머니"라고 본다.[29]

그러나 니체가 강조하듯이 소크라테스의 이론적 세계관은 세계사를 형성할 정도로 성공적인 궤적을 그리고 있다. "우리의 근대 세계 전체는 알렉산드리아적 문화의 그물에 사로잡혀 있어서 최고의 인식 능력을 갖추고 학문을 위해서 일하는 이론적 인간을 이상으로 여긴다."[30] 소크라테스주의는 기독교와 결합하여 서구의 역사를 추동하는 원동력이 될 수 있었다. 니체가 보기에 기독교는 "대중을 위한 플라톤주의"에 지나지 않는다.[31] 기독교를 매개로 하여 서구의 근대 세계에서 만개한 소크라테스적인 낙천주의는 곳곳에서 근본적인 한계를 노출하고 있다고 니체는 생각한다. 즉 소크라테스의 이론적 세계관을 이상으로 삼는 유럽의 근대 문화는 괴물 같은 재앙과 파멸의 씨앗을 안고 있다는 것이다.

근대에 이르러 전면적으로 전개된 소크라테스의 지성주의 문화를 니체는 경제·정치·학문을 비롯한 인간 사회의 전체 영역과 관련해서 다룬다. 이미 《비극의 탄생》에서 소크라테스의 낙천주의의 보급으로 인해 모든 인간의 존엄성 및 노동의 신성함에 대한 사상이 근대를 주도하는 원칙으로 등장했다고 주장하면서 이에 대해 비판적 태도를 보인다.[32] 이런 현상은 후에 등장하는 니체의 용어를 빌리자면 무리도덕 내지 노예도덕이 승리한 결과이다. 예술적인 천재성과 창조성을 최고도로 실현하는 것을 인류의 존재이유로 이해하는 니체가 보기에 노예제도는 없어서는 안 된다. "예술이 발전할 수 있는 넓고 깊고 비옥한 땅이 있으려면, 엄청난 다수는 소수를 위해 종사해야만 하고, 자신들의 개인적인 욕구의 정도를 넘어서, 삶의 노고에 노예처럼 예속되어 있어야 한다." 개인의 천재적 능력 발휘에 힘입은 고귀한 문화 창조를 위해서는 계급사회가 필수라는 니체의 생각은 다음의 한 문장에 압축되어 있다. "문화의 본질에는 노예제도가 속해 있다."[33]

더 나아가 니체는 인간의 천부적인 존엄성이나 노동의 신성함은 소크라테스-플라톤주의 및 그 대중적 표현인 기독교에 의해 형성된 특정한 역사적인 국면에 나타나는 도덕적 편견들에 지나지 않는다고 본다. 그래서 그는 "'만인의 동등한 권한' 또는 '인간의 기본권', 인간으로서의 인간의 권리, 또는 노동의 존엄"을 기만이자 거짓말로 치부한다.[34] 고귀한 문화와 창조적 개인의 활동의 전제조건으로 계급사회를 긍정

헤겔 정치철학의 통찰과 맹목

하고 민주주의를 반대한 것은 니체의 일관된 신념이다. 후기 니체를 대표하는 저서의 하나로 꼽히는 1887년에 출간된 《도덕의 계보》에서도 그는 고도의 문화를 위해서는 "거리의 파토스(das Pathos der Distanz)"와 노예제도가 필요하다는 사실은 냉혹한 진리라고 강조한다.[35]

2. 근대 위기의 근원으로서의 노예도덕과 그 극복 가능성

우리는 앞에서 소크라테스적인 이론적 인간 유형의 출현이라는 사건을 중심으로, 고대 그리스 비극이 어떻게 하여 종말을 맞았고 소크라테스적 지성주의가 왜 근대 유럽의 문화적 근원이자 토대가 되었는가에 대한 니체의 관점을 살펴보았다. 이제 소크라테스적 낙천주의와 더불어 시작된 새로운 문화가 어떤 과정을 통해 근대 세계에서 만인의 평등 이념에 입각한 민주주의를 등장시키는지를 그리고 그 결과가 무엇인지를 니체의 입장에서 살펴보아야 할 차례이다.

소크라테스는 덕과 행복 그리고 지식을 동일한 것으로 생각했고, 인간이 실현해야 할 탁월성으로서의 덕을 변증법적인 혹은 대화적인 논증, 즉 로고스의 발휘에서 구했다. 또한 자신의 위대한 죽음을 통해 플라톤이라는 고매한 인물을 전적으로 철학에 매진하게 만들어 서구 세계에 이성적인 합리주의 문화를 뿌리내리도록 했다. 그러나 소크라테스적인 문화가 모든 저항을 뚫고 서구 세계의 역사를 결정적으로 규정할 수 있었던 까닭은 무엇보다 기독교와 결합했기 때문이다. 아니 기독교는 소크라테스적인 인간 유형을 대중적으로 확산한 종교였다고 니체는 생각한다.

니체는 당대 "유럽에서의 도덕을 무리 동물의 도덕"이라고 규정한다. 기독교는 근대 유럽의 도덕인 바로 이 무리 동물의 도덕의 탄생지이다. 그리고 근대 유럽의 민주주의 운동 역시 기독교 유산의 상속자라고 니체는 단정한다.[36] 기독교에서 천명된 신 앞에서의 만민 평등의 이념은 프랑스혁명과 근대적인 민주주의 이념이 되었다. 그래서 이 신 앞에서의 이념은 "기독교적인 다이너마이트"인 셈이다.[37] 그러나 이런 근대 유럽의 본질을 정확히 통찰하기 위해서는 바로 기독교가 최상의 가치로 내세우는 도덕을 비판적으로 평가해야만 한다. 니체의 기독교적인 도덕에 대한 평가에 따르면 그것은 노예도덕이다. 물론 니체는 노예, 천민, 민중, 무리 등의 단어를 모두 동의어로 사용한다.[38]

니체는 인류 역사에서 등장했던 다양한 도덕들은 모두 주인도덕과 노예도덕이라는 두 유형으로 분류할 수 있다고 본다.[39] 주인도덕과 노예도덕은 고결한 도덕과 원한의 도덕이라는 반대 개념으로도 표현된다. 니체는 후자, 즉 노예도덕 및 원한의 도덕은 전자인 주인도덕 및 고결한 도덕에 대한 반항과 부정을 통해서 발생한 것으로 이해한다. 그리고 이 노예도덕을 "유대적-기독교적인 도덕"이라고도 표현한다.[40] 주인도덕은 '좋음(gut)'과 '나쁨(schlecht)'의 대립을 기본으로 한다. 반면에 노예도덕에서는 '선(gut)'과 '악(boese)'의 대립이 결정적인 의미를 지닌다. 좋음과 나쁨의 가치판단의 주체는 저급한 사람이나 천한 사람과 달리 자신의 행위를 탁월하고 고귀하고 좋은 것으로 느끼고 결정하고 평가할 수 있는 사람들이다.

고귀한 자들에게 있어서 중요한 것은 다른 사람들의 칭찬이나 긍정이 아니다. 그들은 "가치를 창조하는 자"로서 "자기 안에 있는 강자를 존경하며, 또한 자기 자신을 지배할 힘이 있는 자, 말하고 침묵하는 법을 아는 자, 기꺼이 자신에 대해 준엄하고 엄격하며 모든 준엄하고 엄격한 것에 경의를 표하는 자를 존경한다." 달리 말해 고귀한 자들은 "안전, 육체, 생명, 쾌적함"에 대해 무관심하고 그것들을 경시한다. 그리고 "승리와 잔인함에 탐닉하는 것에" 대해 놀라울 정도의 "명랑함"을 드러낼 뿐 아니라 말할 수 없이 커다란 "쾌락"을 느낀다.[41] 그래서 이들 고귀한 자들은 타인에 대한 동정이나 연민에 휩싸여 행동하는 이들을 도덕적이라고 보는 것과는 거리가 먼 사람들이다. 달리 말하자면 좋음과 나쁨이라는 도덕적 대립과 결부된 고귀한 사람들의 행동은 비이기적이거나 이타적인 행위와는 결부되어 있지 않다.[42]

이들 고귀하고 강한 자들은 자기 자신이 가치평가의 주체이기에 그렇지 못한 사람들을 저급하고 경멸해 마땅한 존재로 간주하고 이들과 자신들이 근본적으로 다른 존재임을 느낀다. 바로 이것이 고귀한 도덕을 가능하게 하는 "거리의 파토스"이다. 고귀한 자들이 비속하고 저급하며 천한 사람들에게 느끼는 이 거리의 파토스가 없다면 고귀한 도덕과 가치가 설 자리가 없다. 그래서 니체는 다음과 같이 말한다. "고귀함과 거리의 파토스, 좀더 높은 지배 종족이 좀더 하위의 종족, 즉 '하층민'에게 가지고 있는 지속적이고 지배적인 전체 감정과 근본 감정, 이것이야말로 '좋음'과 '나쁨'이라는 대립의 기원이다."[43]

주인도덕과 달리 노예도덕은 "귀족적인 가치판단이 몰락할 때" 발생한다. 도덕의 두 번째 유형인 노예도덕은 강한 자의 도덕에 대한 증오에서 발생한다. 고귀하고 귀족적인 사람들과 구별되는 무력한 사람들은 본래 고귀한 사람들에 의해 경멸스러운 존재로 여겨졌다. 그러나 이들 약한 자, 피로한 자, 박해받는 자, 고통을 당하는 자, 자신에 대한 확신이 없는 자들은 강한 자와 고귀한 자들에게 대항하여 가치의 전복을 꾀하게 된다. 그러므로 노예도덕은 태생적으로 고귀한 자인 "자기가 아닌 것"을 "부정"함으로써 생겨난다. 즉 이러한 "부정이야말로 노예도덕의 창조적인 행위"이다.[44]

귀족적인 주인도덕에 대항하여 반란을 일으킨 사람들은 유대인들이었다. 이는 "도덕에서의 노예반란"이라고 불린다.[45] 유대인은 고귀한 자에 대한 "원한"과 증오와 분노를 새로운 가치들을 창조하는 원료로 사용할 줄 알았던 민족이었다. 이들은 자신들을 억압하고 지배했던 사람들에게 복수하기 위해 그들의 도덕을 전복하고 새로운 도덕을 창조했다. 즉 "비참한 자만이 오직 착한 자다. 가난한 자, 무력한 자, 비천한 자만이 오직 착한 자다. 고통 받는 자, 궁핍한 자, 병든 자, 추한 자 또한 유일하게 경건한 자이며 신에게 귀의한 자이고, 오직 그들에게만 축복이 있다". 이에 반해 고귀하고 강력한 자들은 "사악한 자, 잔인한 자, 음란한 자, 탐욕스러운 자, 무신론자"일 뿐 아니라 "영원히 축복받지 못할 자, 저주받을 자, 망할 자"라고 말한다.[46] 가치를 둘러싼 전쟁에서 승리한 쪽은 노예도덕이다. 주인도덕에 대한 가치 전쟁에서 유대인들은 사랑의 복음의 화신인 나사렛 예수라는 가난하고 병들고 힘없고 고통 받는 자의 구세주를 통해서 비로소 승리한다. 그러므로 니체는 예수와 기독교를 통해 유대인들의 증오와 원한 어린 복수가 실현될 수 있었다고 말한다.[47]

유대인들이 좋음과 나쁨이라는 귀족적·도덕적 대립을 선과 악이라는 새로운 가치 대립으로 대치함으로써 이제 약한 사람이나 고통 받

헤겔 정치철학의 통찰과 맹목

는 사람이나 저급한 사람들을 동정하지 않거나 도와주지 않는 사람들은 최악의 사람으로 비판받게 된다. 노예도덕에서 가장 숭고하고 고귀한 것으로 평가되는 가치는 "동정, 도움을 주는 호의적인 손, 따뜻한 마음, 인내, 근면, 겸손, 친절" 등이다. 그런데 이런 것들은 인간의 생존에 가장 유용한 수단들이라는 점에서 노예도덕은 "본질적으로 유용성의 도덕"이라고 정의된다.[48]

유대인이 시작한 도덕에서의 노예반란은 기독교를 통해 점진적으로 승리했다. '좋음과 나쁨' 그리고 '선과 악'이라는 서로 대립되는 가치의 전쟁, 수천 년 동안 지속된 이 전쟁을 니체는 '로마 대 유대'의 전쟁으로 표현한다. 이 로마 대 유대의 전쟁에서 강한 자이자 고귀한 자, 즉 '좋은 사람'의 상징인 로마는 유대에 굴복하고 만다. 앞에서 살펴본 것처럼 도덕에서의 노예반란은 기독교라는 종교의 틀을 넘어서 프랑스혁명을 통해 서구 근대사회의 근본 원리가 된다.[49] 그러나 궁극적으로 승리한 것처럼 보이는 노예도덕으로 인해 서구의 근대사회는 치명적인 질병에 휩싸여 있다고 니체는 진단한다.

많은 사람들은 기독교 도덕을 사회의 기본원리로 삼아 인간의 기본권을 보장해주는 민주주의 정치질서의 대두를 인류 역사에서 미증유의 진보이자 전진으로 평가한다. 니체가 살았던 당시의 유럽인들도 그렇게 생각했다. 이런 생각은 근대에 전형적인 진보사관을 통해 학문적으로 승인된다. 이런 근대의 진보적인 역사철학적 관념은 헤겔에게서 가장 체계적인 방식으로 서술되어 있다. 그에 의하면 인류의 역사는 인간 자유 의식의 점진적인 진보와 실현 과정이다.[50] 헤겔적인 역사철학은 천민인 일반 대중들을 인류 역사의 정점이자 목표, 의미로 파악하는데, 이것은 니체에 의하면 실로 인류의 퇴보를 인류의 긍정적인 발전으로 바라보는 오류이다. "인류는 오늘날 우리가 믿고 있듯이 더 나은 것으로의 발전이나 또는 더 강력한 것으로의 발전이나 또는 더 높은 것으로의 발전을 보여주지 않는다. '진보'란 한갓 근대적 이념에 불과하며, 잘못된 이념 중 하나이다."[51]

헤겔과는 달리 니체의 관점에 의하면 서구 근대의 역사는 인간의 삶에서 의미와 가치가 무의미해지는 퇴화의 과정이다. 그래서 유럽인들이 자부심을 갖고 민주주의 운동을 역사적인 진보라고 평가하면서 그것에 세계사적인 의미를 부여하지만, 니체는 기독교적인 도덕에 기원을 두는 민주주의의 진전을 궁극적으로는 허무주의로 귀결되고 말 과정, 인간을 평범하게 만들고 왜소화시키는 과정이라고 본다.

니체는《도덕의 계보》에서 노예도덕이 승리를 구가하고 있는 근대 유럽이 처한 위험한 상황을 다음과 같이 묘사한다. "인간을 변호하는 인간, 인간을 보완하고 구원하는 행복의 경우를 한번 볼 수 있고 그 때문에 인간에 대한 믿음을 견지할 수 있는 경우를 한번 볼 수 있게 해달라! 유럽인의 왜소화와 평균화는 우리의 최대 위험을 숨기고 있기 때문이다. 왜냐하면 이 모습이 우리를 지치게 만들기 때문이다. 오늘날 우리는 좀더 위대해지려는 그 어떤 것도 보지 못한다. 우리는 더욱 아래로, 아래로 내려가며, 좀더 빈약한 것, 좀더 선량한 것, 좀더 영리하고 안락한 것, 좀더 평범하고 무관심한 것, 좀더 중국적이고 그리스도교적인 것으로 되어가는 것을 예감하고 있다. 인간은 의심할 여지 없이 '더 좋게' 된다. ……여기에 바로 유럽의 운명이 있다. 인간에 대한 공포와 더불어 우리는 또한 인간에 대한 사랑과 경외심, 인간에 대한

헤겔 정치철학의 통찰과 맹목

희망, 아니 인간에 대한 의지도 잃어버렸다. 이제 인간의 모습은 우리를 지치게 만든다. 이것이 허무주의가 아니라면, 오늘날 무엇이 허무주의란 말인가?"[52] 이렇게 니체는 소크라테스와 더불어 시작되어 근대 민주주의 국가에서 일정하게 완성된 지성주의적 계몽운동을 철저한 야만의 과정으로 독해한다.

근대 세계가 목도하고 있는 심각한 위기로서의 허무주의는 본래 소크라테스의 지성주의 및 기독교의 노예도덕에 기인한다. 기독교의 도덕은 기본적으로 세계와 삶에 대한 부정의 표현이기 때문이다. 니체가 보기에 기독교에서 천명된 신 개념은 인류가 알고 있는 "가장 부패한 신 개념 중 하나"이다. 기독교의 신으로부터 "삶에 대한 미화이자 삶에 대한 영원한 긍정"이 아니라 "삶에 대한 반박"이 선언되고 있기 때문이다. 즉 기독교의 신과 더불어 "삶과 자연과 삶에의 의지에 대한 적대"가 신성시되고 있다는 것이다.[53] 그럼 점에서 기독교는 "가장 심층적인 의미에서 허무적이다".[54] 그러나 이런 반생명적이고 반자연적인 기독교에 기초를 두고 있는 근대 세계가 영원히 지속될 수는 없다. 이는 소위 니체에 의한 신의 죽음에 대한 선언에서 잘 드러난다. 근대 세계의 정신적 원리를 제시하는 기독교적인 신이 더 이상 존재하지 않는다면 근대 세계의 미래는 없다고 해도 과언이 아니다. 니체는 근대 세계의 위기를 그것이 안고 있는 전면적인 허무주의에서 보고 이를 극복할 방안을 모색한다.

삶과 삶에 대한 의지를 긍정할 것을 촉구하는 사유가 니체가 발견한 미래 철학의 핵심이다. 《차라투스트라는 이렇게 말했다》에서 니체는 지금까지 인류를 지배해온 "무의미"에 대항하여 투쟁할 것을 선언한다. 그러면서 니체는 이 무의미를 극복하기 위해서는 "모든 사물들의 가치를 새롭게 정립"해야 한다는 점을 강조한다. 즉 근대의 허무주의를 낳은 기존 노예도덕의 가치를 비판하고 그것을 대체할 수 있는 새로운 가치를 정립해야 한다고 강조한다.[55] 이렇게 니체는 소크라테스에서 시작된 근대가 왜 타락과 몰락의 시대인가를 해명하는 데 그치지 않고 인간의 삶에 다시 비극 시대의 그리스인들이 느꼈던 생명력의 충만함과 생에 대한 긍정이 살아 꿈틀거리는 시대의 부활을 꿈꾼다. 니체는 이미 최초의 저서인 《비극의 탄생》에서 다음과 같이 말한다. "그렇다. 내 친구들이여, 나와 함께 디오니소스적 삶과 비극의 재탄생을 믿자. 소크라테스적 인간의 시대는 끝났다."[56] 그리고 니체는 비극의 재탄생이라는 꿈은 오로지 예술을 통해서만 실현 가능할 것이라고 생각한다. 물론 초기의 니체는 독일 음악, 특히 리하르트 바그너의 음악에 매료된 나머지 경제적 이기주의와 물질주의 그리고 군국주의적인 독일제국에 의해 훼손된 독일의 문화와 정신을 치료할 그리스적 고대를 재생할 수 있으며 그런 시대가 임박해 있다는 믿음을 한때 가졌다.[57]

1872년 《비극의 탄생》에서 니체는 '바그너에게 바치는 서문'을 통해서 자신이 바그너에게 얼마나 많은 영향을 받고 있는가를 솔직하게 표현했다. 니체는 바그너의 말처럼 "정신에 따라 예술이 이 삶의 최고의 과제이고 본래적인 형이상학적 행위"라는 점을 확신한다고 말한다.[58] 그러나 나중에 니체는 바그너의 음악이 자신의 꿈을 실현시켜줄 수 없다고 보고 그와 결별한다. 바그너의 음악이 진정한 독일적 교양을 회복시키리라는 희망을 포기한 후에도 니체는 예술이 삶에 지니는 결정적인 중요성을 완전히 부정한 적은 없었다.

근대의 타락과 몰락의 가장 중요한 원인이라고 할 수 있는 삶에 대한 혐오와 적개심으로 가득 찬 기독교적 도덕을 극복하고 삶에 다시 충만함을 부여할 새로운 사유를 추구하는 데 있어서 예술은 여전히 중심적 역할을 담당한다. 이제 예술은 디오니소스적인 생에 대한 긍정의 맥락에서 재해석된다. 니체는 "디오니소스적인 것"을 "도덕과 근본적으로 대립되는 삶에 대한 가르침과 평가, 즉 순수하게 예술적인, 하나의 반(反)기독교적인 가르침과 평가"라고 정의한다.[59] 도덕과 근본적으로 대립되는 가르침의 핵심은 세계를 참다운 세계와 가상 세계로 나누어 보는 플라톤적이고 기독적인 이원론의 부정이다. 니체는 《우상의 황혼》에서 다음과 같이 말한다. "'가상' 세계가 유일한 세계이다. '참된 세계'란 단지 가상 세계에 덧붙여서 날조된 것일 뿐이다."[60]

유일한 가상 세계에서 모든 존재는 "힘에의 의지"를 자신의 "본질"로 삼고 있는 생명이다.[61] 힘에의 의지인 생명에서 가장 중요한 것은 단순히 생명을 보존하는 게 아니라 힘에의 의지를 가장 역동적이고 충만하게 고양시키는 것이다. 생명체의 일종인 인간이 고양된 삶을 경험하려면 디오니소스적-예술적인 삶이 필요하다. 디오니소스적 예술가는 신이 죽은 세상에서도 절망에 빠지지 않고 가치 창조자로서 세계에 의미를 부여하면서 자신을 실현해가는 사람이다. 니체에게 세계는 예술작품으로 이해된다. 그러므로 예술은 세계의 근원이라는 의미를 지니며 이런 세계의 근원적인 예술적 충동을 가장 탁월하게 드러내는 디오니소스적인 인간만이 최고의 가치를 지닌다. 디오니소스적이라는 것은 "삶의 가장 낯설고 가장 가혹한 문제들에 직면해서도 삶 자체를 긍정"하는 태도를 말한다. 그런 사람은 초월적인 모든 가치들이 몰락한 "생성의 세계에 존재"를 새기는 법을 아는 "최고의 힘에의 의지"를 향유하는 자이다.[62] 이것이 기독교적 도덕을 비판하는 사람들이 걸어야 할 길이다. 또한 다가오는 허무주의를 극복할 미래의 이상적인 인간 유형이 추구해야 하는 길이기도 하다. 인류의 미래를 담당해야 할 새로운 인간 유형의 이상적 모습인 디오니소스적 예술가에게 니체는 초인이라는 이름을 부여했다. "모든 신은 죽었다. 이제 초인이 등장하기를 우리는 바란다."[63]

3. 대화적 이성의 망각과 니체 이론의 한계

니체는 기본적으로 소크라테스적인 지성주의와 변증법이 인간의 삶에서 생의 충만함을 박탈한다고 생각한다. 서구의 전통 형이상학과의 비판적 대결을 통해 니체는 이성, 객관적 진리 그리고 참다운 세상과 가상 세계의 구별 등 서구 형이상학의 기본 개념들 및 그 체계 연관의 의미에 대한 실로 독창적이고도 새로운 해석을 제시하였다. 그리하여 서구 전통 형이상학의 극복자로서, 서구의 기독교적 도덕에 대한 권력이론적-비판적 사유의 창시자로서 그리고 현대 세계에서 나타나는 획일화 및 평준화 경향에 대항하여 개별 실존의 의미를 적극 옹호하는 실존주의 사상의 개척자로서 니체는 다양한 차원에서 높이 평가되어 왔다. 그러나 니체는 과연 소크라테스 및 플라톤에서 시작하여 헤겔에 이르는 서구의 전통 형이상학에 대한 진정한 극복자로 자처할 수 있는가? 그가 망치를 들고 서구의 전통 형이상학과 벌인 진지한 투쟁의 결과에 우리는 왜 만족하지 못하는가? 이제 소크라테스적 이성에 대한 니체의 비판에 도사린 문제점들을 중심으로 그의 이론이 왜 탐탁지 않은지를 설명하겠다.

소크라테스적 논쟁 방법으로서의 변증법의 근원적 통찰

니체가 비판하듯이 소크라테스로부터 유래하는 서구의 합리주의는 서구 근대의 위기를 불러온 근원이기에 이를 극복할 수 있는 어떤 대안도 제시할 수 없는가? 이 물음에 대한 대답을 얻기 위해서는 우선 니체가 바라보는 소크라테스가 진정한 소크라테스인가를 먼저 검토해볼 필요가 있다. 소크라테스는 자신의 철학적 활동의 근본 정신 혹은 고유한 철학적 방법을 "캐물음"이라는 말로 설명한다. 이는 신의 사명을 완수하기 위해 사용한 비판적 탐구 방법, 즉 소크라테스적 문답법이다. 우리는 《변론》에서 소크라테스가 어떤 방식으로 대화하고 대화 상대자가 내세우는 주장들을 어떻게 비판적으로 검토하는지를 알 수 없다. 소위 '소크라테스적 대화편'이라고 불리는 플라톤의 초기 대화편들에 등장하는 소크라테스의 모습을 보면 그에 대한 중요한 정보를 얻을 수 있다. 여기에서 소크라테스는 누구에게 가르침을 주는 역할을 맡지 않고 주로 질문하는 사람으로 등장한다. 그는 《변론》에서처럼 지혜를 갖고 있지 않다고 말하면서, 대화 상대방이 참이라고 여기는 생각들을 비판적으로 검토하는 방법을 사용하는 사람으로 묘사된다. 그의 비판적 검토 방법은 흔히 '논박법(elenchus)'이라 일컬어진다. 소크라테스는 어떤 대화 주제에 대한 결론을 갖고 있다 하더라도 이를 일방적으로 전달하지 않는다. 질문과 대답을 주고받는 과정에서 문제가 되는 주제들을 여러 측면에서 철저히 검토함으로써 대화 상대자로 하여금 스스로 나름의 답을 내리게 하는 것이다. 소크라테스적 대화법이라고도 불리는 그의 논박법의 특성은 대화가 대부분 아무런 결론 없이 끝난다는 점이다. 즉 대화는 '아포리아(aporia)'라는 해결할 수 없는 당혹스러운 문제를 남긴 채로 끝난다.

그러나 소크라테스의 대화법이 전적으로 부정적 성격만을 지니고 있다고 보아서는 안 된다. 많은 아테네인들은 소크라테스를 기존의 가치관을 회의하거나 의문시하면서도 긍정적 대답도 하지 않는 회의주의적인 사람으로 생각하였다. 그래서 그를 소피스트와 동일시할 수 있었던 것이다. 이런 회의적이면서도 도덕에 대하여 긍정적인 답을 내주지 않는 소피스트적인 파괴 활동이 스파르타와의 전쟁에서 아테네인들이 겪었던 숱한 불행과 고통의 근본 원인이라고 생각했다.[64] 하지만 그가 대화를 통해 상대방의 무지를 드러내게 한 것은 더 나은 인식을 추구하기 위한 징검다리일 뿐이다. 그는 무지를 자각함으로써 자기 사유의 힘으로 진리를 추구하려는 내적 동기를 갖도록 유도하려 했다. 자신이 인생의 중요한 문제들에 대해 얼마나 무지한가를 자각해야만, 좀더 나은 지혜를 추구할 수 있기 때문이다.

이렇게 대화가 의미 있으려면 대화 상대자들이 모든 권위로부터 자유로워야 한다. 대화를 통한 진리의 추구는 쉽게 달성될 수 없다. 사유를 통한 비판적 검토라는 시험을 통과한 것만을 합리적인 것으로 받아들이려면 대화에 참여하는 사람들이 자유로워야 할 뿐만 아니라 상대방의 인격을 존중하고 서로 우호적인 관계를 맺어야 한다. 아울러 사상과 양심의 자유, 합리적 설득 및 토론을 중요시하는 사회적 분위기가 촉진되어야 한다. 이런 전제조건들이 충족돼 있지 않거나 덜 성숙한 상황에서 진행되는 대화는 비생산적이라는 사실이 드러나곤 한다.

관점의 다양성 및 이해의 역사성과 객관적 진리는 결코 양자택일의 문제가 아니다. 대화에서 모든 입장들이 다 동일한 것으로 받아들여질 수는 없다. 마찬가지로 참다운 대화는 단지 다양한 견해들을 서로 교환하는 것에 그치지 않는다. 다양한 견해를 비판적으로 검토해가는 과정에서 우리는 더 나은 것, 즉 객관적 진리에 도달할 수 있는 가능성을 발견할 수 있다. 다시 말해 대화에 참여하는 이들은 질문하고 대답함으로써 다양한 견해를 검토하기에 대화에는 비판적 성격이 들어 있다. 우리는 대화의 비판적 성격으로 인해 기존의 편견이나 선입견에서 벗어날 기회를 갖게 된다. 그래서 가다머는 다음과 같이 말한다. "소크라테스적 대화의 산파술적인 생산성, 즉 말의 산파술은 대화 상대방인 인간적 인격체들에 향해져 있지만, 그것은 오로지 그들이 진술하는 견해들과 대화 속에서 그 견해들의 객관적인 결과가 전개되는 견해들에 의지한다. 대화의 진리에서 드러나는 것은 로고스이며 그것은 나의 것도 당신의 것도 아니다. 그러므로 그 로고스는 대화를 주도하는 사람도 항상 무지한 사람으로 남아 있을 정도로 대화 상대자들의 주관적인 견해를 능가하여 있다."[65]

고대 그리스에서의 이성을 의미하는 로고스가 독백이 아니라 근본적으로 대화의 성격을 지닌다는 점은 키케로에게서도 분명히 나타난다. 키케로는 '인간은 이성적 동물'이라는 우리에게 너무나 익숙한 인간에 대한 정의를 언급하면서 소통적 내지 대화적 이성이야말로 인간과 인간을 이어주는 참다운 연대의 원리라는 사실을 천명한다. "그런데 인간 사회와 공동체는 그 구성원 각자가 가장 친밀하게 결합되어

서로 최대의 호의를 베풀 때 가장 잘 유지, 보존될 것이다. 그러나 무엇이 인간 공동체와 사회의 자연적 원리들인지 재검토하는 것이 중요하다. 사실 인간 공동체와 사회의 연결고리는 사유 능력인 이성(ratio)과 말하는 능력인 언어(oratio)인데, 바로 이 이성과 언어가 가르치고 배우며 의사를 전달하고 묻고 따지면서 토론하게 하고(disceptando), 판단하는 것을 통해 인간 상호 간의 결합을 돈독하게 하며, 어떤 자연 발생적인 형제애와 같은 사회성(societas)을 함양하는 것이다. 그렇다고 우리 인간에게 흔히 이야기되듯이, 야생마나 사자에게서 볼 수 있는 용감성과 같은 야수의 본성이 아주 없다는 뜻은 아니다. 다만 야수들은 정의, 형평, 선과는 거리가 멀다고 말할 수 있는데, 그 까닭은 짐승들이란 이성과 언어가 결여되어 있기 때문이다."[66] 키케로는 언어를 "인간 사회의 막강한 매개체"로 보는 입장을 견지하며, 이성의 언어적이고 대화적 성격을 강조한다. 그는 다음과 같이 말한다. "이성이라는 그 하나로 우리가 짐승보다 훌륭하고, 그 이성으로 우리는 추정을 하고 논증을 하고 토론을 하고 무엇인가 작성하고 결론에 이르는데, 바로 그 이성이 모든 사람들에게 공통으로 있다는 말일세."[67]

주체성과 객관성이 철학의 근본 범주들로 등장한 근대에도 로고스의 대화적 성격이 완전히 망각의 늪에 빠진 것은 아니다. 그런 사실을 우리는 헤겔의 변증법에서 찾아볼 수 있다. 가다머가 지적하듯이, 플라톤의 대화록에 기록된 소크라테스적인 대화법의 핵심 구조, 즉 질문과 대답의 연관 및 대화의 근원성이 헤겔의 변증법적 사유에도 여전히 남아 있다.[68] 플라톤은 견해에서 출발하여 진리에 이르는 방법을 변증법이라고 명명했다. 물론 변증법적인 방법에서 플라톤이 추구하는 것은 참된 앎이다. 그런데 이 앎에 이르는 길은 변증법, 즉 대화이다. 그래서 변증법적 방법은 세계에 대한 특정한 견해에서 출발하여, 당사자들이 대화를 통해 아무것도 전제하지 않는 궁극적인 진리에 도달하는 길을 의미한다.[69] 플라톤은 궁극적인 진리를 탐구하는 철학적 사유를 "말로 언급된 소리 없이 정신에 의해서 수행되는 대화"로 규정하는 것이다.[70] 그러나 방법으로서의 변증법을 연장이나 도구처럼 어떤 목적을 달성하기 위한 수단의 의미로 이해해서는 곤란하다. 대화는 진리에 도달하기 위한 길이지만 대화 속에서 비로소 진리가 드러난다는 점에서 수단과 목적이라는 범주에 넣어 접근해선 안 된다. 상호 주관적인 대화는 도구적 합리성과 구별되는 고유한 내적 가치를 지니는 것이다. 널리 알려져 있듯이 플라톤의 변증법적 방법을 참다운 철학적 학문의 방법으로 받아들여 발전시키려 한 철학자는 헤겔이다. 그는 변증법을 학문의 참다운 방법으로 간주하는데, 그 이유는 변증법이 존재의 "내재적인 원리이자 영혼"이기 때문이다.[71]

헤겔에 의하면 변증법은 인간 의식의 원리일 뿐만 아니라, 존재의 영혼이다. 달리 말하면 변증법은 존재의 생명의 원천이라는 점에서 존재의 진리이다. 헤겔은 자신의 변증법적 사유의 종결을 자기 자신에게 관계하는 절대적 주체성에서 구하고는 있으나, 이 절대적 주체성 이론은 타자와 맺는 관계의 다양한 형태를 매개로 한 최종 결과이다. 그런 한에서 헤겔은 변증법적 사유를 통해서 존재하는 모든 것은 타자와의 관계 속에서만 스스로 존립할 수 있다는 통찰들을 발전시킨다. 타자와의 만남 속에서 모든 존재자는 존재할 수 있다는 생각은 단지 인간과 인간의 만남에 국한되지 않는다. 이 세계는 무기물적인 관계에서 시작하여 동물들의 만남, 자연과 인간의 만남 그리고 인간과 인간의 만남 등 무수한 만남의 형식을 보여준다. 인간의 행위는 만남 속에서 반사회적인 행태를 보이기도 한다. 다른 사람과의 만남이나 관계를 오로지 자신의 특정한 욕구, 즉 성적 욕구나 경제적인 이익 혹은 명예욕을 만족시키기 위한 수단으로 왜곡시키는 경우가 있다. 이런 만남은 만남의 진리를 완전히 드러내지 못한다. 타자가 자아실현의 한계가 아니라 가능 조건이라는 통찰과 배치되는 행위 방식이기 때문이다. 그래서 만남의 존재론은 대화적인 만남에서 궁극의 형식을 구한다. 대화적 만남에서 비로소 서로의 자율성이 보존되는데, 그 자율성은 타인과의 만남 자체에 의존하기 때문이다. 이런 점에서 "이해될 수 있는 존재는 언어"[72]이고 "대화에서 언어의 근원적인 현상"을 구할 수 있다고 보는 가다머의 입장은 다분히 헤겔적이다.[73]

그리고 대화적 만남이 질적으로 성숙할수록 당사자들은 내적 실현의 가능성이 더 풍부하게 충족되는 경험을 하며 커다란 즐거움을 얻게 된다. 이 즐거움은 바로 만남 자체가 주는 것이다. 우리는 우정이나 사랑에서 이런 즐거움을 경험한다. 사랑이나 우정은 물건처럼 사거나 팔 수 없는 것들이다. 우정을 물질적 이해관계라는 측면에서 바라보는 사람들은 진정한 행복과는 거리가 먼 삶을 살아가고 있다. 그런 삶은 자기 자신을 상품으로 취급하는 것이나 마찬가지기 때문이다. 아리스토텔레스는 우정에 대해 언급하면서 "친구는 또 다른 자기"라고 갈파했다.[74]

간단히 말해 대화는 다른 어떤 것들을 위해 존재하는 것이 아니다. 요컨대 자기 목적적이고 자기 충족적이다. 즉 대화는 도구적 합리성의 영역을 넘어 존재하는, 그 자체로 참되고 의미 있는 행위이다. 부정적

헤겔 정치철학의 통찰과 맹목

으로 말하자면 인간 삶의 근원인 대화를 사사로운 목적을 추구하기 위해 도구화하는 행위는 우리 자신을 인간으로 만드는 것을 부정하는 것이나 마찬가지라는 점에서 자기 자신을 소외시키고 인간성을 파괴하는 행동이다. 이로부터 우리는 대화의 논리를 현실을 비판할 수 있고 교정할 수 있는 규범적 기준으로 삼을 수 있음을 알게 된다. 대화는 이렇게 인간의 존재를 해명하는 실마리이자 인간이 무엇을 해야만 하는가라는 물음에 종사하는 도덕적 차원과도 연결되어 있다. 적절하게 재해석된 헤겔의 변증법적 사유는 왜 우리가 타인의 불행을 도외시하지 않고 그들을 배려해주고 더불어 살아가야 하는가를, 즉 사회적 연대성의 도덕적 차원을 성찰하도록 도와준다.

세계 속의 모든 존재가 만남과 관계 속에서 존립한다는 명제에 깃든 진리는 이 사태를 정확하게 인식하는 주체에 의해 구현된다. 그런데 존재의 근원이 만남이라는 사실은 사유 능력을 가진 이성적 존재자만이 인식할 수 있다. 이성적 사유 능력을 가진 인간에게서 이 진리는 인간들이 만남을 통해 자기 충족적 삶을 영위함으로써 실현된다. 이렇게 헤겔의 변증법적 사유는 대화를 통해 달성되는 상호 주관적인 자유의 이념을 내포한다. 그래서 헤겔의 변증법은 보편적 대화 논리의 철학적 토대를 제공하는 것으로 재해석될 수 있을 것이다.

나가는 말

니체의 철학 역시 서구의 고전적인 텍스트들과 비판적으로 대결함으로써 얻은 결실이다. 이를 통해 니체는 자신의 고유한 이론을 내보임으로써 역설적으로 고전이 살아 있는 대화 상대자임을 보여준다. 그러나 우리는 니체가 감행한, 서구 형이상학 전통과의 비판적 대결이 긍정적이지만은 않다는 점을 볼 수 있었다. 그런 점에서 서구 형이상학의 해체와 극복이 문제가 되고 있는 현재의 상황에서 로고스 중심의 서구 철학의 전통과 완전한 결별을 선언하는 것은 섣부르다는 점이 드러난다. 서구에서의 로고스는 단순히 독백과도 같은 사유가 아니라 기본적으로 대화적이며 소통의 성격을 띠고 있다는 점은 부인할 수 없다. 객관적 진리의 추구를 본연의 임무로 삼는 소크라테스적 합리주의의 전통은 니체의 생각과는 달리 삶의 고통에서 벗어나려는 유약한 몸부림에 불과한 것이 아니다. 그 속에는 우리가 길어 올려야 할 마르지 않는 풍부한 지혜의 샘물이 존재한다. 우리는 고전과 지속적으로 대화해야 한다.

들어가는 말

이충진의 글, 〈칸트 윤리학의 옹호―나종석의 비판에 대한 반론〉은 우리 철학계에서 보기 드문 것이다. 그는 여기에서 필자의 글을 칸트 윤리학의 근원적 통찰을 옹호하기 위한 방편이라고 지적하기 때문이다. 서양철학을 전공한 학자들이 서양 학자의 글을 참조해서 학문을 수행하는 관행은 너무나 강력해서 그런 글쓰기 형식의 틀을 넘어서기란 쉽지 않다. 우리 학문의 대외 종속성에 대한 성찰은 어제 오늘 제기된 바가 아니지만, 우리 학계에서 학문의 식민성을 탈피하여 스스로 사유의 힘을 통해 서구 철학뿐만 아니라 우리가 당면한 문제들을 성찰하려는 움직임이 이어지고 있다.

＊2011년 《헤겔연구》에 실린 〈칸트와 헤겔: 칸트 윤리학을 넘어 헤겔 인륜성의 철학에로―이충진의 반론에 대한 응답〉을 교정한 논문이다.

해방과 분단 이후 한국 지성사를 일별해보면 우리 학문이 우리가 당면한 문제들과의 치열한 대결 속에서 독자적인 지적 탐구의 전통을 형성하는 데 성공했다기보다는, 소위 서구의 선진 이론을 앞 다투어 소개하는 데 치중했다는 비판에 별 이의가 없을 것이다. 서구를 학문의 모국으로 설정하고 모국에서 진행되는 이론의 추이에만 민감하게 반응하는 한국 학계의 고질적인 서구중심주의 혹은 서구 콤플렉스를 극복하지 않고서는 한국의 삶의 현장에 뿌리를 내린 자생적이고 주체적인 학문의 수행은 공염불에 그치고 말 것이다. 이런 상황에서 이렇다 할 학문적 논쟁이 제대로 펼쳐지지 못하고 논쟁이라고 해봐야 기껏해야 특정 이념에 대한 극단적인 찬성과 반대로 나뉘어 정파적 투쟁의 양상만을 드러내는데, 이 역시 정신적 식민성의 표출에 지나지 않을 것이다.

서구 학자들의 텍스트나 논의 구조, 상황을 늘 염두에 두고 학문을 수행하는 작업은 이제 극복되어야 한다. 그럼에도 필자는 늘 서구의 위대한 철학적 전통으로부터 배우려는 개방적 자세를 견지한다. 아니 서구적 학문의 프레임에 갇혀 자신의 사유 능력을 발휘하여 우리의 현실을 사유하지 못하는 무능력 상태 내지 정신적 노예 상태를 벗어나야 한다는 문제의식은 역으로 서구적 사유의 위력에 대한 무한한 개방성과 그로부터 배우려는 자세와 양립 불가능하지는 않을 것이다. 비판적 대결의 자세는 배타적인 고수와는 질적으로 다른 정신의 태도를 요구하기에, 서구 학문의 틀에 대한 비판적 성찰과 서구 정신의 위대한 자산을 자신의 것으로 삼으려는 끝없는 정신 자세는 함께 갈 수밖에 없다고 필자는 생각한다. 따라서 우리 사회에서 활동하고 있는 칸트 연구자들과 헤겔 연구자들의 선행 업적은 독자적 사유의 길을 가려는 사유의 모험의 모태이자 이 글의 토대임을 강조하는 것은 나름의 가치가 있으리라.

칸트가 계몽의 가능성을 홀로 열어가기는 힘들지만 다수의 시민들이 참여하여 자유롭게 논의하는 공론장을 형성함으로써 성취할 수 있다고 믿었듯이, 우리의 주체적 학문 탐구 정신은 지식인의 폐쇄된 공간에서 이루어지지 않을 것이다. 계몽적인 성숙의 길에서 그리고 독자적인 사유의 길에서 필연적으로 요구되는 사유의 동반자의 중요성은 아무리 강조해도 지나치지 않을 것이다. 사유의 동반자와 함께 논의와 대화를 매개로 형성되는 학문적 공론장은 스스로 사유함의 필연적 조건이라고 믿기에 이충진의 필자에 대한 반론은 이런 논의의 장을 형성하려는 노력의 일환이라고 생각된다. 그런데 서구 이론을 학문 수행의 거의 유일한 준거틀로 설정함으로써 우리 지식인은 우리의 현실에 대한 독자적인 고민은커녕 우리 지식인의 학문적 연구 성과를 둘러싼 진지한 논의와 대화의 장을 튼튼하게 형성해내지 못한다.

예를 들어 필자가 헤겔 법철학을 해석하는 글에서 독일이나 영미권에서 활동하는 유수한 학자들의 해석을 동원한다고 해도 그리고 그런 해석의 문제점을 비판한다고 해도 이런 작업은 공허한 메아리에 지나지 않는다. 유럽이나 미국의 헤겔 연구자들이 나의 연구 업적을 접할 가능성은 제로에 가까우며 설령 그럴 기회가 있다손 치더라도 그들이 나의 연구 경향이나 결과를 그들의 학문적 논의의 장으로 끌고 갈 가능성 역시 거의 없다. 우리 지성 사회에 하버마스의 '헌법애국주의'를 원용하여 한국 사회의 분단 문제나 민족주의 문제를 비판하려는 흐름이 미약하게나마 존재하는데, 이런 흐름에 비판적으로 개입하고 이를 논의하면서 학문적 논의의 토대를 튼튼하게 다지는 작업을 수행하기에는 우리의 학문적 공론장은 여전히 무기력한 실정이다.

여기서 나는 이충진의 글에 반론을 하고자 한다.[1] 반론은 학자에 대한 최고의 예우일 터인데, 이런 예우가 극진할 수 있도록 나의 반론도 선을 넘지 않으면서도 날카롭고 격이 있기를 바란다. 글은 이충진이 제기한 반론의 순서를 따르면서 그가 제기한 질문들에 답하는 형식을 취할 것이다. 그래서 필자는 논문의 장의 제목을 이충진의 논문과 동일하게 정했다. 이충진의 반론에 재반론하면서 나는 가능한 한 칸트 윤리학에 대한 헤겔의 비판의 타당성을 좀더 설득력 있게 서술하는 기회로 삼고자 한다. 이충진 역시 칸트에 대한 헤겔의 비판을 자신의 해석에 입각하여 반박하듯이 나도 이충진의 칸트 윤리학의 옹호를 매개로 칸트 윤리학에 대한 헤겔의 비판이 어떤 점에서 여전히 의미 있는가를 좀더 분명히 보여주려 한다. 이때 특히 필자는 헤겔 인륜성 철학의 실천철학적 함의들에 주목한다. 필자는 그동안 헤겔 변증법적 사유를 매개적 사유[2]로 재해석하면서 이를 '사회인문학'의 철학적 기초로 설정하려는 작업을 수행했다.[3] 그리고 이 매개적 사유의 정치철학적 표현이 헤겔의 인륜성 철학이자 인정투쟁 이론임을 강조했다. 인륜성 철학은 칸트의 경우처럼 도덕적 물음을 오로지 사람들의 동등 대우라는 보편 원칙으로 환원하지 않으며, 연대성과 사랑 및 배려라는 관계도 보편적 권리의 인정 못지않게 인간의 바람직한 삶을 가능하게 하는 삶의 도덕적 지평임을 강조한다고 보기 때문이다.

그리고 이런 인륜성 철학은 자유주의적인 정의 이론이나 하버마스

헤겔 정치철학의 통찰과 맹목

의 절차주의적인 민주주의 이론보다도 인간 삶의 역사성과 현장성을 바탕으로 하면서도 모든 인간의 의미 있는 삶의 가능성에 대한 더 풍요로운 시야를 제공할 수 있는 유력한 사상임을 강조한다. 그러므로 이 글에서는 칸트의 보편주의적인 도덕 이론 및 권리 중심의 사유로부터 헤겔의 인륜성 철학으로의 이행 필연성에 대한 주요한 논거들을 제시할 것이다.

1. "형식주의 윤리학의 공허함"

칸트 윤리학은 형식주의 윤리학이다. 그런데 헤겔에 의하면 칸트의 형식주의 윤리학은 "자체 내에서 어떤 구체적인 도덕규범을 이끌어낼 수 없다".[4] 행위의 내용과 무관한 도덕의 형식적 법칙 추구, 달리 말하자면 행위가 추구하는 목적을 고려하지 않고 오로지 행위의 형식적 법칙성 유무에서 도덕성의 최고 원리를 해명하려는 칸트 윤리학은 우리가 무엇을 해야 하는가라는 질문에 실질적으로 아무런 답도 주지 못한다. 그런 점에서 헤겔은 칸트의 형식주의 윤리학이 공허하다고 본다.

이러한 반론에 대해 이충진은 "칸트 윤리학 안에서 발견되는 구체적 도덕규범들과 의무들을 제시하는" 것에 의해서 칸트 윤리학을 옹호할 수 있다고 응수한다. 그는 다음과 같이 말한다. "〔도덕철학서론〕에 있는 4개의 의무들 및 〔덕이론〕에 있는 십 수 개의 덕 의무들은 그를 위한 직접적 증거들이며 〔법 이론〕에 등장하는 법적 의무들 역시 넓은 의미에서 증거의 자격을 가질 수 있을 것이다."[5] 그러나 이충진은 이런 반론으로 헤겔에 호의적인 칸트 윤리학 비판자들을 충분히 설득할 수 없을 거라고 말한다. 실제로 헤겔의 비판은, 형식과 내용을 분리하고 형식 속에서 오로지 도덕의 원리를 발견할 수 있다고 주장하는 칸트의 윤리학은 역설적이게도 구체적이고 도덕적인 의무들을 경험적인 방식으로, 그러니까 칸트의 선험철학적 방법과 무관한 방식으로 끌어들일 수밖에 없다는 주장에 이르기 때문이다. 달리 말해 칸트 윤리학은 의무의 내용을 산출할 때 그것들을 "경험적으로 긁어모으고" 이런 경험적 내용들에 필연적인 외양을 부여할 수밖에 없다고 헤겔은 비판했던 것이다.[6] 이런 상황을 염두에 두면서 이충진은 "칸트 윤리학을 옹호하기 위해 요구되는 것은 칸트가 '오직 원칙에만 의거하여, 다시 말해서, 경험에 의존함 없이 단지 이성적-논리적으로만' 그와 같은 질료적 의무들에 도달하였음을 제시하는 것"임을 강조한다.

　이충진은 칸트가 "순수한 실천이성의 원칙"[7]이라고 한 형식적 원리로부터 다수의 구체적 도덕규범들을 연역 혹은 '도출(ableiten)'한다고 본다. 그에 의하면 자살, 거짓말, 자신의 소질 계발, 타인을 도와줌 같은 구체적 행위들의 선악 여부는 그것들이 일반화될 수 있는지를 검사하는 방법에 의해 결정되는 바, 칸트는 이렇게 "형식적 원리로부터 다수의 구체적 행위들 및 그것들을 규제하는 구체적 규범들을 도출해낸다"는 것이다. 그리고 "도출의 전 과정은 행위들의 내용에 의존하지 않으며 단지 논리적-형식적 기준에만 의존하는바, 도출의 논리적 무결함은 도출 결과의 진리성을 보증한다". 그러므로 이충진은 "도출 과정과 도출 결과의 오류를 지적할 수 없는 한 우리는 앞서 이야기했던 의미에서의 '형식주의 윤리학의 공허함'을 더 이상 주장할 수 없다"고 결론짓는다.

쟁점은 이것이다. 일반화 가능성으로 이해되는 형식적인 도덕의 최고 원리 혹은 순수한 실천이성의 원칙으로부터 구체적·도덕적 행위 규범들이 연역될 수 있다는 주장이 과연 얼마나 타당한가 하는 것이다. 나는 헤겔의 칸트 윤리학 비판의 합리적 핵심 중의 하나가 형식주의적 윤리학인 칸트 윤리학이 일반화 가능성의 원리에 입각하여 구체적 행위의 도덕적 타당성 유무를 충분한 방식으로 해명하지 못한다는 것을 지적하는 데에 있다고 주장했다. 그런데 이충진에 의하면 이런 반론은 "형식적 원리에 대한 잘못된 이해, 즉 일반화 가능성에 대한 잘못된 이해에 기인한 듯이 보인다". 형식적 원리에 대한 잘못된 이해를 분명히 하기 위해 이충진은 헤겔이 든 '위탁물의 경우'를 다시 거론한다. 필자 역시 '위탁물의 경우'를 통해 헤겔의 칸트 비판을 다루었다.[8]

이충진은 헤겔의 칸트 비판은 도덕의 형식적 원리에 대한 잘못된 이해 방식으로 초래된 오류임을 입증하고자 한다. 필자는 칸트의 정언명법의 일반화 원칙, 즉 도덕의 최고 원칙에 대한 헤겔의 비판을 두 가지 점에서 설명한다. 하나는 칸트가 말하는 모순이 어떤 성격인가 하는 점과 다른 하나는 도덕 법칙을 해명하는 데 보편화 원리가 과연 필요하고도 충분한 조건인가 하는 것이다.[9] 칸트는 어떤 행위의 준칙, 예를 들면 위탁물을 자기 것으로 삼는 게 도덕적으로 타당한지 그렇지 않은지를 평가하고 판단하는 것을 그 준칙이 법칙으로 성립할 수 있는지의 여부, 즉 보편화 가능성 여부로 설명한다. 그리고 어떤 행위의 준칙을 보편화할 수 있느냐 아니냐는 그것이 모순적이냐 아니냐에 달려 있다고 칸트는 설명한다. 달리 말하자면 돈을 빌려야 하는 상황에서 나중에 그 돈을 갚겠다고 거짓 약속을 하면서 돈을 빌리는 준칙이 과연 도덕적인가 하는 문제는 그 준칙이 성립될 경우 자기모순에 처하기 때문에 보편화될 수 없으며, 따라서 그런 행위의 준칙은 도덕적으로 타당하지 않다는 것이다. 그리고 이런 성찰은 평범한 사람이면 누구나 다 이해하고 있고 실제로 수행하고 있다고 칸트는 말한다.[10]

　여기서 구체적으로 문제가 된 위탁물의 예는 칸트와 헤겔이 모두 사용하면서 그에 대해 완전히 다른 해석을 보여주는 예이다. 위탁물 사례와 관련해서 헤겔이 위탁물의 존재 자체, 즉 결론을 연역 혹은 도출하는 추론이 아니라, 그 전제의 타당성 여부를 문제 삼는 것도 보편화 원리가 도덕을 해명하는 데 충분치 못하다는 판단을 보여주는 예이다. 물론 이 설명에서 헤겔이 칸트의 모순 개념을 지나치게 특정한 방식으로, 그러니까 순수 논리적인 모순(분석적 모순)으로 치부하는 것에 반론을 제기할 수 있다. 준칙이 보편적 법칙의 형식과 일치하는가를 칸트가 판단할 때 사용하는 모순 개념의 성격을 제대로 이해하는 작업은 매우 중요하다.[11] 하여간 헤겔은 위탁물을 돌려주지 않는 행위, 혹은 타인의 물건을 자기 재산으로 삼는 준칙이 정언명법의 법칙 형식과 일치하는가를 탐색하는 작업은 문제가 있다고 본다. 정언명법에서 문제가 되는 것은 도덕의 보편타당성인데 위탁물의 사례는 사유재산이 정당한 소유물이라는 특정한 조건, 그러니까 조건 지워진 타당성만을 보장할 것이기 때문이다. 그러므로 헤겔은 위탁물이 존재하지 않는 경우를 상정하는 것에 아무런 모순이 없다고 주장하는 것이다. 위탁물이 존재하는 것과 존재하지 않는 것 사이에는 아무런 모순이 없다는 주장은 뒤에 보겠지만 사람은 자살을 해서는 안 된다와 사람은 자살을 해도 된다는 주장 사이에 모순이 존재하지 않는다는 반론과 유사하다.

이런 모순의 문제는 보편화 법칙에 대한 호소를 통해 해결될 수 없다는 것이 헤겔의 반론의 핵심이다. 즉 헤겔은 자살을 해도 된다는 준칙 혹은 자살 금지의 준칙이 과연 보편법칙의 정식과 일치하는지 여부를 보편법칙의 형식성에 입각하여 설명할 수 있는가를 궁금해한다. 달리 말하자면 보편법칙의 정식은 특정한 규범의 타당성을 해명하지 못하고 특정한 규범의 정당성이 문제가 되지 않는 것처럼 전제하거나 가정할 때 비로소 그 정신은 제대로 기능할 수 있는 것은 아닌지 의구심을 품는다는 것이다.

앞에서의 설명을 전제로 한다면 정언명법의 보편타당성은 가설적 혹은 가언적 명령에 지나지 않을 것이다. 그러므로 "도출의 전 과정은 행위들의 내용에 의존하지 않으며 단지 논리적-형식적 기준에만 의존하는바, 도출의 논리적 무결함은 도출 결과의 진리성을 보증한다"는 이충진의 주장은 헤겔의 이해 방식과 다르다. 거듭 말하지만 헤겔은 논리적 도출의 출발점 자체의 보편타당성 자체가 해명되지 않은 채로 그저 전제되어 있다는 점을 지적한다. 연역적 추론의 논리적 과정의 무결함과 추론의 전제 자체의 자명성에 대한 질문은 구별될 필요가 있다. 그러므로 "도출 과정과 도출 결과의 오류를 지적할 수 없는 한 우리는 앞서 이야기했던 의미에서의 '형식주의 윤리학의 공허함'을 더 이상 주장할 수 없다"는 이충진의 결론을 필자는 전적으로 수긍하지는 못하겠다.

물론 필자의 이런 반론에 대해 필자가 칸트의 정언명법의 여러 정식들 중 유독 보편화 정식에 몰두하는 것은 공평하지 않다고 이의를 제기할 칸트 연구자들이 있을 것이다. 이 이의 제기는 매우 중요하다. 애링턴이 지적하듯이 정언명법의 여러 정식들 중에서 어느 정식은 비도덕적 준칙들을 배제하지 않는 것처럼 보이지만 다른 정식, 예를 들어 인간을 목적으로 대해야 한다는 정식에 비추어 고찰하면 다른 결론이 도출될 수 있기 때문이다.[12]

필자는《차이와 연대》에서 앞에서 거론한 문제와 연관해서 앨런 우드(A. Wood)의 해석을 소개하면서 헤겔의 칸트 비판의 일면성을 지적했다.[13] 그리고 우드의 해석과 달리 필자는 헤겔이 칸트 윤리학을 형식주의적인 것이라고 비판하지만 인간을 목적으로 대해야 한다는 칸트 윤리학의 핵심 이념과 자율성 이념을 비판적으로 계승하고 있음을 강조했다. 그래서 '형식주의와 목적의 정식 사이의 괴리'에 관한 글을 다음과 같이 결론지었다. "위에서 언급된 것들을 종합해볼 때 칸트는 도덕법의 주체로서의 인격을 목적 그 자체(Zweck an sich selbst)로 보는 규정으로부터 의미 있는 내용을 '아무데서도 체계적으로 전개시키지 않았다'는 비판에 직면한다."[14]

이충진은 칸트 윤리학의 형식주의에 대해 헤겔이 제시하는 또 다른 반론을 반박한다. 이 두 번째 반론에 의하면 칸트 윤리학은 지나치게 형식주의적이어서 공허할 뿐만 아니라, 보편법칙에 대한 호소라는 형식주의적 도덕 원리는 "모든 가능한 행위의 준칙과 양립 가능"하며 따라서 "비도덕적인 규범들 역시 정당화할 수 있다".[15] 이 반론을 이충진은 쉽게 반박할 수 있다고 본다. 그는 다음과 같이 반론한다. "형식적 원리는 행위자에게 보편화 가능한 행위(및 준칙)를 명령하되, 보편화되어야 할 것은 행위(및 준칙)의 내용이며 따라서 보편화 가능성은 행위 내용에서 자유롭지 않다. 가령 '자살'이란 하나의 행위는 그것의 내용

헤겔 정치철학의 통찰과 맹목

이 어떻게 규정되느냐에 따라 보편화될 수도 있고 그렇지 않을 수도 있다. 예를 들어《도덕 형이상학 정초(Grundlegung zur Metaphysik der Sitten)》의 첫 번째 사례에 등장하는 사람의 행위를 우리가 자살이라고 일컫는다고 할지라도, '전쟁터에서 명예를 지키기 위해 스스로 목숨을 끊는 행위'를 동일한 의미에서 자살이라고 말할 수 있을지는 의문스럽다. 칸트는 전자는 비도덕적 행위라고 말하지만 후자는 그렇지 않을 것이기 때문이다. 칸트에게서 모든 가능한 행위의 준칙이 다 일반화 가능한 것은 아니다."

그러나 보편화 원리가 비도덕적 규범을 정당화하지 않는다는 주장을 옹호하기 위해 이충진이 내세우는 논거는 충분치 않다. 가령 그는 "'자살'이란 하나의 행위는 그것의 내용이 어떻게 규정되느냐에 따라 보편화될 수도 있고 그렇지 않을 수도 있다"고 말한다. 그러면서《도덕 형이상학 정초》에서 칸트가 고려하는 자살의 사례와 '전쟁터에서 명예를 지키기 위해 스스로 목숨을 끊는 행위'를 동일한 의미의 자살로 볼 수 없다고 말한다. 필자 역시 이를 공감할 수 있다. 그러나 문제는 '전쟁터에서 명예를 지키기 위해 스스로 목숨을 끊는 행위'를 자살로 볼 것인가의 여부가 아닌 것 같다. 물론 자살이라는 개념을 자의적으로 사용하지 않아야 하고 자살의 정의에 속하는 행위를 분명히 해야한다. 그러므로 만약에 칸트가 '전쟁터에서 명예를 지키기 위해 스스로 목숨을 끊는 행위'를 자살의 개념에 속하지 않는 현상으로 보았다면 그는 자살의 개념을 나름대로 정의하는 것이다. 물론 이런 정의 방식에 이의를 제기할 수 있을 것이다. 어떤 사람은 '전쟁터에서 명예를 지키기 위해 스스로 목숨을 끊는 행위'도 자살로 보고 그런 행위를 자살 금지의 준칙에 해당되는 상황으로 볼지도 모르기 때문이다. 그러므로 칸트가 '전쟁터에서 명예를 지키기 위해 스스로 목숨을 끊는 행위'를 자살로 규정하지 않았다고 해서 자살 금지의 준칙에 어떤 예외가 허용될 수 있는지 궁금하다. 그러므로 칸트에 의하면《도덕 형이상학 정초》에 나타난 자살은 비도덕적 행위이지만, '전쟁터에서 명예를 지키기 위해 스스로 목숨을 끊는 행위'는 비도덕적 행위가 아닐 거라는 주장은 논의의 맥락에서 벗어난 것이다.

물론 여기에서 이충진이 칸트의《도덕 형이상학 정초》의 경우에서처럼 개별적인 도덕적 행위(의무) 자체, 즉 덕들(Tugenden)과 도덕성의 근거를 해명하는 장치인 도덕법칙의 형식을 구별하고 도덕적 판단력의 문제를 다루려 한다고 이해할 수도 있다. 그렇다면 칸트는《실천이성비판》이나《도덕 형이상학 정초》등의 저서에서는 도덕성의 보편타당성의 근거만을 해명하는 작업에 몰두하지만,《도덕 형이상학 정초》에서는 좀더 분명하게 도덕법칙의 합리적 근거 해명 작업과 이런 도덕성을 구체적 현실에 적용하는 문제에 몰두하면서 자신의 윤리학의 내용에 종합적으로 접근한다고 볼 수 있을 것이다.

뒤에서 다시 다루겠지만 도덕적 판단력의 문제와 도덕성을 구체적 현실에 적용하는 문제로 칸트 윤리학의 형식주의 비판이 설득력 있게 논파될 수 있는지에 대해서는 회의적이다. 즉 규범의 보편화 가능성에 주목하여 도덕규범의 타당성 여부를 검사하는 도덕적 관점은 주로 정당화 문제에만 국한된 것이고, 정언명법의 정당화 원칙에 합치하는 규범들의 구체적 현실에 대한 적용은 이와 구별하여 사유해야 한다는 지적은 매우 중요하다. 그럼에도 판단력과 실천이성의 관계에 대한 합리적인 이론이 칸트 철학에 존재하는지에 대해서는 회의적이다. 그러므로 필자는 여기에서 일단 하버마스의 다음과 같은 지적을 언급하는 것으로 만족한다. "칸트적 유형의 윤리들은 정당화의 문제를 전문적으로 다루기 때문에, 적용의 문제들은 대답되지 않은 채로 남아 있다."[16]

앞의 논의로 다시 돌아가자. 만약에 칸트가 '전쟁터에서 명예를 지키기 위해 스스로 목숨을 끊는 행위'를 자살로 규정하면서도 이를 도덕적인 행위로 간주했다면, 필자가 보기에 칸트는 자신의 도덕성의 최고 원칙과 상충되는 주장을 하고 있다. 어떤 경우에도 거짓말을 해서는 안 된다는 주장에서 보듯이, 도덕법칙은 보편적으로 타당한 것으로서 어떤 상황에 의해 도덕법칙의 타당성 주장이 중지되어서는 안 된다고 거듭 주장함으로써 도덕법칙의 예외 없는 보편타당성을 옹호하기 때문이다. 칸트는 실제로 도덕의 원리는 인간들뿐 아니라 "모든 이성적 존재자들 일반에게도" 필연적으로 타당해야만 한다고 주장한다.[17] 도덕에 대한 예외의 인정이 도덕 자체를 파괴할 수 있다는 염려는 정당하다. "진실성은 계약에 근거한 모든 의무들의 기초로 간주해야만 하는 의무이기 때문에, 만약에 우리가 진리성에 가장 사소한 예외라도 허용한다면 그 법칙은 동요하고 불필요한 것이 된다."[18] 간단히 요약한다면 칸트에게 도덕적 의무에서 예외의 허용은 보편성을 파괴하는 것으로 자기 모순에 지나지 않는다.[19] 그러므로 "칸트에게서 모든 가능한 행위의 준칙이 다 일반화 가능한 것은 아니다"는 이충진의 주장은 자살의 준칙이 일반화될 수 있는지 그렇지 않은지를 판가름하는 데 도움이 되지 않는다.

만약에 칸트가 '전쟁터에서 명예를 지키기 위해 스스로 목숨을 끊는 행위'를 자살로 규정한다고 가정할 때, 그가 이것을 도덕적 행위로 받아들일까. 이는 매우 의심스럽다. 사실 이충진이 인용하는 '전쟁터에서 명예를 지키기 위해 스스로 목숨을 끊는 행위' 같은 사례를 칸트는 자살이라고 보지 않는다.[20] 이는 이충진도 마찬가지이다. "'전쟁터에서 명예를 지키기 위해 스스로 목숨을 끊는 행위'를 동일한 의미에서 자살이라고 말할 수 있을지는 의문스럽다"고 주장하고 있기 때문이다. 그러면서도 이충진은 "'자살'이란 하나의 행위는 그것의 내용이 어떻게 규정되느냐에 따라 보편화될 수도 있고 그렇지 않을 수도 있다"고 주장해 필자는 혼동에 빠지게 된다. 이 문장에 의하면 이충진은 '전쟁터에서 명예를 지키기 위해 스스로 목숨을 끊는 행위'를 자살이라고 보는 것 같다. 물론 "동일한 의미에서"라는 구절을 본다면 자살 현상이 다양하고 그에 따라 자살의 의미가 다르다는 점을 인정하는 것처럼 보인다. 그러나 자살이든 거짓말이든 동일한 의미로 규정하지 않은 채 논의를 시작한다면, 칸트 윤리학의 핵심을 이해하는 문제뿐만 아니라 칸트 윤리학에 대한 상이한 해석 가능성을 둘러싼 논쟁에도 별 도움이 되지 않을 것 같다.[21]

2. "보편주의 윤리학의 무기력"

이 장에서 다루는 쟁점은 칸트적인 보편주의 윤리학과 연결된 문제들이다. 이충진은 필자가 제시한 칸트적인 보편주의 윤리학이 초래하는 문제점들 중에서 도덕규범의 갈등 상황과 관련한 문제를 집중적으로 다룬다. 칸트의 보편주의적 도덕의 무력함에 관한 쟁점을 다루면서 이충진은 필자가 예로 든 살인자 앞에서도 거짓말을 해서는 안 되는가라는 문제를 소재로 삼는다. 이 쟁점은 칸트 윤리학의 지나친 엄숙주의를 비판하기 위해 칸트와 같은 시대를 살았던 프랑스 철학자인 콩스탕이 제시한 예이다. 살인자에게 쫓겨 자신의 집에 숨어 들어온 사람을 추적해온 살인자에게 사실대로 말해야 하는가. 진실의 의무는 살인자 앞에서도 엄숙하게 관철되어야 하는 도덕적 명령이라는 점에서 이는 칸트의 정언명령이 비합리적임을 입증하는 사례로 여겨질 것이다. 그런데 이충진은 콩스탕의 이의 제기에 대해서 칸트를 충분히 변호할 수 있다고 주장한다. 그가 정당하게 주장하듯이 칸트는 콩스탕의 사례를 "권리/법의 문제"로 이해했기 때문이다. 이런 상황을 감안하여 필자는 이 사례를 통해 도덕규범들의 갈등 상황에 대한 칸트 윤리학의 무기력을 문제 삼았던 것이다. 이충진의 표현을 빌리자면, 필자는 이 사례를 통해 칸트 윤리학이 진실성의 의무 혹은 거짓말 금지 의무와 어려움에 처한 사람을 도와야 한다는 선행의 의무라는 "상충하는 두 행위를 모두 정당"한 것으로 볼 수밖에 없어 논리적으로 불합리할 뿐만 아니라, 결정하기 어려운 상황에서 초래되는 실천적인 문제 해결에도 무기력하다는 점을 보여주려 했다.

　도덕규범들의 갈등 상황에서 보여주는 무기력함이라는 필자가 제기한 이의에 대해 이충진이 제기하는 반박의 출발점은 추적하는 살인자(A)에게 B(집 안에 도망자를 숨겨둔 사람)가 C(도망자)의 소재를 말하는 경우와 B가 진실을 말하지 않는 경우 모두 의무에 합당한 행위라는 점이다. 즉 전자는 진실의 의무이고 후자는 어려운 처지에 있는 사람을 돕는 타인에 대한 의무로서 이 두 의무는 모두 "합의무적 행위"라는 점을 긍정하고 논의를 전개한다. 그리고 이런 분석으로부터 다음과 같은 추론 과정을 제시한다. "이러한 분석으로부터 우리가 합리적으로 이 끌어낼 수 있는 결론은 다음과 같다. (1) 각 행위의 합의무성 여부를 결정하는 기준이 두 경우에 서로 다르다. (2) 각각의 기준(진실성 의무 및 타인 원조 의무)은 보편화 가능한 의무 행위, 역으로 말하면, 보편적 형식 원리로부터 논리적으로 도출될 수 있는 일반적 의무 행위이다. (3) 두 개의 의무 행위는 서로 병존 가능하다. 즉 어느 하나가 다른 것을 부인함 없이 성립할 수 있다. 그런데 만일 우리가 행위자 관점을 취한다면, 위의 분석으로부터 또 다른 부분을 이끌어낼 수 있다. (1) 나는 두 개의 가능적 개별 행위들 중 어느 하나를 선택해야 한다. (2) 두 개별 행위들은 모두 도덕적으로 올바른 행위이다. (3) 두 개별 행위들은 상충한다. 즉 두 행위들 중 어느 하나는 다른 것을 부인함 없이 존재할 수 없다. 이렇게 정리를 해놓고 보면 이제 우리는 서로 상충하는 것이 무엇인지를 분명히 알 수 있다. 그것은 보편규범들에 의해 지시된(hinweisen) 일반적-추상적 의무 행위들이 아니라 (그것에 해당되는 것이라고 판단된) 두 개의 개별적-구체적 행위들이다. 칸트 식으로 이야기하자면, 서로 상충하는 것은 실천이성에 의해 행위자에게 제시된 의무 행위들이 아니라 행위자가 그러한 의무 행위에 해당된다(pflicht-gemaessig)라고 경험적으로 판단하고 실제로 하게 될 행위들이다." 이런 추론에서 이충진은 정언명법에 의해 보편타당한 규범들로 검증된 의무들이 충돌할 경우 어떻게 해결할 것인가 하는 물음 자체는 "사실상 불합리한 물음(quasi-frage)"에 지나지 않는다는 결론을 내린다.

도덕적 규범들의 충돌 상황에 관련하여 필자가 제기한 물음이 '사이비 물음'이라는 결론을 도출하는 여러 전제들을 여기서 상세히 검토할 수는 없다. 이 전제들에는 앞에서도 등장했던 구체적 개별 행위들과 보편화 원리에 의해 정당화된 일반적 행위 준칙을 구별하면서 도덕적 판단력의 문제를 다루려는 이충진의 의도가 놓여 있다고 본다.[22] 달리 말하자면 그는 보편화 원리와 이로부터 연역되는 일반적 의무들을 다루는 윤리학의 영역과 구체적 상황 속에서 보편타당한 의무들의 적용 가능성을 판단하는 영역들을 구분한다.

그러므로 다음과 같은 이충진의 주장을 읽어보면 그의 의도가 한층 더 분명해진다. "칸트 윤리학은—내가 아는 한—어떤 경우에도 행위자에게 '지금 여기'에서 해야 할 개별 행위를 제시하지 않는다. 칸트가 할 수 있는 것은 가령 거짓말이 나쁘다고 말하는 것과 왜 그것이 나쁜지의 근거를 제시하는 것과 그때의 거짓말이 어떤 내용을 지니는가 등을 규정하는 것뿐이다. 칸트의 용어로 표현하자면 거기까지가 이성의 영역이며 헤겔의 용어를 빌리자면 거기까지가 보편성의 영역이다. 그 영역의 외부에는 무한히 다양한 경험의 영역이 펼쳐 있는바, 이곳에서 인간은 단순히 이성적이기만 한 존재가 아니라 그 이상의 존재이기도 하며 또 그래야만 한다. 다시 말해서, 그곳에서 행위자는 선을 이해하는 능력 이외에도 '지금 여기'에서 가능한 행위들 중 어느 것이 선한 행위에 해당되는지를 판단할 수 있는 능력, 즉 도덕적 판단력 역시 갖고 있어야 한다. 이러한 행위자에게 윤리학은 도덕적 판단력의 중요성을 이해시키고 그것을 획득할 수 있는 규칙을 제시할 수 있지만, 판단의 결과를 미리 규정해서 행위자에게 제시할 수는 없다."

도덕적 판단력이 작동하는 방식에 대한 설명을 우리는 주 35번에서 발견한다. 이충진은 칸트 윤리학에서 특정 준칙을 정식화하는 작업은 그런 준칙이 보편화될 수 있는가를 검토하는 작업에 선행한다고 말한다. 그러면서 전자, 즉 '준칙의 정식화'가 올바르지 않다면, 이는 '준칙의 보편화 가능성 검토'에 논리적으로 선행하는바, 후자 역시 "올바로 이루어질 수 없다"고 말한다. 그러면서 행위자는 준칙을 정식화하는 단계에서 '행위의 해석을 위한 일종의 자유로운 활동 공간(freier Spielraum)을 갖게 되는데, 바로 이런 상황에서 "도덕적 판단력이 작동한다"고 말한다.

왜 이충진이 칸트의 도덕 이론에 대해 헤겔이 제기한 비난, 그러니까 보편주의적인 칸트 윤리학은 내용이 없고 추상적이어서 구체적 상황에 적용할 수 있는 아무런 실천적 지침들을 제공하지 못하는 무기력한 이론이라는 비판에 대해 칸트를 옹호할 수 있다고 보는지가 이제 선명해졌다. 그는 엄밀한 의미에서의 윤리학을 보편타당한 도덕규범들의 정당화 작업에 종사하는 것으로 보고 이런 제한 설정이 더 합리적인 태도라고 주장하는 것이다. 그리고 구체적인 경험적 상황에서 결정을 내려야 할 행위들을 숙고하는 것은 도덕이 아니라 도덕적 판단력의 관할 영역으로 이해해야 한다는 것이다. 그러므로 그는 다음과 같이 주장한다. "'지금 여기'에서 일어나야 할 개별 행위를 윤리학이 제시할 수 있다고 주장하는 것은 도덕적 행위 및 인간 본성으로서의 자유에 대한 잘못된 이해에 기인할 뿐이다. 만일 윤리학자가 '지금 여기'의 행위를 규정하고자 시도한다면, 그것은 자율적 행위자로서의 도덕적 인간에 대한 모독이 될 것이다. 그것은 동료 인간이 이성과 자유를 가진 존재자임을 부인하는 것이나 다름없기 때문이다. 도덕규범의 보

헤겔 정치철학의 통찰과 맹목

편성이 모든 개별 행위들의 상호 일치성을 보장하지는 않는바, 비판자들이 말하는 윤리학의 무능력은 오히려 윤리학의 겸허함을 의미한다고 보아야 한다."

행위의 준칙과 행위 자체의 구별은 칸트의 《도덕 형이상학 정초》에서의 덕 이론을 염두에 두면 일정한 근거가 있는 반론이다.[23] 그리고 도덕적 판단력의 행위 영역에 대한 고려는 매우 중요하게 다루어야 할 문제라는 점에서 필자는 이충진의 반론에 일정한 설득력이 있다고 본다. 그러나 이런 반론 역시 많은 난문들을 포함하고 있다. 다음에서 다루는 것처럼 존재와 당위 그리고 필연과 자유의 이원론이라는 문제가 적절히 해결되지 않을 경우에 도덕적 판단력의 문제와 도덕적 규범들의 정당화 문제 사이에 생긴 틈이나 갈등의 문제는 여전히 남는다.[24] 이런 반론들을 구체적으로 다루기 전에 일단 필자는 헤겔이 제시한 반론의 적실성을 제한된 방식으로나마 정당화하려 한다.

이충진처럼 보편타당한 도덕규범들의 정당화 작업과 적용 문제를 구별하는 데 동의한다 해도 헤겔의 반론은 여전히 타당하다. 왜냐하면 필자가 지금 칸트와 이충진의 이론과 해석을 '자비의 원리'에 의거해서 이해하려는 것처럼 칸트적인 보편주의적 윤리학의 무기력과 추상성에 대한 헤겔의 비판과 반론을 선의로 대한다면 그 역시 중요한 지적임을 알 수 있을 것이기 때문이다. 그러므로 "정당화를 위하여 끌어댄 일반적 규범들의 탈맥락화가 적용 과정에서 다시 보충되지 않는다면 아무런 도움이 되지 않는다"[25]는 하버마스의 주장은 타당하다.

우선 헤겔이 보기에 칸트 윤리학은 지나치게 도덕적 정당화에 관련된 물음에 몰두한 나머지 도덕적 규범들의 실현과 적용이라는 문제를 괄호에 넣고 있기 때문이다. 더구나 우리가 경험 세계 속에서 살아가고 있고 그런 경험 세계에서 등장하는 여러 도덕적 문제들의 해명에서 실천이성이 수행하는 역할을 판단력에 맡긴다면 어떤 의미에서 보편주의적인 도덕규범들에 대한 이론적 정당화가 필요한가는 여전히 의문으로 남는다. 그리고 이런 물음들과 더불어 이원론의 문제 및 도덕이론과 도덕적 판단력의 역할 분담에 대한 체계적인 설명의 부재 등을 고려한다면 칸트의 저서들에서 발견되는 도덕적 판단력에 대한 중요한 숙고들에도 불구하고 헤겔의 비판은 여전히 타당하다고 필자는 생각한다.

나는 보편주의적 도덕의 정당화 장치와 도덕적 판단력이라는 문제의 결합이 매우 중요한 실천철학의 문제라고 본다. 이는 칸트 윤리학에 대한 비판을 통해서 헤겔이 지향한 근원적 통찰인 '선과 정의'〔혹은 요즈음 자유주의와 공동체주의의 논쟁 용어를 빌려 표현한다면 옳음(the right)과 좋음(the good)의 결합이라고도 할 것이다〕의 결합 혹은 정의와 연대성의 종합의 문제이기도 하다. 왜냐하면 보편적 원칙을 구체적 상황에 적용하는 곳에서든 아니면 아직 알려져 있지 않은 보편적인 것을 찾아가려는 것이든 도덕적 판단력은 세계에 대한 공통의 이해를 전제해야만 하기 때문이다. 그리고 공유된 세계 이해란 특정한 역사적·사회적 세계에서 살아가는 구성원들 사이에 상호 주관적으로 공유된 생활방식과 관련이 있기 때문이다. 그런데 본래 칸트는 보편주의적 윤리학을 지향하는 과정에서 이런 특정한 사회의 공유된 가치 이해를 도덕과 전적으로 무관한 것으로 설정했지만, 나중에는 도덕적 판단력의 문제나 실질적인 덕 의무에 대한 이론들을 전개했다. 그래서 칸트의 도덕 이론은 "단순히 의무론으로 분류하기에는 다양한 요소들을 포함하고 있다"는 평가를 받게 된다. 그러므로 칸트의 도덕 이론에는 의무론과 목적론 혹은 정의와 선의 이분법을 넘어서는 풍부한 사상들이 존재한다고 평가하는데 이에 대해 필자는 공감한다.[26]

그럼에도 필자는 헤겔의 이론이 보편성과 특수성의 결합 가능성, 그러니까 정의와 선 혹은 정의와 연대의 결합 가능성을 보여주는 더 좋은 사례라고 생각한다. 필자는 대략 다음 네 가지 이유를 들고 싶다. (1) 칸트 윤리학의 독특성과 장점은 도덕에 대한 종합적인 이론의 추구에 있지 않다. 이는 도덕이란 불편부당한 관점에서 우리 행위의 준칙을 보편화함으로써 가능하다는 점을 이론적으로 명료화하는 데 크게 기여했다는 데 있다. 이런 보편주의적인 도덕 원칙을 인간 존엄성의 인정과 연결함으로써 칸트의 도덕 이론은 인류 지성사에서 가장 강력한 도덕 이론의 하나로 받아들여질 수 있었다. 그러므로 칸트가 여러 이론에서 구체적인 덕들에 대한 이론을 전개했기에 그의 이론이 공허하다거나 추상적이라거나 하는 반론은 지나치다는 주장은 어느 정도 수긍할 만하지만, 올바른 혹은 정의로운 행위의 문제와 행복의 문제를 결합하는 이론을 찾는다면 칸트 윤리학의 맥락을 넘어 헤겔에게서 더 많은 자양분을 얻을 수 있다고 본다.

(2) 헤겔은 칸트와 달리 모든 인간을 자유롭고 평등한 도덕적 주체로 동등하게 대우하는 관점을 유일하게 타당한 도덕적 관점으로 보지 않는다. 또한 의미 있는 삶의 조건들을 고려하면서 보편적 권리의 승인만을 도덕적 관점으로 보지 않고 사랑 및 배려, 연대성 등이 동등 대우의 원칙이라는 도덕적 관점으로 환원되지 않는 고유한 도덕적 차원

의 덕목임을 헤겔은 이해하고 있다. (3) 자연과 인간의 주관적 정신 작용의 영역과 별도로 존재하는 역사적·사회적 세계에 대한 이론(객관 정신 이론)을 발전시키는 헤겔의 인륜성 철학은 칸트 철학이 애매하게 처리하고 있는 자연과 자유 등의 갖가지 이원론의 문제를 해결할 수 있는 더 적절한 관점을 제시한다. (4) 도덕적 원천의 다양성에 대한 복합적 이론의 단초를 제공하는 인륜성 철학은 사회화와 개인화의 상호 연관성에 대한 이론을 통해 정의와 연대의 공속성에 대한 풍부한 통찰을 제공한다. 그러므로 필자는 이미 헤겔 인륜성 철학의 독창성이 선 윤리와 의무 윤리의 종합을 추구하는 데 있다고 강조했다.[27]

3. "심정윤리학과 부도덕한 현실"

'심정윤리학과 부도덕한 현실'이라는 제목으로 이충진은 필자가 제기한 두 가지 문제를 다룬다. 이는 존재와 당위의 이원론에 기반을 두는 보편타당한 도덕규범들에 대한 강한 신념은 구체적 현실의 도덕적 가치를 평가절하하게 되며 도덕과 무관한 현실에 대한 맹목적 태도로 귀결될 수 있다는 지적이었다. 첫 번째 문제는 심정의 윤리학이 현실에 대한 파괴적인 열정과 결부되어 극단적인 정치적 테러 행위도 도덕의 이름으로 정당화할 가능성이 있다는 것이고, 두 번째 문제는 정반대로 현실과 격리된 도덕에 대한 요청은 도덕의 무기력을 초래하여 도덕적 냉소주의로 귀결될 가능성이 있다는 것이다.

이충진에 의하면 칸트 윤리학을 심정윤리학으로 이해하는 것은 "일면적이기는 해도 잘못된 것은 아니다". 그러나 "칸트 윤리학을 주관적 양심의 절대화로 연결하는 것은 잘못된 것이며 공정하지 못한 해석"이라고 그는 비판한다. 이런 잘못된 결론은 "칸트 윤리학에 대한 편협한 이해"로 인한 것이다. 그러므로 그에 의하면 "만일 우리가 칸트 윤리학의 어느 일면만이 아니라 전체 모습을 올바로 본다면", 필자의 다음과 같은 주장, 그러니까 "칸트 윤리학이 〔……〕 순수한 심정에 의한 테러리즘으로 전락할 가능성"이 있다든가 "현실에 대한 파괴적 열정의 묘판 역할"을 할 가능성이 있다는 주장은 근거가 없다. 그뿐만 아니라 "도덕적인 옳고 그름의 문제를 신념과 열정의 문제로 대체"하는 "근대의 주관성의 병리적 현상"[28] 역시 칸트 윤리학과 관계가 없다고 그는 반론한다.

일단 "만일 우리가 칸트 윤리학의 어느 일면만이 아니라 전체 모습을 올바로 본다면" 칸트 윤리학을 양심에 의한 테러를 정당화하는 주범으로 보는 지적은 타당하지 않다는 이충진의 반론에 나는 동의한다. 그래서 나는 칸트 윤리학이 실제로 순수한 심정에 의한 정치적 테러리즘에 이바지한다는 헤겔의 주장을 다루면서 칸트의 심정윤리학의 "테러리즘으로 전락할 가능성"이라는 조심스러운 표현을 사용했다.[29] 그리고 양심에 의한 테러의 문제를 다루면서 필자가 중점적으로 다룬 현상은 칸트 윤리학이 아니라 칸트 윤리학의 영향에 의해 펼쳐진 극단적 형태의 낭만주의적인 심정윤리학이었다. 그래서 필자는 야코프 프리스(Jacob Fries)의 심정윤리학을 "극단적인 형태로 변형된 칸트주의적 주관성의 윤리학"으로 규정했다.[30] 그러나 이런 제한 설정에도 불구하고 필자는 "주관적 양심의 절대화는 칸트 윤리학의 형식주의 및 무내용성이 발단"이라는 헤겔의 지적을 수긍했는데, 이충진의 반론에도 불구하고 필자의 태도는 여전히 동일하다.

그리고 필자는 칸트의 심정윤리학이 양심에 의한 테러로 전도될 가능성을, 예지계와 감성계의 이원론적인 분리와 결부해 이에 대한 헤겔의 비판을 좀더 설득력 있게 설명하려 했다. 그래서 나는 다음과 같이 주장했다. "존재와 당위의 이원론적인 구별은 한편으로는 현실의 이성적인 성격에 대한 평가절하의 경향과 다른 한편으로는 이성과 현실의 매개의 가능성을 차단하여 도덕의 무기력과 무의미함으로의 전락을 초래할 가능성을 지니고 있다. 전자의 가능성을 우선 살펴보자. 현실을 도덕과 무관한 것으로 치부하는 태도는 보편타당한 도덕적 규범들에 대한 유토피아적인 호소에 입각하여 현실에 대한 무차별적인 부정과 일종의 로베스피에르적인 정치적 테러의 심정을 부추기는 문화를 생산할 수 있다는 점에서 위험하다. 즉 윤리적인 요청은 그것이 현실과 매개될 가능성을 지니지 못한다면, 현실에 대한 도덕적인 분노를 양산시키고 순전히 테러와 같은 전략적인 극단적인 정치적 행위와 결합될 싹을 지니고 있다."[31]

이제 도덕적 냉소주의 문제로 들어가자. 필자는 도덕적 당위가 현실 속에서 아무런 의미가 없고 그 세계가 오로지 인과적 사슬에 의해 결정되는 세계로 이해되는 한, 거기에서 살아가는 인간은 극단적인 현실 부정과 도덕 허무주의 사이에서 갈등할 수밖에 없다고 생각한다. 특히 현실을 인간의 자유를 억압하는 질서로 보고 이를 완전히 파괴하여 새로운 도덕적 질서를 구성하려는 사람일수록 현실의 두꺼운 벽을 경험하기 쉽고, 그 경우 현실에 재빨리 투항하는 경우도 자주 발생한다고 본다. 현실에서 도덕의 무기력을 경험한 사람은 도덕을 뒤로하고 차가

헤겔 정치철학의 통찰과 맹목

운 현실에 몸을 내맡긴다. 따라서 필자는 '도덕적 당위의 무기력과 도덕적 냉소주의의 내적 연관성'이 존재한다고 보았다.[32]

이런 문제에 대해 이충진은 새로운 해석 가능성을 제시한다. 그에 의하면 도덕과 현실의 분리는 도덕적 냉소주의로 귀착될 가능성보다는 도덕의 소중함을 자각하는 계기가 될 가능성이 높다. 그러므로 예지계와 현상계의 이원론에서 도덕적 냉소주의를 도출하는 것은 지나치게 성급하며, 그 성급함은 "칸트 이원론의 실천적 함의에 대한 잘못된 이해" 때문이라고 이충진은 바라본다. "현실의 부도덕성은 이성에 의해 제시된 당위를 무력화하기보다는 도리어 그것과의 차이성을 더욱 도드라지게 만들" 것이라는 그의 해석은 칸트 이론의 재해석을 통해 상당한 설득력을 지닌다. "현실이라는 '딱딱한 껍질'이 두꺼우면 두꺼울수록 그 안에서 '자연이 가장 조심스럽게 보호하고 있는 싹', 즉 당위가 '계발'될 가능성 역시 그만큼 커질지도 모른다.[33]

이런 논증 외에도 이충진은 당위와 현실의 분리 속에서 살아가는 인간 존재에게 비도덕적 현실은 도덕적 당위의 실현을 방해하지만 또 한편 인간이 스스로 노력함으로써 도덕적 강함을 단련하고 훈련할 수 있는 기회를 제공한다는 논거를 사용한다. 그러므로 "현실의 부도덕함은—많은 경우 현실의 행위자를 좌절시키기도 하지만—행위자를 유덕한 존재로 만들 기회를 제공하기도 하며 심지어 그를 위한 필수 조건이기도 하다"고 이충진은 강조한다. 더구나 이충진이 강조했듯이 칸트의 저서들에는 "객관적 선"에 관한 논의들과 "선 개념과 훌륭함 개념의 차이에 주목하는" 중요한 통찰들이 존재한다. 이런 논거들을 제시하며 그는 도덕적 냉소주의와 도덕의 무기력 사이에는 내적 연관성이 아니라 "외적-개연적 연관성만" 존재한다는 결론을 도출한다.

　이런 반론에 대해 필자는 절반은 공감하고 절반은 공감하지 않는다고 앞에서도 말했다. 칸트 저서들 전체—이때 과연 칸트가 이들 저서들에 나타나는 상충하는 주장들을 해결하는 정합적 논리를 전개했는가 하는 물음은 제외한다—를 고려할 때 칸트 윤리학을 양심에 의한 테러리즘 이론으로 그리고 도덕적 냉소주의를 부추기는 이론으로 보는 것은 부당하다. 필자도 칸트 윤리학이 그렇다고 주장하기보다는, 존재와 당위의 이원론이 사회적·역사적 세계에 대한 독자적인 이론의 결여 및 구체적 생활세계의 맥락으로부터 독립된 보편타당한 도덕규범의 정당화에 몰두하는 경향 등과 함께 작용하면 부도덕한 현실에 대한 파괴적인 도덕적 열정을 불러일으키기도 하고 현실에 대한 맹목적이고 무비판적인 냉소적인 태도를 양산할 수도 있다는 약한 주장을 했다. 그러므로 이충진이 당위의 무기력과 도덕적 냉소주의 사이의 "외적-개연적 연관성"을 인정한 것에 필자는 만족한다. 내적 연관성인가 아닌가는 필자에게는 결정적인 문제가 아닌 것처럼 보이기 때문이다.

　이충진의 반론에 대한 체계적인 재반론은 사실상 전방위적으로 수행해야 한다. 예를 들어 자연 개념이 칸트에게 어떻게 변화되어가는가, 혹은《판단력 비판》에서 수행된 자유와 필연의 결합 시도가 어떤 결과를 가져오는가, 그리고 그런 시도가 후기의 역사철학적 저서들이나 정치철학적 저서들에서도 지속적으로 유지되는가 등을 상세히 검토하지 않으면 재반론은 생산성이 없다. 그럼에도 필자는 자연을 인과법칙의 지배를 받는 것으로 보는 인식은 후기 칸트에게서도 거듭 발견

헤겔 정치철학의 통찰과 맹목

된다는 점만을 지적하고 싶다. 자연의 인과성에 대한 이론은 그가 시도하는, 역사에서 이성과 자유의 발현에 대한 이론을 체계적으로 수행하는 데에서 결정적인 걸림돌로 작용한다고 필자는 생각한다. 그러므로 도덕적 무기력의 문제를 둘러싼 쟁점에 대한 이충진의 반론에 대해 자연의 인과성 문제가 어떤 점에서 역사철학에서 해소되기 힘든 딜레마를 초래하는지를 보여줌으로써 재반론하는 데 만족하고자 한다.

1784년의 〈세계시민적 관점에서 본 보편사의 이념〉에 나오는 칸트의 다음과 같은 주장에 사람들은 의아해한다. "우리가 의지의 자유라는 개념에 대해 형이상학적인 관점에서 무엇을 주장하든지 간에, 의지가 외부로 나타난 현상이 인간 행위이며, 그것은 여타의 자연적 사실들과 마찬가지로 일반적인 자연의 법칙에 따라 규정된다."[34] 칸트는 이렇게 역사적으로 경험 가능한 모든 인간의 행동들도 철저히 자연적 인과성의 사슬에 의해 결정된다고 주장하는데, 이는 그가 사회적 공간과 역사적 시간 속에서 움직이는 인간들의 행동들을 충분히 이해하지 못했음을 보여준다. 그리고 칸트 철학에 결여되어 있는 역사적·사회적 세계에 대한 체계적인 이론 없이는 자연과 자유의 이원론 문제는 해결하기 어려울 것이다.

우리는 칸트가 생각하는 것처럼 역사적·사회적 세계와 독립된 선험적이고 자율적인 주체에 대한 상을 견지할 수 없다. 그런 자율적 주체의 형성 과정을 역사적인 방법으로 재구성할 수 있을 때 비로소 자유롭게 활동하고 결정하며 그런 행동들을 기꺼이 책임지려는 주체들에 대한 상을 올바로 이해할 수 있을 것이기 때문이다. 그러므로《순수이성비판》의 선험론적 변증법(transzendentale Dialektik)의 세 번째 이율배

반인 자유와 인과성의 양립 가능성 문제, 즉 자유의 가능성을 얻기 위한 시도로서 칸트가 제안한 물자체와 현상계 혹은 자유와 자연 필연성이라는 이원론은 궁극적으로 당위의 무기력에 빠질 수밖에 없다는 점을 아펠은 다음과 같이 요약한다. "그러므로 칸트적인 체계의 단초의 결과로부터 경험 세계의 영역, 예를 들어 경험적인 인간학과 정신과학의 영역에서—그것이 긍정적 의미이든지 아니면 부정적인 의미이든지 간에—도덕적 현상과 같은 것은 결코 인식될 수 없다는 점이 분명해진다. 그리고 이로부터 끌어내는 결론은 다음과 같다. 인간의 행위는 도덕법칙의 의미에서 도덕적으로 적극적인 방식으로 동기가 부여될 가능성은 없다. 그럼에도 처음에 암시한 것처럼 이런 두 가지 주장은 당위의 요청의 의미와 양립할 수 없다."[35] 또 "도덕적 통찰들이 동기들의 추진력과 제도들의 공인된 사회적 타당성에 의지할 수 없다면, 그것들은 실제로 아무런 성과가 없을 수밖에 없다"는 하버마스의 지적을 부인하기는 어려울 것이다.[36]

그럼 자연 세계에서 자유를 불가능하게 하는 현상들을 매개로 하여 인간들의 잠재적인 본성이라고 할 수 있는 인간의 도덕적 소질을 계발할 수 있는 가능성을 살펴보자. 이미 언급했던 것처럼 나는 19세기 이후 정신과학의 영역이라고 일컫는 이론 속에서 우리는 자유로운 행위자들의 도덕적 의미와 그들의 상호작용을 비로소 더 분명히 이해할 수 있다고 생각한다. 바로 그렇기 때문에 필자는 사회적 · 역사적 세계에 대한 독자적인 이론이 충분하지 못한 칸트의 실천철학이 해결할 수 없는 딜레마와 난문을 남겨둘 수밖에 없었다고 지적했던 것이다. 구체적인 인간의 현실 속에서 자유 및 도덕의 실현에 관한 물음은 도덕철학

헤겔 정치철학의 통찰과 맹목

의 정당화 작업과 무관하거나 그와 독립적인 응용의 문제로 생각하기 십상이다. 그러나 현재의 맥락에서 보면 자유 실현의 문제에 대한 고민은 도덕적 원리의 철학적 정당화 작업 자체의 가능 및 유의미성의 조건에 대한 탐구임이 분명해진다. 그리고 도덕에 대한 불신과 냉소가 도덕의 무기력한 모습의 이면이라고 주장하는 필자의 의도가 이제 좀 분명해진 것 같다.

이충진이 주장하듯이 현실의 부도덕함은 인간에게 도전으로 다가오고 이는 역설적으로 인간의 잠재적인 가능성을 일깨울 수 있는 조건으로 작동할 수 있다는 점은 명백하다. 그러나 이런 주장은 역사적 세계 속에서 인간의 도덕적 잠재력이 점진적으로나마 실현될 수 있다는 점을 가정해야만 성립된다. 그런 주장은 도덕과 실천이성이 구체적인 경험적 현실에서 실현된다는 점을 입증하는 과제이기도 하다. 그러므로 이런 주장이 실질적으로 가능하려면 역사에 대한 목적론적 이해나 해석학적인 다양성과 맥락화를 적극적으로 수용할 필요가 있는 듯하다. 칸트는 적어도 역사철학적 저서들에서 자연의 목적론적 해석에 입각하여 실천이성과 현실의 접합 가능성을 이론적으로 입증하고자 노력했다.[37]

칸트는 거친 현실 속에서 점차 실현되는 자유의 이념을 설명하기 위해 '자연의 의도'라는 개념을 활용한다. 이를 통해 인간의 의도[38]와는 무관하게 역사에서 진보를 추동하도록 현실 속에서 작동하는 메커니즘을 설명하는 것이다. 인간의 존엄성과 가치는 도덕법칙에 따라 자신의 의지를 규정할 수 있는 능력에 달려 있기에 이런 이성적 능력과 소질을 발현시켜야 한다. 이런 인간의 도덕성은 완전히 실현될 수는 없으나 부분적으로 발현될 수는 있다. 자연의 의도에 의해 인간의 잠재적인 이성적 능력은 갈등과 투쟁의 계기들을 매개로 성숙한다. 이것이 그 유명한 "반사회적 사회성(ungesellige Geselligkeit)"으로 표현되는 것이다. "자연이 인간들의 모든 소질을 계발시키기 위해 사용하는 수단은, 이 항쟁이 궁극적으로 사회의 합법칙적인 질서의 원인이 되는 한에서, 사회 속에서의 인간들 상호간의 항쟁(Antagonism)"이다.[39] 인간은 지배욕이나 소유욕 등으로 인해 갈등하고 투쟁하지만 그런 행동은 자연의 섭리에 의해 역사적인 진보, 그러니까 인간 도덕성의 소질 계발로 이어진다는 것이다.

인간의 갈등이 역사에서 진보의 촉매 역할을 하도록 자연의 메커니즘은 은밀하게 움직인다는 사고방식은 전쟁에 도덕적 의미를 부여하는 데까지 이른다. 영원한 평화를 세계사의 궁극 목적으로 설정하는 칸트의 풍모와는 어울리지 않는 것 같지만 이는 사실이다. 칸트는《판단력비판》에서 인간의 용기를 칭찬하면서, 문화가 고도로 발달한 곳에서도 존재하는 군인에 대한 특별한 존경심에 주목한다. 칸트는 미적 판단의 관점에서 볼 때 정치가보다는 군인이 더 큰 존경을 받아 마땅하다고 말한다. 그러면서 칸트는 전쟁의 숭고함을 찬양한다.[40]

칸트는 지속적 평화가 인간의 미덕을 해체한다는 주장과 더불어 전쟁의 도덕적 의미와 숭고함을 언급하는 데 그치지 않는다. 그는 전쟁을 인류 문화를 번성케 하는 인간의 모든 재능의 발현을 도와주는 동력으로 간주한다.[41]

전쟁의 도덕성에 대한 긍정적인 평가는 인간을 목적으로 대하라는 칸트의 탁월하고도 지속적으로 영향력을 행사하는 주장과 상충된다.

인간의 목숨을 수단으로 발휘되는 인간의 도덕적 잠재력이라는 주장에는 쉽게 동의하기 어려운 역설과 모순이 존재한다. 차가운 현실에서 느끼는 도덕적 냉소주의보다 도덕의 이름으로 자행되는 폭력의 긍정이 도덕 자체에 대한 근원적인 회의와 냉소를 초래한다고 나는 생각한다.[42]

4. "원리의 정당화와 체계의 세분화"

역사철학과 도덕철학의 긴장, 그러니까 자연의 의도라는 역사철학적 구도는 인간을 수단으로 삼는 반도덕적 태도를 보여준다는 사실로부터 자연과 자유의 이원론이 칸트를 지속적으로 어려운 상황으로 몰고 간다는 사실을 알 수 있다. 그러므로 이충진 역시 자신의 반론이 성공했다고 해도 존재와 당위의 이원론에 대한 해결책이 없는 한 필자를 충분히 납득시킬 수 없을 것이라고 말한다. "존재와 당위의 이원론적인 구별은 그(칸트)의 실천철학에 근본적인 결함을 만드는 논리적인 주요 배경"[43]이며 이충진도 이를 "본질적 부분"이라고 말한다. 그러면서 지금까지와는 다른 차원에서 칸트 윤리학을 옹호하려 한다.

이제 필자가 칸트의 실천철학의 여러 난문을 양산하는 이론적 배경으로 거론한 이원론에 대한 해석상의 차이를 다루어보자. 이충진은 필자의 입장을 이원론이 거부되면 칸트 윤리학을 포기해야만 한다는 입장을 옹호하는 것으로 해석한다. "반면에 칸트 실천철학적 문제들의 원인으로서의 이원론은 사정이 다르다. 나종석에 따르면, 칸트의 윤리학은 인간 본성 내지는 능력으로서의 자유에 토대하고, 자유는 인간 및 세계에 대한 이원론적 이해에 토대한다. 그러므로 이원론이 거부되면 결과적으로 인간 자유 및 그에 관한 학문인 윤리학 역시 토대를 잃어버리게 된다. '이런 의미에서' 이원론은 칸트 윤리학의 최초의 전제이며 최고의 원리이다. 따라서 만일 나종석의 지적이 옳다면 우리는 칸트 윤리학을 포기해야 할 것이다. 하지만 이러한 비판은 중요한 지점에서 핵심을 이탈하고 있는 듯이 보인다."

이충진의 해석은 오해이다. 필자는 칸트 윤리학의 근본이념인 자유가 이원론이 존재하지 않는다고 해도 허물어지지 않는다고 생각한다. 필자는 칸트가 자유의 이념 가능성을 옹호하기 위해 이원론을 제시했으며 그런 이원론으로 인해 수많은 실천철학적 난문들이 발생한다는 점을 지적했을 뿐이다. 오히려 이충진의 반론은 칸트 윤리학에 돌려져야 한다. 필자가 제대로 이해했다면 칸트는 예지계와 현상계의 이원론을 자유의 이념을 구출하기 위한 유일한 방법으로 서술했다. "이성적인, 그러니까 예지 세계에 속하는 존재자로서 인간은 그 자신의 의지의 원인성을 자유의 이념 아래 말고는 결코 생각할 수 없다. 왜냐하면 감성 세계의 규정된 원인들로부터의 독립성이 자유이기 때문이다."[44] 칸트와 달리 그리고 이충진의 오해와 달리 나는 자유의 이념에 대한 옹호와 이원론의 포기가 양자택일의 문제라고 주장한 적이 없다. 이충진 역시 이원론의 틀을 고수하지 않는다면 자유의 이념, 즉 윤리학은 포기해야 한다고 보는 것인지 궁금하다. 주 40에서 이충진은 다음과 같이 주장한다. "규범윤리학으로서 칸트 윤리학의 원리는 이성사실로서 도덕법칙이다. 이러한 이성사실의 발견과 이해는 오직 인간에 관한 이원론적 이해라는 전제 조건 아래서만 가능하다. (그렇다고 해서 이원론

헤겔 정치철학의 통찰과 맹목

이 윤리학의 원리 내지/가능 조건은 아니다.) 윤리학의 원리로서 도덕법칙을 택함으로써 귀결된 결과 중의 하나가 '칸트 윤리학은 현실 연관성을 갖지 못한다'라는 것이다."

이성의 사실로서의 도덕법칙에 대한 이해가 '인간에 대한 이원론적 전제 조건 아래에서만 가능하다'고 주장하면서 이원론이 윤리학의 가능 조건이 아니라고 주장할 경우 양자는 상충하는 듯하다. 이런 상충하는 주장을 포기해야 한다는 것이 필자와 헤겔의 견해이며, 여기에 이충진과의 차이점이 존재한다. 왜냐하면 그 역시 "윤리학의 원리로서 도덕법칙을 택함으로써 귀결된 결과 중의 하나가 '칸트 윤리학은 현실 연관성을 갖지 못한다'"는 점을 인정하고 있기 때문이다. 필자의 주장 역시 도덕법칙을 예지계와 현상계의 이원론 속에 위치지우고 정당한 법칙 형식의 준수만을 도덕성의 최고 원리로 삼는 칸트적 윤리학은 아무런 현실 연관성을 획득할 수 없을 터이기에 공허하다는 것이었다.

다만 필자는 윤리적 이념인 자율과 자유의 이념을 이어받고 그것을 실현할 수 있는 필수적 조건들에 대한 성찰들로 나아가는 헤겔을 칸트 윤리학의 비판적 계승자로 생각하는 데 반해, 이충진은 이런 시도는 과도하거나 위험한 것으로 보는 듯하다. 그는 "윤리학은 사실로서의 도덕법칙에서 출발해야 한다"고, 또 윤리학(협의의)은 그 선에서 멈추어야 한다고 생각하기 때문이다. 그뿐만 아니라 필자가 헤겔의 독창성과 장점이라고 보는 시도, 그러니까 "자율성의 이념에 기초한 보편주의적인 윤리학"을 포기하지 않으면서도 "보편적인 이념을 현실 속에서 살아 숨 쉬게 할 수 있는 여러 전제 조건들을 반성하는 작업"[45]을 이충진은 별개의 작업과 혼동하여 전자를 "필연적으로 침해"하는 것으로 보기 때문이다.

이제 마지막으로 언급해야 할 문제는 과연 헤겔이 시도한 '자유의 현존'을 증명하는 작업이 얼마나 구체적으로 서술되었는가 하는 것이다. 이충진은 인륜성 내지는 인정 이론에 토대를 둔 윤리학이 보편성을 확보할 정도로 충분히 구체화되지 않았다고 보는 것 같기 때문이다. 칸트가 전개한 보편주의적인 윤리학을 포기하지 않으면서도 자율성의 이념을 현실 속에서 살아 숨 쉬게 할 수 있는 전제 조건들을 반성하는 작업, 그러니까 헤겔이 시도한 작업이 왜 필요한가는 소극적인 방식과 적극적인 방식으로 입증할 수 있다. 소극적인 방식은 칸트의 보편주의 윤리학의 여러 모순을 보여주면서 자율성의 현실성 추구라는 방식을 정당화하는 길이다. 이 방법은 이충진의 반론을 재반론하면서 사용한 바 있다. 그러므로 이때까지의 필자의 반론과 설명이 칸트 윤리학의 문제점들을 분명하게 보여주는 데 성공했다면, 적어도 소극적으로나마 칸트 윤리학의 변경 필요성을 입증했다고 믿는다.

긍정적인 방식으로 헤겔의 길을 정당화하는 작업은 이 글의 범위를 넘어선다. 그럼에도 필자는 적어도 《차이와 연대》 6장 이후에서 헤겔의 인륜성 철학의 여러 내용을 재구성하려 했다는 사실을 말하고 싶다. 그러므로 필자가 헤겔의 인륜성 철학의 합리적 핵심을 통해 칸트 윤리학의 발전적인 계승이라는 작업을 수행하지 않은 것은 아니다. 이렇게 본다면 다음과 같은 요구, 즉 "인륜성의 윤리학은 가능한 모든 비판에 자신을 드러내기에 충분할 정도로 자신을 구체화시켜야 한다"는 주장은 필자를 좀 당혹스럽게 한다. 물론 《차이와 연대》가 많은 한계를 지니고 있기에 필자의 시도가 불충분하다고 판단해서 나온 주장으

헤겔 정치철학의 통찰과 맹목

로 이해할 수도 있다. 그러나 이충진은 그런 불충분성에 대한 불만이 아니라 마치 그런 시도 자체가 수행되지 않은 것처럼 말하고 있는 듯하다. 예를 들어 이충진은 '위탁물'이나 '거짓말할 권리' 등의 주제에 구체적인 대답을 내놓아야 한다고 강조하면서 칸트 대 헤겔의 대립 구도를 극복하는 것보다 올바른 선택을 위한 사전 정지작업의 필요성을 강조한다. 그런데 위탁물의 사례에 대한 헤겔의 설명을 제외하더라도 사유재산의 정당성에 대한 헤겔의 고유한 이론은 물론이고 가치들의 서열에 대한 헤겔의 입장에 의거하여 도덕규범들이 서로 충돌하는 상황을 돌파할 수 있는 이론이 《차이와 연대》에 실려 있다. 그러므로 이 글로 인해 이충진이 필자가 제시하려 한 인륜성 철학의 합리성에 대해 재반론하려는 동기를 갖게 되기만을 희망할 따름이다.

헤겔의 공공적 자유 이론과 현대적 공공철학의 가능성 10

들어가는 말

오늘날 우리 사회는 커다란 위기에 직면해 있다. 가족 해체 현상의 가속화, 비정규직 노동자들의 급속한 증가, 사회적 불평등의 심화 등은 위기의 징후를 드러내는 몇 가지 사례들이다. 그러나 이런 문제들을 스스로 해결할 수 있는 시민의 민주적 결정, 즉 시민의 자치(self-rule) 능력이 껍데기로 전락하는 상황이 문제를 더 심각하게 만든다. 공적인 문제들이 아무리 심각해도 그것을 스스로 해결할 수 있는 시민들의 자치 역량이 충분하다면 크게 문제되지 않을 것이다. 어느 사회건 문제는 늘 있는 법이니까 말이다.

그런데 오늘날 우리 사회는 민주적 방식으로 공적 문제들을 해결할

＊2012년《철학연구》에 실린〈헤겔의 공공적 자유 이론과 현대적 공공철학의 가능성〉을 교정한 논문이다.

수 있는 가능성이 별로 없어 심각한 위기에 처해 있다. 그 원인들이야 여럿 있겠지만 민주 시민의 자치를 허울뿐인 덕목으로 만드는 거대한 관료주의적 국가권력과 시장 권력을 지목해야 할 것이다. 특히 오늘날 전 지구적 자본주의 체제에서 새로이 등장한 시장 사회는 민주화 이후의 우리 사회의 모습을 크게 변모시켜가고 있다. 게다가 미디어 영역에 자본이 집중되는 현상으로 인해 초래된 공공성의 침식과 부패는 민주적 공공성의 활성화를 더욱더 어렵게 만들고 있다. 이처럼 행정 권력과 결합하여 등장한 효율성과 시장의 논리는 공공성을 왜곡시켜 시민들을 공론장으로부터 소외시키고 있다.[1] 이는 시민들이 자신들의 삶에 지대한 영향을 미칠 공적 사안들을 스스로 결정할 수 있는 민주적 자치의 원리를 훼손하고 말 것이다. 그래서 우리는 위기에 처한 시민의 정치적 자율성을 지켜내기 위해 노력해야 한다.[2]

그런데 시민의 정치적 자율성을 활성화하기 위해서는 시민의 자치 이념이 무엇인가를 철학적으로 분석할 필요가 있다. 이 작업은 오늘날 지배적인 정치철학의 형태인 자유주의 이론 및 타자의 이름으로 근대적 주체성의 이념을 해체하려는 시도에 대한 비판적 성찰과 맞물려 있다. 자유주의 정치철학의 다양한 형태에도 불구하고 이는 기본적으로 개인주의에 기반을 둔 권리 중심의 정치 이론이라는 성격을 띤다. 그리고 이런 자유주의가 오늘날 시민의 정치적 자율성의 이념을 망각케하는 한 요인이라고 필자는 생각한다.[3]

다른 한편으로 포스트 담론의 다양한 흐름들에서 등장한 근대적인 보편주의적 권리 및 도덕 이론에 대한 비판도 이성비판을 넘어 윤리학과 정의의 문제를 진지하게 다루고 있다. 포스트모더니즘에서의 윤리

헤겔 정치철학의 통찰과 맹목

적 전회에 대한 주장은 이미 90년대에 등장했다.[4] 레비나스 및 데리다의 철학에서 분명하게 나타나는 윤리적 전회는 이질적인 것을 도덕적시야 안에 넣음으로써 대칭적이고 평등적인 관계만을 고려하는 보편주의적 도덕 이론의 한계를 보여주는 데 일정하게 성공했다. 그러나사람들 사이의 비대칭적 의무들에 대한 과도한 주장으로 인해 절대적타자에의 무한한 의무에 대한 강조 역시 윤리와 정의의 문제를 다루는과정에서 심각한 딜레마에 처했다. 그러므로 우리는 새로운 형태의 공공철학을 구상할 필요가 있다. 그런데 필자는 헤겔의 자유 이론에서오늘날의 현대사회에 필요한 공공철학의 유력한 단초를 발견할 수 있다고 생각한다.

이 글은 헤겔 정치철학의 근본 통찰을 '공공적(public) 자유 이론과공공철학(public philosophy)'이라는 관점에서 해명하려 한다. 나는 헤겔의 자유 이론을 공공적 자유를 지향하는 것으로 이해하면서 이런 자유이론의 현재적 의미를 드러내보겠다. 이 글에서 헤겔의 공공철학에 대한 해석을 통해 비판하려는 대상은 두 가지이다. 하나는 원자론적 개인주의이고, 다른 하나는 레비나스 및 데리다가 옹호하는 절대적 타자이론이다. 달리 말하자면 이 글에서 필자는 헤겔의 공공적 자율성 이론이 원자론적 개인주의의 한계를 분명히 보여줄 뿐만 아니라, 레비나스-데리다적인 접근방식과 구별되는 타자(other)에 관한 이중적-복합적 이론을 포함하는 주체 이론을 제공한다는 점을 강조하려 한다.

1. 인륜성의 이념과 원자론적 개인주의의 자기모순

인간의 자유를 실현시키는 정치 원리 및 그 제도적 질서에 대한 헤겔의 사유는 《법철학》에서 가장 체계적으로 서술되어 있다. 그는 《법철학》대상을 다음과 같이 정의한다. "철학적인 법학은 법의 이념, 즉 법의 개념과 그것의 실현을 대상으로 한다."[5] 이와 같이 헤겔은 정치철학의 고유한 과제를 자유의 실현으로 이해한다. 헤겔에게 법은 자유의실현을 위한 매체로 이해된다. 그러므로 법은 단순한 외적 강제력이아니다. 그는 법을 인간의 자유를 실현하는 규정들의 총체로 이해한다. 이러한 문맥에서 헤겔은 법을 "자유의지의 현존"[6]으로 이해한다. 다시 말해 헤겔에게서 법은 칸트나 피히테 철학에서와 달리 인간의 외적인 행동 영역에 국한되는 게 아니라, 자유의 실현을 가능케 하는 조건과 연관을 맺음으로써 포괄적인 의미를 지닌다. 헤겔은 다음과 같이말한다. "자유의지의 현존재로서의 실재성 일반이 법이다. 이 법은 단지 제한된 법학적인 법으로서만이 아니라 자유의 모든 규정들의 현존재로서 포괄적으로 이해되어야만 한다."[7] 헤겔은 자유의 현존재의 주요 방식을 세 가지로 이해한다. 바로 추상법, 도덕적인 것, 인륜적인것이다. 헤겔은 법의 현존재의 다양한 형태들인 이러한 세 가지를 자유의지 개념 발전의 필연적인 계기들로 파악한다.[8]

자유 개념의 전개 과정의 절정은 인륜성(Sittlichkeit)이다. 인륜성 속에서 인간은 자유로운 존재로 인정받을 수 있다고 헤겔은 보기 때문이다. 인륜성은 영어로는 '윤리적 생활(ethical life)', '객관적 윤리(objective ethics)' '구체적 윤리(concrete ethics)' 등으로 번역되는 헤겔 정치철학의핵심 이론이자 용어이다. 헤겔에 의하면 인륜성 속에서 혹은 인륜적

헤겔 정치철학의 통찰과 맹목

관계 속에서 인간은 자유 실현의 정점을 경험함과 동시에 자신에게 참다운 구체적 의무의 내용들을 이해하게 된다. 그러므로 인륜성에서 등장하는 인간의 존재 방식은 단순한 권리 관계에 그치지 않는다. 인륜성은 특정한 개인이 소속된 공동체에 대해 지는 도덕적 의무를 가리킨다. 인륜성 철학에서 문제 되는 것은 인륜성의 구체적인 제도들이다. 헤겔은 가족, 시민사회 그리고 국가를 인륜성의 구체적인 제도들로 간주한다. 이러한 인륜성의 세 가지 근본 형태들의 논리 구조를 간략하게 설명하면 다음과 같다. 가족은 직접적이고 자연적인 통일이다. 가족의 기초는 사랑의 감정이다. 헤겔은 사랑을 "자연적인 것의 형태 속에서의 인륜성"[9]으로 규정한다. 그러나 가족에서 나타나는 인륜적인 통일성은 감정을 통해 제약된다. 그러므로 국가와는 달리 가족에서 나타나는 이타주의는 자연적인 규정에 의해 제한되어 있다.

헤겔은 국가에서의 통일은 이성적인 내용으로 이루어지는 법률을 통해서 달성된다[10]고 주장한다. 가족과는 달리 시민사회의 원리는 보편적인 이기주의이다. 그리고 여기에서 외적인 보편성이 문제가 된다. 시민사회에서 비로소 타당성을 획득하는 특수성의 권리는 헤겔에 따르면 고대사회에서는 단지 인륜적 공동체를 파멸시키는 원리였을 뿐이다.[11] 인륜성의 최고 형태로 간주되는 국가는 시민사회에서 상실된 가족의 통일을 더 높은 수준에서 회복한다. 국가에서의 통일의 기초는 가족에서처럼 감정이나 자연적인 결합이 아니라 이성에 기초하기 때문이다. 그러므로 인륜적 이념의 현실태, 즉 자유를 비로소 가능케 하고 이 자유에 구체적 현실성을 부여하는 국가는 "즉자대자적으로 이성적인 것"[12]이다.

앞에서 간단히 살펴본 인륜성 이념은 공동체 혹은 인간 상호관계(사회)에 대한 일면적인 이해를 대변하는 사회계약론의 한계를 극복하려한 헤겔이 내린 최종 결론이다. 그는 근대 사회계약론의 토대인 원자론적 개인주의가 삶의 참다운 모습을 왜곡한다고 보고 그 한계를 지적한다. 이는 자유의 성격을 새롭게 규정하는 데에서 결정적인 의미를지닌다. 헤겔은 타자와의 관계 자체에 있는 고유성을 철저히 인정하기때문이다. 달리 말하자면 헤겔이 보기에 원자론적 개인주의는 타자와의 만남이나 관계를 다른 어떤 목적(돈벌이나 자신의 세속적인 성공 등)을 달성하기 위한 수단으로 축소할 위험성이 있다. 즉 원자론적 개인주의는개인의 생존이나 물질적인 만족을 얻기 위한 매개체로만 타인을 바라보는 편협한 관점을 내포하며, 이런 좁은 관점 위에 새워진 근대 세계는 인간의 삶을 풍요롭게 할 수 있는 궁극적인 근원인 타자와의 만남의 고유한 차원을 파괴할 위험을 안고 있다. 간단히 말해 원자론적 개인주의는 사회 속에서 타자와의 연관성을 도구나 유용성이라는 관점에서만 바라볼 뿐 그 자체의 근원적 성격을 파악하지 못한다.

　　헤겔에 의하면 원자론적 개인주의는 인간을 포함한 모든 존재자를유용성의 차원으로 파악하거나 모든 것을 이용 가능한 자원의 의미를지닌 것으로 보는 계몽주의적 관점과 공속한다. 헤겔은 계몽주의를 공리주의와 유용성의 원리로 이해하는데, 도구적 이성과 원자론적 개인주의는 동전의 양면을 이루고 있다는 것이다. 계몽주의에 대한 헤겔의접근방식이 적절한가 아닌가를 도외시한다면, 사회적 세계에서 유용성의 원리에 입각하여 구성된 근대적 삶의 방식이 바로 시장 사회이다.

　　헤겔에게 원자(原子, Atom)는 《논리학》의 존재론에 등장하는 '대자존

　　　　　　　　　　　　　　헤겔 정치철학의 통찰과 맹목

재(Fürsichsein)'라는 논리 규정에 대응한다. 대자존재는 자기와 관계하는 것이지만, "타자를 자기로부터 배제하는 것"[13]이다. 원자는 타자를 배제하는 부정적인 자기 관계이기 때문에, 타자와 자기와의 관계는 우연적이고 외면적이다.[14] 헤겔은 원자론이 물리학뿐만 아니라 정치철학에도 등장한다고 본다. 그에 의하면 정치철학에서의 원자론은 개별자를 정치적 공동체의 원리로 보는 사회계약론이다. 이 계약론에서 사회성 자체의 고유성은 망각된다. 따라서 사회적 관계, 즉 타자와의 관계는 개인의 특수한 이해 관심의 추구라는 틀 내에서만 이해할 수 있을 뿐이다.[15] 원자론이 타자와의 관계를 부정적으로만 이해하는 사유 방식이기에 "원자론적인 원리들은 학문에서와 마찬가지로 정치적인 영역에서도 모든 이성적인 개념, 조직, 그리고 생명을 죽이는 것"[16]이라고 헤겔은 비판한다.

그런데 모든 인간관계를 도구 차원에서 접근하는 것은 타자에 대한 무관심을 넘어 타자에 대한 지배 욕구의 표현인바, 이는 바로 자기 파괴의 원리이다. 왜냐하면 인간은 항상 타인과 더불어 살아가야만 하는 존재인데도 이 공동 존재의 차원을 도구로 바라볼 뿐이기 때문이다. 헤겔이 근대의 자본주의적 시장 사회를 분석하면서 노동의 소외를 언급하고 부와 빈곤의 대립으로 인해 인간의 삶이 철저히 황폐해지는 모습을 비판하는 이유도 철학적으로 보면 유용성의 세계에 대한 비판이기도 하다.

근대의 시장 사회는 인간의 자유를 증진시키는 측면을 안고 있지만, 동시에 이런 사회가 인간 삶의 모든 영역을 관리하고 지배하면 인간성뿐 아니라 사회 전체를 파괴적인 상황으로 몰고 갈 거라고 헤겔은 비판한다. 근대의 자본주의적 시장 사회가 필연적으로 초래하는 부와 빈곤의 대립을 어떻게 해결해야 하는가, 바로 이것이 근대 세계를 괴롭히는 문제라고 본다. 이런 예리한 통찰은 현대 세계에서도 커다란 의미가 있다. 근대 세계를 내적으로 붕괴시킬 맹아가 존재하며, 그 사상적 원천이 바로 주체 중심적이고 원자론적인 개인주의로 인해 왜곡된 자유에 대한 일면적인 이해에 뿌리박고 있다는 헤겔의 지적은 우리 시대의 모든 사람이 깊이 공감할 것이다.

2. 헤겔에서의 타자, 자유 그리고 주체의 상호 연계성

헤겔은 참다운 자유를 '타자 속에서 자기 자신으로 머무름'으로, 즉 타자를 매개로 한 자기 자신으로의 귀환으로 파악한다.[17] 그는 참다운 자유가 서로 고립된 주체들의 외적인 관계가 아니라 "이러한 타자 속에서 자기 자신"으로 존재하는 관계에 있음을 강조한다.[18] 그러므로 "자유의 구체적인 개념"[19]에 의하면 상호 주관적인 공동체는 개인들의 자유를 제한하는 게 아니라 오히려 각 개인의 자유를 실현시키는 지평임이 드러난다. 바로 이러한 구체적인 자유 개념의 현실성이 헤겔의 "자유 개념의 진리"로 이해되는 "인륜성"이다.[20]

타자에서 자신으로의 복귀, 즉 타자와 자신의 통일에 대한 통찰이 둘 사이의 분열과 대립 가능성을 배제하지는 않는다. 어머니의 배 속에 있는 태아처럼 어머니와 전적으로 통일된 상태에 있는 태아조차도 서로 갈등할 수 있다는 점은 널리 알려져 있다. 그러나 이런 자연적인 통일(자각적인 분리와 구별의 계기가 없는) 상태에서 인간은 결코 정신적 존

헤겔 정치철학의 통찰과 맹목

재이자 자유로운 존재로 거듭날 수 없다. 그러므로 자연적 상태의 통일에서 벗어나 타자와의 적대적 관계에 몰입하는 것 역시 인간의 사회적 삶의 고유한 특성임을 부인할 수 없다.

헤겔에 의하면 인류의 역사에서 인간의 자기의식 및 자유 의식은 상이한 개체들의 투쟁 과정에서 형성된다. 그에 의하면 인간은 본질적으로 인정을 추구하는 존재이다. 이 인정의 추구는 인간을 인간으로 만드는 원천이다. 따라서 인간은 본질적으로 타자의 인정을 욕구하는 사회적 존재이다. 헤겔은 다음과 같이 말한다. "인정〔행위-필자〕 속에서 자아(das Selbst)는 개별자이기를 그친다. 자아는 당연히 인정〔행위〕 속에서 법적으로 존재한다. 즉 자아는 더 이상 〔타자와의 매개 없이 존재하는〕 직접적인 현존재가 아니다. 〔……〕 인간은 필연적으로 인정받으며, 필연적으로 인정하는 존재이다. 이러한 필연성은 인간 고유의 것이며, 내용과 대립해 있는 우리의 사고에 따른 것은 아니다. 인간 자체는 인정하는 존재라는 점에서 운동이며, 이러한 운동이 바로 인간의 자연 상태를 극복한다. 즉 인간은 인정〔행위〕이다."[21]

인간이 본질적으로 타인의 인정을 지향하는 존재라면, 인간은 자신이 추구하는 가치가 긍정적인 것임을 타인에게 확인 및 승인 받으려는 욕구를 가진 존재라는 뜻이다. 달리 말하자면 인간의 욕망은 '타자의 욕망에 대한 욕망'이다. 그런데 이 인간적인 욕구, 즉 타인을 통해 자신의 가치를 인정받으려는 욕구를 충족하려면 과감하게 자신의 동물적인 생명을 걸어야만 한다고 헤겔은 생각한다. 자신의 생명을 걸고서라도 타인에게 인정받으려는 욕구, 다시 말해 단순한 생명의 유지를 넘어 다른 가치를 추구하는 욕구가 존재하지 않는다면 인간은 결코 동물의 차원을 넘어설 수 없다는 것이 헤겔의 입장이다. 그렇다면 인간들 상호 관계에서 발생하는 부정적 활동은 인간의 동물적 차원을 부정하는 행동이나 다름없다. 이렇게 헤겔은 인간의 인간됨의 형성에서 목숨과 자신의 유한성 전체를 걸고 전력을 다해 노력하는 행위를 결정적인 것으로 간주한다. 따라서 인간이 동물적 차원을 넘어 자기의식적인 존재로 거듭나기 위해서는 목숨을 걸고 수행되는 인간들 상호 간의 인정투쟁이 필연이라고 헤겔은 강조한다. 그래서 코제브는 말한다. "자기의식의 '기원(origin)'에 대해 말하는 것은 필연적으로 '인정'을 위한 생사를 건 투쟁에 대해서 말하는 것을 의미한다." 또 그에 의하면 "이러한 생사를 건 투쟁이 없었다면 인간 존재는 결코 지상에 존재하지 않았을 것이다".[22]

이와 같이 헤겔은 인정투쟁과 자유 의식의 발생 사이의 공속성을 강조한다. 즉 "인정의 과정은 투쟁"이며, 이 투쟁 속에서 목숨을 걸고 자신의 동물적 차원, 즉 생명의 유한성을 초월하지 않는다면 인간은 정신적이고 자유로운 존재로 인정받을 수 없다는 것이다. 그래서 헤겔은 인정투쟁이 생사를 건 투쟁이며 죽음의 위험을 무릅쓰는 행위 속에서 인간은 비로소 자유를 "절대적으로 증명하고 있다"고 강조한다. 이처럼 헤겔은 인정 과정을 인간들 사이의 투쟁으로 이해하고 이 인정투쟁 과정을 통해 비로소 자유 의식이 펼쳐지고 인류는 궁극적으로 인간이 보편적으로 자유로운 존재임을 자각하게 된다고 본다.[23]

타자는 인간에게 죽음과 활력의 요소라는 모순적 존재이다. 타인의 시선을 소비하는 경우를 생각하면 타자가 인간의 삶에서 지니는 양가성을 잘 볼 수 있다. 타인의 시선 속에서 자신의 우월성과 존재 이유를

헤겔 정치철학의 통찰과 맹목

확인하는 예는 아파트 투기나 성형 열풍의 경우뿐만 아니라 긍정적인 행위에서도 찾아볼 수 있다. 선행을 하는 사람이 느끼는 뿌듯함이나 우월 의식을 전적으로 뿌리 뽑기는 불가능에 가깝다. 타자는 인간의 자유를 실현하는 과정에서 결정적인 장애이자 버팀목이다. 그래서 헤겔은 인간의 소외 현상과 더불어 자유 의식의 성장이라는 이중성을 함께 고민한다. 이것이 문명과 자연을 대립물로 보는 루소와 다른 점이다. 루소는 문명사회에서 자기와 타자의 관계를 근원적인 갈등이라는 관점에서만 이해하려 한다. 사르트르의 말을 빌리면 '타자의 시선은 지옥'이다. 타자와의 관계에서 등장하는 적대성이라는 문제는 인간의 삶을 이해할 때 매우 중요하다. 개인의 차원에서 타자나 관습, 사회적 시선이 개인의 창조적 자유의 발현을 차단한다는 점은 사르트르가 잘 보여준다.[24]

사회적·정치적 차원에서의 타자의 문제는 폭력의 문제와 밀접하게 연결되어 있다. 헤겔은 한때 범죄의 정당성을 옹호한 적이 있는데[25] 범죄 행위라고 지탄받는 집단적 행위가 종종 더 정의로운 주장을 내포하는 경우가 있다. 광주항쟁도 오랫동안 폭동과 대한민국의 질서를 위협한 범죄 행위로 규정되었다. 물론 이런 해석이 오늘날 우리 사회의 일각에서 여전히 유포되고 있지만 이제는 설득력이 없다. 이제 광주항쟁은 민주주의를 실현하는 과정에서 일어난 위대한 사건으로 평가되고 기억되고 있다. 타자를 자발성과 자유를 가로막는 적대적 대상으로만 이해하는 사람들은 헤겔에 의하면 자유의 이원성을 잘못 이해하고 있다. 궁극적으로는 타자와의 연관성(개방성)이라는 것이 자유의 가능성을 원천적으로 박탈하는 지옥 같은 힘을 지니고 있지만, 어떤 모험,

절망, 소외의 과정을 겪지 않으면 자기 표현이나 자유의 실현은 불가능하다. 심지어 신은 자기를 회복하기 위해 자연으로 태어나기까지 했다. 신이 자연으로 외화한다는 것이 헤겔의 입장이다. 신의 절대적 타자로서 혹은 신의 전적인 자기 포기로서의 자연을 매개로 자유로운 정신적 존재인 인간이 탄생하는 것이다. 정신적 존재와 자연을 매개로 절대정신이 움직이고 숨쉬기 때문에 결국 신은 자연과 역사 세계 속에서 자기로 귀향한다는 말이다.

인간이 타자와의 관계 속에서 비로소 참다운 인간이 될 수 있다는 헤겔의 통찰은 그의 실천철학 전반에서뿐만 아니라 현대 사회를 비판적으로 해명하는 작업에서도 결정적인 의미를 지닌다. 앞에서 보았듯이 인간은 타자와의 긍정적인 관계 속에서만 비로소 독자적이고 개성적인 삶을 영위할 수 있는 존재라는 것이 헤겔의 입장이다. 이는 사회화 과정을 개인이 속한 기존 사회의 지배적인 가치관을 내면화하여 인간을 특정한 질서에 순응하는 존재로 육성하는 것으로 바라보는 입장과도 구별된다. 인간은 이미 완성된 존재로 이 세상에 태어나지 않는다. 사회계약론자들이 생각하듯이 인간은 결코 자기 삶의 목적을 설정하고 이를 달성할 수단을 고려하는 합리적 능력을 갖춘 존재로 이 세상에 등장하진 않는다. 그런 능력은 모두 타자와의 성공적인 만남을 통해서만 계발할 수 있다. 그런 점에서 타자는 자신의 삶에서 외적이거나 수단적인 것, 우연적인 것이 아니다. 타자는 자신의 본질이다. 바로 자신인 셈이다. 그래서 현대의 철학자들은 타자를 개인을 구성하는 존재로 표현한다. 그리고 개인화는 사회화 과정을 통해 가능하다는 것은 이제 현대 철학의 공통된 인식이다. 이를 헤겔은 "나는 곧 우리요,

우리는 곧 나다"[26]고 표현한다.

　　그러나 타자와의 관계를 자유롭고 평등한 시민들의 대칭적인 상호 관계로만 보는 것은 헤겔의 타자 이론에 대한 올바른 이해가 아니다. 구체적 자유의 이념을 헤겔은 "절대적인 타자존재에서의 순수한 자기 인식(das reine Selbsterkennen im absoluten Anderssein)"[27]으로 규정하는데, 우리는 이 명제의 참뜻에 주목해야 한다. 타자(절대적 타자)에 대한 전적인 의존성(자기 방기/헌신) 속에서 동시에 주체성의 탄생 계기를 바라보는 헤겔의 시각을 도외시해서는 안 된다는 말이다. 주체와 객체의 관계 혹은 주체와 타자의 관계로 인간을 이해하는 헤겔의 상호 주관성 이론의 이중성을 미하엘 토이니센은 사랑과 자유로 포착한다. 헤겔이 사물이나 인간의 존재 방식의 고유성을 '관계-내-존재(In-Beziehung-Sein)'로 보고 있음을 지적하면서 토이니센은 이 관계적 존재 방식의 이중성을 "타자-속에서-자기-**자신**에-있음(Im-Anderen-bei-sich-*selbst*-Sein)으로서는 자유이며, 자기-자신에서-**타자** 속에-있음(Bei-sich-selbst-Sein im *Anderen*)으로서는 사랑"으로 설명한다.[28] 간단히 말해 자기 관계와 타자 관계의 통일성으로 이해되는 구체적 자유 개념은 사랑과 자유의 공속성으로 이해해야 한다. 후기 헤겔의 정신 개념과 변증법적 상호 인정의 논리적 구조의 발전 과정에서 결정적 의미를 지니는 청년 헤겔의 사랑 개념 역시 이를 잘 보여준다. 그에게서 사랑은 "자아가 (개체로서) 자기를 상실하는 동시에 자기를 (좀더 넓은 전체의 부분으로서) 발견하거나 획득하는 역설적 과정"이다. 즉 "사랑은 자기-양도와 자기-발견의 계기를 포함한다".[29]

　　우리는 아동 발달에 대한 20세기 정신분석 연구의 결과에서 부모와 자식의 관계가 아동의 사회적 발달에서 결정적인 의미를 지니고 있음을 알게 되었다. 부모와 자식의 긴밀한 관계가 중요하다는 실험의 한 사례를 보자. 서로 다른 방식으로 어머니로부터 분리된 유아들이 성장하는 모습을 비교 연구한 결과이다. 한 집단의 유아들은 고아원에서 보모의 손에 컸고, 다른 유아들은 여성 교도소에 딸린 보육원에서 양육되었다. 그곳에서 유아들은 낮에 잠깐 자기 어머니의 돌봄을 받았다. 첫해가 지나자 고아원에 있는 아동의 운동 기능 및 지적 기능은 교도소 보육원에 있는 아동보다 훨씬 뒤처졌다고 한다.[30] 부모, 특히 어머니와 긍정적인 관계를 형성하는 것이 유아들의 성장에서 매우 중요하다는 사실은 부인하기 어렵다. 이처럼 어머니의 전적인 돌봄에 내맡겨진 상황에서 주체적 자아로 성장해야만 하는 우리 인간 존재—물론 고등동물들도 마찬가지이다—는 상처받기 쉽고 주체적 존재로 성장하는 데 실패할 수도 있다. 절대적 보존을 호소하는 유아들에 대한 전적인 응대, 즉 어머니의 돌봄은 저절로 보장되지 않기 때문이다. 그러나 유아-모성의 돌봄이라는 관계는 유아가 자유로운 주체로 성장하는 데 있어서 전제 조건이다. 그러므로 자유의 실현은 성공적인 사랑의 관계를 전제하지 않을 수 없다.

사랑과 자유의 공속성에 대한 헤겔의 통찰에는 공공적 자유에 대한 예리한 인식이 포함되어 있다. 바로 뒤에서 보듯이 자유로운 사회의 형성에는 부모-자식의 관계에서 보는 사랑의 관계와 마찬가지로 특수한 정서적 유대와 통일성이 필요하다. 이로부터 정치적 공동체가 권리의 공동체, 즉 정의의 공동체이자 연대의 공동체여야 한다는 원리가 나온다.

헤겔 정치철학의 통찰과 맹목

앞에서 본 헤겔의 사랑과 자유의 공속성에 대한 인정 이론은 칸트에서 시작해 존 롤스 및 위르겐 하버마스로 이어지는 보편주의적 정의 이론과 에마뉘엘 레비나스 및 자크 데리다로 대변되는 절대적 타자 이론에 입각한 환대로서의 책임 윤리라는 딜레마를 넘어설 수 있는 이론적 단초를 보여준다. 헤겔의 타자 이론을 상대적 타자 이론, 즉 자아와 또 다른 자아의 관계에 국한된 것으로 보는 관점은 오해이다.[31] 여기에서 길게 언급할 수 없지만 레비나스와 데리다가 왜 타자에 대한 절대적인 응답, 즉 환대를 사회의 근원적 지평으로 보며 타자에 대한 전적인 응답과 환대라는 비대칭적 관계를 제일철학으로 격상시키려 하는지를 잘 이해할 수 있다. 이는 타자 문제를 '나와 너' 같은 평등하고 자립적인 주체들의 상호관계로만 바라보는 상호 주관적인 타자 이론에 대한 비판의 성격을 띤다.

　아울러 절대적 타자에 대한 호소는 서구 근대 문명에 대한 비판의 성격을 지닌다. 달리 말하자면 상호 대등한 자유로운 주체에서 출발하여 이들 사이의 평등한 권리 보장을 정의의 유일하고도 보편적인 기준으로 설정하는 서구 근대의 자유주의 사회가 안고 있는 문제점을 지적하는 것이다. 레비나스나 데리다는 독자적인 타자 이론을 통해 이 자유주의 사회에서 사회의 근원성인 절대적 타자에 대한 전적인 응답이라는 비대칭적 관계가 차단되고 이에 대한 감수성이 와해되고 있다고 진단하기 때문이다.

　악셀 호네트에 의하면 근대의 합리주의적 보편주의 도덕 이론에 의해 위험에 처하게 된 특수성의 계기를 윤리 이론적으로 옹호하려는 탈근대 윤리 이론의 다양한 접근방식들 중에서 오로지 "사람들 사이의 비대칭적 의무"를 강조하는 독특한 배려(Fürsorge)의 윤리 이론을 제공하는 데 어느 정도 성공한 사람은 데리다뿐이다. 데리다는 레비나스가 펼친 새로운 사유를 출발점으로 삼아 하버마스의 보편주의석인 "담론 윤리의 사유 지평을 넘어서는 도덕적 관점들을 보여"주기 때문이다.[32]

그러나 헤겔의 입장에서 보면 절대적 타자 이론은 자유주의의 권리 중심주의적 사유와 마찬가지로 일면적이다. 레비나스 및 데리다에게서 무한한 윤리적 책임의 원천으로 이해되는 절대적 타자성에의 환대가 갖고 있는 난점은 절대적 타자의 양가성에 적절히 대처할 수 없다는 것이다. 레비나스가 주장하는 것처럼 절대적 타자에의 무한한 환대, 즉 절대적 타자에 대한 수동성이 인간됨의 토대라면, 무조건적이고 비대칭적인 타자에 대한 책임은 "근본적인 '비인간적인' 타자성 자체"의 식별 가능성을 포기할 위험성이 있다. 그러므로 지젝은 레비나스의 타자 윤리가 "이웃을 윤리적으로 고상하게 격상시키는 것"으로 흐른다고 말한다. 달리 말해 "사물로서의 이웃의 근본적으로 모호한 괴물성을 윤리적 책임에 대한 요청이 퍼져 나오는 지점으로서의 타자로 환원시키는 것"을 우리는 경계해야 한다.[33]

리처드 커니에 의하면 타자에 대한 무조건적이고 절대적인 환대는 "윤리적 분별의 모든 기준을 보류"해 "그런 비분별적인 타자에 대한 개방 안에서 우리는 선과 악을 구분할 능력을 상실한다".[34] 다른 한편으로 인민의 자기 통치의 자의성에 대한 경계로 인해 개인의 권리를 우선시하는 자유주의는 "선택과 무관하게 우리에게 부여되는 연대의 의무, 종교적 의무, 그 밖의 도덕적 유대들"을 이해할 수 없다.[35] 권리 중심의 자유주의와 절대적 타자 이론은 인간의 의미 있는 삶을 가능하게 하는 사랑, 연대, 권리의 상호 연관성을 통한 인간의 사회성의 중층성과 복합성을 제대로 파악하지 못한다.[36]

지젝은 자유롭고 평등한 주체들 사이의 대칭적인 상호관계만을 정의의 원칙으로 간주하는 하버마스의 담론 이론과 절대적 타자성에 대한 무한 개방성(타자와의 비대칭적 관계)을 윤리적 책임의 근원으로 간주하는 레비나스 및 데리다의 관점이 서로 보완될 수 있음을 이해하는 것이 중요하다고 지적한다. 이 두 관점의 갈등과 부인의 관계 속에서 작동되는 상호 보완적 연계성에 주목하면서 이런 상호 보완적 관계의 논리를 지젝은 헤겔의 사변적 동일성 개념에 의거하여 해석한다.[37] 지젝이 언급하는 하버마스와 레비나스 및 데리다의 상호 긴장과 의존 관계에 대한 지적은 매우 중요하다. 자유와 정의에 대한 올바른 이해는 이 대립물의 통일에 대한 정확한 인식에 달려 있다고 본다. 지젝이 주장한 하버마스와 레비나스의 동근원성은 타자성의 다원성, 즉 타자의 종류가 다양함을 인식하지 못하는 환원주의에 기반을 둔다. 달리 말하자면 하버마스는 비대칭적인 타자에 대한 무한한 관계를 망각하고 타자를 대칭적이고 평등한 다른 주체로 환원하는 경향이 있다면, 레비나스와 데리다는 정반대로 타자의 이질성과 절대성만을 고수하고 이런 타자성을 타자성 자체로 특권화하는 오류를 범한다. 타자에 대한 입장은 정반대지만 이 두 입장은 "타자의 근본적 다원성을 인식"하려는 우리의 시도를 불가능한 것으로 몰고 간다는 점에서 동일한 지평에 있다.[38]

필자는 헤겔의 사변적-변증법적 사유 방식이 절대적 타자성과 대등한 인격적 주체들의 상호 주관적인 관계에서의 타자(상대적 타자성)의 구별을 포함하면서도 이 둘의 매개 가능성을 추구하는 시도로 이해할 수 있다고 본다.[39] 그런데 우리는 헤겔의 사변적 동일성이 '동일성과 비동일성의 동일성'[40]임을 잘 알고 있다. 이는 바로 헤겔이 철학적 사유의 근본 과제로 설정한 '절대자'에 대한 규정이라는 점도 잘 알려져 있다. 그런데 이 절대자는 앞에서 서술한 헤겔의 자유와 사랑의 상호 의존성으로서의 자유 개념의 철학적 토대이다. 그러므로 우리는 사랑, 연대 그리고 권리를 인간의 존엄한 삶을 가능케 하는 필수적 존재 방식이자 인정 형식으로 이해하는 헤겔의 인정 이론에 주목할 필요가 있다.[41]

3. 자유의 최고 형태로서 공공적 자유

이제 헤겔의 자유 이론의 특성을 더 상세히 분석해보자. 앞에서 보았듯이 헤겔에게 개인화는 사회화의 결과이다. 그리고 이런 인식은 연대성의 원리에 입각한 사회·정치 철학을 발전시키는 실마리이다. 헤겔에 의하면 원자적이고 고립된 상태에서, 즉 타자와 단절된 채 아무런 간섭이나 방해가 없이 살아가는 것을 자유로 이해한다면 이는 불충분한 견해이다. 인간은 본래 타자와의 연관 속에서 비로소 자신의 주체성과 정체성을 실현할 수 있는 존재인 한, 타자와의 관계는 자유의 제한이나 장애물이 아니라 자율성의 참다운 토대로 이해해야 한다.

헤겔은 타자와 공동체에 대한 의무의 원천이 무엇인지를 철학적으로 명료하게 보여준다. "우리는 곧 나요, 나는 곧 우리"[42]라는 통찰은 왜 우리가 타인과 공동체에 대한 도덕적 의무를 저버릴 수 없는가를 잘 보여준다. 우리가 타자와 공동체를 위해 무엇인가를 해야 하는 것은 외적인 강제 때문이 아니다. 또한 단순히 이성적으로 강요된 차가운 도덕적 의

헤겔 정치철학의 통찰과 맹목

무도 아니다. 헤겔의 자유관은 연대의 삶에서 정점에 이른다. 헤겔은 말한다. "인격의 다른 인격과의 공동성(Gemeinschaft)은 개인의 참된 자유를 제약하는 것으로 간주해서는 안 된다. 그것은 자유의 확장으로 간주해야만 한다. 최고의 공동성이야말로 최고의 자유이다."[43]

자유란 타자와의 연대의 삶 속에서 가장 고차적인 방식으로 실현될 수 있다. 간단히 말해 연대의 삶은 자유의 최고 형태이다. 이런 통찰에 의하면 헤겔에게 연대의 삶은 인간 본질의 발현이다. 그래서 헤겔은 자유를 우정이나 사랑이라는 감성적인 형식을 띠고 나타나는 인간관계에 빗대어 설명하곤 한다. 우리는 친구와 우정을 나눌 때 혹은 사랑하는 연인에게 인정받고 자신의 사랑을 연인과 공유할 때 가장 행복해한다. 그런 만남을 통해 삶의 충만함을 경험한다. 그러나 타자와의 만남 속에서 비로소 맛보는 행복은 각자의 진지한 노력과 타인에 대한 배려 없이는 지속될 수 없다. 마찬가지로 자신의 공동체에서 누릴 수 있는 행복과 자유를 실현하기 위해 우리는 때로 대단한 노력을 기울여야 한다. 그런 노력이 없다면 인간의 삶에서 자유을 비롯한 긍정적인 경험은 할 수 없을 것이다.

헤겔의 연대성의 자유 이론은 사회적 삶을 권리 공동체라는 의미로 완전히 해명할 수는 없음을 보여준다. 물론 칸트가 공리주의적인 윤리 이론에 가한 비판은 결코 취소될 수 없다.[44] 그리고 인간들 사이의 도구적인 관계에 대한 권리 중심적인 이의 제기는 분명 중요하다. 그러나 인간의 사회성의 원천을 상호 간의 동등한 권리의 긍정이라는 관점으로 남김없이 해명할 수 없다고 헤겔은 생각한다. 우리의 삶이 철저히 타자와의 연관 속에서만 가장 풍요롭게 영위될 수 있기 때문에, 그런 점에서 타자가 바로 우리 자신인 한에서 타인과 공동체에 대한 염려와 배려는 자연스러운 것이다. 이런 배려와 염려는 연인들의 사랑이나 가족 구성원에게서 발견하는 애정 어린 결속 관계와 같이 권리 공동체라는 차원보다 더 깊은 결속력과 공동의 이해관계를 요구한다. 헤겔은 인륜적 삶의 필수적 계기로 권리의 상호 긍정과 함께 사랑과 정치적 공동체의 연대적 특성을 강조하는데 바로 이런 생각 때문이다.

또 한마디 덧붙인다면, 인간 사회가 연대성의 공동체일 수밖에 없는 이유는 사회의 적대성을 완전히 극복/제거할 수 없기 때문이다. 적대성의 문제가 요즈음 정치철학의 중요한 화두로 등장하고 있는데, 권리 중심의 자유주의적 정의 이론이 과연 이 문제를 제대로 극복할 수 있는지에 대해서는 회의적이다. 자유주의자들은 적대성 없는 사회를 꿈꾸기 때문이다. 그러나 이런 꿈이 실현될 수 있느냐 없느냐를 떠나 이런 꿈을 향한 활동은 분명 (자유주의자들이 보기에 역설적인데) 권리보다 더 깊은 사회와의 통일의 감정을 요구한다는 점만을 지적하고자 한다. 그렇지 않다면 전쟁이 없는 항구적 평화질서는 유지될 수 없다. 어느 누가 전쟁 상황에서 자신의 목숨을 걸고 투쟁할 권리를 다른 사회구성원에게 요구할 수 있는가? 누구도 그런 행위를 주장할 권리를 갖고 있지 않다. 하지만 그런 방식으로 행동하는 사람들이 없다면 세계의 영구평화는 물론이거니와 지속가능한 권리 공동체조차도 생각할 수 없을 것이다. 그러므로 자유와 평등의 원칙을 규범적 토대로 삼는 권리 공동체는 이 공동체를 자신의 것으로 간주하는 시민들의 유대 내지 연대성을 요구한다. 권리 공동체로서의 정치 공동체가 지속적으로 유지되기 위해서도 이 공동체를 구성하고 있는 동료 시민들 사이의 믿음과 연대성이 요구된다는 것은 연대의 이념이 보편주의적인 도덕 이념과 독립적인 의무의 원천임을 보여준다. 시민의 덕성으로서의 애국심은 연대의식의 특수한 사례이다. 루소가 인간과 시민의 조국에 대한 사랑, 즉 애국심 사이의 양립 불가능성을 강조했음은 널리 알려져 있다. 인간성과 조국애는 양립할 수 없다는 그의 진단은 공동체에 대한 애착과 헌신이 쉽게 모든 사람에게 확장될 수 없는 것임을 보여준다. 그렇다고 애국심이 개인의 자율성과 독립성을 부인하면서 공동체에 대한 헌신만을 강조하는 것은 아니다.

헤겔의 애국심은 결코 호전적인 감정이나 멸사봉공과 같은 용어가 보여주듯이 국가나 공동체를 위해 일방적인 희생을 강요하는 감정이 아니다. 그는 국가를 정치적 심정으로서의 애국심과 제도의 통일로 본다. "관념성에서의 필연성은 이념의 자신 내부에서의 발전이다. 이 필연성은 주관적 실체성으로서의 정치적 심정이며, 주관적 실체성과는 구별되는 객관적 실체성으로서 국가의 유기체, 즉 본래적으로 정치적 국가와 그 헌법이다."[45] 헤겔은 애국심을 국가의 주관적인 계기로 다루지만, 애국심을 국가를 위해 엄청난 희생을 감수하는 마음가짐으로만 이해하는 태도를 비판한다. 그것은 애국심에 대한 그릇된 태도이기 때문이다.[46] 애국심은 국가 제도들의 합리적 성격에서 기인하는 것이다. 그리하여 헤겔은 가족과 시민사회를 "공적 자유의 기초"로서뿐만 아니라 국가에 대해서 시민들이 지니는 "신뢰와 심정의 확고한 기초"라고 강조한다.[47] 시민사회의 구성원들은 자신들의 자발적인 단체 활동에서 향유하는 공동체 및 연대의식이 국가의 틀 내에서 비로소 가능하다는 인식을 함으로써 국가에 대한 일체감을 형성하게 된다는 것이다.

국가에 대한 일체감이나 동료 시민들 사이의 연대의식은 이 공동체적 관계 속에서 비로소 그 구성원들이 자신의 자율적이고도 개성적인 삶을 풍부하게 실현시킬 수 있다는 점을 반복해서 자각할 수 있기에 형성되는 것이다. 따라서 시민사회에서의 자발적인 활동이 "시민들의 애국심의 비밀"이라고 헤겔은 말한다.[48]

헤겔은 시민들은 필요한 경우 재산이나 심지어 생명조차도 공동체를 위해 바칠 각오가 되어 있어야 한다는 것 그리고 그런 자세가 시민들의 인륜적 의무라고 생각한다. 국가의 보존을 위해서 그 구성원들이 자신의 생명을 걸어야 한다는 것은 전쟁과 같은 대단히 극단적인 상황에서 요구되는 시민들의 덕이다. 이런 희생의 덕 역시 애국심의 한 요소임에는 분명하다. 그러나 그것만이 애국심의 전부는 아니다. 헤겔은 다음과 같이 말한다. "애국심이란 말은 흔히 오직 엄청난 희생이나 행위를 기꺼이 하고자 하는 마음으로만 이해되곤 한다. 그러나 본질적으로 애국심이란 공동체를 일상적 상태나 생활관계상의 실체적 기초 내지 목적으로서 이해하는 데 익숙해져 있는 심적 태도이다. 〔……〕 그러나 인간은 자주 법을 준수하기보다는 오히려 대범하기를 좋아하는 것처럼, 이런 진실한 애국적 심정을 가지려고 하지 않거나 이 심정의 결여를 변명하기 위하여 저 엄청난 애국심을 지녀야만 하는 듯이 자신을 설득하기 쉽다."[49]

앞에서 본 것처럼 헤겔에 의하면 애국심은 일상생활에 뿌리박혀 있어야 한다. 참다운 애국심은 공동체가 구현하는 삶 속에서 이 공동체에 대해 느끼는 자부심이다. 그럴 경우에만 시민들은 평상시에도 동료 시민들에게 연대성을 느끼고 어려움에 처한 동료 시민들을 도와줄 것

헤겔 정치철학의 통찰과 맹목

이기 때문이다. 따라서 헤겔은 "정치적 심정"으로서 "애국심"은 단순한 주관적 확신이 아니라 "진리에 터전을 두고 있는 확신"이며 이 객관적이고 보편적인 확신을 자신의 것으로 내면화한 "습관으로 된 의욕"이라고 규정하는 것이다. 즉 애국심은 국가에 대한 "신뢰"인데, 그 신뢰는 이성적인 원리들을 구현하고 있는 "국가 속에 존립하는 제도들의 결과"라고 헤겔은 말한다.[50] 그래서 헤겔은 인간의 자유를 보장하고 가능하게 하는 입헌적 제도, 즉 헌법을 "국가 및 국가에 대한 개인의 신뢰와 심정의 확고한 기초"라고 강조한다.[51]

애국심은 관료적인 방식으로든 그 어떤 방식을 통해서든 외부로부터 강제될 수 있는 것이 아니다. 설령 국가에 대한 헌신과 애착이 조작적인 방식으로 형성되었다고 해도 그런 식으로 형성된 애국심과 이런 애국심에 기초를 둔 정치공동체는 부패할 수밖에 없으며, 장기적으로는 존립을 기대할 수 없다. 그래서 헤겔은 다음과 같이 말한다. "사람들은 흔히 국가란 힘, 강제력에 의하여 뭉쳐 있는 것으로 생각하지만, 그러나 국가를 유지하는 것은 오직 모든 사람이 지니는 질서라는 근본 감정인 것이다."[52] 국가와의 일체감은 자유롭고 이성적인 정치적 공동체 속에서 살아가면서 자연스럽게 습득되어 내면화된 감정이라는 것이다. 자유로운 국가 속에서 살아가면서 느끼는 자부심과 그 국가 질서와의 일체감 없이는 사실상 그 아무리 훌륭한 국가라 할지라도 장기적인 존립을 보장할 수 없다. 그러므로 애국심은 국가 제도의 자기 존립을 위해서도 중요한 의미를 갖는다.[53]

결론적으로 진정한 애국심은 국가의 존립이 없이는 자신의 자유롭고 개성적인 삶의 토대가 붕괴된다는 시민들의 믿음이다. 그러므로 자유로운 공동체는 자유를 실현하고 보장해줄 제도와 더불어 이 제도의 원칙을 자신의 것으로 내면화시켜 일상의 삶에서 살아가는 시민들을 필요로 한다. 헤겔은 이런 두 측면의 통일 속에서 비로소 정치적 공동체는 자유로운 공동체로서 지속할 수 있다고 생각한다. "이미 앞에서 지적된 바와 같이 혼인의 신성함 또한 시민사회가 그로 인해서 인륜적인 것으로서 나타나는 여러 제도들은 국가 전체의 견고성을 구성한다. 달리 말하자면 보편적인 것은 동시에 특수자로서의 개인의 문제이다. 중요한 것은 이성의 법칙과 특수한 자유의 법칙이 상호 침투된다는 것 그리고 나의 특수한 목적이 곧 보편적인 것과 동일하게 된다는 것이다. 그렇지 않을 경우에 국가는 공중누각에 지나지 않을 것이다. 개인의 자기감정이 국가의 현실성을 구성하고 그리고 국가의 견고성은 보편과 특수의 두 측면의 동일성이다. 흔히 사람들은 국가의 목적이 시민의 행복에 있다고 말해왔다. 실제로 이것은 맞는 말이다. 즉 만약에 시민이 행복해하지 않고 그들의 주관적 목적도 충족되지 않는다면 그리고 이 만족의 매개자가 바로 국가 그 자체라는 것을 시민들이 느끼지 못한다면, 국가란 실로 사상누각일 것이다."[54]

연대적 의무와 책임성의 특수한 사례로서 애국심은 요즈음에도 매우 중요한 토론의 주제가 되고 있다. 오늘날 신자유주의적 세계화로 인해 확대된 국가 간의 불평등을 해결하고 모든 사람의 기본 권리를 동등하게 보장할 수 있는 세계시민적 질서를 창출하려는 노력에서 애국심이 중요한 토론의 주제로 떠오르고 있기 때문이다. 국적이나 시민권에 상관없이 모든 사람들의 기본적 권리의 보편성을 실행에 옮기려는 사람들은 특정한 공동체에 대해 애착이나 헌신적 자세를 부정하는

헤겔 정치철학의 통찰과 맹목

경향이 있다. 이들에게 특수한 공동체나 특수한 관계를 맺는 대상에 대한 헌신과 애착은 그 관계로부터 배제되어 있는 사람에 대해 배타성을 보일 위험성을 안고 있고, 모든 사람들은 동등하게 대우받아야 한다는 도덕의 원칙에도 위배되는 것으로 이해된다. 그러나 자신이 속한 나라와 그 동료 시민들에게 더 강한 연대와 헌신을 보이는 태도를, 도덕을 국가적·민족적 경계에 한정하는 것으로 평가절하하는 것이 아니라 자연스러운 것으로 옹호하는 견해도 존재한다. 특정한 공공체에 대한 소속감에서 비롯되는 특정 공동체에 대한 애착과 헌신은 사람들의 삶에서 필수적이기 때문이다. 뿐만 아니라 정치 공동체를 구성하는 동료 시민들이 서로에 대해 느끼는 동료의식이나 연대감이 없이는 그 공동체는 활력을 잃고 쇠퇴할 것이 분명하다. 활력을 상실한 공동체, 그러니까 이 공동체를 구성하는 사람들 사이의 관계가 단순하게 이익을 주고받는 관계에서처럼 타산적이어서 그 구성원들에게 내재적이고도 실질적인 의미를 지니지 않게 된다면 사람들은 자신의 삶의 의미를 형성할 수 있는 중요한 지평을 상실하게 되는 셈이다.

특수한 공동체에 소속됨으로써 형성되는 연대성과 책임성은 그 자체로 매우 의미 있고 독자적인 도덕적 의무이기도 하다. 게다가 특수한 관계를 맺은 대상이나 특정한 공동체에 대한 애착과 헌신의 자세가 모든 사람을 동등하게 대우하라는 보편적인 도덕적 의무와 상충하지 않는다고 생각할 합리적 이유도 존재한다. 그러므로 세계시민주의와 연대 혹은 보편주의적 도덕 원칙과 연대 사이의 상호 연계 가능성을 추구하는 작업이 중요하다. 이런 맥락에서 세계시민주의와 애국심의 양립 가능성을 고민할 필요가 있다. 그런데 헤겔에게서 우리는 애국심과 세계시민주의 사이의 매개 가능성을 찾아볼 수 있는가? 국제관계나 전쟁 그리고 개별 국민국가의 주권성에 대한 헤겔의 견해를 분석해보면 이 물음에 대해 부정적으로 답을 해야 할 것이다. 좀더 유연하게 표현한다면 헤겔에게 세계시민사회로의 이행의 문제는 진지하게 다룰 철학적 문제가 아니었으며, 그러므로 그에게 애국심과 세계시민주의 사이의 연계성에 대한 물음은 제기되지 않은 채로 남아 있다. 그러나 칸트의 세계시민법 구상과 영원한 평화에 대한 헤겔의 비판 그리고 그의 애국심에 대한 이론 등을 종합해 판단하자면 헤겔의 정치철학적 지향성은 분명 애국심과 세계시민주의의 양립 가능성의 모색에 있다고 볼 수 있다. 그는 국가의 다수성이 결코 극복될 수 없다고 보고 있으며, 연대성의 의무가 도덕적인 보편원칙에 대한 강조로 대체될 수 없는 고유한 가치를 지니고 있다는 점을 강조했으며 추상적인 세계시민주의의 공허함과 일면성을 비판했기 때문이다.

그러나 세계시민법을 통해 국가들 사이의 영구적 평화에 대한 주제를 탐구하는 데에서 칸트와 달리 헤겔은 세계시민법과 영원한 평화에 대한 구체적 구상을 내놓지 않았다. 그러므로 우리는 이제 고전적인 국제법의 질서를 대신할 세계시민적 질서를 창출하기 위해 헤겔의 한계를 극복하기 위해 노력해야 할 것이다. 예를 들어 개별 국민국가 주권의 절대성에 대한 헤겔의 옹호는 오늘날 불충분하다. 변화된 상황으로 인해 이제 국제법의 기본 원칙인 주권의 절대성을 합리적으로 제한할 수 있는 가능성을 모색해야 한다. 개별 국가의 주권성의 원칙에 합리적인 제한을 설정할 수 있는 가능성뿐만 아니라, 이를 실질적으로 실현시킬 수 있는 세계시민질서의 창출을 위해 노력하기 위해서는 전쟁의 필연성에 대한 헤겔의 이론이나 세계시민사회에 대한 부정적 태도는 비판적으로 극복되어야 할 것이다.[55]

그런데 오늘날 세계시민사회에 대한 헤겔의 비판과 애국심 및 연대의식의 독자적이고 내재적 가치에 대한 옹호를 다시 진지하게 검토해보아야 하는 이유는 신자유주의적 세계화 때문이다. 신자유주의적 세계화의 무한 질주로 인해 우정이나 사랑 그리고 가정 관계뿐만 아니라 특수한 지역적 및 국가적 공동체의 연대감과 책임감의 토대가 크게 흔들리고 있기 때문이다. 헤겔이 근대 자본주의 사회의 긍정성을 인정하면서도 근대사회의 구성 원리인 원자론적 개인주의와 그것의 제도적 표현인 시장 질서에 비판적인 태도를 보이는 이유도 시장 사회가 인간의 사회성과 연대성을 망각했기 때문이다.

그래서 헤겔은 상업과 돈의 논리에 의해 상실되어가는 시민들의 자치 이상의 소멸을 다음과 같이 서술하고 있다. "자유로운 인간으로서 그리스인과 로마인은 스스로 제정한 법을 따랐고, 스스로 상관으로 뽑은 공직자에게 복종했으며, 스스로 결정한 전쟁을 치렀고, 그들의 대의(이상)를 위해 자신의 재산과 정열을 바쳤고 수천 명의 목숨을 희생했다. 〔……〕 자신의 활동의 산물로서의 국가에 대한 상은 시민의 영혼으로부터 사라져버렸다. 전체에 대한 배려와 이해는 한 사람이나 몇몇 소수의 사람들의 영혼 속에 깃들게 되었다. 〔……〕 국가기구의 행정은 소수의 시민들이 전담하게 되었으며 이들은 단지 하나의 톱니바퀴로서만 봉사했다. 〔……〕 국가가 백성들에게 주입하는 커다란 목적은 국가 속에서의 효율성이었다. 백성들이 스스로에게 부여한 목적은 돈벌이와 호구지책이었고 공허한 것이었다. 이제 모든 행위와 목적이 개인적인 것과 연관되고 전체를 위한, 즉 하나의 이념을 위한 행위는 더 이상 존재하지 않게 되었다. 사람들은 각자 자기 자신을 위해 일하거나 특정한 개인을 위해 일하도록 강요되었다. 스스로 만든 법칙을 지키고, 평화 시에는 자기 손으로 뽑은 관리를, 전시에는 자기 손으로 뽑은 지휘관을 따르며, 스스로 함께(공동으로) 결정한 계획을 실천할 수 있는 자유가 사라져버렸다. 모든 정치적 자유는 사라져버렸다. 시민들의 유일한 권리는 이제 그의 전체 세계를 가득 채우고 있는 소유권을 보장받는 것뿐이었다. 그의 목적의 전체 세계, 그의 생활 속의 모든 행위를 산산이 부숴버리는 현상, 즉 죽음이 그에게는 두려운 것일 수밖에 없다. 그러나 고대의 공화국은 공화국 시민들보다 오래 지속되었으며, 공화국은 그들의 영혼이며, 따라서 영원한 것이라는 생각이 공화국의 시민에게는 아른거리고 있었다."[56]

　오늘날의 상황에서 고대적인 자유, 즉 공화주의적 시민의 자치 이념이 부활할 수 있는가 하는 문제를 여기서 길게 논할 수는 없다.[57] 다만 헤겔이 고대 공화주의적 자유 이론을 근대의 자유주의적 상황과 결합하려 했음을 간단히 언급하고자 한다. 사회적 분화가 어떻게 새로운 형태의 연대를 끌어내고 공동체를 이루게 하는가, 역으로 연대와 공동성의 확보가 분화와 다양성의 분출에 어떻게 긍정적으로 작용하는가, 이것이 바로 헤겔 철학의 제일 관심사였다. 절대자를 '동일성과 비동일성의 동일성'으로 규정하는 데에서 우리는 헤겔의 절대자가 총체성을 지향하면서도 다양성을 억압하는 획일성과는 근본적으로 다른 개념임을 알 수 있다. 그러므로 차이와 다양성의 존중은 동시에 일정한 수준의 공동체에 대한 소속감과 정체성의 형성 없이는 불가능하다는

　　　　　　　　　　　　　헤겔 정치철학의 통찰과 맹목

것, 다른 한편으로 다양성과 개성의 발휘를 허용하지 않는 사회적 정체성은 획일적이고 죽어버린 정체성에 지나지 않는다는 사실에 대한 헤겔의 지적은 다양성과 공동체적 연대성이 어떤 방식으로 상호 공속하고 있는지를 보여준다.

차이와 연대의 상호 연관성에 대한 자각을 헤겔 정치철학의 가장 중요한 통찰로 보는 필자의 입장은 다른 해석에 의해서도 지지된다. 예를 들어 에티엔 발리바르의 헤겔의 인륜성 철학에 대한 해석이다. 여기서 발리바르의 주장을 인용하는 이유는 간단하다. 그의 주장이 필자의 헤겔 해석 방향과 일치하기 때문이다. 구조주의적 마르크스주의자로 유명한 발리바르가 헤겔 정치철학의 긍정성을 인정한다는 점, 그것도 그동안 필자가 그토록 옹호하려 했던 방향과 기본적으로 일치한다는 점 때문이다. 그는 다음과 같이 말한다.

"그런데 시빌리테(civilité)에서 문제가 되는 것은 타인들에게 문명을 가져다주는 게 아니라 우리 자신을 문명화하는(civiliser) 것이다. 곧 현재 우리가 목도하고 있는, 사실은 우리를 포위하고 있는 동일성들의 히스테리화와 관련해 우리가 거리를 둘 수 있게 해주는 소통 및 삶의 형식들을 발전시키는 것이다. 동일성들 간의 갈등, 동일성 중심적인 정책과 안전 중심적인 정책, 폭력 사이의 단락에 직면하여 문제는 동일성들을 사라지게 만드는 것이 아니라, 개인들 및 집단들에게 자기 자신을 동일화하고 탈동일화할 수 있는, 동일성 속에서 이동할 수 있게 해주는 수단들을 부여하는 것이다. 차이 및 평등의 권리와 동시에 연대와 공동체의 권리를 함께 요구하는 것이 문제다."[58]

발리바르가 사용하는 '시빌리테'라는 개념은 고대 그리스의 폴리테

이아 및 헤겔의 인륜성(Sittlichkeit)과 깊은 관련이 있다. 그는 헤겔의 인륜성 이론을 시빌리테(혹은 시민인륜) 이론으로 재해석하면서 정치의 가능성을 모색한다.[59] 발리바르에 의하면 자신이 전개하려는 시빌리테 정치, 즉 해방과 변혁의 정치와 구별되는 정치 개념에 대한 "가장 복잡한 철학적 구상"을 제공하는 철학자는 바로 헤겔이다.[60] 헤겔의 인륜성 이론은 주체성 및 개성의 발현을 허용하면서도 다양한 주체들의 활동 공간을 가로질러 보편적인 공동성을 확보하려는 이론이다. 다시 말해 고대 그리스의 소크라테스의 주체성에 대한 자각이 고대 폴리스의 파괴를 초래한 원인으로 작용했던 것과는 달리 근대의 이성적인 국가(인륜성)의 장점과 독특성은 주체성의 발현을 허용하면서도 주체성의 다채로운 발현을 매개하는 국가적·정치적 공동체를 형성케 한다는 점에 있다는 것이다. 그러므로 근대적 혹은 참다운 인륜성에 대한 헤겔의 서술은 개인의 자유 및 특수성과 보편성이 매개될 수 있는 지평을 해명하는 작업으로 이해되어야 한다. "헤겔이 시민 인륜에 관해 형성하는 관념은 [……] 그의 변증법적 확신의 맞짝이다. 그리고 거기서 핵심은 개인들이 다수의 '공동체들'(가족적, 지역적, 종교적, 직업적, 정치적 등)에 속하게 허용하고, 따라서 기존의 동일성들에 스스로를 부과하며 그 가능성의 조건이 되는 추상적인—보편적이거나 또는 더 정확히 말해서 보편화적인 하나의 동일성을(법, 교육, 공적 기능들, 사회적 시민권에 의해) 확보하면서, 구체적인 동일성들이 '영예(honneur)'롭게 보존될 수 있도록 허용하는, 특수한 것과 보편적인 것의 상호적 매개 과정에 대한 해명이다."[61]

나가는 말

앞에서 살펴본 것처럼 근대의 개인주의적 자유와 고대의 공화주의적 자유를 함께 사유한다는 점에서 헤겔의 자유관과 사회·정치 철학은 현대의 신자유주의적인 세계화 시대에도 여전히 현실성을 잃지 않는다. 신자유주의 시대의 개막과 더불어 우리가 잃어버리고 있는 것은 다름 아닌 공화주의적인 자유, 즉 자신과 자신이 속한 공동체에 커다란 영향을 미칠 수 있는 공적인 사안들을 스스로 결정하는 자유이기 때문이다. 예를 들어 한미 FTA 같은 사안은 공동체 구성원들의 삶에 지대한 영향을 미치는 만큼, 되도록이면 민주적 과정을 거쳐 모든 구성원의 이해를 가능한 한 최대한 반영한 상황에서 모든 구성원이 스스로 결정해야겠지만 우리의 상황은 그렇지 않았다. 우리는 민주주의가 공고화된 사회에서 살아가고 있다고 생각하지만, 역설적으로 민주주의가 절차적 차원에서 제도화되는 과정에서 공적인 자유와 자치 이념이 얼마나 소중한지를 체험하고 이를 자신의 것으로 삼기도 전에 경제적인 효율성의 명령만을 최고의 선으로 숭상하게 되었기 때문이다.

경제적 효율성의 명령만이 유일하게 정상적인 규범 역할을 하고 나머지는 비정상적인 것으로 배제되고 타자화되는 과정에서 민주주의는 형식적인 껍데기로 전락할 위험에 처했다. 인간은 존엄한 인격적 주체로 대우받아야 한다는 점이 마치 현대 사회의 우월성을 입증하는 마법 같은 수사적 효과를 빚어내는 듯하다. 그러나 실상을 보면 인권과 인격적 존엄성에 대한 강조는 비인간적인 현실에 대한 비판 정신을 마비시키는 마약 같은 것에 지나지 않는다는 인상을 지우기 힘들다. 인간을 단순히 수단이 아니라 목적으로 대해야 한다는 칸트의 유명한 정언명령은 인간의 모든 능력을 오로지 효율적인 결과를 산출하기 위해 동원해야 하는 자원으로 전락시키는 시장 사회의 위력 앞에서 빛이 바랜 지 오래되었다. 시장경제가 전일적인 모습으로 사랑과 유대성에 기반을 둔 정치적 연대 의식으로 조절되지 않게 될 때 그 사회는 인간성 상실의 만화경을 보여줄 것이라는 헤겔의 지적은 여전히 의미가 있다. 그래서 한국 사회의 위기를 극복할 공공철학의 재생을 지향하는 이들이라면 헤겔의 공공적 자유 이론과의 진지한 대화를 게을리해서는 안 될 것이다.

01 고대 그리스 민주주의와 근대 주체성의 원리

1. 혁명이 근대의 고유한 현상이라는 점에 대해서는 한나 아렌트, 《혁명론》, 홍원표 옮김, 한길사, 2004, 95쪽 이하 참조. 사회를 근본적으로 변화시키려는 근대의 혁명 개념은 프랑스혁명 이전에는 존재하지 않았다는 아렌트의 주장에 대한 비판으로는 J. Israel, *Enlightenment Contested. Philosophy, Modernity, and the Emancipation of Man 1670-1752*, Oxford: Oxford University Press, 2006, 9쪽 참조.

2. J. Israel, 같은 책, 11쪽. 위에서 언급한 가치들은 17세기 후반부터 본격 등장했으며 이 가치들을 거역할 수 없는 것으로 자리매김하는 데, 즉 근대성을 형성하는 데 혁명 적인 역할을 한 소위 급진적 계몽주의(radical Enlightenment) 흐름이 얼마나 지대한 역할을 수행했는지, 그리고 이를 대표하는 스피노자, 피에르 벨(P. Bayle), 프랑스의 계몽주의 철학자 디드로가 얼마나 중요한지는 조너선 이스라엘의 연구가 탁월하게 입증하고 있다. 특히 그는 스피노자와 스피노자주의가 급진적 계몽주의 흐름 및 근 대성의 형성에 결정적인 의미를 지닌다고 주장한다(J. Israel, *Radical Enlightenment. Philosophy and the Making of Modernity 1650-1750*, Oxford: Oxford University Press, 2001 참조).

3. 나는 보비오가 주장하는 것처럼 개인주의를 자유주의의 핵심 원리로 이해한다. 노르베르트 보비오에 의하면 "개인주의 없이 자유주의는 불가능하다"(노르베르트 보비오, 《자유주의와 민주주의》, 황주홍 옮김, 문학과지성사, 1992, 20쪽).

4. 이사야 벌린, 《자유론》, 박동천 옮김, 아카넷, 2006, 357쪽.

5. 카를 슈미트, 《현대 의회주의의 정신사적 상황》, 나종석 옮김, 길, 2012, 67쪽 참조.

6. 벤자민 바버, 《강한 민주주의—새 시대를 위한 정치 참여》, 박재주 옮김, 인간사랑, 1992, 15, 18, 185쪽 이하 참조.

7. 샹탈 무페, 《민주주의의 역설》, 이행 옮김, 인간사랑, 2006. 무페의 관점에도 크게

영향을 미치고 있는 자유주의와 민주주의의 근원적 대립을 강조한 고전적인 예는 카를 슈미트의 관점이다. 이에 대해서는 카를 슈미트, 앞의 책 참조. 보비오의 책(앞의 책)은 자유주의와 민주주의의 관계에 대한 소중한 통찰들을 제시하고 있다.

8. J. Habermas, *Der philosophische Diskurs der Moderne*, Frankfurt a. M.: Suhrkamp Verlag, 1988, 26쪽 이하.

9. K. Löwith, *Von Hegel zu Nietzsche*, in: *Sämtliche Schriften*, Band 4, Stuttgart: J. B. Metzler, 1988, 300쪽.

10. J.-J. Rousseau, *Politische Schriften*, übersetzt von L. Schmidts, Paderborn/München/Wien/Zürich: Schöningh Verlag, 1995, 48쪽.

11. J. Shklar, *Men and Citizens. A Study of Rousseau's Social Theory*, London: Cambridge University Press, 1985, 13쪽.

12. 레오 스트라우스, 《정치철학이란 무엇인가》, 양승태 옮김, 아카넷, 2002, 69쪽.

13. "소유 지향적 개인주의"라는 개념은 주지하듯이 크로포드 브루 맥퍼슨이 사용했다. 그는 이 개념을 17~20세기 영국의 자유주의 정치 이론의 가장 기본적인 가정으로 설정하고 이를 통해 오늘날의 자유민주주의가 처한 난관의 근원을 해명하고자 했다(크로포드 브루 맥퍼슨, 《소유적 개인주의의 정치 이론》, 이유동 옮김, 인간사랑, 1991).

14. 레오 스트라우스, 앞의 책, 69쪽.

15. 근대의 위기의 한 현상인 혁명과 테러의 연관성이라는 문제는 '근대의 위기와 헤겔의 정치철학'이라는 연구 기획의 독자적인 한 부분을 형성한다. 이에 대해서는 다른 기회에 상세히 다룰 계획이다.

16. S. Holmes, *Benjamin Constant and the Making of Modern Liberalism*, New Haven and London: Yale University Press, 1984, 82, 85쪽.

17. 이사야 벌린, 앞의 책, 409쪽 이하. 벌린은 콩스탕의 루소 이해를 이어받아 루소의 이론을 "절대적 전제정"의 이론으로 간주하고 루소를 "근대 사유의 전체 역사에서 자유에 대한 가장 불길하고 무서운 적들 중의 하나"라고 이해한다(I. Berlin, *Freedom and its Betrayal. Six enemies of human liberty*, edited by H. Hardy, Princeton and Oxford: Princeton University Press, 2002, 47, 49쪽).

18. K. Rosenkranz, *Hegels Leben*, mit einer Nachbemerkung zum Nachdruck 1977 von O. Pöggeler, Darmstadt: Wissenschaftliche Buchgesellschaft, 1977, 62쪽.

19. J.-J. Rousseau, 앞의 책, 77쪽.

헤겔 정치철학의 통찰과 맹목

20. J. Ehrenberg, *Civil Society. The Critical History of an Idea*, New York and London: New York University Press, 1999, 156쪽 이하.

21. J.-J. Rousseau, *Briefe vom Berge*, in: *Jean-Jacques Rousseau Schriften*, hg. von Henning Ritter, Band 2, Frankfurt a. M.: Fischer Verlag, 1988, 32쪽.

22. J.-J. Rousseau, *Jean-Jacques Rousseau Schriften*, hg. von Henning Ritter, Band 1, Frankfurt a. M.: Fischer Verlag, 1988, 33쪽.

23. J.-J. Rousseau, *Considerations on the Government of Poland*, in: *Rousseau. The Social Contract and other later political writings*, edited by V. Gourevitch, Cambridge: Cambridge University Press, 1997, 184쪽.

24. 같은 책, 189쪽.

25. J.-J. Rousseau, *Of the Social Contract*, in: *Rousseau. The Social Contract and other later political writings*, edited by V. Gourevitch, Cambridge: Cambridge University Press, 1997, 78쪽 참조.

26. 같은 책, 41쪽.

27. 같은 책, 59쪽.

28. 같은 책, 60쪽.

29. 루소의 공화주의적 전통의 연관성에 대해서는 버나드 마넹, 《선거는 민주적인 가》, 곽준혁 옮김, 후마니타스, 2004, 66쪽 이하 참조.

30. Aristoteles, *Politics*, translated by H. Rackham, Cambridge: Harvard University Press, 2005, 213쪽 이하.

31. 로버트 워클러, 《루소》, 이종인 옮김, 시공사, 2001, 115쪽 이하 참조. 루소의 일반의지와 전체의지의 구별은 헤겔의 근대 부르주아 시민사회와 국가의 구별에 해당한다고 이해할 수 있다. 그렇지만 헤겔은 루소와는 달리 시민사회와 국가의 구별에 입각하여 이 둘의 변증법적 매개를 추구한다. 이에 대해서는 다른 연구를 통해 더 상세히 다룰 것이다.

32. E. Cassirer, *Rousseau, Kant, Goethe*, Hamburg: F. Meiner Verlag, 1991, 107쪽.

33. K. Löwith, 앞의 책, 299쪽.

34. 1, 204 이하. G. W. F., Hegel, *G. W. F. Hegel Werke in zwanzig Bänden*, hg. v. E. Moldenhauer und K. M. Michel, Frankfurt a. M.: Suhrkamp Verlag, 1969-1971. 헤겔 저작은 이 전집에 따라서 인용했다(예를 들어 전집 7권 20쪽은 7, 20으로 표기했다).

35. D. Henrich, "Leutwein über Hegel. Ein Dokument zu Hegels Biographie", in: *Hegel-Studien*, hg. v. F. Nicolin und O. Pöggeler, Band 3, Bonn: H. Bouvier u. Co. Verlag, 1965, 56쪽.

36. 헤겔은 1794년 12월에 셸링에게 보내는 편지에서 로베스피에르의 공포정치를 비판했다. *Briefe von und an Hegel*, hg. von Johannes Hoffmeister, Band 1, dritte Auflage, Hamburg: F. Meiner Verlag, 1969, 11쪽 이하.

37. K. Rosenkranz, 앞의 책, 86쪽 참조. 안타깝게도 이 서평은 현재 남아 있지 않다.

38. G. W. F. Hegel, *Jenaer Systementwürfe III*, in: *Gesammelte Werke*, Band 8, unter mitarbeit von J. H. Trede, hg. v. R.-P. Horstmann, Hamburg: F. Meiner Verlag, 1976, 263쪽.

39. 7, 477.

40. 고대 그리스 민주주의에 대한 헤겔 비판의 다양한 차원에 대해서는 나종석,《차이와 연대》, 길, 2007, 496쪽 이하 참조.

41. 민주정이 작은 영토에서만 가능하다는 주장에 대해서는 Ch. Montesquieu, *Vom Geist der Gesetze 1*, übersetzt v. Ernst Forsthoff, Tübingen: J. C. B. Mohr, 1992, 제2권 제2장 참조. 루소에 대해서는 J.-J. Rousseau, *Politische Schriften*, übersetzt von L. Schmidts, Paderborn/München/Wien/Zürich: Schöningh Verlag, 1995, 129쪽도 참조.

42. 12, 137.

43. 12, 137.

44. G. W. F. Hegel, *Vorlesungen über die Philosophie der Weltgeschichte*, Band 2-4, Hamburg: F. Meiner Verlag, 1988, 602쪽.

45. 페리클레스의 연설에 등장한 고대 아테네 민주주의 이상에 대한 상세한 설명을 위해서는 나종석, 〈고대 그리스 민주주의〉, 민주화운동기념사업회 편, 《민주주의 강의 1—역사》, 2007, 오름, 54쪽 이하 참조.

46. Aristoteles, 앞의 책, 635쪽 이하.

47. G. W. F. Hegel, *Jenaer Systementwürfe III*, in: *Gesammelte Werke*, Band 8, unter mitarbeit von J. H. Trede, hg. v. R.-P. Horstmann, Hamburg: F. Meiner Verlag, 262쪽.

48. G. W. F. Hegel, *Vorlesungen über die Philosophie der Weltgeschichte*, Band 2-4, Hamburg: F. Meiner Verlag, 1988, 600쪽 참조.

49. 12, 305.

50. 12, 310 이하. 여기에서 헤겔은 공화국과 민주주의를 동의어로 사용하고 있다는 점을 주목할 필요가 있다.

51. Ch. Montesquieu, 앞의 책, 3, 19쪽 참조.

52. G. W. F. Hegel, 앞의 책, 610쪽 이하.

53. 같은 책, 609쪽. 알렉시스 드 토크빌은 "노예 상태는 국민주권의 이름 아래 성립할 것"이라고 염려한다(알렉시스 드 토크빌,《미국의 민주주의》II, 임효선 · 박지동 옮김, 한길사, 1997, 890쪽).

54. 홍태영,《국민국가의 정치학》, 후마니타스, 2008, 86쪽 참조.

55. 레오 스트라우스, 앞의 책, 70쪽. 물론 루소 자신이 전체주의적 성향을 지닌 정치질서를 정당화했다고 주장하는 것은 잘못이다. 다만 여기서는 루소의 일반의지 이론이 안고 있는 하나의 경향을 영향사 차원에서 검토하고 있다. 루소의 이론 속에 개인의 자유에 대한 절대적 긍정과 전체주의적 성향 사이의 긴장이 내재되어 있다는 점은 잘 알려져 있다. 이에 대해서는 나종석, *Praktische Vernunft und Geschichte bei Vico und Hegel*, Würzburg: Königshausen & Neumann, 2002, 285쪽 이하 참조. 또한 잘 알려져 있듯이 많은 칸트주의자들, 가령 에른스트 카시러(E. Cassirer)는 루소의 일반의지에서 칸트적인 실천이성의 규제적인 이상과 보편타당한 도덕법칙의 원리, 즉 정언명법을 도출해낼 수 있다고 믿는다(E. Cassirer, 앞의 책, 33쪽 이하 참조). 이런 시도가 안고 있는 문제점에 대한 예리한 비판으로는 한스 벨첼,《자연법과 실질적 정의》, 박은정 옮김, 삼영사, 2001, 228쪽 이하 참조.

56. 1, 289.

57. 7, 406 이하.

58. 10, 224.

59. 7, 99.

60. 7, 360.

61. 7, 133.

62. 7, 326.

63. 7, 233.

64. 7, 435. 10, 339.

65. 1, 533.

66. J.-J. Rousseau, 앞의 책, 3권 15장 참조.

67. S. Holmes, 앞의 책, 31쪽에서 재인용.

68. 홍태영,《몽테스키외 & 토크빌》, 김영사, 2006, 116쪽에서 재인용.

69. 같은 책, 54쪽.

70. 아담 스미스,《국부론》상, 김수행 옮김, 비봉출판사, 2003, 451쪽.

71. Ch. Montesquieu, 앞의 책, 35쪽.

72. 같은 책, 141쪽.

73. Ch. Montesquieu, *Vom Geist der Gesetze 2*, übersetzt v. Ernst Forsthoff, Tübingen: J. C. B. Mohr, 1992, 28쪽.

74. 르네상스 시기의 대표적인 공화주의 사상가인 마키아벨리 역시 공화국에 피해를 입히지 않기 위한 방책으로 "시민들을 가난하게 유지하는 것"을 권고한다(니콜로 마키아벨리,《로마사 논고》, 강정인 · 안선재 옮김, 한길사, 2003, 490쪽).

75. Ch. Montesquieu, *Vom Geist der Gesetze 1*, übersetzt v. Ernst Forsthoff, Tübingen: J. C. B. Mohr, 1992, 70쪽.

76. 같은 책, 100쪽.

77. D. 로웬탈,〈몽테스키외〉, 레오 스트라우스/조셉 크랍시 엮음,《서양정치철학사》II, 이동수 외 옮김, 인간사랑, 2007, 366쪽.

78. 홍태영, 앞의 책, 41쪽에서 재인용.

79. Ch. Montesquieu, 앞의 책, 211쪽 이하.

80. 같은 책, 225쪽 참조.

81. Ch. Montesquieu, *Vom Geist der Gesetze 2*, übersetzt v. Ernst Forsthoff, Tübingen: J. C. B. Mohr, 1992, 350쪽.

82. Ch. Montesquieu, *Vom Geist der Gesetze 1*, übersetzt v. Ernst Forsthoff, Tübingen: J. C. B. Mohr, 1992, 219쪽 이하.

83. S. Avineri, *Hegel's Theory of The Modern State*, Cambridge: Cambridge University Press, 1972, X.

84. 7, 407.

85. 7, 233.

86. 7, 406.

87. 7, 398.

88. 2. 82.

89. M. O. Hardimon, *Hegel's Social Philosophy. The Project of Reconciliation*,

Cambridge: Cambridge University Press, 1994, 210쪽.

90. 마이클 샌델, 《공동체주의와 공공성》, 김선욱 외 옮김, 철학과현실사, 2008, 111쪽, 주 14. 번역문을 약간 수정했음.

91. 한나 아렌트, 《인간의 조건》, 이진우·태정호 옮김, 한길사, 2001, 73쪽 이하 참조.

92. 같은 책, 80쪽 참조.

93. 같은 책, 121쪽.

94. 한나 아렌트, 《혁명론》, 홍원표 옮김, 한길사, 2004, 136쪽.

95. 한나 아렌트, 《인간의 조건》, 이진우·태정호 옮김, 한길사, 2001, 80쪽 이하 참조.

96. 근대 시민사회가 산출하는 부과 빈곤의 양극화 현상이 인간의 공동생활을 파괴할 위험을 안고 있다는 헤겔의 분석에 대해서는 나종석, 《차이와 연대》, 길, 2007, 7장 참조. 헤겔과는 달리 몽테스키외는 상업 정신과 정치적 자유의 연관성을 탐구했으면서도 그 미래를 낙관한다는 비판을 받는다. 앨버트 허시먼, 《열정과 이해관계》, 김승현 옮김, 나남출판, 1994, 112쪽 참조. 그러나 몽테스키외도 상업의 발달로 초래될 수 있는 전제정의 가능성을 경계했다는 주장에 대해서는 홍태영, 《국민국가의 정치학》, 후마니타스, 2008, 49쪽 이하, 주 12 참조.

97. V. Hösle, *Moral und Politik*. München: C. H. Beck Verlag, 1997, 81쪽.

98. 마이클 샌델, 앞의 책, 2장 참조.

99. 3, 435.

02 고대인의 자유와 근대인의 자유의 대립을 넘어서

1. 레오 스트라우스는 루소를 근대성의 제2의 물결이자 근대성에 대한 최초의 위대한 저항의 물결을 일으킨 인물로 평가한다(레오 스트라우스, 《정치철학이란 무엇인가》, 양승태 옮김, 아카넷, 2002, 69쪽 참조).

2. L. Strauss, *Natural Right and History*, Chicago: The University of Chicago Press, 1953, 252쪽.

3. 근대사회에 대한 루소의 항의가 역설적으로 근대 세계를 형성하는 중요한 원천으로 작용했다는 점을 언급할 필요가 있다. 이에 대해서는 이 책의 1장 참조.

4. 존 롤스는 고대인의 자유와 근대인의 자유를 자유와 평등이라는 서로 다른 가치 사이의 갈등으로 생각한다(존 롤스, 《정치적 자유주의》, 장동진 옮김, 동명사, 1999, 4쪽 참조).

5. 존 그레이는 자유주의를 근대성의 정치 이론으로 본다(존 그레이, 《자유주의》, 손철성 옮김, 이후, 2007, 11쪽 참조).

6. 어떤 이들은 루소를 고대 로마의 공화정적 자유의 이념을 옹호한 사상가로 다룰 경우 그의 사상이 가진 다양한 측면들, 예를 들어 사회계약론을 옹호하고 개인주의적인 자유를 적극 옹호하는 면모를 가린다고 생각할지도 모르겠다. 물론 주지하듯이 루소의 사상은 여러 차원으로 이루어져 있다. 예를 들어 루소를 칸트 이전의 칸트 그리고 계몽주의의 진정한 대표자로 보는 에른스트 카시러가 있는가 하면 이런 그의 관점을 비판하면서 루소를 반(反)계몽주의 철학자로 보는 연구도 있다(G. Garrard, *Rousseau's Counter-Enlightenment. A Republican Critique of the Philosophes*, New York: State University of New York Press, 2003). 루소의 사상이 프랑스혁명 당시 로베스피에르 및 생쥐스트 등으로 대변되는 급진주의적인 흐름에 지대한 영향을 끼쳤듯이 프랑스혁명을 반대했던 보수주의자들도 루소의 이론에 호소하여 자신들의 견해를 옹호할 수 있었다(I. Fetscher, *Rousseaus politische Philosophie*, 6. Aufl. Frankfurt a. M.: Suhrkamp Verlag, 1993, 17쪽 참조). 악셀 호네트는 루소를 "현대 사회철학의 창시자"로 평가한다(Axel Honneth, *Das Andere der Gerechtigkeit*, Frankfurt a. M.: Suhrkamp Verlag, 2000, 21쪽). 이 글에서 루소의 사상 전반을 다루려는 것은 아니다. 다만 근대성의 위기의 표출이라는 논의의 맥락에서 루소를 고대 공화정의 이념을 되살리려 한 사상가로 보려 할 뿐이다. 로버트 워클러에 의하면 루소는 마키아벨리로부터 영향을 받아 고대 로마 공화정의 숭배자가 되었다(로버트 워클러, 《루소》, 이종인 옮김, 시공사, 2001, 130쪽 참조). 공화주의 전통에서의 루소의 중요성에 대해서는 모리치오 비롤리, 《공화주의》, 김경희·김동규 옮김, 인간사랑, 2006을 보라.

7. 토머스 홉스는 인민적 혹은 민중적 코먼웰스(popular commonwealth)를 민주정(democracy)과 동일한 것으로 본다(토머스 홉스, 《리바이어던》 1, 진석용 옮김, 나남, 2008, 248쪽). 진석용은 popular를 '민중적'으로 번역했으나 용어의 통일성을 기하기 위해 이를 '인민적'으로 변경했다.

8. 같은 책, 421쪽 이하.

9. Th. Hobbes, *The Collected Works of Thomas Hobbes*, Collected and Edited by Sir William Molesworth, London: Routledge/Thoemmes Press, 1992, vol V, 176쪽.

10. 종교적 차이가 정치적 갈등의 주요 요인 가운데 하나라는 홉스의 통찰은 현재 다문화주의 논쟁에서도 핵심 쟁점으로 남아 있다. 자유로운 공동체는 어느 정도의

다원성을 허용할 것인가 하는 물음 말이다.

11. L. Strauss, 앞의 책, 194쪽.

12. 이 명제는 《리바이어던》의 라틴어 판본에 등장하는 것으로 알려져 있다. 법을 주권자의 명령으로 이해하는 주장에 대해서는 토머스 홉스, 앞의 책, 26장 참조.

13. 필자는 고대 아테네 민주주의 및 로마 공화정을 옹호하는 과정에서 형성된 자유에 대한 관점, 즉 평등한 시민들이 실현하는 자치로서의 자유의 관점을 '고대인의 자유' 내지 '공화주의적 자유'라고 통칭하고자 한다.

14. 비롤리가 지적하듯이 아리스토텔레스는 공화주의적 저술가는 아니다. 그렇지만 그의 저서 《정치학》은 공화주의와 관련해서 아주 중요한 가치가 있다(모리치오 비롤리, 앞의 책, 203쪽 참조). 그러나 하버마스는 시민적 공화주의의 출발점을 아리스토텔레스에서 보고 있다(위르겐 하버마스, 《사실성과 타당성》, 한상진·박영도 옮김, 나남, 2000, 541쪽).

15. 아리스토텔레스, 《정치학》, 천병희 옮김, 숲, 2009, 334쪽.

16. 토머스 홉스, 앞의 책, 287쪽 참조. 키케로의 인민정부에 대한 설명은 마르쿠스 툴리우스 키케로, 《국가론》, 김창성 옮김, 한길사, 2007, 130, 1243쪽 이하 참조.

17. 켄틴 스키너, 《자유주의 이전의 자유》, 조승태 옮김, 푸른역사, 2007, 68쪽 참조.

18. 토머스 홉스, 앞의 책, 286쪽 이하.

19. 모리치오 비롤리, 앞의 책, 91쪽. 공화주의적 자유의 핵심을 '비지배(non-domination)'로서의 자유로 해석하는 견해로는 필립 페팃(Philip Pettit)의 이론이 있다. 이에 대해서는 필립 페팃, 《신공화주의. 비지배 자유와 공화주의 정부》, 곽준혁 옮김, 나남, 2012 참조.

20. 모리치오 비롤리, 앞의 책, 92쪽 이하 참조.

21. 마르쿠스 툴리우스 키케로, 앞의 책, 131, 243쪽 이하.

22. 토머스 홉스, 앞의 책, 279쪽.

23. 같은 책, 280쪽.

24. 이사야 벌린, 《자유론》, 박동천 옮김, 아카넷, 2006, 346쪽 이하와 352쪽 참조. 강조는 벌린의 것임.

25. 같은 책, 357쪽.

26. 같은 책, 357쪽 이하.

27. 존 로크, 《통치론》, 강정인·문지영 옮김, 까치, 1996, 13쪽.

28. L. Strauss, 앞의 책, 181쪽 이하.

29. 토머스 홉스, 앞의 책, 240쪽 참조.

30. 한나 아렌트,《인간의 조건》, 이진우 · 태정호 옮김, 한길사, 1996, 79쪽.

31. 아리스토텔레스, 앞의 책, 20쪽. 아리스토텔레스에 의하면 행복한 삶과 잘 사는 것 그리고 잘 행위하는 것의 의미는 동일하다. 아리스토텔레스,《니코마코스 윤리학》, 이창우 · 김재홍 · 강상진 옮김, 이제이북스, 2006, 17쪽 참조.

32. 아리스토텔레스,《니코마코스 윤리학》, 이창우 · 김재홍 · 강상진 옮김, 이제이북스, 2006, 15쪽.

33. 아리스토텔레스,《정치학》, 천병희 옮김, 숲, 2009, 21쪽.

34. 마이클 왈저,《정치철학 에세이》, 최홍주 옮김, 모티브북, 2008, 123쪽 이하 참조.

35. 나종석, 〈고대 그리스 민주주의〉, 민주화운동기념사업회 편,《민주주의 강의 1 — 역사》, 오름, 2007, 55쪽 참조.

36. 이사야 벌린, 앞의 책, 121쪽 이하.

37. 존 로크,《관용에 관한 편지》, 공진성 옮김, 책세상, 2008, 21쪽.

38. 토머스 홉스, 앞의 책, 232쪽 이하.

39. 같은 책, 18장 참조.

40. 같은 책, 238쪽.

41. Th. Hobbes, *Vom Menschen. Vom Bürger. Elemente der Philosophie II*, eingeleitet und herausgegeben von G. Gawlick, Hamburg: F. Meiner Verlag, 1994, 24쪽.

42. 소크라테스 시기의 아테네인들이 명성에 대해서 갖고 있었던 높은 관심에 대해서는 K. J. Dover, *Greek Popular Morality in the time of Plato and Aristotle*, California: University of California Press, 1974, 226쪽 이하 참조.

43. 토머스 홉스, 앞의 책, 387쪽.

44. 존 로크,《통치론》, 강정인 · 문지영 옮김, 까치, 1996, 9쪽.

45. I. Kant, *Die Metaphysik der Sitten*, in: *Kant's gesammelte Schriften*, hg. von der Preußischen Akademie der Wissenschaft, Band 6, Berlin: Walter de Gruyter, 1902ff, 232쪽.

46. Th. Hobbes, 앞의 책, 128쪽.

47. 존 로크, 앞의 책, 85쪽.

48. 이 구별의 여러 의미에 대해서는 나종석,《차이와 연대》, 길, 2007, 323쪽 참조. 특히 필자는 헤겔의 시민사회론이 현재적인 용어로 말한다면 시장 사회와 비국가적이고 비시장적 시민사회론이라는 측면을 모두 갖고 있다고 본다. 따라서 '욕구

　헤겔 정치철학의 통찰과 맹목

의 체계'에 해당되는 것을 시장 사회로 보고 그 외의 시민사회 영역을 비시장적·비국가적인 제3섹터로서 시민사회로 사용한다. 이에 대해서는 나종석, 같은 책, 453쪽 이하 참조.

49. 7, 340. G. W. F. Hegel, *G. W. F. Hegel Werke in zwanzig Bänden*, hg. v. E. Moldenhauer und K. M. Michel, Frankfurt a. M.: Suhrkamp Verlag, 1969-1971. 헤겔 저작들은 이 전집에 따라서 인용했다(예를 들어 전집 7권 20쪽은 7, 20으로 표기했다).

50. 7, 346.

51. 7, 343.

52. 7, 233.

53. 7, 458.

54. 10, 321.

55. 7, 399.

56. 위르겐 하버마스, 앞의 책, 544쪽.

57. 7, 390.

58. 나종석, 앞의 책, 140쪽 이하.

59. G. W. F. Hegel, *Philosophie des Rechts. Die Vorlesung von 1819-20 in einer Nachschrift*, hg. von D. Henrich, Frankfurt a. M.: Suhrkamp Verlag, 1983. 192쪽.

60. 2, 82.

61. 7, 406.

62. 나종석, 앞의 책, 453쪽 이하 참조.

63. 주지하듯이 헤겔이 이런 방향을 명시적으로 주장하지는 않았다. 그는 민주주의적 평등을 회의적으로 바라보았다. 그러므로 이 대안은 헤겔의 문제의식을 민주주의적 이념을 토대로 재구성해본 것이다. 그러나 기본적인 통찰 방향은 동일하다고 본다.

64. 헤겔, 몽테스키외 그리고 루소의 연관에 대해서는 이 책의 1장 참조.

65. 헤겔이 왜 고대 아테네 민주주의를 비판하는지에 대해서는 이 책의 1장 참조.

03 헤겔의 오리엔탈리즘과 서구중심주의

1. 히로마쓰 와타루, 《근대초극론》, 김항 옮김, 민음사, 2003, 7쪽 참조.

2. 12, 386. G. W. F. Hegel, *G. W. F. Hegel Werke in zwanzig Bänden*, hg. v. E. Moldenhauer und K. M. Michel, Frankfurt a. M.: Suhrkamp Verlag, 1969-1971. 헤겔 저작들은 이 전집에 따라서 인용했다(예를 들어 전집 7권 20쪽은 7, 20으로 표기했다).

3. 12, 405.

4. 10, 10.

5. G. W. F. 헤겔,《종교철학》, 최신한 옮김, 지식산업사, 1999, 12쪽.

6. 헤겔 역사철학의 기본 이념에 대해서는 나종석, 〈헤겔 역사철학의 근본 주장 및 그 의미에 대하여〉,《헤겔연구》21, 2007, 11쪽 이하 참조

7. 12, 134. G. W. F. 헤겔,《철학사》I, 임석진 옮김, 지식산업사, 1996, 141쪽 참조.

8. G. W. F. 헤겔,《역사철학강의》, 김종호 옮김, 삼성출판사, 1995, 250쪽.

9. G. W. F. Hegel, *Vorlesungen über die Philosophie der Weltgeschichte*, Band 2-4, Hamburg: F. Meiner Verlag, 1988, 415쪽.

10. G. W. F. 헤겔,《정신철학》, 박병기 · 박구용 옮김, 울산대학교출판부, 2000, 36쪽.

11. G. W. F. 헤겔,《철학사》I, 임석진 옮김, 지식산업사, 1996, 201쪽 참조. 18. 176.

12. 같은 책, 138쪽.

13. 같은 책, 135, 139쪽.

14. G. W. F. 헤겔,《정신철학》, 박병기 · 박구용 옮김, 울산대학교출판부, 2000, 36쪽 이하.

15. G. W. F. 헤겔,《역사철학강의》, 김종호 옮김, 삼성출판사, 1995, 179쪽 참조.

16. 같은 책, 131쪽.

17. 같은 책, 268쪽 이하.

18. 같은 책, 187쪽.

19. G. W. F. 헤겔,《정신철학》, 박병기 · 박구용 옮김, 울산대학교출판부, 2000, 340쪽.

20. G. W. F. 헤겔,《역사철학강의》, 김종호 옮김, 삼성출판사, 1995, 191쪽 이하.

21. 같은 책, 171쪽.

22. 같은 책, 172쪽 참조.

23. 같은 책, 204쪽.

24. 7, 391.

25. 7, 440.

26. 이매뉴얼 월러스틴,《세계체제분석》, 이광근 옮김, 당대, 2005, 155쪽.

27. 에드워드 사이드,《오리엔탈리즘》, 박홍규 옮김, 교보문고, 2008, 569쪽.

28. 같은 책.

29. 고야스 노부쿠니, 《동아·대동아·동아시아—근대 일본의 오리엔탈리즘》, 이승연 옮김, 역사비평사, 2006, 73쪽.

30. 같은 책, 63쪽 이하.

31. 같은 책, 64쪽 이하에서 재인용.

32. 같은 책, 68쪽.

33. 같은 책, 125쪽 참조.

34. 같은 책, 140쪽.

35. 핸리 임, 〈근대적·민주적 구성물로서의 '민족': 신채호의 역사서술〉, 신기욱·마이클 로빈슨 엮음, 《한국의 식민지 근대성—내재적 발전론과 식민지 근대화론을 넘어서》, 도면회 옮김, 삼인, 2005, 482쪽 참조.

36. 나종석, 《차이와 연대》, 길, 2007, 366쪽 이하 참조.

37. Z. A. Pelczynski, "The Hegelian conception of the state", *Hegel's Political Philosophy: problems and perspectives, A Collection of new essays*, edited by Z. A. Pelczynski, Cambridge: Cambridge University Press, 1971, 28쪽, 주 77 참조.

38. 10, 220.

39. 다케우치 요시미, 《일본과 아시아》, 서광덕·백지운 옮김, 소명출판, 2006, 22쪽.

40. 같은 책, 168쪽 이하.

41. 이런 태도는 동아시아를 '근대 적응과 근대 극복의 이중 과제'라는 발상과 결합하여 사유하려는 백영서 및 창비측 지식인의 문제의식과 궤를 같이한다. 백영서, 《동아시아의 귀환: 중국의 근대성을 묻는다》, 창비, 2000, 7쪽 이하 참조.

04 헤겔의 관계적 존재론의 사회·정치 철학적 함축

1. 7, 50. G. W. F. Hegel, *G. W. F. Hegel Werke in zwanzig Bänden*, hg. v. E. Moldenhauer und K. M. Michel, Frankfurt a. M.: Suhrkamp Verlag, 1969-1971. 헤겔 저작들은 이 전집에 따라서 인용했다(예를 들어 전집 7권 20쪽은 7, 20으로 표기했다).

2. 니콜로 마키아벨리, 《군주론》, 강정인·문지영 옮김, 까치, 2003, 109쪽.

3. 같은 책, 115쪽 이하.

4. 커스틴 셀라스, 《인권, 그 위선의 역사》, 오승훈 옮김, 은행나무, 2003, 22쪽.

5. 리차드 턱, 〈홉스〉,《홉스의 이해》, 강정인 편역, 문학과지성사, 1993, 150쪽.

6. 스티븐 룩스,《자유주의자와 식인종》, 홍윤기 외 옮김, 개마고원, 2006, 224쪽 이하.

7. M. Weber, "Politik als Beruf", in: *Gesammelte Politische Schriften*, Tübingen: J. C. B. Mohr, 1988, 560쪽.

8. 노베르트 슈페만,《도덕과 윤리에 관한 철학적 사유》, 박찬구 · 유치한 옮김, 철학과현실사, 2001, 154쪽 이하.

9. 카를 슈미트,《홉스와 데카르트에 있어서 메커니즘으로서의 국가》, 김효전 옮김, 교육과학사, 1992, 244쪽.

10. 마르틴 하이데거,《니체와 니힐리즘》, 박찬국 옮김, 철학과현실사, 2000, 229쪽.

11. J. 롤스는 근대 도덕철학의 정신사적 배경을 논하는 자리에서 16세기의 종교개혁 및 근대적인 중앙집권적인 국가의 발전, 그리고 기계론적인 근대 자연과학의 발전을 근대 도덕철학의 본성을 설명하는 세 가지 중요한 역사적인 조건들로 규정한다 (J. Rawls, *Lectures on The History of Moral Philosophy*, edited by B. Herman, Cambridge Mass: Harvard University Press, 2003, 5쪽 이하 참조).

12. 르네 데카르트,《방법서설》, 이현복 옮김, 문예출판사, 1997, 159~162쪽 참조. 인용은 162쪽.

13. 매개의 사유에 대해서는 다음의 글 참조. 나종석, 〈매개적 사유와 사회인문학의 철학적 기초〉, 김성보 외,《사회인문학이란 무엇인가?—비판적 인문정신의 회복을 위하여》, 한길사, 2011.

14. 3, 3.

15. 18, 51.

16. 18, 47.

17. 18, 45.

18. 찰스 테일러,《헤겔 철학과 현대의 위기》, 박찬국 옮김, 서광사, 1988, 262쪽 참조.

05 헤겔 역사철학의 기본 주장들

1. 자유주의가 근대성의 정치 이론이라는 점 그리고 매우 특별한 근대적 삶의 특징들, 예를 들어 사생활에 관심을 가진 개인과 그 개인의 자유라는 관념, 물질적 부의 성장에 대한 관심 등이 자유주의의 전제라는 점에 대해서는 존 그레이,《자유주의》, 손철성 옮김, 이후, 2007, 141쪽 참조. 공적 영역과 사적 영역의 구분에 근거하

헤겔 정치철학의 통찰과 맹목

는 근대의 자유주의적인 자유관의 특성 그리고 근대적 자유주의의 전제인 개인주의의 발생에 대한 탁월한 글로는 이사야 벌린, 〈그리스 개인주의의 탄생〉,《이사야 벌린의 자유론》, 박동천 옮김, 아카넷, 2006, 535쪽 이하 참조.

2. 에밀 앙게른,《역사철학》, 유헌식 옮김, 민음사, 1997, 83쪽.

3. 장-프랑수아 리오타르,《포스트모던적 조건》, 이현복 옮김, 서광사, 1992, 14쪽 참조.

4. 서양에서 역사에 대한 반성은 역사 기술, 역사신학 그리고 역사철학이라는 세 분야에서 주로 이루어졌다. 이에 대해서는 에밀 앙게른, 앞의 책, 25쪽 참조.

5. K. Löwith, *Meaning in History*, Chicago and London: The University of Chicago Press, 1949, 1쪽.

6. V. Hösle, *Wahrheit und Geschichte. Studien zur Struktur der Philosophiegeschichte unter paradigmatischer Analyse der Entwicklung von Parmenides bis Platon*, Stuttgart-Bad Cannstatt: Frommann-Holzboog, 1984, 589쪽 이하 참조.

7. 에밀 앙게른, 앞의 책, 55쪽.

8. 아리스토텔레스,《시학》, 천병희 옮김, 문예출판사, 2002, 62쪽 이하.

9. K. Löwith, 앞의 책, 1쪽 참조.

10. 12, 386. G. W. F. Hegel, *G. W. F. Hegel Werke in zwanzig Bänden*, hg. v. E. Moldenhauer und K. M. Michel, Frankfurt a. M.: Suhrkamp Verlag, 1969-1971. 헤겔 저작들은 이 전집에 따라서 인용했다(예를 들어 전집 7권 20쪽은 7, 20으로 표기했다).

11. 12, 405.

12. 10, 10.

13. G. W. F. 헤겔,《종교철학》, 최신한 옮김, 지식산업사, 1999, 12쪽.

14. 플라톤,《티마이오스》, 박종현 · 김영균 옮김, 서광사, 2000, 29a.

15. Aristoteles, *Select Fragments*, in: *The Works of Aristotle*, translated into English under the Editorship of W. D. Ross, Vol. XII, London: Oxford University Press, 1967, 88쪽. 우주는 무로부터 신에 의해 창조되었다는 유대교-기독교적 전통과 달리 고대 그리스인들은 우주는 신이 만든 것이 아니라고 생각했다. 헤라클레이토스 역시 "이 세계는 (······) 어떤 신이나 인간이 만든 것이 아니라 언제나 있어 왔고, 있고, 있을 것"이라고 말한다(《소크라테스 이전 철학자들의 단편 선집》, 김인곤 외 옮김, 아카넷, 2005, 245쪽).

16. 인간과 동물 사이의 차이점에 대한 아리스토텔레스의 주장에 대해서는 조대호,

〈기억과 상기: 아리스토텔레스의 '기억과 상기에 대하여' 2장에 대한 분석〉,《철학연구》96, 2012, 5~38쪽 참조.

17. R. Descartes, *Die Prinzipien der Philosophie*, übersetzt v. A. Buchenau, Hamburg: F. Meiner Verlag, 1992, 18쪽.

18. V. Hösle, *Philosophie der ökologischen Krise*, München: C. H. Beck, 1994, 54쪽 참조.

19. 마르틴 하이데거는 데카르트를 근대 형이상학을 정초한 사상가로 바라보면서 이 데카르트적인 형이상학을 근대와 현대의 과학기술 문명의 근원으로 간주한다(마르틴 하이데거,《니체와 니힐리즘》, 박찬국 옮김, 철학과현실사, 2000, 209쪽 참조).

20. 7, 233.

21. 블레즈 파스칼,《팡세》, 이환 옮김, 민음사, 2003, 79쪽.

22. 같은 책, 213쪽. 파스칼은 데카르트를 "무용하고 불확실한" 사람이라고 비판한다 (155쪽).

23. 13, 92 이하.

24. 10, 15.

25. 12, 28.

26. 12, 20.

27. 12, 540.

28. 에밀 앙게른, 앞의 책, 83쪽.

29. 12, 539 이하.

30. 12, 32.

31. 7, 57.

32. 헤겔의 개념 논리학을 의사소통적 자유 이론을 준비하는 이론으로 이해하는 관점에 대해서는 미하엘 토이니센,《존재와 가상》, 나종석 옮김, 용의숲, 2008, 42쪽 이하 참조.

33. 12, 26.

34. G. W. F. Hegel, *Jenaer Systementwürfe* III, in: *Gesammelte Werke* in Verbindung mit der Deutschen Forschungsgemeinschaft, hg. v. der Reinische-Westfälischen Akademie der Wissenschaften, Band 8, Hamburg: F. Meiner Verlag, 1976, 215쪽.

35. A. Kojeve, *Introduction to the reading of Hegel*, New York: Basic Books, 1969, 6쪽.

36. 같은 책, 7쪽.

37. 10, 21 이하.

38. 12, 86.

39. 12, 134.

40. 한스 요나스, 《물질·정신·창조―우주의 기원과 진화에 관한 철학적 성찰》, 김
    종국·소병철 옮김, 철학과현실사, 2007, 91쪽 참조.

06 생태 위기 시대와 헤겔 철학의 가능성: 회슬레의 환경철학을 중심으로

1. 에른스트 울리히 폰 바이츠제커, 《환경의 세기》, 권정임·박진희 옮김, 생각의나
   무, 1999, 16쪽 참조.

2. 장춘익은 급진적 환경철학의 하나인 생태철학에서 공적 토론을 무시하고 시민의
   민주적 자기결정권을 부정하려는 경향을 염려하고 있다(장춘익, 〈생태철학: 과학
   과 실천 사이의 지적 상상력〉, 김성진 외, 《생태문제와 인문학적 상상력》, 나남출
   판, 1999, 85쪽 이하 참조). 이러한 염려는 지극히 당연한 것이다. 그는 자연의 내재
   적 가치를 철학적으로 해명하려는 작업에 대해 전반적으로 회의하는 경향을 보이
   는데 필자는 이에 동의하지 않는다. 환경보호주의와 심의민주주의를 연결하려는
   시도에 대해서는 김명식, 〈심의민주주의와 미래세대〉, 한국환경철학회 편, 《환경
   철학》, 철학과현실사, 2002, 11쪽 이하 참조. 찰스 테일러는 고삐 풀린 도구적 이성
   의 전횡과 그 지배적 힘을 제어할 수 있는 힘은 "민주적인 자발적 행동(democratic
   initiative)뿐"이라고 강조한다(찰스 테일러, 《불안한 현대 사회》, 송영배 옮김, 이학
   사, 2001, 142쪽).

3. 예를 들어 카를 마르크스와 막스 베버는 자본주의를 현대 인간 세계에서 인간의
   운명으로 이해했다(카를 뢰비트, 《베버와 마르크스》, 이상률 옮김, 문예출판사
   1992, 11쪽 참조).

4. 소위 근본생태주의로 알려진 이론들은 주로 인간과 다른 생명체의 가치의 평등을
   주장한다. 근본생태주의의 다양한 흐름과 이의 기본적인 주장 그리고 이에 대한
   비판에 대해서는 J. R. 데자르뎅, 《환경윤리》, 김명식 옮김, 자작나무 1999, 331쪽
   이하 참조.

5. 회슬레는 제1세계로 일컫는 북미와 서구에서의 국내 평화는 자연과 제3세계에 대
   한 약탈로 유지되고 있으며, 이러한 구조가 환경 위기를 더 악화시키고 있다고 비
   판한다. 회슬레는 환경 위기를 극복할 수 있는 경제 형태로 "친환경적-사회적 시

장경제"를 제안한다(V. Hösle, *Philosophie der ökologischen Krise*, München: C. H. Beck, 1994, 4장 참조. 이하에서 이 책을 Pk로 표기했다).

6. 물론 회슬레가 인정하듯이 현대적 과학 기술과 서구 형이상학의 내적 연관성 파악에 결정적으로 기여한 사상가는 바로 하이데거였다(Pk, 16).

7. 헤겔과 하이데거는 공히 주체성의 범주가 고대 철학과 근대 철학을 구별짓는 결정적인 범주라고 파악한다. 그러나 객관성에서 주체성으로의 이행은 서로 다르게 평가한다는 점이 지적되어야 한다(V. Hösle, *Philosophiegeschichte und objektiver Idealismus*, München: C. H. Beck Verlag, 1996, 15쪽 참조).

8. Pk, 53.

9. 르네상스와 17세기에 소위 근대적인 세계상을 개척했다고 여겨지는 많은 사상가들이 주장하는 바와는 달리 중세 철학과 근대 철학 사이에는 단절 못지않게 연속성이 있다는 것은 분명하다(F. 코플스톤, 《합리론》, 김성호 옮김, 서광사, 1994, 11쪽 이하 참조).

10. Pk, 53. 회슬레에 따르면 데카르트에게서 타자는 "방법론적으로나 존재론적으로 어떤 역할도 하지 않는다". 간단히 말해 타자의 내면 세계는 데카르트에게서 직접적으로 접근 불가능한 영역으로 남게 된다. 신은 외부 세계의 실재를 증명하기 위해서 요구되기는 하지만, 이제 신은 "철학의 방법론적인 원리로서의 자리를 상실한다"(Pk, 54).

11. R. Descartes, *Die Prinzipien der Philosophie*, übersetzt von A. Buchenau, Hamburg: F. Meiner Verlag, 1992, 18쪽.

12. 데카르트는 자연에 관한 우리의 모든 인식은 필연적으로 오로지 기하학과 역학의 원리들에서 나온다고 주장한다(R. Descartes, 같은 책, 245쪽 참조). 또 "물질적 사물"을 "순수 수학의 대상"으로 규정한다(르네 데카르트, 《성찰》, 이현복 옮김, 문예출판사 1997, 102쪽 참조).

13. 동물을 기계로 이해하는 데카르트의 자연학에 대해서는 르네 데카르트, 《방법서설》, 이현복 옮김, 문예출판사, 1997, 5부, 특히 213쪽 이하 참조.

14. Pk, 54. 데카르트가 이해하는 사유 혹은 생각의 범위는 넓다. 그는 《성찰》에서 생각하는 것(res cogitans)을 "의심하고, 이해하며, 긍정하고, 부정하며, 의욕하고, 의욕하지 않으며, 상상하고, 감각하는 것이다"고 규정한다(르네 데카르트, 《성찰》, 이현복 옮김, 문예출판사 1997, 48쪽 이하).

15. R. Descartes, 앞의 책, 10쪽 참조.

16. 한스 요나스,《생명의 원리》, 한정선 옮김, 아카넷, 2001, 121쪽.

17. Pk, 48.

18. Pk, 52.

19. 플라톤,《티마이오스》, 박종현 · 김영균 옮김, 서광사, 2000, 29a. 플라톤은 티마이 오스 대화록에서 코스모스를 "지각할 수 있는 신"으로 규정한다(92c). 고대 그리 스인들의 자연관에 대한 더 상세한 설명을 찾아보기 위해서는 K. Löwith, *Gott, Mensch und Welt in der Philosophie der Neuzeit, in: Sämtliche Schriften*, Band 9, Stuttgart: J. B. Metzler, 1986, 4쪽 이하 참조.

20. Aristotle, *Select Fragments*, in: *The Works of Aristotle*, translated into English under the Editorship of W. D. Ross, Vol. XII, London: Oxford University Press, 1967, 88쪽.

21. V. Hösle, 앞의 책, 16쪽 이하 참조.

22. 오컴의 유명론이 어떻게 고전적인 목적론을 위기로 몰고 가는가에 대해서는 R. Spaemann/R. Löw, *Die Frage Wozu? Geschichte und Wiederentdeckung des teleologischen Denkens*, München/Zürich: Piper Verlag, 1981, 98쪽 이하 참조. 주의주의적인 신학이 어떻게 고전적인 목적론을 파괴하고 있는가에 대해서는 나 종석, *Praktische Vernunft und Geschichte bei Vico und Hegel*, Würzburg: Königshausen & Neumann, 2002, 268쪽 이하 참조.

23. 마르틴 하이데거,《기술과 전향》, 이기상 옮김, 서광사, 1993, 57쪽.

24. 르네 데카르트,《방법서설》, 이현복 옮김, 문예출판사, 1997, 101쪽.

25. 한스 요나스,《책임의 원칙: 기술 시대의 생태학적 윤리》, 이진우 옮김, 서광사, 1994, 241쪽.

26. 비록 이러한 원리를 처음으로 비코가 '진리-만듦-원리'로 정식화했지만, 이러한 생각의 전통은 유구하다. 이 전통에서 중요한 사상가는 아마도 니콜라우스 쿠자 누스와 토머스 홉스일 것이다. 카를 뢰비트는 비코의 인식 원리의 내용을 비교할 때 홉스의 이론과 본질적인 차이가 없다고 강조한다(K. Löwith, *Vicos Grundsatz: verum et factum convertuntur*, Heidelberg: Universitätsverlag Winter Gmbh Heidelberg, 1968, 24쪽).

27. Pk, 53. 요나스에 의하면 "'인간에 의해 만들어진'이 '인간에 의해서 만들어질 수 도 있는'으로 확장"되면, 비코는 자신의 공리가 역사보다는 "자연에 더 잘 맞아 들어간다는 사실을 간과했다"(한스 요나스,《생명의 원리》, 한정선 옮김, 아카넷,

2001, 421쪽).

28. V. Hösle, *Philosophiegeschichte und objektiver Idealismus*, München: C. H. Beck Verlag, 1996, 18쪽.

29. Pk, 53.

30. Pk, 58.

31. 회슬레는 칸트와 피히테를 비코의 '진리-만듦-원리'의 관철 과정에서의 종지부 (Schlußpunkte)로 이해한다(Pk, 53).

32. R. Descartes, 앞의 책, 245쪽 참조.

33. I. Kant, *Vorkritische Schriften bis 1768*, Werkausgabe, hg. v. W. Weischedel, Band 1, Frankfurt a. M.: Suhrkamp Verlag, 1977, 237쪽.

34. 하이데거는 존재를 표상(Vorstellung)으로 보는 데카르트의 해석을 "동력기계기술(Kraftmachinentechnik)을 형이상학적으로 가능하게 하는 것"으로 규정한다 (마르틴 하이데거, 《니체와 니힐리즘》, 박찬국 옮김, 철학과현실사, 2000, 229).

35. Pk, 69.

36. Pk, 58.

37. Pk, 16. 회슬레는 하이데거의 위대성이 현대 기술의 정신사적인 근원을 해명하여 기술시대의 근본을 철학적으로 고찰했다는 점에 있다고 거듭 강조한다(V. Hösle, *Praktische Philosophie in der modernen Welt*, München: C. H. Beck Verlag, 1995, 180쪽 참조).

38. Pk, 68.

39. 찰스 테일러, 앞의 책, 10쪽 참조.

40. V. Hösle, *Die Krise der Gegenwart und die Verantwortung der Philosophie*, München: C. H. Beck Verlag, 1994, 95쪽 참조.

41. V. Hösle, *Praktische Philosophie in der modernen Welt*, München: C. H. Beck Verlag, 183쪽 참조. 하이데거의 철학에 충실한 막스 뮐러(Max Müller) 역시 서구 형이상학에 대한 하이데거의 입장에 의구심을 갖고 그것이 "너무 협소한 것"이라고 강조한다(막스 뮐러, 《실존철학과 형이상학의 위기》, 박찬국 옮김, 서광사, 1988, 296쪽). 하이데거 사유와 서구 전통 형이상학의 관계를 하이데거의 입장에서 접근한 상세하고 전문적인 저작은 권순홍, 《존재와 탈근거—하이데거의 빛의 형이상학》, 울산대학교출판부, 2000.

42. 칸트는 물론 제3비판서에서 자연에 합목적성을 되돌려주고, 이러는 한에서 자연

헤겔 정치철학의 통찰과 맹목

자체에 고유한 가치를 되돌리려는 셸링과 헤겔의 시도에 커다란 영향을 주었다. 그러나 칸트의 목적론은 주관주의적으로 축소되어 있다는 사실을 지적해야 한다. 왜냐하면 칸트는 자연의 목적론을 자연 자체에 고유한 것으로 이해하지 않고, 단지 자아의 단순한 해석으로 축소했기 때문이다(Pk, 55 참조).

43. V. Hösle, 앞의 책, 182쪽 참조.

44. Pk, 17.

45. 하이데거는 물체의 자유낙하에 대한 갈릴레이의 학설과 가벼운 물체가 위로 향하려고 애쓴다고 가르친 아리스토텔레스의 학설 중 전자를 진리로, 후자를 오류로 주장해서는 안 된다고 강조한다. 이 두 학설은 단지 "존재자의 상이한 해석(einer anderen Auslegung des Seienden)"이며, 그런 점에서 "자연 과정을 보고 묻는 상이한 종류(verschiedene Art des Sehens und Befragens der Naturvorgänge)"에 지나지 않는다(M. Heidegger, *Die Zeit des Weltbildes*, in: Holzwege, Frankfurt a. M.: Klostermann, 1980, 75쪽).

46. Pk, 45 이하.

47. Pk, 71 이하.

48. V. Hösle, 앞의 책, 184쪽 참조.

49. 미국과 러시아의 근원적인 동질성에 대한 하이데거의 지적에 대해서는 M. Heidegger, *Einführung in die Metaphysik*, Tübingen: Max Niemeyer Verlag, 1976, 35쪽 참조.

50. V. Hösle, 앞의 책, 184쪽 참조.

51. V. Hösle, *Die Krise der Gegenwart und die Verantwortung der Philosophie*, München: C. H. Beck Verlag, 1994, 26쪽 참조. 회슬레가 보기에 19세기와 20세기 철학의 공통분모는 "궁극적인 가치와 규범들에 대한 어떠한 합리적인 근거 해명이 있을 수 없다"는 관점이다(같은 곳).

52. Pk, 69.

53. Pk, 44.

54. Pk, 69 이하.

55. Pk, 70.

56. 칸트 윤리학에 대한 회슬레의 더 상세한 비판적 대결에 대해서는 V. Hösle, "Größe und Grenzen von Kants praktischer Philosophie", in: *Praktische Philosophie in der modernen Welt*, München: C. H. Beck Verlag, 1995, 15~45쪽 참조.

주

57. Pk, 70 이하.

58. Pk, 48.

59. I. Kant, *Grundlegung zur Metaphysik der Sitten*, in: *Kants Werke* Akademie-Textsausgabe, Band 4, Berlin: Walter de Gruyter, 1968, 428쪽. *Die Metaphysik der Sitten*, in: Kant's gesammelte Schriften, hg. von der Preußischen Akademie der Wissenschaft, Band 6, Berlin: Walter de Gruyter, 1902ff, 442쪽 참조. 동물에 대한 간접적인 의무에 대한 칸트의 이론을 둘러싼 다양한 견해에 대해서는 김성호, 〈동물의 도덕적 지위에 관한 칸트의 견해〉, 《환경철학》, 앞의 책, 77쪽 이하 참조.

60. Pk, 72 이하.

61. Pk, 81 이하.

62. J. R. 데자르뎅, 앞의 책, 32쪽 이하.

63. 같은 책, 161쪽 참조.

64. Pk, 17.

65. PK, 47.

66. V. Hösle, *Praktische Philosophie in der modernen Welt*, München: C. H. Beck Verlag, 1995, 32쪽.

67. 객관적 관념론을 이론적으로 정당화하려는 더 상세한 시도에 대해서는 회슬레의 논문 "Begründungsfragen des objektiven Idealismus", in: *Philosophie und Begründung*, hg. v. Forum für Philosophie Bad Homburg, Frankfurt a. M.: Suhrkamp Verlag, 1987, 212쪽 이하 참조.

68. V. Hösle, *Die Krise der Gegenwart und die Verantwortung der Philosophie*, München: C. H. Beck Verlag, 1994, 207쪽.

69. 같은 책, 208쪽 참조.

70. 생명 중심 윤리를 "가장 발전되고, 철학적으로 가장 정교한 형태"로 발전시킨 사람은 폴 테일러이다(J. R. 데자르뎅, 《환경윤리》, 앞의 책, 230쪽).

71. 안 네스(A. Naess)는 얕은 혹은 피상적 생태학(shallow ecology)과 근본 생태학(deep ecology)을 구별한다(J. R. 데자르뎅, 앞의 책, 334, 343쪽).

72. 같은 책, 249쪽 참조.

73. 같은 책, 278쪽 이하 참조.

74. Pk, 71.

75. V. Hösle, *Moral und Politik*, München: C. H. Beck Verlag, 1997, 816쪽, 주 67 참조.

76. V. Hösle, *Praktische Philosophie in der modernen Welt*, München: C. H. Beck Verlag, 1995, 34쪽 이하 참조.

77. J. R. 데자르뎅, 앞의 책, 356쪽.

78. 같은 책, 360쪽.

79. V. Hösle, 앞의 책, 157쪽과 *Die Krise der Gegenwart und die Verantwortung der Philosophie*, München: C. H. Beck Verlag, 1994, 1995, 252쪽 참조.

80. V. Hösle, *Praktische Philosophie in der modernen Welt*, München: C. H. Beck Verlag, 1995, 35쪽 참조.

81. 위잉스,《동양적 가치의 재발견》, 김병환 옮김, 동아시아, 2007, 83쪽 참조.

07 모순과 변증법에 대한 하나의 해석

1. 하버마스는 현대철학의 다양한 흐름들이 '탈형이상학적 사유'의 동기들로 추동되어 있다고 보면서 형이상학으로의 복귀 움직임에 거듭 비판적인 태도를 보인다(위르겐 하버마스,《탈형이상학적 사유》, 이진우 옮김, 문예출판사, 2000, 20쪽 이하 참조).

2. 18, 38(우리말 번역: G. W. F. 헤겔,《철학사》1, 임석진 옮김, 지식산업사, 1996, 42쪽 이하). 헤겔 저작들은 G. W. F. Hegel, *G. W. F. Hegel Werke in zwanzig Bänden*, hg. v. E. Moldenhauer und K. M. Michel, Frankfurt a. M.: Suhrkamp Verlag, 1969-1971에 따라서 인용했다(예를 들어 전집 7권 20쪽은 7, 20으로 표기했다). 한국어 번역이 있는 경우 번역본을 참조했으며 필요한 경우 부분적으로 수정했다.

3. 8, 41.

4. 3, 14(우리말 번역: G. W. F. 헤겔,《정신현상학》1, 한길사, 임석진 옮김, 2005).

5. 3, 27.

6. 3, 24.

7. 20세기 초반에 헤겔 르네상스를 주도한 크로너(R. Kroner)는 이 저서를 "독일 관념론이 발견한 가장 풍부하고 완성된 서술"이라고 평가한다(R. Kroner, *Von Kant bis Hegel*, Band 2, 3. Auflage, Tübingen: J. C. B. Mohr, 1977, 502쪽).

8. 8, 63 이하.

9. K. Hartmann, "Die ontologische Option", in: *Die ontologische Option*, hg. von K.

Hartmann, Berlin/New York: Walter de Gruyter, 1976, 25쪽. 회슬레도 마찬가지 입장이다(비토리오 회슬레, 《헤겔의 체계 1—체계의 발전과 논리학》, 권대중 옮김, 한길사, 2007, 143쪽, 주 78 참조. 앙게른(E. Angehrn)은 《철학적 학문의 백과사전》이 헤겔의 체계에 대한 하나의 서술방식일 뿐이라는 주장에 반대하면서 헤겔의 체계적 사유는 원칙적으로 《철학적 학문의 백과사전》에서 발견할 수 있는 것만을 체계로 간주해야만 한다는 입장을 피력한다(E. Angehrn, *Freiheit und System bei Hegel*, Berlin/New York: Walter de Gruyter, 1977, 436쪽 참조). 그러나 한스 프리드리히 풀다(H. F. Fulda)는 《철학적 학문의 백과사전》은 학문의 체계가 아니라고 본다. 한스 프리드리히 풀다, 《게오르크 빌헬름 프리드리히 헤겔—생애와 사상》, 남기호 옮김, 용의숲, 2010, 165쪽 이하 참조.

10. 이하의 부분은 나종석, 〈헤겔 역사철학의 근본 주장 및 그 의미에 대하여〉, 《헤겔 연구》 21, 용의숲, 2007, 24~27쪽을 토대로 작성한 것이다.

11. 5, 45.

12. 5, 56.

13. 3, 70.

14. 5, 43.

15. 5, 45.

16. 5, 41. 칸트의 물자체에 대한 사유 방식의 한계에 대한 헤겔의 유사한 비판은 6, 266 참조. 요즈음 칸트의 물자체를 절대적 타자 이론으로 재해석하는 움직임이 존재한다. 이 문제에 대해서는 가라타니 고진, 《트랜스크리틱》, 송태욱 옮김, 한길사, 2005, 188쪽 이하 참조.

17. 5, 45.

18. 6, 549.

19. 5, 30.

20. 이런 점에서 토이니센은 헤겔 논리학을 형이상학에 대한 "비판적 서술"이라고 규정한다(미하일 토이니센, 《존재와 가상—헤겔 논리학의 비판적 기능》, 나종석 옮김, 용의숲, 2008, 25쪽 이하 참조).

21. 5, 62.

22. 8, 53.

23. 18, 39.

24. 3, 24.

헤겔 정치철학의 통찰과 맹목

25. 13, 92이하.

26. 5, 44.

27. "사유 형식들이 우선 인간의 언어에 드러나 있고 저장되어 있다"(5, 20)는 헤겔의 주장을 우리는 망각해서는 안 된다.

28. 8, 44와 181 참조.

29. 4, 124, 139 참조. 비토리오 회슬레, 앞의 책, 137쪽 이하, 주 71 참조.

30. H. F. 풀다 역시 사유 규정들, 개념의 계기들(Begriffsmomenten), 논리적 형식들 그리고 범주들을 동의어로 간주한다(H. F. 풀다, 〈변증법에 대한 미흡한 소견들〉, R. P. 호르스트만, 《헤겔 변증법연구》, 김창호 · 장춘익 옮김, 풀빛, 1983, 56쪽 참조).

31. 비토리오 회슬레, 앞의 책, 145쪽, 주 79 참조.

32. 5, 49 이하.

33. 5, 19.

34. 6, 553.

35. 5, 17.

36. 5, 51.

37. 8, 168.

38. 8, 168, 172, 173 참조.

39. 8, 172.

40. 8, 176.

41. 5, 52.

42. 8, 177.

43. 형식논리학에서 모순과 대립은 서로 구별되는 개념이지만, 여기서는 일단 동등한 것으로 간주한다. 헤겔의 모순 개념에 대한 좀더 상세한 분석은 뒤에서 제시할 것이다. 19세기 트렌델렌부르크(A. Trendelenburg)에서 현재 파치히(G. Pazig)에 이르기까지 헤겔에 대한 주된 비판 중의 하나는 그가 모순적 대립과 반대적 대립, 즉 모순과 대립 혹은 반대를 구별하지 않고 이들을 서로 혼동하면서 사용하고 있다는 것이었다. 즉 헤겔은 모순이라는 개념하에 서로 다른 의미들을 자의적으로 혼용해서 사용하고 있다는 비판이 꾸준히 제기되어왔다. 이에 대해서는 미하엘 볼프, 《모순이란 무엇인가》, 김종기 옮김, 동녘, 1997, 63쪽 이하 참조. 반대와 모순의 경계를 흐릿하게 해서 애매함이 증폭되고 있다는 문제 제기는 일단

헤겔의 모순 이론을 좀더 명확하게 하는 데 기여했다는 점에서 의미가 있지만, 뒤에서 다루겠지만 헤겔의 모순 개념을 정확히 이해할 경우 이는 근거 없는 비판이라는 사실이 드러난다.

44. 5, 52.

45. 5, 39.

46. 6, 75 이하.

47. 6, 74.

48. 카를 포퍼, 《개방사회와 그 적들》 2, 이명현 옮김, 민음사, 1995, 74쪽 이하 참조. 헤겔 정치철학에 대한 포퍼의 비판에 대한 상세한 반론에 대해서는 나종석, 《차이와 연대―현대 세계와 헤겔의 사회 · 정치 철학》, 길, 2007, 1장 참조.

49. 카를 포퍼, 《추측과 논박》 2, 이한구 옮김, 민음사, 2001, 136쪽.

50. 같은 책, 140쪽.

51. 같은 책, 141쪽 이하. 특히 142쪽.

52. 같은 책, 161쪽.

53. 같은 책, 163쪽 이하.

54. E. v. Hatmann, *Über die dialektische Methode*, Berlin 1868, 43쪽. 비토리오 회슬레, 앞의 책, 292쪽에서 재인용.

55. 8, 168.

56. 11, 524.

57. H. Albert, *Traktat über kritische Vernunft*, 5., verbesserte und erweiterte Auflage, Tübingen: J. C. B. Mohr, 1991, 15쪽.

58. K.-O. Apel, *Transformation der Philosophie*, Band 2, Frankfurt a. M.: Suhrkamp Verlag, 1976, 406쪽.

59. K.-O. Apel, *Transformation der Philosophie*, Band 1, Frankfurt a. M.: Suhrkamp Verlag, 1976, 62쪽.

60. K.-O. Apel, *Transformation der Philosophie*, Band 2, Frankfurt a. M.: Suhrkamp Verlag, 1976, 410쪽 이하. 또한 K.-O. Apel, *Auseinandersetzungen in Erprobung des transzendentalpragmatischen Ansatzes*, Frankfurt a. M.: Suhrkamp Verlag, 1998, 15쪽 참조.

61. 회슬레의 주장에 의하면 이 원칙을 처음으로 명료하게 표현한 철학자는 피히테이다(비토리오 회슬레, 앞의 책, 89쪽).

62. 같은 책, 135쪽.

63. 8, 80 이하. 헤겔은 이 사유[내용]가 불러일으킬 오해를 피하기 위해 그것을 "사유 규정들"이라고 말하는 편이 좋다고 말한다(8, 81).

64. 8, 81.

65. 여기서 플라톤과 아리스토텔레스를 동시에 열거했는데 이는 이 두 사상가의 차이점을 무시하려는 것이 아니다. 이런 차이점들과는 별개로 두 사상가가 로고스적인 전통에서 세계 속에 로고스가 구현되어 있다는 형이상학적 관점을 공유하고 있다는 사실만을 언급하고 있을 뿐이다.

66. 5, 44. 8, 82 참조.

67. 비토리오 회슬레, 앞의 책, 150쪽.

68. 5, 50 이하 참조.

69. 비토리오 회슬레, 앞의 책, 157쪽.

70. 10, 287. "자기 자신을 사유하는 사유(das sich selbst denkende Denken)"라는 용어도 사용된다(19, 248).

71. 6. 551.

72. 비토리오 회슬레, 앞의 책, 333쪽 참조.

73. 서양 철학사에서 나타난 최종 근거 해명의 역사적 서술에 대해서는 W. Kuhlmann, *Reflexive Letztbegründung*, Freiburg/München: Alber Verlag, 1985, 254쪽 이하 참조. 그리고 나종석, *Praktische Vernunft und Geschichte bei Vico und Hegel*, Würzburg: Königshausen & Neumann, 2002, 260쪽 이하 참조.

74. 비토리오 회슬레, 앞의 책, 338쪽. 필자 역시 박사학위 논문에서 헤겔이 간접 논증을 통해 어떻게 이성의 절대적 자율성의 원리를 철학적으로 정당화하고 있는가를 탐구했다. 같은 책, 385쪽 이하 참조.

75. 같은 책, 61쪽.

76. K. Harlander, *Absolute Subjektivität und kategoriale Anschauung*, Meisenheim am Glau: Anton Hain, 1969, 1쪽.

77. 6, 67 이하.

78. 8, 173. 플라톤 역시 변증법 혹은 변증술(dialetikē)을 무가정의 원리에 이르는 참다운 인식의 방법으로 파악하고 있다(플라톤, 《국가 · 정체》, 박종현 옮김, 서광사, 2005, 511b 참조). 플라톤과 달리 아리스토텔레스는 변증법을 분석론과 구별하고 변증법을 궁극적 원리의 해명의 방법이 아니라 일반적으로 받아들여진 사

회적 통념에서 출발하여 일정한 결론을 도출하는 추론의 한 방법으로 이해한다 (아리스토텔레스, 《변증론》, 김재홍 옮김, 까치, 1998, 15쪽 이하 참조). 이런 분리에 대해 헤겔은 대단히 비판적으로 평가한다. "그러나 변증법이 증명과 구별된 후에 실제로 철학적 증명의 개념이 상실되었다"(3, 61).

79. 6, 551.

80. 디터 반트슈나이더, 《변증법 이론의 근본 구조》, 이재성 옮김, 다산글방, 2002, 13쪽 참조.

81. 6, 75 이하.

82. 비토리오 회슬레, 앞의 책, 294, 315쪽 참조.

83. 같은 책, 354쪽.

84. 같은 책, 357쪽에서 재인용.

85. 5, 131.

86. 비토리오 회슬레, 앞의 책, 351쪽.

87. V. Hösle, *Hegels System*, Hamburg: Meiner Verlag, 1988, 415쪽 이하 그리고 442쪽 참조.

88. 위르겐 하버마스, 《진리와 정당화》, 윤형식 옮김, 나남, 2008, 32쪽.

89. 3, 493.

90. 10, 278.

91. 10, 280.

92. 20, 106.

93. 18, 527.

94. 위르겐 하버마스, 앞의 책, 211쪽.

95. 같은 책, 17쪽.

96. 같은 책, 215쪽.

97. 같은 책, 27쪽.

98. V. Hösle, *Die Krise der Gegenwart und die Verantwortung*, 2. Auflage, München: C. H. Beck Verlag, 1994, 192쪽 이하 참조. 진리 합의설이 논의(담론)윤리학에 적용되는 경우에도 논리적으로 해결할 수 없는 어려운 상황에 빠지게 된다는 이의 제기에 대해서는 같은 책 248쪽 이하 참조.

99. R. Brandom, *Making It Explicit*, Cambridge: Harvard University Press, 1994, 622쪽.

08 니체의 소크라테스 비판, 대화적 이성 그리고 헤겔 변증법의 가능성

1. 질 들뢰즈, 《니체와 철학》, 이경신 옮김, 민음사, 2001, 15쪽.

2. 물론 하버마스는 후에 그런 평가가 착각이었음을 솔직하게 인정했다. 위르겐 하버마스, 《새로운 불투명성》, 이진우·박미애 옮김, 문예출판사, 1995, 69쪽 참조.

3. 게오르크 루카치, 《이성의 파괴》, 변상출 옮김, 백의, 1996, 3장 참조.

4. J. Rehmann, *Postmoderner Links-Nietzscheanismus: Deleuze & Foucault; eine Dekonstruktion*, Hamburg: Argument Verlag, 2004.

5. 뤼디거 자프란스키, 《니체, 그의 생애와 사상의 전기》, 오윤희 옮김, 문예출판사, 2003, 9쪽 참조.

6. 《니체 전집》 6, 122쪽. 이하에서 니체의 저작들은 《비극의 탄생》 및 예외적인 경우를 제외하고는 니체 전집 정본으로 공인받고 있는 독일 발터 데 그루이터 출판사의 《니체 비평 전집(Nietzsche Werke, Kritische Gesamtausgabe)》(KGW)을 한국어로 옮긴 《니체 전집》(책세상)에 따라 인용했다.

7. 프리드리히 니체, 《비극의 탄생》, 박찬국 옮김, 아카넷, 2007, 17쪽.

8. 같은 책, 199쪽 참조.

9. 같은 책, 210쪽 참조. 청년 니체에서 아폴론적인 것과 디오니소스적인 것의 대립에 대해서는 윤병태, 《청년 니체―예술과 문화 비판》, 용의숲, 2012, 1부 '예술론' 1장 참조.

10. 같은 책, 210쪽 참조.

11. 《니체 전집》 15, 390쪽 이하 참조.

12. 프리드리히 니체, 앞의 책, 15쪽 참조.

13. 《니체 전집》 3, 303쪽.

14. 프리드리히 니체, 앞의 책, 189쪽.

15. 같은 책, 192쪽.

16. 18, 441 이하. G. W. F. Hegel, *G. W. F. Hegel Werke in zwanzig Bänden*, hg. v. E. Moldenhauer und K. M. Michel, Frankfurt a. M.: Suhrkamp Verlag, 1969-1971. 헤겔 저작들은 이 전집에 따라서 인용했다(예를 들어 전집 7권 20쪽은 7, 20으로 표기했다).

17. 18, 184.

18. 18, 169.

19. 18, 191.

20. 18, 210.

21. 플라톤,《티마이오스》, 박종현 · 김영균 옮김, 서광사, 2000, 29e-30a 참조.《니체 전집》4, 177쪽 참조.

22. 같은 책, 194쪽 참조.

23. Aristoteles, *Politik*, in: Werke, Band 6, Politik Teil I: Text und Übersetzung, hg. v. F. Susemihl, Nachdruck der Ausgabe Leipzig 1879, Darmstadt: Scientia Verlag Aalen, 1978.

24. 《니체 전집》3, 50쪽 이하 참조.

25. 같은 책, 150쪽 참조.

26. 니체가 보기에 플라톤의 예술가적 천성은 너무나 강해서 그는 철학적 대화편이 라는 새로운 예술 형식을 창조해냈다. 니체는 플라톤의 저서를 예술작품으로 평 가한다. 즉 플라톤의 대화편은 소크라테스에 의해 "난파당한 이전의 시가가 자 신의 자식들을 이끌고 올라타 목숨을 구한 조그만 조각배와도 같았다". 프리드리 히 니체, 앞의 책, 179쪽 이하, 그리고 181쪽 이하 참조. 플라톤의 예술가적인 위 대성에 대한 니체의 평가와 플라톤 대화편의 예술적 의미에 대해서는《니체 전 집》3, 339쪽 참조.

27. 《니체 전집》3, 323쪽 참조.

28. 프리드리히 니체, 앞의 책, 217쪽.

29. 같은 책, 251쪽.

30. 같은 책, 218쪽.

31. 《니체 전집》14, 11쪽.

32. 프리드리히 니체, 앞의 책, 219쪽 이하 참조.

33. 《니체 전집》3, 313쪽.

34. 같은 책, 311쪽.《니체 전집》19, 90쪽도 참조.

35. 《니체 전집》14, 271, 353쪽 이하 참조.

36. 같은 책, 161쪽.

37. 《니체 전집》15, 317쪽 참조.

38. 같은 책, 366쪽 참조.

39. 《니체 전집》14, 275쪽 참조.

40. 《니체 전집》15, 243쪽.

41. 《니체 전집》14, 373쪽.

헤겔 정치철학의 통찰과 맹목

42. 같은 책, 276쪽 이하 그리고 354쪽.

43. 같은 책, 354쪽.

44. 같은 책, 367쪽.

45. 같은 책, 364쪽.

46. 같은 책, 363쪽.

47. 같은 책, 365쪽 참조.

48. 같은 책, 278쪽.

49. 같은 책, 273, 388쪽 참조.

50. 12, 32.

51. 《니체 전집》 15, 217쪽.

52. 《니체 전집》 14, 376쪽.

53. 《니체 전집》 15, 234쪽.

54. 같은 책, 391쪽.

55. 《니체 전집》 13, 129쪽.

56. 프리드리히 니체, 앞의 책, 251쪽.

57. 그러나 후에 바그너와 결별한 니체는 바그너를 전형적인 데카당스의 예술가이자 근대에 속하는 사람으로 비판한다(《니체 전집》 15, 21쪽 이하 참조). 그리고 1886년 의 《비극의 탄생》에 대한 〈자기비판의 시도〉도 참조할 것. 특히 프리드리히 니체, 앞의 책, 32쪽 이하 참조.

58. 프리드리히 니체, 앞의 책, 45쪽.

59. 같은 책, 31쪽.

60. 《니체 전집》 15, 98쪽.

61. 《니체 전집》 14, 274쪽.

62. 《니체 전집》 19, 380쪽.

63. 《니체 전집》 13, 132쪽.

64. 리처드 머빈 헤어 외, 《플라톤의 이해》, 강정인 · 김성환 편역, 문학과지성사, 1991, 134쪽 참조.

65. H.-G. Gadamer, *Hermeneutik I. Wahrheit und Methode. Grundzüge einer philosophischen Hermeneutik*, in: *Hans-Georg Gadamer. Gesammelte Werke*, Band 1, Tübingen: J. C. B. Mohr, 1986, 372쪽. 물론 가다머는 헤겔과 달리 인간 이 절대지에 도달할 수 있다고 보지는 않는다. 대화를 통해 진리로 상승하는 데

종결이 있을 수 없다고 보기 때문이다.

66. 마르쿠스 툴리우스 키케로, 《의무론》, 허승일 옮김, 서광사, 1989, 45쪽.

67. 마르쿠스 툴리우스 키케로, 《법률론》, 성염 옮김, 한길사, 2007, 77, 79쪽.

68. 같은 책, 375쪽.

69. 플라톤, 《국가》, 511c 이하, 444쪽 이하, 그리고 533c 이하, 488쪽 참조. 여기에서 우리는 과연 확실한 인식에 도달하게 하는 방법으로서의 변증법이 플라톤의 초기 대화편에 등장하는 소위 소크라테스적인 대화술과 근본적으로 다른 것인가 하는 물음에 천착할 수 없다.

70. 플라톤, 《소피스트(Sophist)》, 이창우 옮김, 이제이북스, 2011, 263e 참조.

71. 6, 556 이하.

72. H.-G. Gadamer, *Hermeneutik I. Wahrheit und Methode. Grundzüge einer philosophischen Hermeneutik*, in: *Hans-Georg Gadamer. Gesammelte Werke*, Band 1, Tübingen: J. C. B. Mohr, 1986, 478쪽.

73. H.-G. Gadamer, *Hermeneutik II. Wahrheit und Methode. Ergänzungen, Register*, in: *Hans-Georg Gadamer. Gesammelte Werke*, Band 2, Tübingen: J. C. B. Mohr, 1986, 332쪽.

74. 아리스토텔레스, 《니코마코스 윤리학》, 이창우 외 옮김, 이제이북스, 2006, 325쪽, 1166a30.

09 도덕성과 인륜성: 이충진의 비판에 대한 반론

1. 이충진의 필자에 대한 반론의 글 〈칸트와 헤겔: 칸트 윤리학의 옹호—나종석의 비판에 대한 반론〉은 《헤겔연구》 30, 2011, 11~31쪽에 실려 있다.

2. 헤겔의 변증법적 사유를 매개적 사유로 이해하려는 시도로는 다음 글을 보라. 나종석, 〈매개적 사유와 사회인문학의 철학적 기초〉, 김성보 외, 《사회인문학이란 무엇인가?—비판적 인문정신의 회복을 위하여》, 한길사, 2011, 103쪽 이하 참조.

3. 사회인문학은 연세대학교 국학연구원 HK사업단이 학술 의제로 내건 이론으로 위기에 처한 인문학을 극복할 대안적 인문학으로 이해된다. 사회인문학에 대한 기본적인 설명은 다음 책에 제시되어 있다. 김성보 외, 같은 책.

4. 나종석, 《차이와 연대》, 길, 2007, 231쪽.

5. 〔 〕은 이충진이 내용을 더 분명하게 하기 위해 삽입한 것임.

6. 나종석, 앞의 책, 236쪽 참조.

7. 임마누엘 칸트, 《실천이성비판》, 백종현 옮김, 아카넷, 2002, 86쪽. 강조는 칸트의 것임.

8. 나종석, 앞의 책, 232~233쪽.

9. 나는 일반화 혹은 보편화의 원리라는 표현처럼 일반화와 보편화를 일단 동의어로 사용한다. 칸트는 '일반적(generell)'와 '보편적(universell)'을 구별한다. 임마누엘 칸트, 앞의 책, 98쪽과 임마누엘 칸트, 《윤리형이상학 정초》, 백종현 옮김, 아카넷, 2005, 139쪽 참조.

10. 임마누엘 칸트, 《윤리형이상학 정초》, 백종현 옮김, 아카넷, 2005, 94, 96쪽 등 참조.

11. 나종석, 앞의 책, 234~235쪽 참조.

12. 로버트 L. 애링턴, 《서양윤리학사》, 김성호 옮김, 서광사, 2003, 447쪽 참조.

13. 그러나 이런 헤겔의 일면성 역시 칸트의 정언명법 정식들 사이의 관계에 대한 모호한 설명에 기반을 두고 있음을 언급할 필요가 있다. 이에 대해서는 나종석, 앞의 책, 240쪽 참조.

14. 같은 책, 242쪽.

15. 같은 책, 232쪽.

16. 위르겐 하버마스, 《담론윤리의 해명》, 이진우 옮김, 문예출판사, 1997, 31쪽.

17. AA IV, 408. 칸트의 저서는 *Kant's gesammelte Schriften*, hg. v. der Königlich Preußischen Akademie der Wissenschaften, Berlin: Walter de Gruyter, 1902ff.를 인용했다. 이때 필자는 전집 권수를 로마자 대문자(예, AA. V)로 쓰고 그 뒤에 쪽수를 기입했다. 그 외의 저서는 별도로 인용했다.

18. AA VIII, 427.

19. AA VIII, 430.

20. I. Kant, *Lectures on Ethics*, edited by Peter Heath and J. B. Schneewind, translated by Peter Heath, Cambridge University Press, 1997, 146쪽 참조.

21. 칸트는 《도덕 형이상학》의 2부 '덕론의 형이상학적 제일 원칙들'에서 조국을 위해서 목숨을 거는 행위나 순교 행위가 자살인지 그렇지 않은지 등의 물음을 다룬다(AA, VI, 423). 칸트가 이런 논의를 통해 보편적인 도덕적 금지에 예외를 허용하고 있는지에 대해서는 해석이 갈린다(김수배, 〈칸트의 《도덕 형이상학》과 형식주의〉, 한국칸트학회 편, 《칸트와 윤리학》, 민음사, 1996, 65쪽, 주 66 참조). 칸트가 다루는 사례들의 경우에도 "자기를 죽임은 더 이상 자신에 대한 의무를 수행

할 가능성을 없애버리는 것이고, 또 자신이 보기에 적합한 목적을 위한 한갓 수단으로만 자신을 처분한 것이 아닌가 하는 의구심이 따른다"고 백종현은 말한다 (임마누엘 칸트,《실천이성비판》, 백종현 옮김, 아카넷, 2002, 2부 '《실천이성비판》연구', 490쪽).

22. 이충진은 '보편적 형식 원리', 이 원리에 의해서 정당화되는 '일반적 의무 행위' 그리고 '개별적-구체적 행위'의 구별에서 좀 오해의 여지가 있는 용어를 사용한다. 예를 들어 "보편 규범들에 의해 지시된(hinweisen) 일반적-추상적 의무 행위들"이라는 구절을 보라. 이런 용법에 의하면 '보편 규범들'과 정언명법(보편화 원리 혹은 '보편적 형식 원리')이 동의어로 이해된다. 그러나 필자가 보기에 보편 규범들이라는 개념은 일반적 의무와 같다.

23. 《도덕 형이상학》에서의 덕이론과 형식주의 문제에 대해서는 김수배, 앞의 책 참조.

24. 지면상의 문제로 상세히 다룰 수는 없겠지만 이충진이 도덕적 판단력과 관련해서 강조하는 '행위자의 관점'도 쉽게 해명되지 않는 난문에 맞닥뜨린다. 《판단력 비판》이나《학부 간의 논쟁》에서 칸트는 판단력을 무관심성의 측면에서, 즉 관찰자의 측면에서 이해하지만《인간학》에서는 행위자의 관점을 취하는 것으로 보이기 때문이다. 한나 아렌트,《칸트 정치철학 강의》, 김선욱 옮김, 푸른숲, 2002, 312쪽 이하 참조.

25. 위르겐 하버마스, 앞의 책, 31쪽.

26. 로버트 L. 애링턴, 앞의 책, 458쪽.

27. 나종석, 앞의 책, 272쪽 이하.

28. 같은 책, 249, 260쪽 그리고 250쪽.

29. 같은 책, 244쪽

30. 같은 책, 245쪽.

31. 같은 책, 243쪽 이하.

32. 같은 책, 259쪽 이하.

33. 이충진은 칸트의《계몽이란 무엇인가에 대한 답변》의 표현을 활용한다.

34. AA. VIII, 366.

35. K.-O. Apel, *Diskurs und Verantwortung*, Frankfurt a. M.: Suhrkamp Verlag, 1992, 77쪽 이하.

36. 위르겐 하버마스, 앞의 책, 33쪽.

37. 칸트가 옹호하는 역사에서의 진보를 도덕에서의 진보가 아니라 정치적-법적 관

헤겔 정치철학의 통찰과 맹목

계에서의 진보로 이해하는 입장이 있다. 이런 논의에 대해서는 나종석, 〈공공성의 역사철학―칸트 역사철학에 대한 하나의 해석〉,《칸트연구》 26, 2010, 102쪽 이하 참조. 예를 들어 김석수도 역사에서의 진보가 도덕과 법적 관계 양 차원에서 이루어지는 것으로 해석한다. 김석수,《칸트와 현대 사회철학》, 울력, 2005, 120쪽 참조.

38. 김석수는 이 자연의 의도가 헤겔에서의 '이성의 간계(List der Vernunft)'와 동일한 것이라고 본다. 김석수, 같은 책, 123쪽.

39. AA. VIII, 20.

40. 임마누엘 칸트,《판단력 비판》, 이석윤 옮김, 박영사, 1986, 130쪽 이하(AA V, 263).

41. 같은 책, 341쪽(AA V, 433). 인간성을 고귀하게 만드는 전쟁의 위대성에 대한 언급은《영원한 평화를 위하여(Zum ewigen Frieden)》(이한구 옮김, 서광사, 1992, 49쪽 참조. AA VIII, 365)에서도 발견된다.

42. 도덕철학과 역사철학의 긴장과 이에 대한 대안적 해석으로 나는 '공공성의 역사철학'을 제안했다. 나종석, 앞의 책, 특히 103쪽 이하 참조.

43. 같은 책, 242쪽.

44. 임마누엘 칸트,《윤리형이상학 정초》, 백종현 옮김, 아카넷, 2005, 192쪽.

45. 나종석, 앞의 책, 283쪽 이하.

10 헤겔의 공공적 자유 이론과 현대적 공공철학의 가능성

1. 필자는 공공성과 공론장의 개념을 번갈아 사용한다. 즉 이 두 개념을 동의어로 사용한다. 이 두 개념에 대한 설명으로는 나종석, 〈학회를 통해 본 공공성과 학문성의 결합 가능성〉,《동방학지》 149, 2010, 225쪽, 주 41 참조.

2. 오늘날 우리 사회가 지향해야 할 민주적 공공성 이론에 대해서는 나종석, 〈공공성의 개방성과 배제―공공성의 개방성과 공통성 사이의 긴장을 넘어〉,《칸트연구》 28, 2011, 165쪽 이하 참조.

3. 여기에서 자유주의의 다양한 형태를 논의하지는 않을 것이다. 자유주의가 시민의 정치적 자율성을 침식한다는 주장으로는 마이클 샌델,《민주주의의 불만》, 안규남 옮김, 동녘, 2012, 15쪽 이하 참조. 물론 필자는 민주적 의지 형성의 역할을 민주주의의 핵심으로 간주하는 공화주의적 전통과 자유주의가 양립할 수 없다고 생각하지 않는다. 자유주의와 공화주의의 양립 가능성에 대한 필자의 입장에 대해서는

이 책의 1장 참조. 우리 학계에서도 공동체주의와 자유주의의 생산적 만남을 시도한다. 예를 들어 문성학, 〈도덕 · 윤리 교육의 철학적 기초와 공동체적 자유주의〉, 《철학연구》 122, 2012, 75쪽 이하 참조.

4. S. Critchley, *The Ethics of Deconstruction—Derrida and Levinas*, Oxford: Blackwell, 1992 참조.

5. 7, 29. G. W. F. Hegel, *G. W. F. Hegel Werke in zwanzig Bänden*, hg. v. E. Moldenhauer und K. M. Michel, Frankfurt a. M.: Suhrkamp Verlag, 1969-1971. 헤겔 저작들은 이 전집에 따라서 인용했다(예를 들어 전집 7권 20쪽은 7, 20으로 표기했다). 그 외의 저서들은 별도로 표기했다.

6. 7, 80.

7. 10, 304.

8. 7, 85.

9. 7, 307.

10. 7, 307 이하.

11. 7, 341 이하.

12. 7, 399.

13. 8, 203.

14. 8, 206.

15. 8, 207.

16. 4, 483.

17. 12, 30.

18. 7, 57.

19. 7, 57.

20. 7, 287.

21. G. W. F. Hegel, *Jenaer Systementwürfe III*, in: *Gesammelte Werke* in Verbindung mit der Deutschen Forschungsgemeinschaft, hg. v. der Reinische-Westfälischen Akademie der Wissenschaften, Band 8, Hamburg: F. Meiner Verlag, 1976, 215쪽.

22. A. Kojeve, *Introduction to the reading of Hegel*, New York: Basic Books, 1969, 7쪽.

23. 인정투쟁과 자유 의식의 형성에 대한 부분은 나종석, 〈헤겔 역사철학의 근본 주장 및 그 의미에 대하여〉, 《헤겔연구》 21, 2007, 32~35쪽 내용을 정리한 것임.

24. 책읽기를 통한 저자의 창조적 자유와 독자의 소통 양자 사이의 결합 가능성에 대

헤겔 정치철학의 통찰과 맹목

한 사르트르의 강조는 타자 관계에 대한 사르트르 이론의 중첩성을 보여주는 사례이지만, 그가 이 둘의 관계를 얼마나 잘 보여주고 있는가는 회의적이다. 장 폴 사르트르, 《지식인을 위한 변명》, 박정태 옮김, 이학사, 2007, 140쪽 참조.

25. G. W. F. Hegel, 앞의 책, 235쪽.

26. 3, 145.

27. 3, 29.

28. 미하엘 토이니센, 《존재와 가상―헤겔 논리학의 비판적 기능》, 나종석 옮김, 용의 숲, 2008, 55쪽.

29. 프레더릭 바이저, 《헤겔―그의 철학적 주제들》, 이신철 옮김, 도서출판b, 2012, 157, 166쪽.

30. 에릭 캔델, 《기억을 찾아서》, 전대호 옮김, 랜덤하우스, 2009, 410쪽 참조.

31. 가라타니 고진도 헤겔의 타자 이론을 이렇게 이해한다. 가라타니 고진, 《트랜스크리틱》, 송태욱 옮김, 한길사, 2005, 214쪽 참조.

32. 악셀 호네트, 《정의의 타자》, 문성훈 외 옮김, 나남, 2009, 171쪽 이하 참조. 한국에서 레비나스의 책임 윤리에 대한 옹호로는 문성원, 《해체와 윤리―변화와 책임의 사회철학》, 그린비, 2012 참조.

33. 슬라보예 지젝, 《시차적 관점》, 김서영 옮김, 마티, 2009, 227, 231쪽.

34. 리처드 커니, 《이방인 신 괴물》, 이지영 옮김, 개마고원, 2004, 129쪽.

35. 마이클 샌델, 앞의 책, 29쪽. 보편주의적 정의 담론에서 정의와 연대의 긴장과 대립에 대해서는 나종석, 〈매개적 사유와 사회인문학의 철학적 기초〉, 김성보 외, 《사회인문학이란 무엇인가?―비판적 인문정신의 회복을 위하여》, 한길사, 2011, 118쪽 이하 참조.

36. 한국에서의 레비나스와 데리다의 한계에 대한 지적으로는 박영도, 〈사회비평으로서의 사회인문학과 경계의 사유〉, 김성보 외, 《사회인문학이란 무엇인가?―비판적 인문정신의 회복을 위하여》, 한길사, 2011, 163쪽 참조.

37. 슬라보예 지젝, 《전체주의가 어쨌다구?》, 한보희 옮김, 새물결, 2008, 244쪽 참조.

38. 리처드 커니, 앞의 책, 199쪽. 커니는 타자의 근원적 다원성을 망각하는 환원주의적 태도를 레비나스와 데리다의 비판에 국한해서 사용한다. 그러나 필자는 이런 타자에 대한 일차원적이고 단면적인 이해가 하버마스에게도 존재한다고 본다.

39. 헤겔의 변증법적 방법에 대해서는 이재성, 〈헤겔 《논리학》에 있어서 변증법적 방법에 대한 고찰〉, 《철학연구》 97, 2006, 243~262쪽 참조.

40. 2, 96.

41. 필자는 절대적 타자성과 상대적인 타자 이론, 즉 상호 주관적인 의사소통이론 사이의 생산적인 만남 가능성을 헤겔의 인정 이론에서 구할 수 있다고 보지만, 오늘날 그런 매개의 시도 중에서 가장 흥미로운 것으로 마르셀 에나프(Marcel Hénaff)의 작업을 들고 싶다. 그는 선물(증여) 행위를 헤겔적인 인정 이론과 결합하려 하는데, 이런 작업은 헤겔 인정 이론에 포함된 타자의 이원성, 즉 상대적 타자(또 다른 자기의식)와 절대적 타자의 상호 연계성을 보여주는 현대의 대표적 이론이라고 생각한다. 에나프의 선물 행위와 상호 인정 행위의 연계성에 대한 글로는 마르셀 에나프, 〈거래의 세계와 선물의 세계—진리와 인정〉, 연구모임 사회 비판과 대안 편저, 《WESTEND—사회 비판과 대안 모색을 위한 잡지》, 사월의책, 2012, 44~62쪽 참조.

42. 3, 145.

43. 2, 82.

44. 한국 사회에서 공리주의의 긍정성을 칸트적인 권리(옳음)의 우선성과 결합하려는 시도에 대해서는 김석수, 〈공리주의, 합리성 그리고 한국 사회〉, 《사회와철학》 3, 2002, 117~144쪽 참조.

45. 7, 412 이하.

46. 7, 413.

47. 7, 412.

48. 7, 458.

49. 7, 413.

50. 7, 413.

51. 7, 412.

52. 7, 414.

53. 존 롤스에 의하면 "질서정연한 사회에 있어 시민들이 일반적으로 효율적인 정의감을 소지하고 있다는 사실에 대한 공적 인지가 지극히 중요한 사회적 자산(social asset)"이다(황경식, 〈전쟁과 평화 그리고 정의〉, 철학연구회 엮음, 《정의로운 전쟁은 가능한가》, 철학과현실사, 2006, 22쪽 이하에서 재인용).

54. 7, 412.

55. 필자는 이런 문제의식을 '세계시민 지향적 민족주의'라는 관점에서 발전시키고 있다. 세계시민 지향의 민족주의는 20세기 한국사에서 등장한 저항적 민족주의

의 합리적 핵심이라는 것이 필자의 생각이다. 이에 대해서는 나종석, 〈민족주의와 세계시민주의—자유주의적 민족주의를 중심으로〉, 《헤겔연구》 26, 2009, 169~197쪽 참조.

56. 1, 204 이하.

57. 오늘날 우리 사회에서 일어나는 공화주의에 대한 관심에 대해서는 이양수, 〈공공철학의 여정—자유주의에서 공화주의로〉, 이택광 외, 《무엇이 정의인가?—한국사회, 《정의란 무엇인가》에 답하다》, 마티, 2011, 109쪽 참조.

58. 에티엔 발리바르, 〈용어해설〉, 《우리, 유럽의 시민들?》, 진태원 옮김, 후마니타스, 2010, 437쪽에서 재인용. 강조는 발리바르의 것임.

59. 시빌레테를 최원과 서관모는 '시민 인류'으로 번역한다. 이 용어를 일본의 번역자들은 '市民性' 혹은 '市民性=開明性'으로 번역한다고 한다. 에티엔 발리바르, 《대중들의 공포—마르크스 전과 후의 정치와 철학》, 최원·서관모 옮김, 도서출판b, 2007, 9쪽 참조.

60. 같은 책, 66쪽.

61. 같은 책, 66쪽. 강조는 발리바르의 것임, 여기서 동일성이라는 번역어는 정체성으로 해석해도 좋을 것이다.

01 고대 그리스 민주주의와 근대 주체성의 원리

나종석, 〈고대 그리스 민주주의〉, 민주화운동기념사업회 편, 《민주주의 강의 1─역사》, 오름, 2007.

___, 《차이와 연대》, 길, 2007.

___, *Praktische Vernunft und Geschichte bei Vico und Hegel,* Würzburg: Königshausen & Neumann, 2002.

노르베르토 보비오, 《자유주의와 민주주의》, 황주홍 옮김, 문학과지성사, 1992.

데이비드 로웬탈, 〈몽테스키외〉, 레오 스트라우스/조셉 크랍시 엮음, 《서양정치철학사》 II, 이동수 외 옮김, 인간사랑, 2007.

레오 스트라우스, 《정치철학이란 무엇인가》, 양승태 옮김, 아카넷, 2002.

로버트 워클러, 《루소》, 이종인 옮김, 시공사, 2001.

마이클 샌델, 《공동체주의와 공공성》, 김선욱 외 옮김, 철학과현실사, 2008.

마키아벨리, 《로마사 논고》, 강정인·안선재 옮김, 한길사, 2003.

버나드 마넹, 《선거는 민주적인가》, 곽준혁 옮김, 후마니타스, 2004.

벤자민 바버, 《강한 민주주의─새 시대를 위한 정치참여》, 박재주 옮김, 인간사랑, 1992.

샹탈 무페, 《민주주의의 역설》, 이행 옮김, 인간사랑, 2006.

애덤 스미스, 《국부론》 상, 김수행 옮김, 비봉출판사, 2003.

알렉시스 드 토크빌, 《미국의 민주주의》 II, 임효선·박지동 옮김, 한길사, 1997.

앨버트 허시먼, 《열정과 이해관계》, 김승현 옮김, 나남출판, 1994.

이사야 벌린, 《자유론》, 박동천 옮김, 아카넷, 2006.

카를 슈미트, 《현대 의회주의의 정신사적 상황》, 나종석 옮김, 길, 2012.

크로포드 브루 맥퍼슨, 《소유적 개인주의의 정치 이론》, 이유동 옮김, 인간사랑, 1991.

한나 아렌트, 《혁명론》, 홍원표 옮김, 한길사, 2004.

한스 벨첼, 《자연법과 실질적 정의》, 박은정 옮김, 삼영사, 2001.

홍태영, 《국민국가의 정치학》, 후마니타스, 2008.

___, 《몽테스키외 & 토크빌》, 김영사, 2006.

Aristoteles, *Politics*, translated by H. Rackham, Cambridge: Harvard University Press, 2005.

Briefe von und an Hegel, hg. von Johannes Hoffmeister, Band 1, dritte Auflage, Hamburg: F. Meiner Verlag, 1969.

Ch. Montesquieu, *Vom Geist der Gesetze 1/2*, übersetzt v. Ernst Forsthoff, Tübingen: J. C. B. Mohr, 1992.

D. Henrich, "Leutwein über Hegel. Ein Dokument zu Hegels Biographie", in: *Hegel-Studien*, hg. v. F. Nicolin und O. Pöggeler, Band 3, Bonn: H. Bouvier u. Co. Verlag, 1965.

E. Cassirer, *Rousseau, Kant, Goethe*, Hamburg: F. Meiner Verlag, 1991.

G. W. F. Hegel, *G. W. F. Hegel Werke in zwanzig Bänden*, hg. v. E. Moldenhauer und K. M. Michel, Frankfurt a. M.: Suhrkamp Verlag, 1969-1971.

___, *Jenaer Systementwürfe III, Gesammelte Werke*, Band 8, unter mitarbeit von J. H. Trede, hg. v. R.-P. Horstmann, Hamburg, 1976.

___, *Vorlesungen über die Philosophie der Weltgeschichte*, Band 2-4, Hamburg: F. Meiner Verlag, 1988.

I. Berlin, *Freedom and its betrayal. six enemies of human liberty*, edited by H. Hardy, Princeton and Oxford: Princeton University Press, 2002.

J. Ehrenberg, *Civil Society. The Critical History of an Idea*, New York and London: New York University Press, 1999.

J. Habermas, *Der philosophische Diskurs der Moderne*, Frankfurt a. M.: Suhrkamp Verlag, 1988.

J. Israel, *Enlightenment Contested. Philosophy, Modernity, and the Emancipation of Man 1670-1752*, Oxford: Oxford University Press, 2006.

___, *Radical Enlightenment. Philosophy and the Making of Modernity 1650-1750*, Oxford: Oxford University Press, 2001.

J.-J. Rousseau, *Briefe vom Berge, in: Jean-Jacques Rousseau Schriften*, hg. von Henning

헤겔 정치철학의 통찰과 맹목

Ritter, Band 1/2, Frankfurt a. M.: Fischer Verlag, 1988.

_____, *Considerations on the Government of Poland*, in: Rousseau. *The Social Contract and other later political writings*, edited by V. Gourevitch, Cambridge: Cambridge University Press, 1997.

_____, *Politische Schriften*, übersetzt von L. Schmidts, Paderborn/München/Wien/ Zürich: Schöningh Verlag, 1995.

J. Shklar, *Men and Citizens. A Study of Rousseau's Social Theory*, London: Cambridge University Press, 1985.

K. Löwith, *Von Hegel zu Nietzsche*, in: *Sämtliche Schriften*, Band 4, Stuttgart: J. B. Metzler, 1988.

K. Rosenkranz, *Hegels Leben*, mit einer Nachbemerkung zum Nachdruck 1977 von O. Pöggeler, Darmstadt: Wissenschaftliche Buchgesellschaft, 1977.

M. O. Hardimon, *Hegel's Social Philosophy. The Project of Reconciliation*, Cambridge: Cambridge University Press, 1994.

S. Avineri, *Hegel's Theory of The Modern State*, Cambridge: Cambridge University Press, 1972.

S. Holmes, *Benjamin Constant and the Making of Modern Liberalism*, New Haven and London: Yale University Press, 1984.

V. Hösle, *Moral und Politik*. München: C. H. Beck Verlag, 1997.

02 고대인의 자유와 근대인의 자유의 대립을 넘어서

나종석, 〈고대 그리스 민주주의〉, 민주화운동기념사업회 편, 《민주주의 강의 1-역사》, 오름, 2007.

_____, 〈고대 그리스 민주주의에 대한 헤겔의 비판과 근대 주체성의 원리〉, 《헤겔연구》 24, 2008.

_____, 《차이와 연대》, 길, 2007.

레오 스트라우스, 《자연권과 역사》, 홍원표 옮김, 인간사랑, 2001.

_____, 《정치철학이란 무엇인가》, 양승태 옮김, 아카넷, 2002.

로버트 워클러, 《루소》, 이종인 옮김, 시공사, 2001.

마이클 왈저, 《정치철학 에세이》, 최홍주 옮김, 모티브북, 2008.

모리치오 비롤리, 《공화주의》, 김경희 · 김동규 옮김, 인간사랑, 2006.

아리스토텔레스, 《니코마코스 윤리학》, 이창우 · 김재홍 · 강상진 옮김, 이제이북스, 2006.

＿＿, 《정치학》, 천병희 옮김, 숲, 2009.

위르겐 하버마스, 《사실성과 타당성》, 한상진 · 박영도 옮김, 나남, 2000.

이사야 벌린, 《자유론》, 박동천 옮김, 아카넷, 2006.

존 그레이, 《자유주의》, 손철성 옮김, 이후, 2007.

존 로크, 《관용에 관한 편지》, 공진성 옮김, 책세상, 2008.

＿＿, 《통치론》, 강정인 · 문지영, 까치, 1996.

존 롤스, 《정치적 자유주의》, 장동진 옮김, 동명사, 1999.

켄틴 스키너, 《자유주의 이전의 자유》, 조승래 옮김, 푸른역사, 2007.

마르쿠스 툴리우스 키케로, 《국가론》, 김창성 옮김, 한길사, 2007.

토머스 홉스, 《리바이어던》 1/2, 진석용 옮김, 나남, 2008.

한나 아렌트, 《인간의 조건》, 이진우 · 태정호 옮김, 한길사, 1996.

A. Honneth, *Das Andere der Gerechtigkeit*, Frankfurt a. M,: Suhrkamp Verlag, 2000.

G. W. F. Hegel, *G. W. F. Hegel Werke in zwanzig Bänden*, hg. v. E. Moldenhauer und K. M. Michel, Frankfurt a. M,: Suhrkamp Verlag, 1969-1971.

＿＿, *Philosophie des Rechts. Die Vorlesung von 1819-20 in einer Nachschrift*, hg. von D. Henrich, Frankfurt a. M,: Suhrkamp Verlag, 1983.

G. Garrard, *Rousseau's Counter-Enlightenment. A Republican Critique of the Philosophes*, New York: State University of New York Press, 2003.

I. Fetscher, *Rousseaus politische Philosophie*, 6. Aufl. Frankfurt a. M,: Suhrkamp Verlag, 1993.

I. Kant, *Die Metaphysik der Sitten*, in: *Kant's gesammelte Schriften*, hg. von der Preußischen Akademie der Wissenschaft, Band 6, Berlin: Walter de Gruyter, 1902ff.

K. J. Dover, *Greek Popular Morality in the time of Plato and Aristotle*, California: University of California Press, 1974.

L. Strauss, *Natural Right and History*, Chicago: The University of Chicago Press, 1953.

Th. Hobbes, *The Collected Works of Thomas Hobbes*, Collected and Edited by Sir William Molesworth, London: Routledge/Thoemmes Press, vol V, 1992.

＿＿, *Vom Menschen. Vom Bürger. Elemente der Philosophie* II, eingeleitet und

헤겔 정치철학의 통찰과 맹목

herausgegeben von G. Gawlick, Hamburg: F. Meiner Verlag, 1994.

03 헤겔의 오리엔탈리즘과 서구중심주의

고야스 노부쿠니,《동아 · 대동아 · 동아시아—근대 일본의 오리엔탈리즘》, 이승연
　옮김, 역사비평사, 2006.

나종석,〈헤겔 역사철학의 근본 주장 및 그 의미에 대하여〉,《헤겔연구》21, 2007.

____,《차이와 연대》, 길, 2007.

다케우치 요시미,《일본과 아시아》, 서광덕 · 백지운 옮김, 소명출판, 2006.

백영서,《동아시아의 귀환: 중국의 근대성을 묻는다》, 창비, 2000.

에드워드 사이드,《오리엔탈리즘》, 박홍규 옮김, 교보문고, 2008.

이매뉴얼 월러스틴,《세계체제분석》, 이광근 옮김, 당대, 2005.

핸리 임,〈근대적 · 민주적 구성물로서의 '민족': 신채호의 역사서술〉, 신기욱 · 마이
　클 로빈슨 엮음,《한국의 식민지 근대성—내재적 발전론과 식민지 근대화론을
　넘어서》, 도면회 옮김, 삼인, 2005.

히로마쓰 와타루,《근대초극론》, 김항 옮김, 민음사, 2003.

G. W. F. 헤겔,《역사철학강의》, 김종호 옮김, 삼성출판사, 1995.

____,《정신철학》, 박병기 · 박구용 옮김, 울산대학교출판부, 2000.

____,《종교철학》, 최신한 옮김, 지식산업사, 1999.

____,《철학사》 I, 임석진 옮김, 지식산업사, 1996.

G. W. F. Hegel, *G. W. F. Hegel Werke in zwanzig Bänden*, hg. v. E. Moldenhauer
　und K. M. Michel, Frankfurt a. M.: Suhrkamp Verlag, 1969-1971.

____, *Vorlesungen über die Philosophie der Weltgeschichte*, Band 2-4, Hamburg: F.
　Meiner Verlag, 1988.

Z. A. Pelczynski, "The Hegelian conception of the state", *Hegel's Political Philosophy:
　problems and perspectives. A Collection of new essays*, edited by Z. A. Pelczynski,
　Cambridge: Cambridge University Press, 1971.

04 헤겔의 관계적 존재론의 사회 · 정치 철학적 함축

나종석,〈매개적 사유와 사회인문학의 철학적 기초〉, 김성보 외,《사회인문학이란 무

엇인가?—비판적 인문정신의 회복을 위하여》, 한길사, 2011.

노베르트 슈페만,《도덕과 윤리에 관한 철학적 사유》, 박찬구 · 유치한 옮김, 철학과
현실사, 2001.

니콜로 마키아벨리,《군주》, 강정인 · 문지영 옮김, 까치, 2003.

리차드 턱,〈홉스〉,《홉스의 이해》, 강정인 편역, 문학과지성사, 1993.

마틴 하이데거,《니체와 니힐리즘》, 박찬국 옮김, 철학과현실사, 2000.

스티븐 룩스,《자유주의자와 식인종》, 홍윤기 외 옮김, 개마고원, 2006.

찰스 테일러,《헤겔철학과 현대의 위기》, 박찬국 옮김, 서광사, 1988.

카를 슈미트,《홉스와 데카르트에 있어서 메커니즘으로서의 국가》, 김효전 옮김, 교
육과학사, 1992.

커스틴 셀라스,《인권, 그 위선의 역사》, 오승훈 옮김, 은행나무, 2003.

G. W. F. Hegel, *G. W. F. Hegel Werke in zwanzig Bänden*, hg. v. E. Moldenhauer
und K. M. Michel, Frankfurt a. M. : Suhrkamp Verlag, 1969-1971.

J. Rawls, *Lectures on The History of Moral Philosophy*, edited by B. Herman, Cambridge,
Mass.: Harvard University Press, 2003.

M. Weber, "Politik als Beruf", in: *Gesammelte Politische Schriften*, Tübingen: J. C. B.
Mohr, 1988.

05 헤겔 역사철학의 기본 주장들

마르틴 하이데거,《니체와 니힐리즘》, 박찬국 옮김, 철학과현실사, 2000.

미하엘 토이니센,《존재와 가상—헤겔 논리학의 비판적 기능》, 나종석 옮김, 용의숲,
2008.

블레즈 파스칼,《팡세》, 이환 옮김, 민음사, 2003.

《소크라테스 이전 철학자들의 단편 선집》, 김인곤 외 옮김, 아카넷, 2005.

아리스토텔레스,《시학》, 천병희 옮김, 문예출판사, 2002.

에밀 앙게른,《역사철학》, 유헌식 옮김, 민음사, 1997.

이사야 벌린,〈그리스 개인주의의 탄생〉,《이사야 벌린의 자유론》, 박동천 옮김, 아카
넷, 2006.

장-프랑수아 리오타르,《포스트모던적 조건》, 이현복 옮김, 서광사, 1992.

존 그레이,《자유주의》, 손철성 옮김, 이후, 2007.

플라톤, 《티마이오스》, 박종현 · 김영균 옮김, 서광사, 2000.

한스 요나스, 《물질 · 정신 · 창조—우주의 기원과 진화에 관한 철학적 성찰》, 김종
국, 소병철 옮김, 철학과현실사, 2007.

G. W. F. 헤겔, 《종교철학》, 최신한 옮김, 지식산업사, 1999.

Aristoteles, *Select Fragments, in: The Works of Aristotle*, translated into English under
the Editorship of W. D. Ross, Vol. XII, London: Oxford University Press, 1967.

R. Descartes, *Die Prinzipien der Philosophie*, übersetzt v. A. Buchenau, Hamburg: F.
Meiner Verlag, 1992.

G. W. F. Hegel, *Enzyklopädie der philosophischen Wissenschaften III*, in: *G. W. F.
Hegel Werke in zwanzig Bänden*, hg. v. E. Moldenhauer und K. M. Michel,
Band 10, Frankfurt a. M.: Suhrkamp Verlag, 1970.

_____, *Grundlinien der Philosophie des Rechts*, in: *G. W. F. Hegel Werke in zwanzig
Bänden*, hg. v. E. Moldenhauer und K. M. Michel, Band 7, Frankfurt a. M.:
Suhrkamp Verlag, 1996.

_____, *Jenaer Systementwürfe III*, in: *Gesammelte Werke* in Verbindung mit der
Deutschen Forschungsgemeinschaft, hg. v. der Reinische—Westfälischen Akademie
der Wissenschaften, Band 8, Hamburg: F. Meiner Verlag, 1976.

_____, *Vorlesungen über die Ästhetik*, in: *G. W. F. Hegel Werke in zwanzig Bänden*,
hg. v. E. Moldenhauer und K. M. Michel, Band 13, Frankfurt a. M.: Suhrkamp
Verlag, 1970.

_____, *Vorlesungen über die Philosophie der Geschichte*, in: *G. W. F. Hegel Werke
in zwanzig Bänden*, hg. v. E. Moldenhauer und K. M. Michel, Band 12,
Frankfurt a. M.: Suhrkamp Verlag, 1970.

V. Hösle, *Philosophie der ökologischen Krise*, München: C. H. Beck, 1994.

_____, *Wahrheit und Geschichte. Studien zur Struktur der Philosophiegeschichte
unter paradigmatischer Analyse der Entwicklung von Parmenides bis Platon*,
Stuttgart-Bad Cannstatt: Frommann-Holzboog, 1984.

A. Kojeve, *Introduction to the reading of Hegel*, New York: Basic Books, 1969.

K. Löwith, *Meaning in History*, The University of Chicago Press, Chicago and London:
The University of Chicago Press, 1949.

06 생태 위기 시대와 헤겔 철학의 가능성: 회슬레의 환경철학을 중심으로

권순홍, 《존재와 탈근거―하이데거의 빛의 형이상학》, 울산대학교출판부, 2000.

김명식, 〈심의민주주의와 미래세대〉, 한국환경철학회 편, 《환경철학》, 철학과현실사, 2002.

김성호, 〈동물의 도덕적 지위에 관한 칸트의 견해〉, 《환경철학》, 철학과현실사, 2002.

나종석, *Praktische Vernunft und Geschichte bei Vico und Hegel*, Würzburg: Königshausen & Neumann, 2002.

르네 데카르트, 《방법서설》, 이현복 옮김, 문예출판사, 1997.

_____, 《성찰》, 이현복 옮김, 문예출판사, 1997.

마르틴 하이데거, 《기술과 전향》, 이기상 옮김, 서광사, 1993.

_____, 《니체와 니힐리즘》, 박찬국 옮김, 철학과현실사, 2000.

양해림, 〈생태계 위기와 베이컨의 유토피아적 기획―한스 요나스의 베이컨적 유토피아주의의 비판을 중심으로〉, 《환경철학》, 철학과현실사, 2002.

에른스트 울리히 폰 바이츠제커, 《환경의 세기》, 권정임 · 박진희 옮김, 생각의나무, 1999.

요셉 르노 데자르뎅, 《환경윤리》, 김명식 옮김, 자작나무, 1999,

장춘익, 〈생태철학: 과학과 실천 사이의 지적 상상력〉, 김성진 외, 《생태문제와 인문학적 상상력》, 나남출판, 1999.

찰스 테일러, 《불안한 현대 사회》, 송영배 옮김, 이학사, 2001.

카를 뢰비트, 《베버와 마르크스》, 이상률 옮김, 문예출판사, 1992.

프레드릭 코플스톤, 《합리론》, 김성호 옮김, 서광사, 1994.

플라톤, 《티마이오스》, 박종현 · 김영균 옮김, 서광사, 2000.

한스 요나스, 《생명의 원리》, 한정선 옮김, 아카넷, 2001.

_____, 《책임의 원칙: 기술 시대의 생태학적 윤리》, 이진우 옮김, 서광사, 1994.

Aristoteles, *Select Fragments*, in: *The Works of Aristotle*, translated into English under the Editorship of W. D. Ross, Vol. XII, London: Oxford University Press, 1967.

I. Kant, *Die Metaphysik der Sitten*, in: *Kants Werke*, Akademie-Textausgabe, Band 6, Berlin: Walter de Gruyter, 1968.

_____, *Grundlegung zur Metaphysik der Sitten*, in: *Kants Werke*, Akademie-Textausgabe, Band 4, Berlin: Walter de Gruyter, 1968.

_____, *Vorkritische Schriftfen bis 1768, Immanuel Kant Werkausgabe*, hg. v. W.

헤겔 정치철학의 통찰과 맹목

Weischedel, Band 1, Frankfurt a. M.: Suhrkamp Verlag, 1977.

K. Löwith, Gott, *Mensch und Welt in der Philosophie der Neuzeit*, in: *Sämtliche Schriften* 9, Stuttgart: J. B. Metzler, 1986

M. Heidegger, *Die Zeit des Weltbildes*, in: *Holzwege*, Frankfurt a. M.: Klostermann, 1980.

_____, *Einführung in die Metaphysik*, Tübingen: Max Niemeyer Verlag, 1976.

R. Descartes, *Die Prinzipien der Philosophie*, übersetzt von A. Buchenau, Hamburg: F. Meiner Verlag, 1992.

R. Spaemann/R. Löw, *Die Frage Wozu? Geschichte und Wiederentdeckung des teleologischen Denkens,* München/Zürich: Piper Verlag, 1981.

V. Hösle, "Begründungsfragen des objektiven Idealismus", in: *Philosophie und Begründung,* hg. v. Forum für Philosophie Bad Homburg, Frankfurt a. M.: Suhrkamp Verlag, 1987.

_____, *Die Krise der Gegenwart und die Verantwortung der Philosophie*, München: C. H. Beck Verlag, 1994.

_____, *Moral und Politik*, München: C. H. Beck Verlag, 1997.

_____, *Philosophie der ökologische Krise*, München: C. H. Beck Verlag, 1994.

_____, *Philosophiegeschichte und objektiver Idealismus*, München: C. H. Beck Verlag, 1996.

_____, *Praktische Philosophie in der modernen Welt*, München: C. H. Beck Verlag, 1995.

07 모순과 변증법에 대한 하나의 해석

나종석, 〈헤겔 역사철학의 근본 주장 및 그 의미에 대하여〉, 《헤겔연구》 21, 2007.

_____, 《차이와 연대―현대 세계와 헤겔의 사회 · 정치 철학》, 길, 2007.

_____, *Praktische Vernunft und Geschichte bei Vico und Hegel,* Würzburg: Königshausen & Neumann, 2002.

디터 반트슈나이더, 《변증법 이론의 근본구조》, 이재성 옮김, 다산글방, 2002.

미하엘 볼프, 《모순이란 무엇인가》, 김종기 옮김, 동녘, 1997.

비토리오 회슬레, 《헤겔의 체계 1―체계의 발전과 논리학》, 권대중 옮김, 한길사, 2007.

아리스토텔레스,《변증론》, 김재홍 옮김, 까치, 1998.

위르겐 하버마스,《진리와 정당화》, 윤형식 옮김, 나남, 2008.

____,《탈형이상학적 사유》, 이진우 옮김, 문예출판사, 2000.

임마누엘 칸트,《순수이성비판》 2, 백종현 옮김, 아카넷, 2006.

카를 포퍼,《개방사회와 그 적들》 2, 이명현 옮김, 민음사, 1995.

____,《추측과 논박》 2, 이한구 옮김, 민음사, 2001.

플라톤,《국가 · 정체》, 박종현 역주, 서광사, 2001.

한스 풀다, 〈변증법에 대한 미흡한 소견들〉, R. P. 호르스트만,《헤겔 변증법 연구》,
김창호 · 장춘익 옮김, 풀빛, 1983, 35~71쪽.

E. Angehrn, *Freiheit und System bei Hegel*, Berlin/New York: Walter de Gruyter,
1977.

G. W. F. Hegel, *G. W. F. Hegel Werke in zwanzig Bänden*, hg. v. E. Moldenhauer
und K. M. Michel, Frankfurt a. M.: Suhrkamp Verlag, 1969-1971.

J. G. Fichte, *Foundations of natural Right*, Edited by Neuhouser and translated by M.
Baur, Cambridge: Cambridge University Press, 2000.

K. Hartmann, "Die ontologische Option", in: *Die ontologische Option*, hg. von K.
Hartmann, Berlin/New York: Walter de Gruyter, 1976.

R. Brandom, *Making It Explicit*, Cambridge: Harvard University Press, 1994.

R. Kroner, *Von Kant bis Hegel*, 2 Bände, 3. Auflage, Tübingen: J. C. B. Mohr, 1977.

V. Hösle, *Die Krise der Gegenwart und die Verantwortung*, 2. Auflage, München: C.
H. Beck Verlag, 1994.

____, *Hegels System*, Hamburg: Meiner Verlag, 1988.

W. Kuhlmann, *Reflexive Letztbegründung*, Freiburg/München: Alber Verlag, 1985.

08 니체의 소크라테스 비판, 대화적 이성 그리고 헤겔 변증법의 가능성

게오르크 루카치,《이성의 파괴》, 변상출 옮김, 백의, 1996.

뤼디거 자프란스키,《니체, 그의 생애와 사상의 전기》, 오윤희 옮김, 문예출판사, 2003.

리처드 머빈 헤어 외,《플라톤의 이해》, 강정인 · 김성환 편역, 문학과지성사, 1991.

아리스토텔레스,《니코마코스 윤리학》, 이창우 외 옮김, 이제이북스, 2006.

위르겐 하버마스,《새로운 불투명성》, 이진우 · 박미애 옮김, 문예출판사, 1995.

윤병태,《청년 니체─예술과 문화 비판》, 용의숲, 2012.

질 들뢰즈,《니체와 철학》, 이경신 옮김, 민음사, 2001.

프리드리히 니체,《비극의 탄생》, 박찬국 옮김, 아카넷, 2007.

＿＿＿,《전집 3: 유고(1870~1873)》, 이진우 옮김, 책세상, 2001.

＿＿＿,《전집 4: 유고(1869년 가을~1872 가을)》, 최상욱 옮김, 책세상, 2001.

＿＿＿,《전집 6: 바이로이트의 리하르트 바그너. 유고(1875년 초~1876년 봄)》, 최문규 옮김, 책세상, 2005.

＿＿＿,《전집 13: 차라투스트라는 이렇게 말했다》, 정동호 옮김, 책세상, 2000.

＿＿＿,《전집 14: 선악의 저편/도덕의 계보》, 김정현 옮김, 책세상, 2002.

＿＿＿,《전집 15: 바그너의 경우/우상의 황혼/안티크리트스/이 사람을 보라/디오니소스 송가/니체 대 바그너》, 백승영 옮김, 책세상, 2002.

＿＿＿,《전집 19: 유고(1885년 가을~1887년 가을)》, 이진우 옮김, 책세상, 2005.

플라톤,《소피스트》, 이창우 옮김, 이제이북스, 2011.

＿＿＿,《티마이오스》, 박종현 · 김영균 옮김, 서광사, 2000.

Aristoteles, *Politik*, in: *Werke*, Band 6, Politik Teil I: Text und Übersetzung, hg. v. F. Susemihl, Nachdruck der Ausgabe Leipzig 1879, Darmstadt: Scientia Verlag Aalen, 1978.

H.-G. Gadamer, *Hermeneutik I. Wahrheit und Methode. Grundzüge einer philosophischen Hermeneutik*, in: *Hans-Georg Gadamer. Gesammelte Werke*, Band 1, Tübingen: J. C. B. Mohr, 1986.

＿＿＿, *Hermeneutik II. Wahrheit und Methode. Ergänzungen, Register*, in: *Hans-Georg Gadamer. Gesammelte Werke*, Band 2, Tübingen: J. C. B. Mohr, 1986.

G. W. F. Hegel, *G. W. F. Hegel Werke in zwanzig Bänden*, hg. v. E. Moldenhauer und K. M. Michel, Frankfurt a. M.: Suhrkamp Verlag, 1969-1971.

J. Rehmann, *Postmoderner Links-Nietzscheanismus :Deleuze & Foucault ; eine Dekonstruktion*, Hamburg: Argument Verlag, 2004.

09 도덕성과 인륜성: 이충진의 비판에 대한 반론

김석수,《칸트와 현대 사회철학》, 울력, 2005.

김수배, 〈칸트의《도덕 형이상학》과 형식주의〉, 한국칸트학회 편,《칸트와 윤리학》,

민음사, 1996.

나종석, 〈공공성의 역사철학—칸트 역사철학에 대한 하나의 해석〉, 《칸트연구》 26, 2010.

____, 〈매개적 사유와 사회인문학의 철학적 기초〉, 김성보 외, 《사회인문학이란 무엇인가?—비판적 인문정신의 회복을 위하여》, 한길사, 2011.

____, 《차이와 연대》, 길, 2007.

로버트 L. 애링턴, 《서양 윤리학사》, 김성호 옮김, 서광사, 2003.

백종현, 《《실천이성비판》 연구》, 《실천이성비판》, 백종현 옮김, 아카넷, 2002.

위르겐 하버마스, 《담론윤리의 해명》, 이진우 옮김, 문예출판사, 1997.

임마누엘 칸트, 《실천이성비판》, 백종현 옮김, 아카넷, 2002.

____, 《영원한 평화를 위하여》, 이한구 옮김, 서광사, 1992.

____, 《윤리형이상학 정초》, 백종현 옮김, 아카넷, 2005.

____, 《판단력 비판》, 이석윤 옮김, 박영사, 1986.

한나 아렌트, 《칸트 정치철학 강의》, 김선욱 옮김, 푸른숲, 2002.

I. Kant, *Kant's gesammelte Schriften*, hg. v. der Königlich Preußischen Akademie der Wissenschaften, Berlin: Walter de Gruyter, 1902ff.

____, *Lectures on Ethics*, edited by Peter Heath and J. B. Schneewind, translated by Peter Heath, New York: Cambridge University Press, 1997.

K.-O. Apel, *Diskurs und Verantwortung*, Frankfurt a. M.: Suhrkamp Verlag, 1992.

10 헤겔의 공공적 자유 이론과 현대적 공공철학의 가능성

가라타니 고진, 《트랜스크리틱》, 송태욱 옮김, 한길사, 2005.

김석수, 〈공리주의, 합리성 그리고 한국 사회〉, 《사회와 철학》 3, 2002.

나종석, 〈고대 그리스 민주주의에 대한 헤겔의 비판과 근대 주체성의 원리〉, 《헤겔연구》 24, 2008.

____, 〈공공성의 개방성과 배제—공공성의 개방성과 공통성 사이의 긴장을 넘어〉, 《칸트연구》 28, 2011.

____, 〈매개적 사유와 사회인문학의 철학적 기초〉, 김성보 외, 《사회인문학이란 무엇인가?—비판적 인문정신의 회복을 위하여》, 한길사, 2011.

____, 〈학회를 통해 본 공공성과 학문성의 결합 가능성〉, 《동방학지》 149, 2010.

＿＿, 〈헤겔 역사철학의 근본 주장 및 그 의미에 대하여〉, 《헤겔연구》 21, 2007.

리처드 커니, 《이방인 신 괴물》, 이지영 옮김, 개마고원, 2004.

마르셀 에나프, 〈거래의 세계와 선물의 세계―진리와 인정〉, 연구모임 사회 비판과 대안 편저, 《WESTEND―사회 비판과 대안 모색을 위한 잡지》, 사월의책, 2012.

마이클 샌델, 《민주주의의 불만》, 안규남 옮김, 동녘, 2012.

문성원, 《해체와 윤리―변화와 책임의 사회철학》, 그린비, 2012.

문성학, 〈도덕·윤리 교육의 철학적 기초와 공동체적 자유주의〉, 《철학연구》 122, 2012.

미하엘 토이니센, 《존재와 가상―헤겔 논리학의 비판적 기능》, 나종석 옮김, 용의숲, 2008.

박영도, 〈사회비평으로서의 사회인문학과 경계의 사유〉, 김성보 외, 《사회인문학이란 무엇인가?―비판적 인문정신의 회복을 위하여》, 한길사, 2011.

슬라보예 지젝, 《시차적 관점》, 김서영 옮김, 마티, 2009.

＿＿, 《전체주의가 어쨌다구?》, 한보희 옮김, 새물결, 2008.

악셀 호네트, 《정의의 타자》, 문성훈 외 옮김, 나남, 2009.

에릭 캔델, 《기억을 찾아서》, 전대호 옮김, 랜덤하우스, 2009.

에티엔 발리바르, 《대중들의 공포―마르크스 전과 후의 정치와 철학》, 최원·서관모 옮김, 도서출판b, 2007.

＿＿, 〈용어해설〉, 《우리, 유럽의 시민들?》, 진태원 옮김, 후마니타스, 2010.

이양수, 〈공공철학의 여정―자유주의에서 공화주의로〉, 이택광 외, 《무엇이 정의인가?―한국사회, 《정의란 무엇인가》에 답하다》, 마티, 2011.

이재성, 〈헤겔 《논리학》에 있어서 변증법적 방법에 대한 고찰〉, 《철학연구》 97, 2006.

장 폴 사르트르, 《지식인을 위한 변명》, 박정태 옮김, 이학사, 2007.

프레더릭 바이저, 《헤겔―그의 철학적 주제들》, 이신철 옮김, 도서출판b, 2012.

A. Kojeve, *Introduction to the Reading of Hegel*, New York: Basic Books, 1969.

G. W. F. Hegel, *G. W. F. Hegel Werke in zwanzig Bänden*, hg. v. E. Moldenhauer und K. M. Michel, Frankfurt a. M.: Suhrkamp Verlag, 1969-1971.

＿＿, *Jenaer Systementwürfe III, G. W. F. Hegel, Gesammelte Werke*, Band 8, unter mitarbeit von J. H. Trede, hg. v. R.-P. Horstmann, Hamburg: F. Meiner Verlag, 1976.

S. Critchley, *The Ethics of Deconstruction―Derrida and Levinas*, Oxford: Blackwell, 1992.

헤겔 정치철학의 통찰과 맹목

헤겔 정치철학의 통찰과 맹목